21世纪高等院校公共课精品教材

四川省省级一流本科课程

STATISTICS

统计学

（第三版）

刘后平　王丽英　主编

东北财经大学出版社
Dongbei University of Finance & Economics Press
大连

图书在版编目（CIP）数据

统计学 / 刘后平，王丽英主编．—3版．—大连：东北财经大学出版社，2022.3（2023.8重印）
（21世纪高等院校公共课精品教材）
ISBN 978-7-5654-4428-9

Ⅰ．统… Ⅱ．①刘… ②王… Ⅲ．统计学-高等学校-教材 Ⅳ．C8

中国版本图书馆CIP数据核字（2022）第014684号

东北财经大学出版社出版
（大连市黑石礁尖山街217号 邮政编码 116025）
网 址：http：//www.dufep.cn
读者信箱：dufep@dufe.edu.cn
大连市东晟印刷有限公司印刷 东北财经大学出版社发行

幅面尺寸：185mm×260mm 字数：505千字 印张：21
2022年3月第3版 2023年8月第3次印刷

责任编辑：孙 平 责任校对：吴 奂
封面设计：冀贵收 版式设计：钟福建

定价：53.00元

教学支持 售后服务 联系电话：（0411）84710309

如有印装质量问题，请联系营销部：（0411）84710711

第三版前言

在现代市场经济环境中，我们每天都要面临和处理大量数据信息。数据的收集、整理、分析和应用是工作与生活的基本技能，熟练运用统计分析工具和决策方法将会让我们从容地处理工作事务并能更好地享受生活。人类社会已经进入大数据时代，统计方法与技术愈发成为现代人处理数据的重要工具。

统计学是系统介绍统计思想与方法的一门现代学科，是重要的方法论。随着数学与计算机技术的发展，以及各种数据处理软件的开发应用，统计发展日新月异，统计方法和操作软件也日趋先进，使得处理海量数据并从中发现问题与规律成为可能。但是，要想真正成为一名统计专业人士，必须系统学习和掌握现代统计的思想、方法与技术。

本书作为统计学的入门教材，不追求统计学高深的数理性，而是致力于阐述最基本的统计原理、方法与技术，结合统计基础理论、统计软件、社会经济生活中的现实问题，系统训练统计思维和统计数据处理与分析能力。本书的基本内容包括绪论、统计数据的收集与整理、综合指标、抽样估计、假设检验、方差分析、动态数列、统计指数、相关与回归分析、大数据时代统计学的变革与发展等。

本书在写作与结构安排上具有以下特点：(1) 注重统计方法的完整性。对于统计调查、统计整理、统计分析与预测等统计工作各阶段的方法与技术都有章节安排。(2) 注重学习的理论性和应用性。各章从现实资料和案例入手，引出所要学习的章节内容，详解统计工具及其应用，并在每章后面安排案例分析和练习题，学习内容易于消化吸收。(3) 注重知识的延伸性与扩展性。在每章的内容中，穿插"请思考""小提示""知识拓展""专栏阅读"等板块，增强了学习的趣味性，也拓展了学生的思维。(4) 注重统计软件的应用。在教学内容中，结合软件操作训练，可以使学生系统掌握Excel和SPSS的常用统计功能，提高处理统计数据的效率，更好地适应现代统计工作的需要。

本书第二版在2018年出版后，受到各高校师生的广泛欢迎和普遍好评。为更好地适应大数据时代的统计变化及信息技术的发展，根据广大教师、学生和行业读者提出的反馈意见，我们对本书进行再版修订。本书第三版主要进行了如下修订：(1) 党的二十大报告指出，教育是国之大计、党之大计。培养什么人、怎样培养人、为谁培养人是教育的根本问题。育人的根本在于立德。全面贯彻党的教育方针，落实立德树人根本任务，培养德智体美劳全面发展的社会主义建设者和接班人。在内容修订上，适应新时代人才培养的要求，充分体现"立德树人"目标和"课程思政"思想，紧密结合中国经济社会发展的统计数据和现实案例，系统阐述统计学基础理论与方法，在专业知识的学习中引导学习者树立正确的世界观，掌握科学的方法论。(2) 调整更新了部分数据和案例资料，关注现实热点问题，补充了较多的新阅读材料，提升了教材的时效性和现实性，增强了教材可读性。(3) 鉴于国家统计局新修改实施的《中国国民经济核算体系（2016）》相对于《中国国民经济核算体系（2002）》有很大变化，作为教材内容尚不成熟，故删除第二版中第十章国民经济核算。(4) 进一步检查修改和完善了教材的相关章节，强化了术语、用词和语言表达的精准性和逻辑严谨性，使得教材内容更加精炼。

本书第三版的修订工作是由成都理工大学商学院刘后平教授、管理科学学院王丽英教授共同负责完成的。本书具体分工如下：刘后平教授撰写第一章、第七章；王丽英教授撰写第四章、第八章、第九章；于文华教授撰写第二章、第三章；唐颖副教授撰写第五章；伍艺副教授撰写第六章；张荣莉、丁姝羽撰写第十章。全书由刘后平教授和王丽英教授负责修改审定。另外，硕士研究生李琳、冯瑶、吕刘佳馨、文倩、陈冯瑶、李佳美、李荷、吴雨亭、王慧、曾盈、汪黎、游爽、王寒颖、陈玉玲、曾焯然、沈浩、李一佳等参与了本书第三版的修订工作。

本书是四川省省级一流本科课程和教育部“拓金计划”示范课程“统计学”的配套教材，也是四川省2021—2023年高等教育人才培养质量和教学改革项目及校级教学改革项目“高等学校‘统计学’课程思政教学体系建设与实践研究”的成果之一。在本书的写作中，参考借鉴了国内外大量相关教材、资料及研究成果，在此，也一并向相关著作者致谢！

本书既可以作为普通高等学校经济管理类专业基础课教材，也可以作为其他专业公共课教材和实际工作者的参考书。我们深知本书可能存在种种有待商榷和不完善之处，对此希望得到相关反馈，我们将在以后不断努力加以改进。东北财经大学出版社对于本书的出版给予了大力支持，尤其是孙平老师等付出了大量心血，特此表示衷心的感谢！

编　者

2021年10月

2023年8月修改

目　录

第一章

绪论

2020年是新中国历史上极不平凡的一年。面对严峻复杂的国际形势、艰巨繁重的国内改革发展稳定任务特别是新冠肺炎疫情的严重冲击，以习近平同志为核心的党中央统揽全局，保持战略定力，准确判断形势，精心谋划部署，果断采取行动，付出艰苦努力，及时作出统筹疫情防控和经济社会发展的重大决策。我国经济运行逐季改善、逐步恢复常态，在全球主要经济体中唯一实现经济正增长，脱贫攻坚战取得全面胜利，决胜全面建成小康社会取得决定性成就，交出一份人民满意、世界瞩目、可以载入史册的答卷。

初步核算，全年国内生产总值1 015 986亿元，比上年增长2.3%。其中，第一产业增加值77 754亿元，增长3.0%；第二产业增加值384 255亿元，增长2.6%；第三产业增加值553 977亿元，增长2.1%。第一产业增加值占国内生产总值比重为7.7%，第二产业增加值比重为37.8%，第三产业增加值比重为54.5%。全年最终消费支出拉动国内生产总值下降0.5个百分点，资本形成总额拉动国内生产总值增长2.2个百分点，货物和服务净出口拉动国内生产总值增长0.7个百分点。分季度看，一季度国内生产总值同比下降6.8%，二季度增长3.2%，三季度增长4.9%，四季度增长6.5%。预计全年人均国内生产总值72 447元，比上年增长2.0%。国民总收入1 009 151亿元，比上年增长1.9%。全国万元国内生产总值能耗比上年下降0.1%。预计全员劳动生产率为117 746元/人，比上年提高2.5%。①

我们在生活和工作中会接触到大量的信息和数据。我们未来会成为经济管理人员或科研工作者，有些人将成为数据的生产者，但大部分人会成为数据的使用者。在信息化时代，你必须有能力弄懂别人向你提供的大量数据的含义。什么样的专门手段能使你高效率地使用数据？答案是“统计学”。

本章提要

本章从整体上对统计学的基本轮廓和有关概念进行简要介绍，为以后各章的学习奠定基础。通过学习，了解统计学的产生和发展、统计学的种类及学科性质、相关统计软件；理解统计的含义和统计研究对象的特点，理解统计研究全过程的基本环节及其内容；掌握统计学中的几个基本概念。

① 国家统计局. 中华人民共和国2020年国民经济和社会发展统计公报［EB/OL］.［2021-02-28］. http://www.stats.gov.cn/ztjc/zthd/lhfw/2021/lh_hgjj/202103/t20210301_1814216.html.

第一节 统计与统计学的产生与发展

统计作为一种社会实践活动，是为了适应社会政治经济的发展和国家管理的需要而产生和发展起来的，距今已有4 000多年的历史，而统计学或统计理论则是在长期统计实践活动基础上形成和发展起来的，距今只有300多年的历史。回顾一下统计的渊源及发展过程，对于了解统计学的研究对象和性质，学习统计学的理论和方法，提高我们的统计实践和理论水平，都是十分必要的。

一、人类统计实践的产生与发展

人类的统计实践是随着计数活动而产生的。因此，对统计实践发展的历史可追溯到人类社会初期的结绳记事，这是最初的统计。而统计实践的真正萌芽是在古代奴隶社会。当时的统治阶级为了治理国家的需要，常常进行征税、征兵、服劳役等统治活动，因此有了了解社会基本情况的需要。我国早在公元前21世纪的夏朝，就有了人口与土地数字的记载，当时全国分为九州，人口1 355万人。世界上，古代埃及、希腊、罗马的历史中，也有类似的记载。古代埃及在公元前3000年已经有人口、居民财产统计。这些就是原始形态的统计。

进入封建社会后，随着人类社会生产的发展，统计的范围逐渐由人口、土地、财富发展到社会经济生活的各个方面。但由于自给自足的自然经济占主导地位，生产力低下，经济落后，长期的封建生产关系阻碍了社会生产力的发展，相应地也阻碍了统计实践的发展。统计实践的广泛发展始于资本主义发展时期。17世纪以来，资本主义国家由于工、商、农、贸、交通的发展，统计实践从国家管理领域扩展到社会经济活动的许多领域。从18世纪起，各资本主义国家都先后设立专业的统计机关，收集各方面统计资料，定期或不定期举行人口、工业、农业、贸易、交通等项调查，出版统计刊物，建立国际统计组织，召开国际统计会议。

21世纪以来，随着大数据和人工智能的发展，统计在自然科学、工程技术、经济管理、人文社会科学等领域的应用与实践不断拓展，已成为现代社会治理与科学管理的重要工具。

二、西方统计思想的形成与发展

（一）古典统计学时期

17世纪中叶至18世纪中叶是古典统计学时期，在这一时期，统计学理论初步形成了一定的学术派别，主要有政治算术学派和国势学派。

1.政治算术学派

政治算术学派产生于17世纪中叶的英国，创始人威廉·配第（William Petty，1623—1687），其代表作是他于1676年完成的《政治算术》一书，这本书是经济学和统计学史上的重要著作，这里的“政治”是指政治经济学，“算术”是指统计方法。在这部书中，他利用实际资料，运用数字、重量和尺度等定量分析工具对英国、法国和荷兰三国的国情国力，做了系统的数量对比分析，其所采用的方法是前所未有的，为统计学的形成和发展奠定了方法论基础。因此，马克思说："威廉·配第——政治经济学之父，在某种程度上也是统计学的创始人。"政治算术学派的另一个代表人物是约翰·格朗特（1620—1674），他以1604年伦敦教会每周一次发表的"死亡公报"为研究资料，在1662年出版了《关于死亡公报的自然和政治观察》的论著。书中通过大量观察发现了人口各年龄组的死亡率、性别比例等重要的数量规律，并对人口总数进行了较为科学的估计；并且第一次编制了"生命表"，对死亡率与人口寿命作了分析，从而引起了普遍的关注。因此，他被认为是人口统计学的创始人。政治算术学派虽然提出了利用数字、重量、尺度的统计学方法基础，但是并没有形成统计学学科概念，故后来的统计学家们认为该学派有统计之实，无统计之名。

2.国势学派

国势学派又称记述学派，产生于17世纪的德国。由于该学派主要以文字记述国家的显著事项，故称记述学派。其主要代表人物是海尔曼·康令（Hermann Conring，1606—1681）和阿亨华尔（Gottfried Achenwall，1719—1772）。康令于1660年把国势学从法学、史学和地理学等学科中独立出来，在大学中讲授"实际政治家所必需的知识"；阿亨华尔在哥廷根大学开设"国势学"课程，其主要著作是《近代欧洲各国国势学纲要》，书中讲述"一国或多数国家的显著事项"，主要用对比分析的方法研究了国家组织、领土、人口、资源财富和国情国力，比较了各国实力的强弱，为德国的君主政体服务。因在外文中"国势"与"统计"词义相通，后来正式命名为"统计学"。国势学派只是对国情的记述，偏重事物性质的解释，未能进一步揭示社会经济现象的规律，也不研究事物的计量分析方法，不注重数量对比和数量计算，只是用比较级和最高级的词汇对事物的状态进行描述。所以，人们也把它叫作记述学派（旧学派或德国学派），并认为国势学派有统计学之名而无统计学之实。

（二）近代统计学时期

18世纪末至19世纪末是近代统计学时期，在这个时期，各种学派的学术观点已经形成，并且形成了两个主要学派，即数理统计学派和社会统计学派。

1.数理统计学派

在18世纪，概率理论日益成熟，为统计学的发展奠定了基础。19世纪中叶，概率论被引进统计学从而形成数理统计学派，其奠基人是比利时的阿道夫·凯特勒（Lambert Adolphe Jacques Quetelet，1796—1874），在其《社会物理学》中将古典概率论引入统计学，使统计学进入一个新的发展阶段。他认为概率论是适于政治及道德科学中以观察与计数为基础的方法，并以此方法对自然现象和社会现象的规律性进行观察，并认为要促进科学的发展，就必须更多地应用数学。总之，他把概率论引入统计学，为数理统计学的形成与发展奠定了基础，被誉为现代统计学之父。

2.社会统计学派

社会统计学派产生于19世纪后半叶，创始人是德国经济学家、统计学家克尼斯（K. G. A. Knies，1821—1898），主要代表人物有厄恩斯特·恩格尔（Christian Lonrenz Ernst Engel）、乔治·冯·梅尔（Georg von Mayr，1841—1925）等人。他们融合了国势学派与政治算术学派的观点，沿着凯特勒的"基本统计理论"向前发展，但在学科性质上认为统计学是一门社会科学，是研究社会现象变动原因和规律性的实质性科学，以此同数理统计学派通用方法相对立。社会统计学派在研究对象上认为统计学是研究总体而不是个别现象，而且认为由于社会现象的复杂性和整体性，必须对总体进行大量观察和分析，研究其内在联系，才能揭示现象内在规律。这是社会统计学派的“实质性科学”的显著特点。

（三）现代统计学时期

20世纪至今为现代统计学时期，这一时期的主要特征是描述统计学已转向推断统计学。1907年，英国人戈塞特（1876—1937）提出了小样本t统计量理论，丰富了抽样分布理论，为统计推断奠定了基础。英国的R. A. Fisher（1890—1962）提出了极大似然估计量的概念，迅速成为估计参数的重要方法，他还提出样本相关系数的分布、实验设计和方差分析等方法。英国科学家弗朗西斯·高尔顿（Francis Galton）提出了相关与回归思想，并给出计算相关系数的明确公式。英国统计学者K.皮尔逊发展了拟合优度检验，还给出了卡方统计量及其极限分布，波兰学者奈曼（J. Neyman，1894—1981）创立了区间估计理论，并和E.皮尔逊发展了假设理论。美国学者瓦尔德提出决策理论和序贯抽样方法。美国化学家威尔科克松（Frank Wilcoxon）发展了一系列非参数统计方法，开辟了统计学的新领域。由马哈拉诺比斯领导的印度统计研究所和20世纪30年代后期奈曼发表的两篇论文，使抽样的数学理论在20世纪30年代得到了迅速发展。

统计学经过以上三个阶段发展到今天，随着统计学理论知识的发展与健全，统计学的应用领域进一步扩大，出现许多新型的交叉学科，比如统计应用到法律、文学等学科。同时，随着计算机技术的飞速发展，统计学还将在模糊现象、突变现象及混沌现象等方面开辟新的研究领域，互联网的诞生和大数据时代的到来，统计学也在理论与方法上不断变革与发展。

图1-1为统计思想史上的著名人物。

图1-1　统计思想史上的著名人物：配第、凯特勒和皮尔逊

专栏阅读　　统计和统计学名词的由来

三、我国统计发展史

中华人民共和国成立前，由于我国是半殖民地半封建社会，统计工作非常落后，统计学基本上照抄照搬西方统计理论，传播的主要是数理统计学派的观点。

中华人民共和国成立后，我国在学习苏联统计工作经验的同时，引进了苏联的统计学即社会经济统计学，数理统计遭到批判。党的十一届三中全会以后，学术界又开始了百花齐放，百家争鸣，数理统计又重新受到了人们的关注。人们突破了以往狭隘的观点，承认社会经济统计学、数理统计学和自然科技方面的统计学都是独立的统计学科，它们可以同时并存，相互借鉴，共同发展。

近年来，社会经济统计学和数理统计学出现了融合的趋势，数理统计方法在社会经济统计中得到了广泛的应用。今天，统计学已属于国家一级学科，随着大统计学学科体系的建立，统计学作为一门独立的科学，其运用已渗透到自然科学和社会科学的各个领域。统计科学工作者在总结本国经验的同时，吸收了世界各国统计科学发展的成果，正在努力建设具有中国特色的现代统计学。

专栏阅读　　20世纪中国统计学发展的三个高潮一个飞跃

党的二十大报告提出，加快发展数字经济，促进数字经济和实体经济深度融合，打造具有国际竞争力的数字产业集群。数字产业包括产业数字化和数字产业化两个阶段，统计学在这两个阶段都有广阔的舞台，必定对我国的高质量发展贡献统计学力量。

第二节　统计学的研究对象、性质与方法

一、统计的概念

在日常生活中，我们经常会接触到“统计”这一术语。一提到统计，很多人可能首先想到的是统计工作，这种理解是不全面的。统计作为一种社会实践活动，已有悠久的历史，可以说，自从有了国家就有了统计实践活动。最初，统计只是一种计数活动，为统治者管理国家的需要而收集资料，通过统计计数以弄清国家的人力、物力和财力，作为国家管理的依据。然而在今天，“统计”一词已被人们赋予多种含义，在不同的场合、不同的语言环境中已有许多种不同的解释。目前，在国际统计理论界，关于统计一词的含义比较趋于一致的解释是：统计包含统计工作、统计资料和统计学三个方面的含义。

一是统计工作，即统计实践，是对自然与社会现象等客观存在的现实数量方面进行收集、整理和分析预测等活动的总称。一个完整的统计工作过程一般包括统计设计、统计调查、统计整理、统计分析等环节。统计工作是统计一词最基本的含义，是人们对客观事物的数量表现、数量关系和数量变化进行描述和分析的一种计量活动。例如，银行的计划统计科，每月编制项目报表，这个过程就是统计工作。又如，我国进行人口普查时要经过方

案设计、入户登记、数据汇总、分析总结和资料公布等一系列过程，这都是统计工作。在我国，各级政府机构基本上都有统计部门，如统计局，它们的职能主要就是从事统计数据的收集、整理和分析工作。

二是统计资料（统计信息）。它是统计工作过程中所取得的各项数字资料和与之相关的其他实际资料的总称。例如：

（1）我国国土面积约960万平方千米，其中山地约320万平方千米，高原约250万平方千米，平原约115万平方千米，丘陵约95万平方千米。

（2）2020年社会消费品零售总额391 981亿元，比2019年下降3.9%。按经营地统计，城镇消费品零售额339 119亿元，下降4.0%；乡村消费品零售额52 862亿元，下降3.2%。[①]

这些由文字和数字共同组成的数字化的信息就是统计资料，是统计提供数据信息的基本表现形式，是统计工作的直接成果。统计资料包括原始资料和整理后的资料即次级资料。例如，企业生产经营活动的原始记录、各车间的统计台账、人口普查时初次登记的资料就是原始资料，而统计公报、调查分析报告等现实和历史资料就是次级资料。统计资料的表现形式有统计表、统计图、统计分析报告、统计公报和统计年鉴等。

三是统计学。统计学是一门关于数据的科学，是一门关于数据的收集、整理、分析、解释和推断的科学。统计学经过300多年的发展，形成了自己的学科体系。统计学从统计分析方法的研究和应用角度，分为理论统计学和应用统计学，前者研究一般的收集、整理和分析数据的方法，后者则以各个不同领域的具体数量为研究重心。统计学从统计方法的构成角度，分为描述统计学和推断统计学，很多教科书都是按描述统计和推断统计搭建基本框架的（如图1-2所示）。

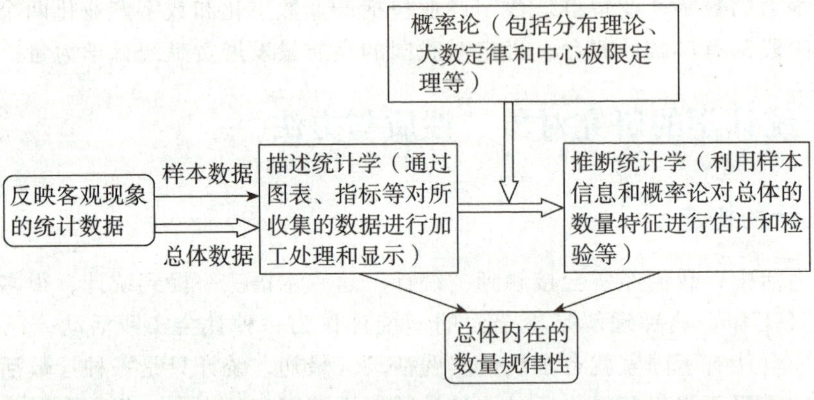

图1-2 统计学探索客观现象数量规律性的过程[②]

（1）描述统计学（Descriptive Statistics）研究如何取得反映客观现象的数据，并通过图表或统计指标对所收集的数据进行加工处理和显示，进而通过综合、概括与计算分析得出反映客观现象的规律性数量特征，内容包括统计数据的收集方法、数据的加工处理方法、数据的图表显示（可视化数据）、统计指标计算分析、数据分布特征的概括与分析方法等。

（2）推断统计学（Inferential Statistics）研究如何根据样本数据去推断总体数量特征的方法，它是在对样本数据进行描述的基础上，对统计总体的未知数量特征作出以概率形式

① 国家统计局．中华人民共和国2020年国民经济和社会发展统计公报［R］．2021-02-28.
② 袁卫，庞皓，曾五一，等．统计学［M］．3版．北京：高等教育出版社，2009：6.

表述的推断，是系统论述统计理论和方法的科学，是长期统计工作实践的经验总结和理论概括。其中，应用纯逻辑推理的方法研究抽象的随机现象的数量规律性的科学称为理论统计学，而应用统计方法研究各领域客观现象的数量规律性的科学称为应用统计学。社会经济统计学则是关于国民经济和社会现象数量方面的调查、整理和分析的原理、原则和方式方法的科学，按其性质它属于应用统计学。

小提示

2011年初，我国国务院学位委员会在新的研究生专业目录中将统计学上升为一级学科，为统计学科和统计教育的发展提供了更广阔的平台，也显示出统计对科学研究、经济管理和社会发展的重要性。

统计的三种含义之间具有密切的联系。首先，统计工作和统计资料是统计活动与统计成果的关系。一方面，统计资料的需求支配着统计工作的局面；另一方面，统计工作的好坏又直接影响着统计资料的数量和质量。其次，统计工作与统计学是统计实践与统计理论的关系。一方面，统计学来源于统计实践，只有当统计工作发展到一定程度，才可能形成独立的统计学；另一方面，统计工作的开展又需要统计理论的指导，统计科学研究大大促进了统计工作水平的提高，统计工作的现代化和统计科学的进步是分不开的。总之，三者中最基本的是统计工作，没有统计工作就不会有统计资料，没有丰富的统计实践经验就不会产生统计学。

英文单词“Statistics”有两个含义：把它用作单数时，表示“统计学”；把它用作复数时，表示“统计数据”或“统计资料”。统计学与统计数据之间密不可分的关系在这里也可略见一斑。

请思考

下列有关“统计”一词的含义是什么？

1.小张这学期统计没考好。

2.他已搞了几十年统计了。

3.据统计，今年一季度物价指数出现负增长。

4.请找统计登记一下。

5.这个月汽车销售量统计是200台。

二、统计学的研究对象及学科性质

统计学的研究对象是指统计研究所要认识的客体。只有明确了研究对象，才可能根据它的性质特点指出相应的研究方法，达到认识研究对象客体规律性的目的。由统计学的发展史可知，统计学是从研究社会经济现象的数量开始的，随着统计方法的不断完善，统计学得以不断发展。因此，统计学的研究对象为大量现象的数量方面。而社会经济统计学的研究对象是在质和量的辩证统一过程中，研究大量社会经济现象总体的数量方面。

所谓数量方面是指现象总体的数量特征、数量关系及数量界限，通过对这些数量方面的研究，表明所研究现象的规模、水平、速度、比例和效益等，以反映社会经济现象发展变化的规律性，反映现象的本质。统计学和统计工作是理论和实践的关系，它们所要认识的研究对象是一致的。

社会经济现象包括自然现象以外的社会的政治、经济、文化、人民生活等领域的各种现象。比如，国民财富与资产、人口与劳动力资源、生产与消费、财政与金融、教育与科技发展状况、城乡人民物质文化生活水平等。通过对这些基本的社会经济现象的数量方面的认识，达到对整个社会的基本认识。

社会经济统计学虽然不研究自然现象与科学技术本身，但是社会、经济和自然、技术总是密切联系、相互影响的。社会经济统计学也研究自然技术因素对社会生活变化的影响，研究社会生产发展对社会生活自然条件的影响。例如，研究资源条件和技术条件的变化对社会生产生活的影响程度，研究社会生产的发展引起自然条件的变化等。

【例1-1】我国历次人口普查的总人口情况见表1-1。

表1-1 我国历次人口普查的总人口情况

人口普查	时　间	总人口（亿人）
第一次	1953年6月30日24时	5.74
第二次	1964年6月30日24时	7.23
第三次	1982年7月1日零时	10.08
第四次	1990年7月1日零时	11.34
第五次	2000年11月1日零时	12.95
第六次	2010年11月1日零时	13.71
第七次	2020年11月1日零时	14.43

注：资料来源于国家统计局历次全国人口普查统计公报。第七次全国人口普查中的全国总人口包括大陆31个省、自治区、直辖市和现役军人的人口，香港特别行政区人口，澳门特别行政区人口，以及台湾地区人口，全国总人口为1 443 497 378人，其中：普查登记的大陆31个省、自治区、直辖市和现役军人的人口共1 411 778 724人；香港特别行政区人口为7 474 200人；澳门特别行政区人口为683 218人；台湾地区人口为23 561 236人。

表1-1描述的是中华人民共和国成立以来开展的七次全国人口普查统计数据，反映了不同时间我国总人口规模情况，为我国人口及计划生育政策的调整提供了科学依据。

由此可见，统计学的研究对象是客观事物的数量特征和数量关系。统计学也就是关于数据收集、整理、归纳、分析的方法论科学，其目的是探索数据的内在数量规律性。

统计学的研究对象具有以下特点：

（一）数量性

客观现象有着质和量两个方面的表现，根据质和量的辩证统一研究现象的数量特征，从数量上认识现象的性质和规律性，这是统计研究的基本特点。统计运用科学方法收集、整理、分析反映现象特征的数据，并通过统计指标反映现象的规模、水平、比例、速率及其变动规律。认识现象的数量表现，是深入研究现象质的表现的前提和基础。现象的数量方面包括数量多少、数量关系、质和量互变的数量界限等。数量关系指各种平衡关系、比例关系和依存关系，例如总供给与总需求的平衡关系，各产业间的比例关系，消费与收入之间的依存关系等。客观现象往往具有复杂性的特点，现象之间具有多方面的联系。在研究现象的数量方面时，我们必须把握现象的全貌，反映现象发展变化的过程，必须紧密联系现象的具体内容和联系质的特征，这是统计学与数学的一个重要区别。例如，一个国家的人口数量、结构和分布；国民经济的规模、发展速度；人们的生活水平等，都是反映基本国情和基本国力的基本指标，通过这样的一系列指标才能对整个国家有一个客观清晰的认识。由此可见，数量性是统计研究对象的特点之一。对于用定性方式表述的客观现象，则应该将其转换为数量形式，例如为了反映某产品的质量情况，用合格与不合格来表示，这时可分别记合格与不合格为1与0等。

（二）总体性

统计研究的对象总是由大量同类事物构成的总体现象的数量特征。个别和单个事物的数量表现是可以直接获取的，一般不需运用统计研究方法。例如，要了解某名工人的工作情况，查一查生产记录就可以了，可如果要了解全体工人产量的分布、差异和一般水平等，就要用统计方法来进行计算和分析。统计对总体现象的数量特征进行研究时，是通过对组成总体的个别事物量的认识来实现的。例如，在人口普查中我们通过对每一户家庭的人口状况进行调查，根据所取得的资料，编制人口总数、人口结构（性别、年龄、民族、职业等结构）、人口分布、人口出生率、人口死亡率等指标来反映一个国家或一个地区的人口总体状况。个别事物有很大的偶然性，大量事物具有共性，统计学正是要从大量的客观事物中找出其共性，即规律性。从对个体数量特征的观测入手，运用科学的统计方法获得反映总体一般特征的综合数量，这是统计的又一基本特征。

（三）变异性

变异性是指组成研究对象的各个单位在特征表现上存在差异，并且这些差异是不可以按已知条件事先推断的。例如，要研究某地区大学生的消费行为，每个学生的家庭收入有差异，学生的消费偏好有差异，消费品的市场价格也不稳定。这时就需要研究大学生的平均消费、家庭平均收入、消费偏好和消费品的市场价格等因素，如果每个大学生不存在这些差异，我们只要调查一个学生相关消费行为，就可以知道整个地区的大学生消费行为，这时也就不需要做统计了。正是因为研究对象的各单位存在差异性，统计方法才有了用武之地。

（四）社会性

统计学通过研究大量社会经济现象总体的数量方面，来认识人类社会活动的条件、过程和结果，反映物质资料的占有关系、分配关系、交换关系以及其他的社会关系。其定量研究是以定性分析为前提的，而定性使其在客观上就有了社会关系的内涵。社会经济现象与自然科学技术问题是不同的，对于同一社会经济现象，站在不同的立场，持有不同的观点，运用不同的方法，可以得出差别较大的结论。这些都体现了统计活动的社会性。

（五）具体性

统计研究的总体数量是一个有具体时间、具体地点、具体条件限定的数量。如利润额1 000万元，在表面上看，它只是一个毫无意义的抽象数量。如果说2021年6月某企业利润额1 000万元，这就是统计中所说的具体数量了。可见具体性就是指在时间、地点、条件三方面有着明确的规定性。

统计工作虽然是研究具体的数量，但为了进行复杂的定量分析，还需要借助抽象的数学模型和数理统计方法，遵循一定的数学规则。以抽象方法为手段，以具体数量为目的，体现了统计研究中具体和抽象的辩证关系。

二、统计学的性质

根据统计学的定义，我们很容易知道统计学的性质：统计学是一门认识方法论科学，具体来说它是研究如何收集数据、整理数据并分析数据，以便从中作出正确推断的认识方法论科学。之所以统计学具有这样的性质，是因为：首先，统计学是为了揭示客观事物的规律性；其次，为了达到这个目的，需要运用各种统计方法来认识事物的真实面目。因此，统计学是认识客观事物的方法论科学。

统计学和数学都是研究数量关系的科学，它们之间既有联系又有区别。一方面，数学以抽象的概念和方法研究各种数量关系和空间形式，而统计学则是对客观现象在质和量的相互联系中研究其数量方面，揭示其数量变动的规律性，这是它们之间的本质区别；另一方面，数学又为统计学提供大量的计算分析方法，尤其是数理统计不仅用于研究自然与技术现象，也可用于研究社会经济现象。工业产品、农副产品的抽样调查，生产过程的检验和控制等就是数理统计方法在社会经济领域中的应用。

统计学在研究客观现象的数量特征和数量关系时，必然要以相关学科的基本理论和基本知识为指导，如经济学、社会学、物理学、生物学、心理学等。而且，统计学的基本理论在各个领域中的应用形成了各种专门统计学，如经济统计学、人口统计学、科技统计学、金融统计学、生物统计学、心理统计学等。统计学与相关科学的结合同时也促进了统计理论和方法的发展。

请思考

1.从统计学科性质来看，你认为统计学、数学和数理统计学是一种什么关系？

2.统计学与各种专门统计学是什么关系？

三、统计学的研究方法

统计学作为一门方法论科学，具有自己完善的方法体系。统计研究的具体方法有很多，这将在后续课程中学习，而从大的方面看，其基本研究方法有：

（一）大量观察法

这是统计活动过程中收集数据资料阶段（即统计调查阶段）的基本方法，即要对所研究现象总体中的足够多数的个体进行观察和研究，以期认识具有规律性的总体数量特征。大量观察法的数理依据是大数定律，大数定律是指虽然每个个体受偶然因素的影响作用不同而在数量上存有差异，但对总体而言可以相互抵消而呈现出稳定的规律性，因此只有对足够多数的个体进行观察，观察值的综合结果才会趋向稳定，建立在大量观察法基础上的数据资料才会给出一般的结论。统计学的各种调查方法都属于大量观察法。

（二）统计分组法

由于所研究现象本身的复杂性、差异性及多层次性，需要我们对所研究现象进行分组或分类研究，以期在同质的基础上探求不同组或类之间的差异性。统计分组在整个统计活动过程中都占有重要地位，在统计调查阶段可通过统计分组法来收集不同类的资料，并可使抽样调查的样本代表性得以提高（即分层抽样方式）；在统计整理阶段可以通过统计分组法使各种数据资料得到分门别类的加工处理和储存，并为编制分布数列提供基础；在统计分析阶段则可以通过统计分组法来划分现象类型、研究总体内在结构、比较不同类或组之间的差异（显著性检验）和分析不同变量之间的相关关系。统计学中的统计分组法有传统分组法、判别分析法和聚类分析法等。

（三）综合指标法

统计研究现象的数量方面的特征是通过统计综合指标来反映的。所谓综合指标，是指用来从总体上反映所研究现象数量特征和数量关系的范畴及其数值，常见的有总量指标、相对指标、平均指标和标志变异指标等。综合指标法在统计学，尤其是社会经济统计学中占有十分重要的地位，是描述统计学的核心内容。如何最真实客观地记录、描述和反映所研究现象的数量特征和数量关系，是统计指标理论研究的一大课题。

（四）统计模型法

在以统计指标来反映所研究现象的数量特征的同时，我们还经常需要对相关现象之间的数量变动关系进行定量研究，以了解某一（些）现象数量变动与另一（些）现象数量变动之间的关系及变动的影响程度。在研究这种数量变动关系时，需要根据具体的研究对象和一定的假定条件，用合适的数学方程来进行模拟，这种方法就叫作统计模型法。

（五）统计推断法

在统计认识活动中，我们所观察的往往只是所研究现象总体中的一部分单位，掌握的只是具有随机性的样本观察数据，而认识总体数量特征是统计研究的目的，这就需要我们根据概率论和样本分布理论，运用参数估计或假设检验的方法，由样本观测数据来推断总体数量特征。这种由样本来推断总体的方法就叫统计推断法。统计推断法已在统计研究的许多领域得到应用，除了最常见的总体指标推断外，统计模型参数的估计和检验、统计预测中原时间序列的估计和检验等，也都属于统计推断的范畴，都存在着误差和置信度的问题。在实践中这是一种有效又经济的方法，其应用范围很广泛，发展很快，统计推断法已成为现代统计学的基本方法。

上述各种方法之间是相互联系、互相配合的，共同组成了统计学方法体系。

请思考

如果你是一家化妆品公司的市场部经理，要想了解公司生产的化妆品在国内市场的销售现状和趋势，需要使用哪些统计方法？

第三节　统计工作过程

一、统计工作的任务

（一）统计的任务

《中华人民共和国统计法》第一章第二条规定：“统计的基本任务是对国民经济和社会发展情况进行统计调查、统计分析，提供统计资料和统计咨询，实行统计监督。”与其相适应的具体任务是：调查、整理社会经济活动的各种数字资料；在此基础上，对社会经济活动过程及其结果进行主观与客观、横向与纵向、静态与动态的综合分析，提供信息产品；判断社会经济活动的运行状态，提出相应的咨询意见，监督社会经济活动的运行过程，为国民经济宏观调控、企业经营管理和科学研究提供客观依据。为了完成上述任务，统计工作必须做到“准确、公正、及时、方便”，这是衡量统计工作质量的重要标准。

（二）统计的职能

统计是在质的规定的前提下，对客观事物进行量的研究。它既可以观察量的活动范围，又可以研究质的数量界限，还可以观察现象之间相互影响的数量关系。因此，统计具有信息、咨询、监督三大职能。

统计信息职能是指统计具有提供信息服务的功能，也就是统计通过系统的收集、整理和分析，得到统计资料，在统计资料的基础上再经过反复提炼筛选，提供大量有价值的、以数量描述为基本特征的统计信息，为社会服务。

统计咨询职能是指统计具有提供咨询建议和对策方案的服务功能，也就是指统计部门利用所掌握的大量的统计信息资源，经过进一步的分析、综合、判断，为宏观和微观决策，为科学管理提供咨询建议和对策方案。统计咨询分为有偿咨询和无偿咨询两种。在市场经济环境下，人们对专业统计咨询的需求不断增加，统计咨询应更多地走向市场。

统计监督职能是指统计具有揭示社会经济运行中的偏差，促使社会经济运行不偏离正常轨道的功能。也就是统计部门以定量检查、经济监测、预警指标体系等为手段，揭示社会经济决策及其执行过程中的偏差，使社会经济决策及其执行过程按客观规律的要求进行。

统计信息职能是统计最基本的职能，是统计咨询和统计监督职能能够发挥作用的保证，反过来统计咨询和统计监督职能的强化又会促进统计信息职能的强化。统计的三种功能相辅相成、相互作用，构成了一个有机整体，故又称为整体功能。

二、统计工作过程

统计工作是对社会经济现象进行调查研究以认识其本质和规律性的一种工作。作为人类认识客观世界的一种活动，统计工作是无止境的，但就一次具体的统计活动而言，一个完整的统计工作过程一般要经过统计设计、统计调查、统计整理和统计分析四个阶段，才能完成由定性认识到定量认识再到定性认识与定量认识相结合这一完整过程，从而使人类的认识得到升华（如图1-3所示）。

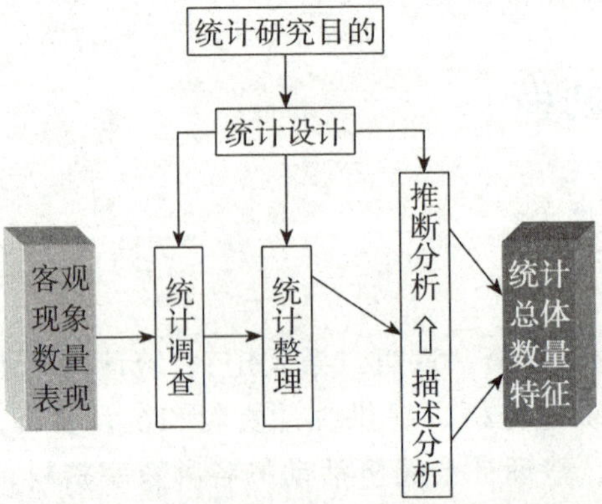

图1-3　统计研究的程序及工作阶段

统计设计是对统计活动各个方面和各个环节所作的通盘考虑和合理安排。如确定调查对象、设计指标体系、编制分类目录，以及制订调查、整理和分析方案等。优良的统计设计是科学、有效地组织统计活动的前提。

统计调查就是根据一定的目的，通过科学的调查方法，收集社会经济现象的实际资料的活动。从统计工作的全过程来看，统计调查是收集资料获得感性认识的阶段，它既是认识客观经济现象的起点，也是统计整理和统计分析的基础环节。

统计整理是对调查收集的大量统计资料加工整理、汇总、编制图表的过程。通过统计调查取得的原始资料只能反映总体各单位的具体情况，是分散的、零碎的、表面的，而且精粗并存，真伪混杂，不能说明事物的全貌。要说明总体情况，揭示出总体的特征，还需要对这些资料进行去粗取精、去伪存真、由此及彼、由表及里的加工整理，以便对总体作出概括性的说明。统计整理处于统计工作过程的中间环节，起着承前启后的作用。

统计分析是将加工整理好的统计资料加以分析研究，采用各种分析方法，计算各种分析指标，来揭示社会经济活动过程的本质及其发展变化的规律性。通过统计分析阶段，对事物由感性认识上升到理性认识。

统计工作过程的四个阶段并不是孤立、截然分开的，它们是紧密联系的一个整体，其中各个环节常常是交叉进行的。例如，小规模的调查，常把调查和整理结合起来；在统计调查过程中就有对事物的初步分析；在整理和分析过程中仍须进一步调查。

三、统计学在经济管理中的应用

统计学应用十分广泛，凡是有数据存在的学科和领域都会用到统计学，因而也形成了众多的具有统计学应用性质的学科，如社会统计学、工业统计学、农业统计学、物理统计学、生物统计学、医药统计学、人口统计学、空间统计学等。

经济学在研究经济现象及其发展变化的规律性时，除了要作规范性的理论分析以外，离不开对现实经济活动的实证研究。经济学家只有从对现实经济活动的运行条件、运行过程和运行结果的数量分析中，才能得出真正符合客观实际的规律性结论。无论是宏观经济学研究还是微观经济学分析，都需要大量地运用统计学方法，通过各种调查去收集实际的经济统计数据，通过整理与分析，探索出其数量规律性。统计学在经济领域的应用形成了经济统计学。

统计学在政府管理中应用广泛。要对国民经济这样的庞大系统进行有效的管理和控制，就必须全面掌握社会再生产的条件、过程和结果的数量信息，这就要求对国民经济系统进行全面的统计核算。为此，从联合国到世界各国政府都建立了相当规模的统计机构，并构建了国民经济核算体系作为宏观经济统计的基本框架，其中国内生产总值统计、投入产出统计、资金流量统计、资产负债统计和国际收支统计是最核心的内容。此外，对社会资源、经济增长、经济结构、经济平衡、经济效益的统计分析，对价格指数、通货膨胀的统计分析，对综合国力的国际对比，对国民经济的宏观监测与预警分析都有助于政府的宏观管理。为了满足国民经济各个部门和各个专业管理的需要，还建立了部门的或专业的统计体系，如房地产统计、劳动统计、金融统计等。

统计学在企业管理中也应用广泛。要对企业生产经营活动进行策划、组织、营销、激励、调节、控制，以获得最大的经济效益，就必须全面掌握企业所有资源的状况，这就要求企业建立内部的资源管理系统和外部的客户管理、供应链系统，并在此基础上运用统计方法在企业的海量数据中挖掘出有价值的信息。对市场进行分析、对生产过程的质量控制以及最终企业效益的核算，都离不开统计方法的应用。

第四节 统计学中的基本概念

一、统计总体和总体单位

根据一定的目的和要求，统计需要研究有关的统计总体。统计总体简称总体，是由客观存在的、同一性质基础上结合起来的许多个别单位所构成的整体。例如，研究某个工业部门的企业生产情况时，该部门的所有工业企业可以作为一个总体，因为它是由许多客观存在的工业企业组成的，而每个工业企业都是进行工业生产活动的基层单位，具有同质性。

如果一个统计总体中包括的单位数是无限的，称为无限总体。例如，连续大量生产某种零件时，其总产量是无限的，构成一个无限总体。如果一个总体中包括的单位数是有限的，则称为有限总体。例如，在特定时点上的人口总数、工业企业总数等，都是有限总体。对于有限总体，既可以进行全面调查，也可以进行抽样调查。对于无限总体来说，只能进行抽样调查，根据样本数据推断总体特征。

综上所述，可见总体和总体范围的确定，取决于统计研究的目的要求。而形成统计总体的必要条件，亦即总体必须具备三个特性：大量性、同质性和变异性。

大量性是总体的量的规定性，即指总体的形成要有一个相对规模的量，仅仅由个别单位或极少量的单位不足以构成总体。因为个别单位的数量表现可能是各种各样的，只对少数单位进行观察，其结果难以反映现象总体的一般特征。统计研究的大量观察法表明，只有观察足够多的量，在对大量现象的综合汇总过程中，才能消除偶然因素，使大量社会经济现象的总体呈现出相对稳定的规律和特征，这就要求统计总体必须包含足够多数的单位。足够多数，是指足以反映规律的数量要求。当然，大量性也是一个相对的概念，它与统计研究目的、客观现象的现存规模以及总体各单位之间的差异程度等都有关系。

总体的同质性，是指构成总体的各个单位至少有一种性质是共同的。同质性是将总体各单位结合起来构成总体的基础，也是总体的质的规定性。例如，全国工业企业作为统计总体，则每个总体单位都必须具有从事工业生产活动的企业特征，而不具有这些特征的就不能称之为工业企业。如果违反同质性，把不同性质的单位结合在一起，对这样的总体进行统计研究，不但没有实际意义，甚至会产生虚假和歪曲的分析结论。

小提示

同质性的概念是相对的，它是根据一定的研究目的而确定的，目的不同，同质性的意义也就不同。例如，研究全国工业企业的生产状况时，所有工业企业都是同质的，而研究民营工业企业生产状况时，那么，民营工业企业与国有工业企业就是异质的。可见，同质性是相对研究目的而言的，当研究目的确定后，同质性的界限也就确定了。

总体各个单位除了具有某种或某些共同的性质以外，在其他方面则各不相同，具有质和量的差别，这种差别称为变异。正因为变异是普遍存在的，才有必要进行统计研究，这是统计的前提条件。总体中各个单位之间具有变异性的特点，这是各种因素错综复杂作用的结果，所以有必要采用统计方法加以研究，才能表明总体的数量特征。

请思考

要研究某银行职工的工资情况，其统计总体是什么？想一想，这个总体是否同时具备统计总体的三个特征？

构成总体的每一个具体单位称为总体单位，也称为个体。原始资料最初就是从各个总体单位取得的，所以总体单位是各项统计数字最原始的承担者。例如，研究某个工业部门的生产情况时，该工业部门的所有工业企业可以作为一个总体，每个工业企业则是总体单位，将每个工业企业的某些数量特征加以登记汇总，就取得该工业部门的统计资料。

总体和总体单位是相对而言的，在一种特定范围、研究目的条件下的统计研究中，统计总体与总体单位是不容混淆的，二者的含义是确切的，是包含与被包含的关系。但是随着统计研究目的及范围的变化，统计总体和总体单位可以转化，也就是说同一事物在不同情况下，可以作为总体，也可以作为总体单位。例如，在上述某一工业部门所有工业企业的统计总体中，每个企业是一个总体单位。但为了要研究一个典型企业的内部各部门情况时，则该企业作为一个总体，内部各具体部门成了总体单位。

请思考

总体和总体单位可以指单位也可以指人，请问可以指物吗？举例说明。

二、标志

用来说明总体单位属性或特征的名称，在统计上称为标志。每个总体单位都具有许多属性和特征。例如，就全国工业企业这一总体来说，每个工业企业所属的经济类型、行业性质、职工数目、产品产量和产值等的特征，可以说明每个企业的具体情况。

标志的属性或数量在各总体单位的具体表现称为标志表现。如果说标志是统计所要调查的项目，那么标志表现是调查所得到的结果，是各总体单位（个体）在该标志上的实际体现。统计研究是从标志表现开始的，标志表现是最基础的统计资料，是形成总体指标数值的原材料。每个标志的具体表现就是在标志名称之后所表明的属性或数值，例如，当我们研究的总体是全国工业企业时，企业的“行业性质”“经济类型”“工业总产值”是调查标志，企业的“工业”特征就是“行业性质”的标志表现；企业的“国有经济”“集体经济”“股份制经济”“私营经济”等，就是“经济类型”的标志表现；企业的工业总产值“2 000万元”“5 000万元”“8 000万元”就是“工业总产值”的标志表现。

标志按性质不同可以分为品质标志和数量标志。品质标志是表明总体单位的质的特征的名称。例如，工人的性别、民族、文化程度、工种等这一类标志，不能用数量而只能以性质属性上的差别即文字来表示，称为品质标志，表示事物的质的特征。

数量标志是表明总体单位的量的特征的名称。例如，工人的年龄、工龄、工资，工业企业的工人数、产量、产值、固定资产等，只能以数量的多少来表示，称为数量标志，表示事物的量的特性。

小提示

就一个品质标志或数量标志而言，其具体表现可能多种多样，不能将标志与标志表现相混淆。例如，对车间5个工人的月工资计算平均工资，只能说是对5个工人的工资标志表现或5个标志值计算平均数，不能说对5个数量标志计算平均数，因为数量标志只有一个，即工人的“月工资”。

标志按变异情况可以分为不变标志和可变标志。如上所述，标志在总体单位之间各有一定的具体表现，有的相同，有的则不尽相同。标志如果在总体各单位之间的具体表现完全相同，该标志就称为不变标志。例如，国有工业企业的经济类型是属于国家所有，这个标志对国有工业企业这一总体来说，就是不变标志。任何总体的各个总体单位至少要有一个共同的不变标志，才能使它们结合在一起，这个不变标志就是构成总体同质性的基础。

总体单位的标志的具体表现，大多数都是在各单位之间变化其性质和数值的。如果某些标志在总体各单位的具体表现不完全相同，这些标志称为变异标志或可变标志。例如，国有工业企业的产量、产值、工人数等标志，是随着每个企业的具体情况而变动的，这些标志就是可变标志。

请思考

如果要调查某高校在校学生的课余生活情况，其总体和总体单位如何确定？每一个学生作为总体单位具有哪些标志？指出其中的品质标志和数量标志。

三、统计指标和统计指标体系

统计指标是反映统计总体综合数量特征的概念和数值。例如，人口数、国土面积、机器设备台数、工农业总产值、总成本、利润、国内生产总值（GDP）等，这些概念用于反映一定总体的综合数量特征时，就成为统计指标。任何统计指标总是要通过一定的数值来加以说明的，这种数值称为统计指标数值。统计指标数值是现象发展变化的规律性在一定时间、地点和条件下的数量表现。从理论上讲，一个完整的统计指标是由两个部分所构成的，即指标名称和指标数值。指标名称和指标数值是两个既有联系又有区别的概念。指标名称是统计所研究的社会经济现象的科学概念，表明社会经济现象的质的规定，反映某一社会现象内容所属的范围；指标数值则是统计所研究现象的具体数量综合的结果，对某一社会经济现象总体特征从数量上加以说明。统计指标名称及其指标数值的有机结合，也就是事物质的规定性和量的规定性有机联系的表现。

在实际统计工作中，统计指标一般包含六个要素：指标名称、计量单位、核算方法、时间限制、空间限制和指标具体数值。例如，我国2020年国内生产总值为1 015 986亿元。该统计指标就包含上述几个要素（见表1-2）。

表1-2 统计指标六要素

时　间	空　间	指标名称	具体数值	单　位
2020年	中国	国内生产总值	1 015 986	亿元

注：核算方法未在表中反映，它是内含于指标中的。表中国内生产总值指标包括三种核算方法，即生产法（增加值法）、收入法、支出法。理论上各种核算方法计算的结果应该一致，但不同核算方法会存在实际计算结果上的差异，各个国家（或地区）会选择一种或同时采用三种核算方法对国内生产总值进行统计。

从事统计指标的理论设计主要是制定和规范前三个要素，而从事具体的统计调查和数据收集工作，则要准确核算后三个要素，这也是具体统计工作所要承担的繁重任务。

统计指标按其所反映的数量特点和内容的不同，可以分为数量指标和质量指标两类。用来反映社会经济现象总规模或总水平的统计指标叫数量指标。例如，人口总数、企业总数、耕地面积、工业总产值和商品进出口总额等，都属于这一类指标。数量指标是用绝对数表示的，并具有实物的或货币的计量单位。统计实践中这类指标通常是以总量指标的形式出现的。由于数量指标反映的是现象总体的绝对量，因此其指标数值大小随总体范围的大小而增减变动。

反映现象所处的相对水平或平均水平的统计指标，称为质量指标，它表示事物的内涵量状况。例如，产品合格率、固定资产的利用程度、单位成本指标、利润率、劳动生产率、平均工资等。质量指标是用相对数或平均数表示的，在统计工作中，这类指标通常是以相对指标或平均指标的形式出现。由于质量指标反映的是现象总体内部的数量关系，因此其指标数值大小与总体范围大小没有直接的关系。数量指标和质量指标的关系表现在，数量指标是计算质量指标的基础，而质量指标往往是相应的数量指标进行对比的结果。

统计指标与标志之间的区别和联系。两者的区别主要表现在：①说明对象不同。统计指标说明的是总体的特征，而标志则是反映总体单位的特征。②表述形式不同。统计指标都可以用数值表示，而标志既有能用数值表示的数量标志，又有不能用数值只能用文字表述的品质标志。两者的联系主要表现为：①具有对应关系。在统计研究中，标志与统计指标名称往往是同一概念，具有相互对应关系。因此，标志就成为统计指标的核算基础。②具有汇总关系。许多统计指标的数值是由总体单位的数量标志值汇总而来的。如某地区工业总产值就是该地区各工业企业总产值之和，这里，地区工业总产值就是统计指标，而各企业总产值则是标志。同时，通过对品质标志的标志表现所对应的总体单位数进行加总，也能形成统计指标。例如，上述的工业企业经济类型，汇总后可得出具有某种属性的总体单位数，如国有经济企业数、集体经济企业数等。③具有变换关系。由于统计研究的目的不同，统计总体和总体单位具有相对性。统计总体和总体单位规定的非确定性，导致相伴而生的统计指标和标志也不是严格确定的。随着研究目的的变化，原有的总体转变为总体单位，相应的统计指标也就成为数量标志；反之亦然。这说明，指标与数量标志之间存在着一定的联系和变换关系。

社会经济现象是一个复杂的总体，各类现象之间存在着相互依存和相互影响的关系。一个统计指标往往只能反映复杂现象总体某一方面的特征，要了解客观现象在各个方面及其发展变化的全过程，仅靠单个的统计指标是不行的，必须建立和运用统计指标体系。

所谓统计指标体系，就是若干个相互联系的统计指标所组成的整体。例如，一个工业企业把产品产量、净产值、劳动生产率、产品合格率、原材料消耗、成本、销售收入、利润等统计指标联系起来就组成了指标体系，这便于我们全面、准确地评价该企业的生产经营情况。

指标体系按其作用不同，可分为基本统计指标体系和专题统计指标体系。基本统计指标体系反映一定时期、一定范围内国民经济和社会发展基本情况，用于国家对经济社会运行的监测调控；专题统计指标体系主要是用于调查研究某一个专门问题的指标体系，如人口普查统计指标体系、产品质量调查统计指标体系。

指标体系按其考核范围不同，可分为宏观指标体系、中观指标体系和微观指标体系。

宏观指标体系反映整个社会、经济和科技情况；中观指标体系反映各个地区和各个部门、行业的社会、经济和科技情况；微观指标体系反映各企、事业单位的生产经营或工作运行情况。

指标体系按其作用或功能不同，可分为描述性指标体系、评价性指标体系和预警性指标体系。描述性指标体系主要是反映社会经济现象的现状、运行过程和结果；评价性指标体系主要是比较、判断社会经济现象的运行过程、结果是否正常；预警性指标体系是对经济运行过程进行监测，起预警作用的指标体系。

专栏阅读 企业经济效益评价指标体系

请思考

1.有了统计指标，为什么还要设置统计指标体系？

2.统计指标体系中各指标之间的联系体现在什么地方？

四、变量

可变的数量标志或指标称为变量。变量的具体表现，就是可变数量标志或统计指标的不同取值，称为变量值（亦称为标志值）。一个变量可以取多个变量值，二者不能混淆。例如，学生成绩这个变量，可具体表现为68分、79分、90分、82分等多个变量值。

按照变量值的取值状态不同，变量可以分为连续变量和离散变量。连续变量的数值是连续不断的，即在任意两个相邻整数之间可以取无限多个不同的数值。例如，人体的身高、体重等都是连续变量。连续变量的数值是通过专门工具测量或计算取得的，变量值有小数，也可以近似地用整数表示。离散变量的数值是通过逐个计数的方法得出的，变量值只能以整数断开，而不能表现为小数。例如，职工人数、企业数、机器台数等都是离散变量，其可能数值的个数是有限的，构成有限总体。

请思考

人的年龄是连续变量还是离散变量？为什么？

变量按其性质不同可以分为确定性变量和随机变量。在一种数量关系中，如果某一变量的值与另一个变量或若干个变量的值形成严格的数量依存，则该变量就可以称之为确定性变量，确定性变量关系是一种函数关系，变量之间可以相互推算。例如，在销售价格P为一定的条件下，某商品的销售额Y的变动完全由销售量X所确定，Y就成为确定性变量。所谓随机变量，其数值的变动受到许多种因素的影响，在相同条件下进行观测，由于影响因素的作用不同，其可能的实现值（或观测值）不止一个，数值的大小随机波动，带有偶然性，事前无法确定。例如，除了某种正常的、起决定性的因素外，影响某企业生产的同一批次灯泡的质量波动还有许多因素，如果抽取一部分灯泡进行检验，这种灯泡的寿命值不尽相同，数值的大小带有偶然性的波动，检验前是不能预先确定的，则灯泡寿命就是随机变量。随机变量具有随机性或偶然性，但它的数值变动却有一定的规律性，通过大量观察，应用统计技术方法，可以揭示和描述其数量特征以及变动的规律性。

专栏阅读　新时代高质量发展的人口机遇和挑战——第七次全国人口普查公报解读

第五节　统计相关软件

统计要处理大量数据，统计计算工具是完成统计分析的必要条件，算盘、计算器、计算机是常用的统计工具。随着计算机软硬件的快速发展，对数据的处理与分析基本倾向于用统计分析软件，目前常用统计分析软件有SAS、SPSS、Statistica、MINITAB等，每个统计分析软件都有各自的数据组织、处理方式以及分析界面。20世纪80年代以后，电子表格成为数据组织形式的主流，著名的电子表格Microsoft Excel风靡一时。本教材使用Microsoft Office组件中Excel、SPSS作为数据处理的主要工具。

一、SAS

SAS系统全称为Statistics Analysis System，最早由北卡罗来纳大学的两位生物统计学研究生编制，并于1976年成立了SAS软件研究所，正式推出了SAS软件。SAS早期的主要功能是统计分析，如今SAS打出的标牌是“Superior software that gives you the power to know”（卓越的软件带给你获取知识的力量），其产品与解决方案除统计分析外，新增了数据整合、企业智能等，统计分析功能也在不断增加。SAS用户遍及金融、医药卫生、生产、运输、通信、政府和教育科研等领域。在英美等国，能熟练使用SAS进行统计分析是许多公司和科研机构选材的条件之一。在数据处理和统计分析领域，SAS系统被誉为国际上的标准软件系统。SAS统计系统是由多个功能模块组合而成的，其基本部分是BASE SAS模块，它是SAS统计分析系统的核心，承担着主要的数据管理任务，并管理用户使用环境，进行用户语言的处理，调用其他SAS模块和产品。在BASE SAS的基础上，可以增加模块而增强数据分析功能：SAS/STAT（统计分析模块）、SAS/GRAPH（绘图模块）、SAS/QC（质量控制模块）、SAS/ETS（经济计量学和时间序列分析模块）、SAS/OR（运筹学模块）、SAS/IML（交互式矩阵程序设计语言模块）、SAS/FSP（快速数据处理的交互式菜单系统模块）、SAS/AF（交互式全屏幕软件应用系统模块）等。一般认为使用SAS需要编写程序，比较适合统计专业人员，而对非统计专业人员则比较困难。事实上，SAS的很多功能也可以通过菜单操作实现，如Insight就是一个菜单操作的界面。

网络链接

SAS研究所　http：//www.sas.com

二、SPSS

SPSS是软件英文名称的首字母缩写，原意为Statistical Package for the Social Sciences，

即“社会科学统计软件包”，2000年SPSS公司将英文全称更改为Statistical Product and Service Solutions，意为“统计产品与服务解决方案”，标志着SPSS的战略方向作出了重大调整。SPSS公司成立于1968年，陆续购并了SYSTAT公司、BMDP软件公司等，逐渐由原来的单一统计产品开发与销售转向为企业、教育科研及政府机构提供全面信息统计决策支持服务，成为走在了最新流行的“数据仓库”和“数据挖掘”领域前沿的一家综合统计软件公司。SPSS最突出的特点就是操作界面极为友好，采用类似Excel表格的方式输入与管理数据，数据接口通用，能方便地从其他数据库中读入数据，是非统计专业人员的首选统计软件。

网络链接

SPSS公司 http：//www.spss.com

三、Statistica

Statistica是由美国俄克拉何马州的StatSoft公司研制的大型专业统计图表分析软件包。Statistica统计分析功能包括：基本统计分析（Basic Statistics）、非参数统计分析（Nooparametrics）、方差分析（General ANOVA）、多元回归分析（Multiple Regression）、非线性估计（Nonlinear Estimation）、时间序列预测（Time Series / Forecasting）、聚类分析（Cluster Analysis）、因子分析（Factor Analysis）、典型分析（Canonical Analysis）、多维尺度分析（Multidimensional Scaling）、路径分析（SEPATH）、可靠性/项目分析（Reliability/Item Analysis）、判别分析（Discriminant Analysis）、对数线性分析（Log-linear-analysis）和生存分析（Survival Analysis）等。Statistica的图形功能很完备，显示输出的图形细腻美观，主要包括：快速统计图（Quick Stats Graphs）、二维统计图（Stats 2D Graphs）、三维序列统计图（Stats 3D Sequential Graphs）、三维XYZ统计图（Stats 3D XYZ Graphs）和统计矩阵图（Stats Matrix Graphs）等。

网络链接

StatSoft公司 http：//www.statsoft.com

四、MINITAB

MINITAB是由美国宾夕法尼亚州立大学于1972年研制的统计分析软件包，它以无与伦比的易学性、可靠性以及完善的功能而著名于世，是教授统计学，实施六西格玛和其他质量改进项目的理想选择，它具备以下特征：与人们学习和工作方式相适应的逻辑界面；包含完整的数据管理、强大的文件导入和导出、数据操作功能和电子表格式的数据窗口；配备详尽的文档，例如帮助解释输出结果的StatGuide以及多个图文并茂的术语。MINITAB包括统计分析模块和绘制图形模块，统计分析模块有以下主命令：基本统计分析（Basic Statistics）、回归分析（Regression）、方差分析（ANOVA）、实验设计（Design of Experiments，DOE）、控制图（Control Charts）、质量编制计划工具（Quality Tools）、可靠性/生存分析（Reliability / Survival）、多变量分析（Multivariate）、时间序列分析（Time Series）、统计报表和列联表检验（Tables）、非参数检验（Nonparametrics）、探索性数据分析（Exploratory Data Analysis，EDA）、效能与样本量分析（Power and Sample Size）。MINITAB与六西格玛解决方案紧密结合，包括通用电气、福特汽车等在内的全球上千家跨国公司以及4 000多所学院与大学都在使用该统计分析软件包。

网络链接

Minitab公司　http：//www.minitab.com

五、Microsoft Excel

Microsoft Excel是微软公司的办公软件Microsoft Office的组件之一，是由Microsoft为Windows和Apple Macintosh操作系统的电脑而编写和运行的一款试算表软件。直观的界面、出色的计算功能和图表工具，再加上成功的市场营销，使Excel成为最流行的微机数据处理软件。1993年，作为Microsoft Office的组件发布了5.0版之后，Excel就开始成为所适用操作平台上的电子制表软件的霸主。运用Excel的函数、绘图和数据分析工具可以处理绝大多数统计计算和分析问题，尤其方便的是只要电脑安装有Microsoft Office办公软件系统，便可以使用Excel功能。

网络链接

Microsoft公司　http：//office.microsoft.com/excel

六、马克威分析系统

马克威分析系统是由上海天律信息技术有限公司开发的中国第一套完全自主知识产权的大型统计分析和数据挖掘系统。马克威分析系统用于从海量信息和数据中寻找规律和知识，通过数据挖掘和统计分析等技术建立概念模型，为决策者提供科学的决策依据。它是一套集分析、挖掘、预测、决策支持于一体的知识发现工具，适用于企业、政府、科研、教育、军队等单位和机构。马克威分析系统在技术上的特点是：将数据挖掘、统计分析、图形展示和智能报表融为一体，为用户提供完整配套的决策支持工具；提供独创的优化算法体系和完备的数据挖掘模型；将可视化数据分析与数据挖掘有机地融合在一起，并将自主开发的嵌入式数据库管理系统同其他关系型数据库实现了无缝连接；它在设计上充分考虑了中国用户的实际情况和使用习惯，将实用性和科学性结合在一起。2003年，马克威分析系统被国家信息化测评中心选为中国信息化500强企业指定数据挖掘和信息分析软件。

网络链接

上海天律信息技术有限公司　http：//www.tenly.com

本章小结

本章介绍了统计学的产生与发展历史、统计学的研究对象与方法、统计工作过程、统计学中的基本概念、常用统计软件等内容，目的在于给予进入统计学学习的读者一些有关统计的基本知识，体会统计及统计学在日常生活和经济管理活动中的作用。统计学是一门关于数据的科学，是客观认识各种现象数量特征的一门方法论科学。统计学作为一门科学，有自身的研究对象和特有的研究方法，有助于我们系统开展统计工作和进行现象特征和规律的分析，理解统计学的相关概念，熟练应用相关软件，将对我们学习和提高分析能力提供帮助。

本章关键术语

统计　统计学　描述统计学　推断统计学　总体　总体单位　标志　品质标志　数量标志　统计指标　数量指标　质量指标　统计指标体系　变量　离散变量　连续变量　确定变量　随机变量

案例分析

2019年，是新中国成立70周年。70年来，在中国共产党的坚强领导下，全国各族人民团结一心，迎难而上，开拓进取，奋力前行，从封闭落后迈向开放进步，从温饱不足迈向全面小康，从积贫积弱迈向繁荣富强，创造了一个又一个人类发展史上的伟大奇迹，中华民族迎来了从站起来、富起来到强起来的伟大飞跃，正阔步走在中华民族伟大复兴的新征程上。

新中国成立70年来，我国经济规模不断扩大，综合国力与日俱增，对世界经济增长的贡献大幅提升，国际地位和影响力显著增强。

（一）国民经济持续快速增长，经济总量连上新台阶

新中国诞生时，我国经济基础极为薄弱。1952年我国国内生产总值仅为679亿元，人均国内生产总值为119元。经过长期努力，1978年我国国内生产总值增加到3 679亿元，占世界经济的比重为1.8%，居全球第11位。改革开放以来，我国经济快速发展，1986年经济总量突破1万亿元，2000年突破10万亿元大关，超过意大利成为世界第六大经济体，2010年达到412 119亿元，超过日本并连年稳居世界第二。党的十八大以来，我国综合国力持续提升。近三年，我国经济总量连续跨越70万、80万和90万亿元大关，2018年达到900 309亿元，占世界经济的比重接近16%。按不变价计算，2018年国内生产总值比1952年增长174倍，年均增长8.1%；其中，1979—2018年年均增长9.4%，远高于同期世界经济2.9%左右的年均增速，对世界经济增长的年均贡献率为18%左右，仅次于美国，居世界第二。2018年我国人均国民收入达到9 732美元，高于中等收入国家平均水平。

（二）财政实力由弱变强，外汇储备大幅增加

新中国成立初期，我国财政十分困难。1950年全国财政收入仅为62亿元，1978年增加到1 132亿元。改革开放以来，随着经济快速发展，财政收入大幅增长，1999年全国财政收入首次突破10 000亿元。进入21世纪后，财政收入实现连续跨越，2012年达到117 254亿元。党的十八大以来，财政收入继续保持较快增长，2018年达到183 352亿元。1951—2018年全国财政收入年均增长12.5%，其中1979—2018年年均增长13.6%，为促进经济发展、改善人民生活提供了有力的资金保障。20世纪50—70年代，我国外汇储备相当紧张，1952年末外汇储备只有1.08亿美元，1978年末也仅为1.67亿美元，居世界第38位。改革开放以来，我国外汇储备稳步增加，2006年末突破1万亿美元，超过日本居世界第一位。2018年末，外汇储备余额为30 727亿美元，连续13年稳居世界第一。

（三）国际地位显著提升，影响力日益彰显

从新中国成立到改革开放前，受外来封锁等影响，我国与世界其他国家的经济交往较少。20世纪50年代，与苏联、东欧国家一度开展交流；70年代，我国恢复在联合国的合法地位，与其他国家和国际组织交往明显扩大。改革开放以来，我国积极融入国际社会，在国际事务中发挥愈加重要的作用。1980年4月和5月，我国先后恢复了在国际货币基金组织和世界银行的合法席位；2001年加入世界贸易组织，我国以更加积极的姿态参与国际经济合作。2003年以来，我国与亚洲、大洋洲、拉美、欧洲等国家和地区先后建设自贸区，目前已与25个国家和地区达成了17个自贸协定，促进了我国与世界各国的互利共赢。党的十八大以来，我国积极推动共建“一带一路”，得到160多个国家（地区）和国际组织的积极响应；倡议构建人类命运共同体，积极参与以WTO改革为代表的国际经贸规则制定，在全球治理体系变革中贡献了中国智慧，展现了大国担当。

资料来源：国家统计局. 沧桑巨变七十载　民族复兴铸辉煌——新中国成立70周年经济社会发展成就系列报告之一（部分）［EB/OL］.［2019-07-01］. http：//www.stats.gov.cn/tjsj/zxfb/201907/t20190701_1673407.html.

1.上述资料中包含哪些统计学概念？

2.在资料中使用了哪些统计学方法？

3. 中华人民共和国成立70年来经济社会发生了哪些变化？

练习题

一、单项选择题

1.统计学的研究对象是（　　）。

A.抽象的数量特征和数量关系

B.社会经济现象的规律性

C.一切自然与社会现象总体的数量特征和数量关系

D.社会经济统计认识过程的规律和方法

2.构成统计总体的个别事物称为（　　）。

A.调查单位　　B.标志值　　C.品质标志　　D.总体单位

3.对某城市工业企业未安装设备进行普查，总体单位是（　　）。

A.工业企业全部未安装设备　　B.工业企业每一台未安装设备

C.每个工业企业的未安装设备　　D.每一个工业企业

4.工业企业的设备台数、产品产值是（　　）。

A.连续变量　　B.离散变量

C.前者是连续变量，后者是离散变量　　D.前者是离散变量，后者是连续变量

5.几位学生的某门课成绩分别是67分、78分、88分、89分、96分，“学生成绩”是（　　）。

A.品质标志　　B.数量标志　　C.标志值　　D.数量指标

6.在全国人口普查中，（　　）。

A.男性是品质标志　　B.人的年龄是变量

C.人口的平均寿命是数量标志　　D.全国人口是统计指标

7.下列指标中属于质量指标的是（　　）。

A.社会总产值　　B.产品合格率　　C.产品总成本　　D.人口总数

8.统计指标按所反映的数量特点不同，可以分为数量指标和质量指标两种。其中数量指标的表现形式是（　　）。

A.绝对数　　B.相对数　　C.平均数　　D.百分数

二、多项选择题

1.要了解某地区的就业情况，（　　）。

A.全部成年人是研究的总体

B.成年人口总数是统计指标

C.成年人口就业率是统计标志

D.反映每个人特征的职业是数量指标

E.某人职业是教师是标志表现

2.统计研究运用的方法包括（　　）。

A.大量观察法　　B.统计分组法　　C.综合指标法

D.统计模型法　　E.归纳推断法

3.社会经济统计学研究对象的特点可概括为（　　）。

A.社会性　　B.大量性　　C.总体性

D.同质性　　E.变异性

4.在全国人口普查中，（　　）。

A.全国人口总数是统计总体　　B.男性是品质标志表现

C.人的年龄是变量　　D.每一户是总体单位

E.人口的平均年龄是统计指标

5.在工业普查中，（　　）。

A.企业总数是统计总体　　B.每一个工业企业是总体单位

C.固定资产总额是统计指标　　D.机器台数是连续变量

E.职工人数是离散变量

6.下列各项中，属于统计指标的有（　　）。

A.2020年全国人均国内生产总值　　B.某台机床使用年限

C.某市年供水量　　D.某地区原煤生产量

E.某学员平均成绩

7.下列统计指标中，属于质量指标的有（　　）。

A.工资总额　　B.单位产品成本　　C.出勤人数

D.人口密度　　E.合格品率

8.下列各项中，属于连续变量的有（　　）。

A.基本建设投资额　　B.岛屿个数　　C.国民生产总值

D.居民生活费用价格指数　　E.就业人口数

9.总体、总体单位、标志、指标间的相互关系表现为（　　）。

A.没有总体单位就没有总体，总体单位离不开总体而存在

B.总体单位是标志的承担者

C.统计指标的数值来源于标志

D.指标是说明总体特征的，标志是说明总体单位特征的

E.指标和标志都是用数值表示的

三、判断题

1.个人的工资水平和全部职工的工资水平，都可以称为统计指标。

2.对某市工程技术人员进行普查，该市工程技术人员的工资收入水平是数量标志。

3.社会经济统计学的研究对象是社会经济现象的数量方面，但它在具体研究时也离不开对现象质的认识。

4.品质标志表明单位属性方面的特征，其标志表现只能用文字表现，所以品质标志不能直接转化为统计指标。

5.品质标志说明总体单位的属性特征，质量指标反映现象的相对水平或工作质量，二者都不能用数值表示。

6.某一职工的文化程度在标志的分类上属于品质标志，职工的平均工资在指标的分类上属于质量指标。

7.总体单位是标志的承担者，标志是依附于总体单位的。

四、简答题

1.简述统计指标与统计标志的区别与联系。

2.什么是数量指标和质量指标？两者有何关系？

第一章练习题参考答案

第二章

统计数据的收集与整理

高露洁-棕榄公司（Colgate-Palmolive）公司，1806年在纽约开业，是一家经营香皂和蜡烛的小商店，今天，高露洁-棕榄公司的产品全世界可见。公司已经在55个国家实现跨国经营，1996年年销售额超过87亿美元。除了著名的传统产品香皂、清洁剂、牙膏外，公司还兼营软皂、Mennen、宠物食品和其他产品。

高露洁-棕榄公司在其对家用洗涤产品的质量保证程序中利用统计学。一个焦点是客户对盒装清洁剂的数量的满意度。每一类尺寸的盒子都填充相同重量的清洁剂，但是清洁剂的容量受清洁粉的密度影响。例如，如果粉的密度偏大，达到盒的指定重量就需要少一些清洁剂，结果，当消费者打开盒子时，盒子显然未充满。

为了控制清洁剂重量，要对粉的密度的可接受范围加以限制。公司定期抽取统计样本，测量每一样本的密度。然后把汇总数据提供给经营人员，以便在需要把密度保持在期望的质量规格尺寸时采取正确的行动。

在一周的期间采集的150个样本的密度的频数分布和直方图列示在表2-1和图2-1中。密度水平高于0.40是不可接受的。频数分布和直方图中所有的密度小于或等于0.40表明经营符合其质量标准，检查这些统计摘要的管理人员对清洁剂产品生产质量满意。

表2-1　密度的频数分布

密　度	频　数
0.29~030	30
0.31~0.32	75
0.33~0.34	32
0.35~0.36	9
0.37~0.38	3
0.39~0.40	1
合　计	150

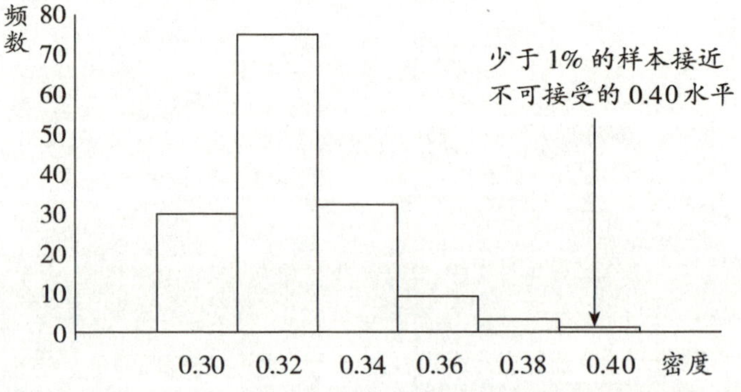

图2-1　密度数据直方图

对统计数据的收集与整理，是统计的基本工作，也是学习统计学应该掌握的基本方法与技术。[①]

本章提要

本章阐述统计数据收集和整理的理论与方法，通过学习使读者了解统计调查与统计整理的概念及其在统计工作过程中的作用；理解统计调查与整理的基本任务和要求；掌握统计调查的方法和调查方案的制订；熟练掌握统计分组、分配数列及统计表等概念和内容；能利用统计软件编制统计图表。

第一节 统计数据的收集

统计数据收集是根据统计研究预定的目的和任务，运用科学的调查方法与手段，有计划、有组织地向客观实际采集数据的过程。从统计工作过程的阶段性看，统计数据的收集处于统计工作过程的基础阶段，它是进行统计分析的必要前提，是保证统计数据客观、真实、准确、可靠的关键。

一、统计数据及其来源

从统计数据本身的来源看，统计数据最初都是来源于直接的调查或试验。但从使用者的角度看，统计数据主要来源于两种渠道：一是来源于直接的调查和科学试验，这是统计数据的直接来源，称为第一手或直接的统计数据；二是来源于别人调查或试验的数据，这是统计数据的间接来源，称为第二手或间接的统计数据。本节从使用者的角度讲述统计数据的收集方法。

二、原始数据的收集

原始数据收集的主要形式是统计调查，这是一项复杂的工作。要搞好统计调查必须按照统计任务的要求，运用科学的方法，有组织、有计划地进行。为使统计调查得以顺利进行，在组织调查之前，必须首先设计一个周密、可行的调查方案。

（一）统计调查方案的设计

统计调查方案的设计，主要包括以下内容：

1.确定调查目的

确定调查目的，就是要明确统计调查要解决什么问题，为什么要进行统计调查。只有明确了调查目的，才能有的放矢，才能根据调查目的收集与之相关的资料。这样，既可以降低调查成本，又可以保证调查资料的时效性。

2.确定调查对象和调查单位

调查对象和调查单位是根据调查目的而确定的。所谓调查对象，是指需要调查的现象总体，该总体是由许多性质相同的调查单位组成的。所谓调查单位，是指所要调查的具体单位，它是进行调查登记的标志的承担者。例如，调查的目的是获取外商投资企业的财务状况，那么，所有的外商投资企业就是调查对象，而具体的每一个外商投资企业就是调查单位。

---

① 佚名. 案例高露洁［EB/OL］.［2012-11-09］. http://wenku.baidu.com/view/2ae6eb36b90d6c85ec3ac6fa.html.

确定调查对象是一个比较复杂的问题，因此，必须明确总体界限，划清调查的范围，区别应调查和不应调查的现象。例如，调查城镇居民家庭收入状况，必须把城镇居民家庭与农村居民家庭的收入区分开来；调查城镇家庭中工人的收入状况，除了要明确城镇家庭的范围外，调查还必须限定为工人的收入。

明确调查单位，还必须把它与报告单位区别。报告单位亦称填报单位，是负责上报调查资料的单位。报告单位一般是在行政上、经济上具有一定独立性的单位，而调查单位是调查项目的承担者，可以是个人、企事业单位，也可以是物。根据不同的调查目的，调查单位与报告单位，有时是一致的，有时不一致。

例如，进行工业企业普查，每个工业企业既是调查单位又是报告单位；进行工业企业职工基本状况普查，调查单位是工业企业的每一位职工，而报告单位是每个工业企业。

3.确定调查项目

调查项目就是调查中所要登记的调查单位的特征，即调查单位所承担的基本标志，它由一系列品质标志和数量标志所构成。调查项目所要解决的问题是，向被调查者调查什么，即需要被调查者回答什么问题。在拟定调查项目时应注意如下四个问题：（1）调查项目少而精；（2）需要和可能相结合；（3）调查项目之间应具有联系性；（4）有的项目可拟定“选择式”。

4.设计调查表与调查问卷

将各个调查项目按照一定的顺序排列在一定的表格上，就形成了调查表。利用调查表可以有条理地填写需要收集的资料，以便于调查后对资料进行汇总整理。

调查表一般有两种形式：一种是一览表；另一种是单一表。调查时应采用哪种表式，则需根据调查的目的和任务而定。一览表是在调查项目不多时采用，它是将许多调查单位填写在一张表上；单一表是每个调查单位填写一份，因而可容纳更多的标志，一般在调查项目较多的场合使用。

问卷调查是一种特殊的调查形式，根据调查目的，在调查对象中随机选择或有意识地确定调查单位。调查问卷是以书面文字或表格的形式了解被调查者的意见，被调查者可自愿、自由地回答问卷中所提出的问题。调查表和调查问卷的设计应尽可能简明扼要，便于被调查者回答，以保证能够有效地收集统计数据。

5.确定调查时间和调查期限

调查时间是指调查资料所属的时间。在统计调查中，如果所调查的是时期现象，就要明确规定调查资料所反映的起止日期，即所登记的资料应是该时期第一天到最后一天的累计数字。例如，调查某年第二季度全国钢铁产量，则调查时间应从4月1日起至6月30日止。如果所要调查的是时点现象，调查时间就是规定的统一标准时点。例如，我国第七次人口普查的标准时间是2020年11月1日零时。

调查期限是进行调查工作的时限，即调查工作的起止时间，它包括收集资料和报送资料的工作所需要的时间，为保证资料的时效性，调查期限应尽可能缩短。例如，我国第七次人口普查规定的时限为：2020年11月1日至10日登记完毕，调查期限为10天。

6.制订调查的组织实施计划

制订严密细致的组织实施计划，是统计调查得以顺利进行的必要保证。调查工作的组织计划包括的内容有：建立调查机构，组织与培训调查人员，确定调查步骤，明确调查方式、方法及调查地点，落实调查经费的来源与经费使用计划，确定调查资料的报送方法和公布调查结果的时间等。

（二）统计调查方法

收集调查对象的原始资料，常用的方法有直接观察法、报告法（通信法）、采访法、问卷法、实验采集法等。任何一种调查都必须采用一定的调查方法去收集原始资料，即使调查的组织形式相同，其调查方法也是可以不同的。应根据调查目的与被调查对象的具体特点，选择合适的调查方法。

1.直接观察法

直接观察法是由调查人员到现场对被调查对象进行直接点数和计量。例如，对商品库存的盘点等。其优点是能够保证所收集的调查资料的准确性，但所需要花费的人力、物力较多和时间较长。如对历史统计资料的收集就无法直接计量和观察，因而统计调查更多地采取报告法和采访法。

2.报告法

报告法就是报告单位利用原始记录和核算资料作基础，向有关单位提供统计资料。我国现行的统计报表制度就是采用报告法收集资料逐级上报的。

3.采访法

采访法又可分为询问法和通信法。询问法是按调查项目的要求向被调查者询问，将询问结果记入表内。通信法一般是由统计工作机构将调查表邮寄给被调查者，然后被调查者将填答好的调查表寄回。

4.问卷法

问卷法，是指资料收集者运用统一设计的问卷向被调查者了解情况、征询意见的资料收集方法。问卷法的优点是：省时、省钱、省力，所得资料便于定量处理与分析，可以避免主观偏见、减少误差，具有很好的匿名性。问卷法也有缺点，即：回收率以及资料的质量均难以保证。运用此法在设计问卷时，应注意：所提问题要简短、准确，避免重复提问，提问应避免带有倾向性和诱导性，更不要直接提出具有敏感性或威胁性的问题。

5.实验采集法

实验采集法，是指资料收集者通过实验对比获取统计资料的一种方法。一般做法是，从影响问题的诸多因素中选出一个或若干个因素，在一定的实验条件下观察其反应，然后对实验结果进行对比分析，并确定是否大规模推广。

实验收集法的应用范围较广。如对某一商品在改变其品种、价格、包装、广告等任何因素时，均可采用此方法。一般是先作小规模的试验性改变，以观察顾客的各种反应。具体的试验方法有试用、试穿、试听、现场表演等。利用该种方法可以取得较为正确的原始资料，但其成本高、研究时间长。

（三）统计调查的形式

统计调查的形式是指组织收集数据信息资源的方式方法。

统计调查的形式多种多样，按调查的范围划分，可分为全面调查和非全面调查两大类。全面调查是对调查对象的所有单位一一进行调查；非全面调查是对调查对象中的一部分单位进行调查，据此用来推断总体或反映总体的基本情况。

统计调查按时间标志可分为连续性（经常性）调查和不连续性（一次性）调查。连续性（经常性）调查是指随着研究现象的变化，连续不断地进行调查登记。不连续性（一次性）调查是指间隔一段较长的时间对事物的变化进行一次性调查。

统计调查按组织形式可分为定期报表和专门调查。定期报表制度是按国家统一规定的表式和内容，定期地向各级领导机构报送统计资料的一种形式。专门调查是为某一专题研究而组织的专项调查，专项调查包括：普查、重点调查、典型调查和抽样调查。

根据相关的标志分类，统计调查的形式如图2-2所示。

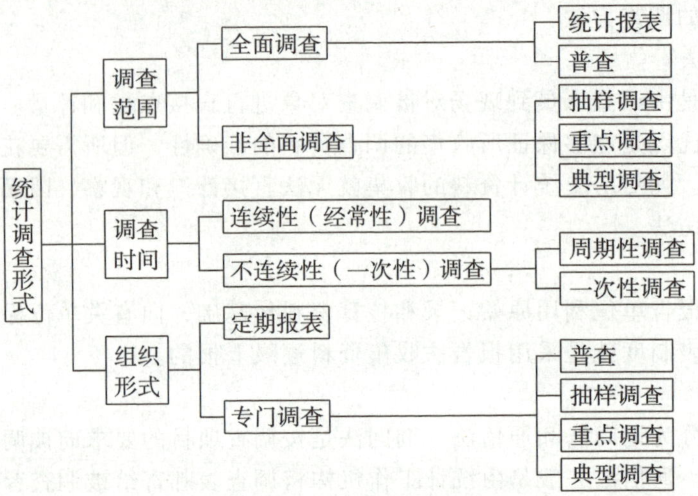

图2-2 统计调查形式示意图

1.统计报表

统计报表是指依照国家统计局或国家各行政管理部门的规定，自上而下地统一布置，以一定的原始记录为依据，按照统一的表式，统一的指标项目，统一的报送时间与报送程序，自下而上地逐级定期提供基本统计资料的一种调查方式。统计报表包括全面报表与非全面报表。全面统计报表的实施范围是调查对象的全部单位。非全面统计报表的实施范围只要求调查对象中的部分单位填报。

统计报表的主要特点有：

（1）基层单位可利用其统计报表资料对生产、经营活动进行监督管理；各级领导部门也能获得管辖范围内的报表资料，以了解本地区、本部门的经济和社会发展情况。

（2）由于统计报表是属于经常性（连续性）调查，调查项目相对稳定，有利于完整地积累形成时间序列资料，并进行动态对比分析。

（3）统计报表既可以越级汇总，也可以层层上报、逐级汇总，以便满足各级管理部门对主管系统和区域统计资料的需要。

应该注意的是，统计报表制度是一个庞大的组织系统。它不仅要求各基层单位有完善的原始记录、台账和内部报表等良好的基础，而且要有一支熟悉业务的专业队伍。因此，它占用很大的人力和财力。总结历史的经验教训，要很好地发挥统计报表制度的积极作用，必须严格按照统计法规办事，实行系统内的有效监督和管理；报表要力求精简，既要防止多、乱、滥发报表，又要防止虚报、瞒报和漏报。这样，才能保证统计数字的质量，降低统计的社会成本。

2.普查

普查是专门组织的一次性全面调查，它主要是用于收集某些不能或不宜用定期报表收集的统计资料。对国情国力的调查一般采用普查。普查的组织形式有两种：一种是经过组织的普查机构，配备一定数量的普查人员，对调查单位直接进行登记，如我国人口普查就是采用这种形式；另一种是利用调查单位的原始记录和核算资料，结合清库盘点，由调查单位自行填报调查表格，如我国物资库存普查就是采用这种形式。

各个国家对普查都给予了充分的重视，甚至把普查看作仅次于战争的“运动”。西方国家几乎没有统计报表制度，所以全面的资料只能依靠普查获得。

普查有三个主要特点：

第一，它是专门组织的全面调查，即普查主要用来调查属于一定时点上的现象总量，特别是诸如人口、物资等时点的数据，它比任何一种调查形式更能掌握大量、详细、全面的统计资料。

第二，它是非经常性的调查，一般间隔较长的时间才进行一次。由于普查涉及面广，耗费人、财、物多，组织工作繁重，因此只能按一定周期进行。

第三，普查必须统一规定调查资料所属的标准时点，使所有普查资料都反映这一时点上的状况，避免登记的重复或遗漏。例如，人口普查，如果没有一个统一的标准时点，就会因人口的出生和死亡、迁入和迁出得不到准确的数字。

此外，由于普查涉及的范围广，因此在普查范围内各调查单位或调查点尽可能同时进行调查，并尽可能在最短期限内完成，以便在方法上、步调上协调一致。如果时间拉得过长，就会影响调查资料的准确性和时效性。

3.重点调查

重点调查是指在调查对象中，选择一部分重点调查单位收集统计资料的一种非全面调查。所谓重点调查单位，是指这些被调查的总体单位中数目不多，所占比重不大，但其调查的标志值却在总量中占有很大比重，在总体中具有举足轻重的作用。对这部分重点单位的调查，可以从数量上说明总体在该标志总量方面的基本情况。当调查任务只要求掌握基本情况，而部分单位又能比较集中地反映所要研究的问题时，采用重点调查较为适宜。比如，对钢铁行业的调查，由于大型的钢铁企业为数不多，但产出量很大，因此可以通过对少数企业的调查，而掌握整个行业大致情况。

重点单位的确定，是组织重点调查的一个重要问题，重点单位的选择主要着眼于它在所研究现象的标志总量中所占的比重。重点单位可能是一些企业，也可能是一些地区、城市。重点调查由于选择的单位较少，因此调查项目就允许多一些，所了解的情况也可以详细一些。一般地说，当调查任务只要求掌握基本情况，而部分单位又能比较集中地反映研究的项目，采用重点调查比较适宜。

4.典型调查

典型调查是指根据调查目的与要求，在对所研究现象全面分析的基础上，有意识地选择有代表性的典型单位进行深入细致的调查，以便认识事物的本质与发展变化规律的一种非全面调查方法。所谓典型单位，是指那些能充分、集中地体现调查对象总体某些方面共性特征的最有代表性的单位。

典型调查方式有两种：一是“解剖麻雀”式调查，它在调查对象总体单位之间的差异较小时适用。这时，只选择个别典型单位进行深入细致的调查，以便通过对典型单位特征的认识来找出同类事物的一般情况及其发展变化规律。二是"划类选典"式调查，它在调查对象总体各单位之间的差异较大时适用。这时，先对调查对象总体进行分类，然后从各类中选择少数具有代表性的典型单位进行深入细致的调查，以便找出事物的发展变化规律并以此对调查对象总体进行推断估计。

5.抽样调查

抽样调查是一种非全面调查。它是按随机原则从调查对象中抽取一部分单位作为样本进行观察，然后根据样本数据去推算调查对象的总体特征。

广义的抽样调查包括随机抽样与非随机抽样。

非随机抽样是一种按照人们主观愿望选取样本的方法，如上面提到的重点调查和典型调查，也称为有目的的调查、判断调查和定额调查。这些抽样的目的是要通过了解一部分个体的情况而获取全面的信息。但由于非随机抽样无法估计误差的概率，所以也就无法作统计推断。

我们一般提到的"抽样调查"主要是指随机抽样，其基本特征如下：第一，样本单位是按随机原则抽取的，这就排除了主观因素对选择的影响。第二，对所抽得的样本进行调查，取得数据，并据此推断总体特征。第三，抽样误差可以事先计算并加以控制。以样本资料推算总体数量特征，不可避免地会产生误差。但这种误差与其他统计估算所产生的误差不同，它可以根据有关资料事先加以计算，并且通过一定的途径来控制误差的范围，保证抽样推断结果达到预期的可靠程度。

抽样调查是世界上许多国家收集资料的重要方法。随着改革的不断深化，我国官方统计对调查方法进行了一系列的改革，要求各统计主体在各领域广泛采用抽样调查方法以逐步取代传统的统计报表，以确立它在统计调查方法体系中的主体地位。

各种统计资料收集的组织方式，我们可以根据自己的统计任务与要求灵活选用。

请思考

1.五种统计调查方法分别适用于哪种情况的调查？为什么？

2.你用什么办法可以对学校食堂的饭菜质量、价格、服务和管理水平进行客观评价？

（四）统计调查方法体系

在传统的计划经济体制下，我国的统计调查方式以统计报表制度为主，是一种以全面调查、层层汇总为特征的统计调查体系。改革开放以来，随着社会主义市场经济的发展，一方面，社会经济现象空前复杂化，给准确把握统计口径带来困难；另一方面，各类经济组织发展迅速，统计调查单位急剧膨胀，训练有素的基层统计人员日显匮乏。再加上决策主体和利益主体的多层次化，各方面对统计数字真实性的干扰明显增加。这些都使得以全面统计报表为主的调查体系越来越难以满足政府与社会公众对统计信息的需求。

为适应社会主义市场经济的要求，目前，我国建立了以必要的周期性普查为基础，经常性的抽样调查为主体，同时辅之以重点调查、科学推算和部分全面报表综合运用的统计调查方法体系。

在这一新的统计调查体系中，普查是基础，这是因为只有通过普查，才能收集到全面和详细的数据，同时为开展抽样调查和统计推断提供必要的基础资料。但是，由于普查要耗费大量的人力、物力、财力和时间，无法及时反映社会经济现象日新月异的变化状况，因此，对大量的社会经济现象，必须采用抽样调查方式才能及时地捕获各类信息。抽样调查调查单位少，可以由经过专门训练的人员去完成，同时也便于对某一社会经济现象进行更深入的研究，这样既可以节省调查费用，又可以满足统计时效和统计数据质量的要求。所以，新的统计调查体系要以经常性的抽样调查为主体。重点调查、典型调查和统计报表是我国过去统计实践中常用的方式，在新形势下仍可发挥一定的作用。

在新的统计调查体系中，还要采用科学的推算方法。所谓统计推算，是在不可能或不必直接通过调查取得资料的情况下，根据已掌握的资料，运用各种统计方法进行科学的估计推算，以间接方式取得所需的资料。统计推算若是对同一时期内的未知项所作的推算，属于静态推算；若是针对未来的时期所作的推算，属于动态推算。统计推算的内容主要包括：从一个现象推算另一个现象，从局部推算总体，从现在推算未来。统计推算的方法主要有：比例推算法、因素估算法、平衡估算法、线性插值法、拉格朗日插值法及各种动态数列的预测方法等。

总而言之，在统计调查中，应根据调查的目的和调查对象的特点，灵活地选用不同的调查方式，以及时、准确地获得各种不同的信息。

小提示

我国统计调查方法体系改革的目标模式

我国统计调查方法体系改革的目标模式是建立以周期性普查为基础，以经常性的抽样调查为主体，以必要的统计报表、重点调查和科学的推断为辅助手段的调查方法体系模式。

专栏阅读　**推进统计现代化改革**

三、次级数据资料的收集

次级数据也称为二手数据，是指因为其他目的已经被收集好了的资料。与原始信息数据相比，次级数据资料收集起来更快更容易，所需的费用和时间也相对节约得多。次级数据资料一般可通过两个途径获得：一是从相关的年鉴、期刊和有关出版物上获取；二是从有关网站搜寻。

（一）统计年鉴

（1）《中国统计年鉴》，由国家统计局编辑、中国统计出版社出版，是一部全面反映我国国民经济和社会发展情况的资料性书籍。

（2）《国际统计年鉴》，由中国统计出版社出版，是一部综合性国际经济、社会统计资料，收录了世界多达160个国家和地区的统计资料，对其中的40多个主要国家的经济和社会发展状况以及世界主要企业的基本情况又作了更为详细的介绍。

（3）地方统计年鉴，由各省、自治区和直辖市以及经济特区的统计局编纂，中国统计出版社出版，比较详细地反映各省、自治区和直辖市以及经济特区的社会、经济和科技等发展变化的情况。

(4)《中国县（市）社会经济统计年鉴》，由国家统计局农村社会调查总队编纂，中国统计出版社出版，主要内容包括：区域分析统计图，各县（市）经济主要指标，分区域社会发展基本情况，按主要经济指标分组的社会经济基本情况。

(5)《中国金融年鉴》，中国金融协会编，该书记述了金融发展的基本情况，提供有关金融统计的资料，包括：货币供应量，银行概述，特定存款机构的资产负债表。

(6)《中国人口统计年鉴》，中国统计出版社出版，该书是人口状况资料性年刊。书中收集了全国各省、自治区和直辖市大量的人口数据以及世界各国的人口数据。

(7)《中国统计摘要》，中国统计出版社出版，收录了反映我国经济社会发展的主要统计数据，一般比统计年鉴早若干月出版。

（二）期刊

上述的各种年鉴，所提供的资料较为详细、全面、系统，但时效性较差。反映我国经济社会动态的数据，可由以下一些刊物取得：

(1)《中国经济数据分析》，由中国信息中心经济预测部编写。该期刊提供了当季（或月）我国的GDP增长率，工业生产指数，企业效益指标，固定资产投资、外贸出口和市场销售的规模和速度指标，居民消费水平等数据。

(2)《经济预测分析》，由国家信息中心编写，它提供了有关国民经济运行状况的资料。

（三）网站

在计算机与网络技术飞速发展的今天，互联网成为获取统计数据的重要途径。目前可获取反映中国经济社会状况的统计数据的网站主要有：

(1) 中国统计信息网，由国家统计局主办，主要内容有：统计公报、统计数据、统计分析、统计法规、统计管理和数据直报等。在该网站也可搜寻有关统计年鉴的数据资料。

(2) 国研网，由国务院发展研究中心主办，提供的主要信息有：宏观经济、区域经济、金融市场、行业经济及企业经济相关数据资料。

(3) 中国经济信息网，由原国家计委、国务院西部办等主办，从该网站可搜寻我国经济发展及各地区经济发展的数据资料。

(4) 中国经济时报网，由国务院发展研究中心主办，从该网站可搜寻有关经济生产、资本市场的信息。

小资料

常用的统计数据来源网站

利用次级数据资料需要注意的问题：

第一，结合研究和分析问题的目的，有针对性地获取资料。

第二，评估次级数据资料的可用价值。有些历史资料虽然保管完好，但与已经发生变化的现实相去甚远，可能不能用来说明和论证新的问题。次级数据资料大多经过了加工整理，原始的背景资料可能没法找到。资料保存不完整，或者由于其他原因，导致数据缺失过多等这些情况的出现，都会降低次级数据资料的使用价值。

第三，注意指标的含义、口径、统计方法等是否具有可比性。随着社会经济的发展和社会管理的需要，统计制度也会发生相应的改变，反映在统计指标上，可能统计指标的名称没有改变，但它的社会经济含义发生了变化，与此相关也有统计范围、统计方法上前后不一致的现象，因此，在使用不同时期的统计资料的时候，要考虑对资料进行必要的调整，力求保证资料间的可比性。

第四，注意弥补缺失资料。凡是不完整的历史资料，应根据需要和可能，设法进行适当的补充。

第五，进行质量检查。要对次级资料逐项进行甄别，对存在问题的数据进行剔除或纠正。

第六，在引用二手数据时，一定要注明数据的来源，以尊重他人的劳动成果。

专栏阅读　**中华人民共和国国家统计局**

第二节　统计数据的整理

统计数据的整理，是根据统计研究的目的与要求，对所收集到的大量、零星分散的原始数据资料或次级数据资料进行科学加工与综合，使之系统化、条理化、科学化，为统计分析提供反映事物总体综合特征的资料的工作过程。

通过统计调查所收集到的数据资料，只是一些个别单位的、分散的、不系统的原始资料，所反映的问题常常是事物的表面现象，不能深刻揭示事物的本质，更不能从量的方面反映事物发展变化的规律性，这就有必要对统计调查所获得的原始资料进行科学的整理。统计数据整理就是人们对社会经济现象从感性认识上升到理性认识的过渡阶段，是统计工作中一个十分重要的中间环节，起着承前启后的作用，即既是统计调查阶段的继续和深入，又是统计分析阶段的基础。数据整理的一般程序包括：数据预处理、数据分组、数据汇总、编制统计表以及绘制统计图。

从计量角度看，统计数据具有不同的类型。对于不同类型的数据，统计整理和统计分析的方法会有所区别，因此，有必要先了解数据的计量尺度和类型。

一、数据的计量尺度和类型

统计研究客观事物的数量方面，离不开统计数据，统计数据是对客观现象进行计量的结果。由于客观事物有的比较简单，有的比较复杂；有的特征和属性是可见的，如人的外貌体征，有的则是不可见的，如人的偏好和信仰；有的表现为数量差异，有的表现为品质差异。因此，统计计量可以分为不同的层次。一般来讲，有以下四种计量尺度：定类尺度、定序尺度、定距尺度和定比尺度。

（一）数据的计量尺度

1.定类尺度

定类尺度（Nominal Scale，亦称分类尺度、列名尺度等）是这样一种品质标志，按照它可对研究客体进行平行的分类或分组，使同类同质，异类异质。例如，按照性别将人口分为男、女两类；按照经济性质将企业分为国有、集体、私营、混合制企业等。这里的“性别”和“经济性质”就是两种定类尺度。定类尺度是最粗略、计量层次最低的计量尺度，利用它只可测度事物之间的类别差，而不能了解各类之间的其他差别。定类尺度计量的结果表现为某种类别，但为了便于统计处理，也可用不同数字或编码表示不同类别。比如用1表示男，0表示女；用1表示国有企业，2表示集体企业，3表示私营企业，等等。值得注意的是，这些数字只是不同类别的代码，绝不意味着区分了大小，更不能进行任何数学运算。定类尺度能对事物做最基本的测度，是其他计量尺度的基础。

2.定序尺度

定序尺度（Ordinal Scale，亦称序数尺度、顺位尺度等）是这样一种品质标志，利用它不仅能将事物分成不同的类别，还可确定这些类别的等级差别或序列差别。例如，“产品等级”就是一种测度产品质量好坏的顺序尺度，它可将产品分为一等品、二等品、三等品、次品等；“考试成绩”也是一种定序尺度，它可将成绩分为优、良、中、及格、不及格等；“对某一事物的态度”作为一种定序尺度，可将人们的态度分为非常同意、同意、保持中立、不同意、非常不同意，等等。显然，定序尺度对事物的计量要比定类尺度精确些，但它至多测度了类别之间的顺序，而未测量出类别之间的准确差值。因此，定序尺度的计量结果只能比较大小，不能进行加、减、乘、除等数学运算。

3.定距尺度

定距尺度（Interval Scale，亦称间隔尺度、等距尺度、区间尺度等）是对事物类别或次序之间间距的计量，通常使用自然或度量衡单位作为计量尺度，其计量结果表现为数值，如收入用人民币“元”度量，考试成绩用“百分制”度量，温度用摄氏或华氏的“度”来度量，重量用“克”度量，长度用“米”度量等。定距尺度不仅能将事物区分为不同类型并进行排序，而且可以准确地指出类别之间的差距是多少。例如，学生某门课程的考分，可以从高到低分类排序，形成95分、85分、70分，直到零分的序列，分数之间不仅有明确的高低之分，而且可以计算差距，95分比85分高10分，比70分高25分，等等。定距尺度的数据可以进行加或减的运算，但不能进行乘或除的运算，其原因在于定距尺度中没有绝对零点，即使其计量值为“0”，这个“0”也是有客观内容的数值，即“0”水平，而并不是表示“没有”或“不存在”，因此定距尺度只能比较数值的差值，而不能计算比值。例如，一个地区的温度为0°C，这表示一种温度的水平，并不是说没有温度。因此我们可以说，甲地区的温度25℃与乙地区的5℃相差20℃，但我们不能说甲地区比乙地区暖和5倍，当然更不可以认为25℃比0℃暖和无数倍，因为0℃不是绝对的零点，0℃之下还有-20℃、-30℃等。

4.定比尺度

定比尺度（Ratio Scale，亦称为比率尺度）的计量结果也表示为数值，跟定距尺度属同一层次，有时对两者可不作区分。定比尺度可以做加、减、乘、除法运算，因为定比尺度中有一个绝对零点（Absolute Zero）作为起点，这个绝对零点是它跟定距尺度最主要的差别。和定距尺度不同，定比尺度中绝对零点的“0”，表示“没有”或“不存在”。例如，一个人的身高为“0”，表示这个人不存在；一个人的收入为“0”，表示这个人没有收入；一个产品的产量为“0”，表示没有这种产品，等等。现实中，大多数场合人们使用的都是定比尺度。绝对零点的存在，使得定比尺度与上述三种计量尺度相比还有一个特性，就是可以计算数值之间的比值。例如，甲的月工资收入为6 000元，乙的为2 000元，我们可以说甲的工资收入是乙的3倍。

上述四种计量尺度对事物的计量层次是由低级到高级、由粗略到精确逐步递进的。

定类尺度属于最低级别的计量水准，定序尺寸稍高一点，定距和定比尺度最高，高层次的计量尺度可以计量低层次计量尺度能够计量的事物，但不能反过来。显然，可以容易地将高层次计量尺度的计量结果转化为低层次计量尺度的计量结果，如百分制的考试成绩可以转化为“优、良、中、及格、不及格”五个等级。在统计分析中，一般要求测量的层次越高越好，因为高层次的计量尺度包含更多的数学特性，所运用的统计分析方法越多，分析时也就越方便，因此应尽可能使用高层次的计量尺度。

（二）数据的类型

统计数据是采用某种计量尺度对事物进行计量的结果，采用不同的计量尺度会得到不同类型的统计数据。从上述四种计量尺度计量的结果来看，可以将统计数据分为以下四种类型：

定类数据——表现为类别，但不区分顺序，是由定类尺度计量形成的。

定序数据——表现为类别，但有顺序，是由定序尺度计量形成的。

定距数据——表现为数值，可进行加、减运算，是由定距尺度计量形成的。

定比数据——表现为数值，可进行加、减、乘、除运算，是由定比尺度计量形成的。

定类数据和定序数据说明的是事物的品质特征，不能用数据表示，其结果均表现为类别，也称为定性数据或品质数据；定距数据和定比数据说明的是现象的数量特征，能够用数值来表现，因此也称为定量数据或数量数据。由于定距尺度和定比尺度属于同一测度层次，所以可以把后两种数据看作同一类数据，统称为定量数据或数值型数据。

区分测量的层次和数据的类型是十分重要的，因为对不同类型的数据将采用不同的统计方法来处理和分析。比如，对定类数据，可以编制频数分布数列，计算结构相对数、比例相对数、众数，进行列联表分析和卡方检验等；对定序数据，除了可以运用适用于定类数据的统计方法，还可以计算其中位数、百分位数，计算等级相关系数，进行游程检验等；对定距或定比数据还可以用更多的统计方法进行处理，如计算各种统计量、进行参数估计和检验等。

这里需要特别指出的是，适用于低层次测量数据的统计方法，也适用于较高层次的测量数据，因为后者具有前者的数学特性。比如，在描述数据的集中趋势时，对定类数据通常是计算众数，对定序数据通常是计算中位数，但对定距和定比数据同样也可以计算众数和中位数。反之，适用于高层次测量数据的统计方法，则不能用于较低层次的测量数据，因为低层次数据不具有高层次测量数据的数学特性。比如，对于定距和定比数据可以计算平均数，但对于定类数据和定序数据则不能计算平均数。理解这一点，对于选择合适的统计分析方法是十分有用的。

二、数据的预处理

数据的预处理是数据整理的先前步骤，是在对数据分类或分组之前所做的必要处理，包括数据的审核、筛选、排序等。

（一）数据的审核与筛选

在对统计数据进行整理时，首先要进行审核，以保证数据的质量，为进一步的整理与分析打下基础。从不同渠道取得的统计数据，其审核内容和方法有所不同，不同类型的统计数据在审核内容和方法上也有所差异。

对于通过直接调查取得的原始数据，应主要从完整性和准确性两个方面去审核。完整性审核主要是检查应调查的单位或个体是否有遗漏，所有的调查项目或指标是否填写齐全等。准确性审核主要包括两个方面：一是检查数据资料是否真实地反映了客观实际情况，内容是否符合实际；二是检查数据是否有错误，计算是否正确等。审核数据准确性的方法主要有逻辑检查和计算检查。逻辑检查主要是从定性角度审核数据是否符合逻辑，内容是否合理，各项目或数字之间有无相互矛盾的现象。比如中学文化程度的人所填的职业是大学教师，对于这种违背逻辑的项目应予以纠正。逻辑检查主要用于对定类数据和定序数据的审核。计算检查是检查调查表中的各项数据在计算结果和计算方法上有无错误。比如各分项数字之和是否等于相应的合计数，各组比重之和是否等于1或100%，出现在不同表格上的同一指标数值是否相同，等等。计算检查主要用于对定距数据和定比数据的审核。

对于通过其他渠道取得的第二手数据，除了对其完整性和准确性进行审核外，还应注重审核数据的适用性和时效性。第二手数据可以来自多种渠道，有些数据可能是为特定目的通过专门调查而取得的，或者是已经按特定目的的需要做了加工整理。对于使用者来说，首先应弄清楚数据的来源、数据的口径以及有关的背景材料，以便确定这些数据是否符合分析研究的需要，是否需要重新加工整理等，不能盲目生搬硬套。此外，还要对数据的时效性进行审核，有些时效性较强的问题，如果所取得的数据过于滞后，就失去了研究的意义。一般来说，应尽可能使用最新的统计数据。数据经过审核后，确认适合实际需要，才有必要做进一步的加工整理。

对审核过程中发现的错误应尽可能予以纠正。调查结束后，当对数据中发现的错误不能予以纠正，或者有些数据不符合调查的要求而又无法弥补时，就需要对数据进行筛选。数据筛选包括两方面内容：一是将某些不符合要求的数据或有明显错误的数据予以剔除；二是将符合某种特定条件的数据筛选出来，对不符合特定条件的数据予以剔除。数据的筛选在市场调查中是十分重要的。

（二）数据的排序

数据排序是按一定顺序将数据排列，以便于研究者通过浏览数据发现一些明显的特征或趋势，找到解决问题的线索。除此之外，排序还有助于对数据检查纠错，为重新归类或分组等提供依据。在某些场合，排序本身就是分析的目的之一。例如，了解究竟谁是中国家电生产的三巨头，对于家电厂商而言是很有用的信息。美国的《财富》杂志每年都要排出世界500强企业，通过这一信息，经营者不仅可以了解自己企业所处的地位，清楚自己的差距，还可了解到竞争对手的状况，从而有效制定企业发展的规划和战略目标。

对于定类数据，如果是字母型数据，排序有升序与降序之分，但习惯上升序的使用更为普遍，因为升序与字母的自然排列相同；如果是汉字型数据，排序方式很多，比如按汉字的首位拼音字母排列，这与字母型数据的排序完全一样，也可按笔画排序，其中也有笔画多少的升序、降序之分。交替运用不同方式排序，在汉字型数据的检查纠错过程中十分有用。

定距数据和定比数据的排序只有两种，即递增和递减。设一组数据为X_1，X_2，…，X_N，递增排序可表示为：$X_{(1)}<X_{(2)}<\cdots<X_{(N)}$；递减排序可表示为：$X_{(1)}>X_{(2)}>\cdots>X_{(N)}$。排序后的数据也称为顺序统计量（Order Statistics）。无论是品质数据还是数值型数据，排序均可借助于计算机完成。

数据经过预处理后，可进一步对数据做分组整理。

三、统计分组

根据统计研究的目的和客观现象的内在特点，按某个标志（或几个标志）把被研究的总体划分为若干个不同性质的组，称为统计分组。统计分组的对象是总体，对于品质数据和数值型数据都可以进行分组，因此，统计分组标志可以是品质标志，也可以是数量标志。

统计分组的目的，就在于把同质总体中的具有不同性质的单位分开，把性质相同的单位合并在一起，保持各组内统计资料的一致性和各组之间资料的差异性，以便进一步研究调查对象的数量表现与数量关系，进而正确认识调查对象的本质及其规律性。例如，在我国人口普查中，作为个体的每个人，在年龄、性别、民族、文化程度以及居住地等诸多调查标志上不完全相同。为反映我国人口总体内部的差异，就需要按照不同的标志对全国人口进行分组。例如，按性别可分为男、女两组；按年龄、民族可划分为若干组，这就有助于对我国人口的性别、年龄、民族等各方面的结构及其比例关系加深认识。

从统计分组的性质来看，分组兼有分和合双重含义。首先，对于现象总体而言，是“分”，即把总体分为性质相异的若干部分；而对于单位而言，又是“合”，即把性质相同的许多单位结合为一组。其次，对于分组标志而言，是“分”，即按分组标志将不同的标志表现分为若干组；而对于其他标志而言，是“合”，即在一个组内的各单位即使其他标志表现不相同也只能结合在一组。由此可见，选择一种分组方法，突出了一种差异，显示了一种矛盾，必然同时掩盖了其他差异，忽略了其他矛盾。不同的分组方法，可能得出不同的结论。

因此，统计分组必须先对所研究现象的本质作全面、深刻的分析，确定所研究现象类型的属性及其内部差别，而后才能选择反映事物本质的正确的分组标志。

（一）统计分组的作用

统计分组的作用主要有三个方面：一是区分总体类型。现象的类型是多种多样的，不同类型的现象存在本质差别，通过统计资料的分组就可以把不同类型的现象区别开来。二是反映总体内部结构。通过分组，统计总体被划分为若干组成部分，计算各组成部分的总量在总体总量中所占的比重，即可反映总体结构特征与总体结构类型。三是可以分析现象之间的依存关系。现象之间总是相互联系、相互依存、相互制约的，分组就是要在现象之间各种错综复杂的联系中，找出内在的联系和数量关系。具体做法是，可将一个可变标志（自变量）作为分组标志，来观察另一个标志（因变量）相应的变动状况，如居民家庭收入与就业人数有密切的联系，通过分组就可以反映这两个标志之间相互联系的程度和方向。

（二）统计分组的原则

为保证分组的科学性，要遵循“穷尽原则”和“互斥原则”。

所谓穷尽原则，就是使总体中的每一个单位都应有组可归，或者说各分组的空间足以容纳总体所有的单位。如劳动者按文化程度分组，若只分为小学毕业、中学毕业和大学毕业三组，那么，未上过小学的以及大学以上文化程度的劳动者就无组可归，这样的分组就没有做到“穷尽”。

所谓互斥原则，就是在特定的分组标志下，总体中的任何一个单位只能归属于某一组，而不能同时归属于几个组。把服装分为男装、女装、童装三类，就不符合互斥原则，因为童装也有男装与女装之分。

（三）统计分组的类型

统计分组可以按照不同的标志进行分类。分组的标志是划分资料的标准和依据，分组的标志选择是否得当，关系到能否正确地反映总体数量特征及其变化规律。为此，必须根据统计研究的目的和任务来选择分组标志；必须在若干个可以选择的标志中，选择最能反映事物本质特征的标志作为分组标志。统计分组主要有如下几种：

1.简单分组和复合分组

按分组标志的多少，可分为简单分组与复合分组。简单分组是按照一个分组标志对所研究的对象进行分组。如人口按性别分为男、女两组。复合分组是按照两个或两个以上的分组标志对所研究的对象进行分组。这种分组，先按一个分组标志对所研究对象进行分组，然后再按第二个分组标志进一步分组，再次层叠地按第三个分组标志分成更小的组。表2-2是对高校教师进行的复合分组。

表2-2 高校教师的复合分组

<table>
<tr><th>第一标志（职务）</th><th>第二标志（年龄）</th><th>第三标志（性别）</th></tr>
<tr><td rowspan="4">高级职称
（教授、副教授）</td><td rowspan="2">45岁以上</td><td>男</td></tr>
<tr><td>女</td></tr>
<tr><td rowspan="2">45岁以下</td><td>男</td></tr>
<tr><td>女</td></tr>
<tr><td rowspan="4">非高级职称
（讲师、助教）</td><td rowspan="2">45岁以上</td><td>男</td></tr>
<tr><td>女</td></tr>
<tr><td rowspan="2">45岁以下</td><td>男</td></tr>
<tr><td>女</td></tr>
</table>

2.品质分组和数量分组

按分组标志性质不同，分为品质分组和数量分组。品质分组就是对品质数据分组，即选择反映事物属性差异的品质标志进行分组，例如，职工按性别分组，企业按经济类型分组等。数量分组就是对数值型数据分组，即选择反映事物数量差异的数量标志进行分组，例如，企业按产值、工人数分组等。分组之后，再统计每组所拥有的单位数，然后按一定的顺序将其列成表格，就形成了频数分布数列，它是统计整理结果的基本表现形式。

四、分布数列

（一）分布数列的概念

在统计分组的基础上，把总体全部单位按组归类整理，列出各组的单位数或者各组单位数在总体单位数中所占的比重，将其按一定顺序加以排列，这样形成的数列，叫作分布数列，也称频数分布或分配数列，将频数分布用表格的形式表现出来就是频数分布表。分布数列反映了总体各单位在各组间的分布状况，是进行统计描述和统计分析的重要方法。

分布在各组中的单位数，叫作频数，亦称次数；频数与总体单位数的比值，称为频率。分布数列由两个基本要素构成：一是分组标志的具体体现；二是各组的频数（或频率）。

（二）分布数列的种类

由于分组标志不同，频数分布数列可分为两种：按照品质标志进行分组形成品质数列，它反映了不同属性的各组次数在总体中的分布状况，由各组名称、各组频数或频率组成；按照数量标志进行分组形成变量数列，它反映了不同变量值的各组次数在总体中的分布状况，它由各组变量值、各组频数或频率组成。

下面分别介绍如何对品质数据和数值型数据进行加工整理。

五、品质数据的整理与图示

（一）定类数据的整理

1.定类数据的分布数列

定类数据本身就是对事物的一种分类，因此，对于定类数据的整理比较简单。一般地，首先列出所有的类别，然后计算出各个类别包含的单位数（或计算频率），再按照一定的顺序排列，以表格的形式展现出来，这样就构成了频数分布表，频数分布表有助于我们初步了解数据及其分布特征。

【例2-1】为研究广告市场的状况，一家广告公司在某城市随机抽取200人就广告问题做了邮寄问卷调查，其中的一个问题是："您比较关心下列哪一类广告？"

a.商品广告；b.服务广告；c.金融广告；d.房地产广告；e.招生招聘广告；f.其他广告。

这里的变量就是"广告类别"，不同类型的广告就是变量值。调查数据经分类整理后形成频数分布表，见表2-3。

很显然，如果不做分类整理，观察200个人对不同广告的关注情况，既不便于理解，也不便于分析。经分类整理后，可以大大简化数据，很容易看出关注"商品广告"的人数最多，而关注"其他广告"的人数最少。

2.定类数据的图示

上面我们是运用频数分布表反映定类数据的频数分布，在此基础上，我们还可以用图形来显示频数分布，并且更加形象和直观。统计图有很多种类型，除了二维平面图，很多统计图还可以绘制成三维立体图，图形的制作均可由计算机来完成。

表2-3　某城市居民关注广告类型的频数分布表

广告类型	人数（人）	频率（%）
商品广告	112	56.0
服务广告	51	25.5
金融广告	9	4.5
房地产广告	16	8.0
招生招聘广告	10	5.0
其他广告	2	1.0
合　计	200	100

这里首先介绍反映定类数据的图示方法，其中包括条形图和圆形图；如果两个总体或两个样本的分类相同且问题可比时，还可以绘制环形图。

（1）条形图。条形图是用宽度相同的条形的高度或长短来表示数据变动的图形。条形图可以横置或纵置，纵置时也称为柱形图。条形图有单式、复式等形式。根据表2-3，可绘制条形图，如图2-3所示。柱形图和条形图主要用于品质数列、单项式数列、组限不重叠的组距数列的数据图形显示。

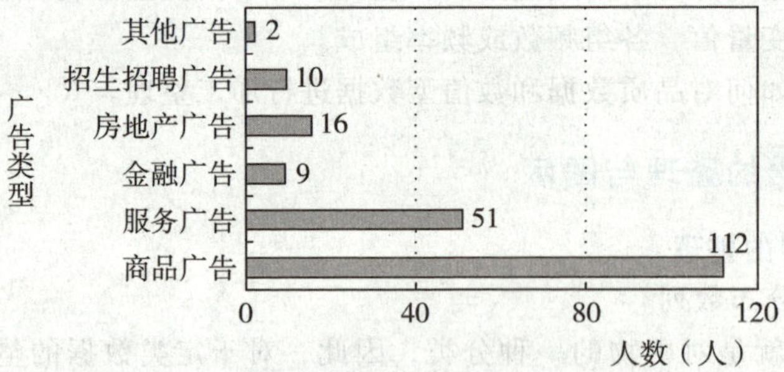

图2-3　某城市居民关注不同类型广告的人数分布

（2）圆形图。圆形图也称饼图，是用圆形及圆内扇形的面积来表示数值大小的图形。圆形图主要用于表示总体中各组成部分所占的比例，对于研究结构性问题十分有用。在绘制圆形图时，总体中各部分所占的百分比用圆内的各个扇形面积表示，这些扇形的中心角度是按各部分百分比占360°的相应比例确定的。例如，关注商品广告的人数占总人数的百分比为56%，那么其扇形的中心角度就应为360°×56% = 201.6°，其余类推。

根据表2-3数据绘制的圆形图如图2-4所示。

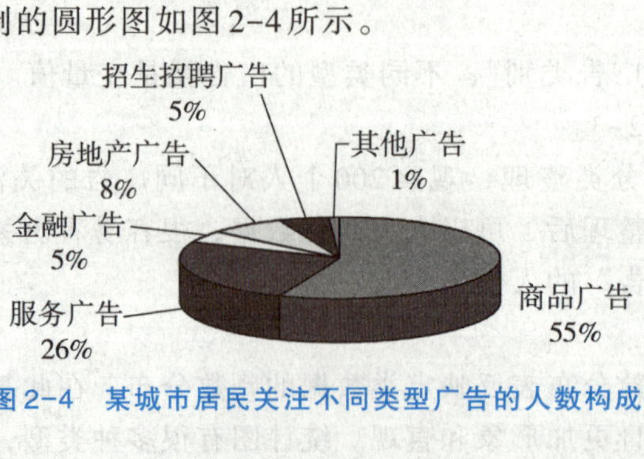

图2-4　某城市居民关注不同类型广告的人数构成

（二）定序数据的整理与图示

前面介绍的定类数据的整理方法，同时也适用于对定序数据的整理。但有些方法适用于对定序数据的整理与显示，却不适用于定类数据。对于定序数据，除了可使用上面的整理方法，还可以计算累计频数和累计频率。

1.累计频数和累计频率

（1）累计频数，就是将各类别的频数逐级累加起来。其方法有两种：一是从类别顺序的开始一方向类别顺序的最后一方累加频数（数值型数据则是从变量值小的组向变量值大的组累加频数），称为向上累计；二是从类别顺序的最后一方向类别顺序的开始一方累加频数（数值型数据则是从变量值大的组向变量值小的组累加频数），称为向下累计。通过累计频数，可以很容易看出某一类别（或数值）以下及某一类别（或数值）以上的频数之和。

（2）累计频率，就是将各类别的频率逐级累加起来，也有向上累计和向下累计两种方法。

【例2-2】在一项有关住房问题的研究中，研究人员在甲、乙两个城市各抽样调查300户家庭，其中的一个问题是："您对您家庭目前的住房状况是否满意？"

a.非常不满意；b.不满意；c.一般；d.满意；e.非常满意。

调查结果经整理如表2-4和表2-5所示。

表2-4　甲城市家庭对住房状况的评价

回答类别	甲城市					
	户数（户）	百分比（%）	向上累计		向下累计	
			户数（户）	百分比（%）	户数（户）	百分比（%）
非常不满意	24	8	24	8.0	300	100
不满意	108	36	132	44.0	276	92
一　般	93	31	225	75.0	168	56
满　意	45	15	270	90.0	75	25
非常满意	30	10	300	100.0	30	10
合　计	300	100	—	—	—	—

表2-5　乙城市家庭对住房状况的评价

回答类别	乙城市					
	户数（户）	百分比（%）	向上累计		向下累计	
			户数（户）	百分比（%）	户数（户）	百分比（%）
非常不满意	21	7.0	21	7.0	300	100.0
不满意	99	33.0	120	40.0	279	93.0
一般	78	26.0	198	66.0	180	60.0
满意	64	21.3	262	87.3	102	34.0
非常满意	38	12.7	300	100.0	38	12.7
合　计	300	100.0	—	—	—	—

累计频数或者累计频率表能够告诉我们更为细节的信息，比如样本资料中，甲城市中家庭对住房表示不满意和非常不满意的家庭有132户，占44%，对住房表示满意以及非常满意的家庭有75户，占25%。

2.定序数据的图示

对于定序数据，除了可以使用条形图和圆形图之外，还能够制作累计频数分布图。为了表现多个总体同类现象之间的对比关系，还可以运用环形图。

(1) 累计频数分布图。根据累计频数或累计频率，可以绘制累计频数或频率分布图。例如，根据表2-4和表2-5数据绘制的累计频数分布图如图2-5所示。

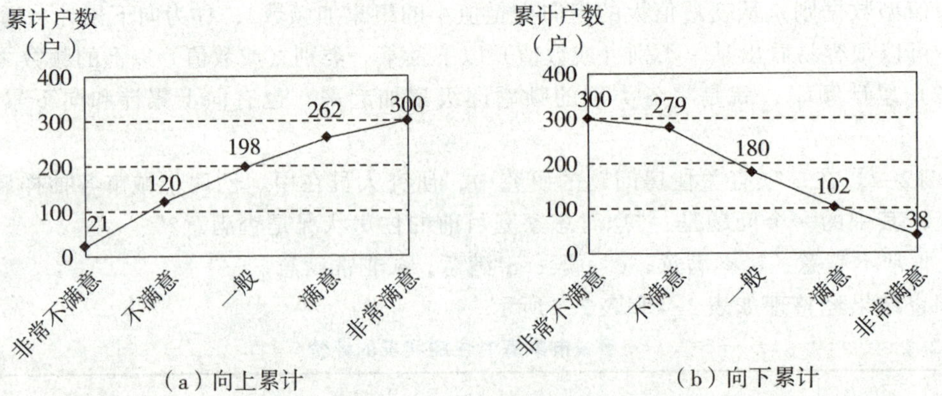

图2-5 甲城市对住房状况评价的累计分布图

(2) 环形图。环形图与圆形图类似，但又有区别。环形图中间有一个“空洞”，总体中的每一部分数据用环中的一段表示。圆形图只能显示一个总体各部分所占的比例，而环形图则可以同时绘制多个总体的数据系列，每一个总体的数据系列为一个环。因此，环形图可以显示多个总体各部分所占的相应比例，从而有利于进行比较研究。例如，根据表2-4和表2-5数据绘制两个城市家庭对住房状况评价的环形图，如图2-6所示。

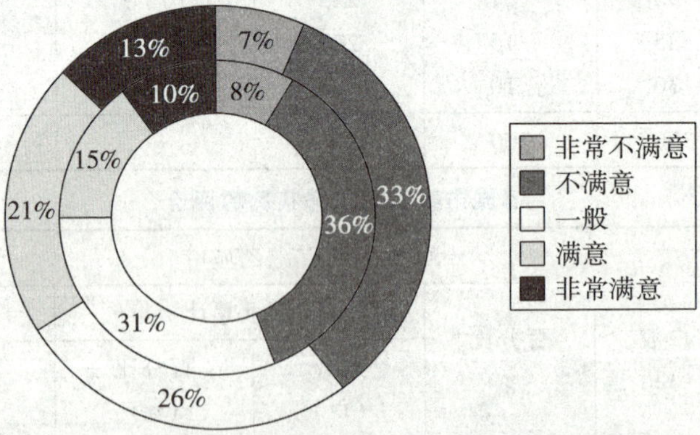

图2-6 甲、乙两城市家庭对住房状况的评价对比图

在图2-6中，外边的一个环表示的是乙城市家庭对住房状况评价各等级所占的百分比，里边的一个环则为甲城市家庭对住房状况评价各等级所占的百分比。

六、数值型数据的分组整理

前面介绍的定类数据和定序数据的整理方法，也都适用于对数值型数据的整理。但数值型数据还有一些特定的整理方法，并不适用于品质数据。数值型数据在整理时通常要进行分组，在分组基础上形成的分布数列叫作变量数列，包括两种形式：单项数列和组距数列。

单项数列的每一个组只有一个变量值，变量值按大小顺序排列。单项数列的编制比较简单，就是有多少个不同的变量值就分为多少个组，为了防止分组过多而影响使用者对数据分布状况的认识，一般在对不同变量值的个数较少的离散变量分组时运用。

组距数列是把变量的取值范围划分成若干区间，以一段变动区间为一个组的数列，即组距数列中的每一个组是由一段变量值的区间表示的，一个组中最大值叫作上限，最小值叫作下限。对于连续变量或者变量值的不同取值较多的离散变量一般编制组距数列。组距数列又分为等距数列和异距数列。

请思考

在数值型变量中，什么情况下应编制单项式数列？什么情况下应编制组距式数列？为什么？

（一）变量数列的编制

下面结合实例介绍分组的过程、分布数列的编制以及相关的概念。

【例2-3】以下数据为某生产车间50名工人日加工零件数（单位：个），编制频数分布表。

124	116	125	139	139	117	125	116	125	113
111	123	114	125	122	134	121	117	118	117
112	123	115	125	122	136	126	132	126	116
123	113	124	122	134	125	120	119	131	109
121	109	123	113	124	122	132	126	130	128

为便于分组，可先对上面的数据进行排序，结果如下：

109	109	111	112	113	113	113	114	115	116
116	116	117	117	117	118	119	120	121	121
122	122	122	122	123	123	123	123	124	124
124	125	125	125	125	125	125	126	126	126
128	130	131	132	132	134	134	136	139	139

采用单变量值分组形成的频数分布表如表2-6所示。

从表2-6可以看出，在变量的不同取值个数较多的情况下，单项分组由于组数较多，不便于观察数据分布的特征和规律，而且对于连续变量无法采用这种分组方法。因此，一般来说，对于变量的不同取值个数较少的离散变量适宜进行单项式分组，如居民家庭按儿童数或人口数分组；而对于连续变量，或者变量的不同取值个数较多的离散变量则适用组距式分组，如工人按人均年收入分组。

观察【例2-3】的变量值，可以发现做组距式分组比较适宜。

表2-6　　某车间50名工人日加工零件数分组表

零件数（个）	频数（人）	零件数（个）	频数（人）	零件数（个）	频数（人）
109	2	118	1	126	3
111	1	119	1	128	1
112	1	120	1	130	1
113	3	121	2	131	1
114	1	122	4	132	2
115	1	123	4	134	2
116	3	124	3	136	1
117	3	125	6	139	2

第一步：确定组数和组距。一个数据集应该分多少个组，通常与数据本身的特点及数据的多少有关。由于分组目的之一是观察数据分布的特征，因此组数的多少应适中。若组数太少，数据的分布就会过于集中；而组数太多，数据的分布就会过于分散。这都不便于观察数据分布的特征和规律。组数的确定应以能够显示数据的分布特征和规律为目的。在实际分组时，可以按Sturges提出的经验公式来确定组数（K）：

K=1+3.321gN

式中：N为数据的个数。

在实行等距分组的情况下，组距是一个组的上限与下限之差，组数与组距（d）的关系是：d=R / K，两者成反比变化。

在本例中，我们首先找出最大值139和最小值109，即这个数列的全距R = 139−109 = 30（个）。根据经验公式确定组数：K=1 + 3.32×lg50= 6.64≈7，再根据组数与组距的关系确定组距：d= R / K=30/6.64 =4.52（个）。根据以上的计算结果，组数定为7组；组距定为5个。

在确定组数和组距的时候，应该注意的是：

（1）用经验公式计算K和d时，计算结果的取舍，不采用四舍五入法，而采用舍去进一法，即只要有小数，就把小数舍去，并在整数位上加1。这种做法保证次数分布表有足够宽的覆盖区间。此外，经验公式只是提出一个参考组数，实际应用时，可根据数据的多少和特点及分析的要求，参考这一标准灵活确定组数。

（2）一般来说，为便于计算，组距宜取5或10的倍数。

第二步，根据组数和组距确定组限。

确定组限的时候，要求第一组的下限应低于最小变量值，最后一组的上限应高于最大变量值。第一组的下限宜取5或10的倍数，这样看起来比较舒服。另外，有些数据本身是有特殊或固定的分组要求的，如学生成绩如果出现“56～68”这样一组，则将不同性质的学生混在了一起，即在这组里有成绩不合格的学生，又有成绩合格的学生，将成绩这样分组肯定是不合适的。

在本例中，第一组下限可以限定为105，第一组上限则为110（即105+5）；第二组下限就是第一组的上限110，第二组上限为115……依此类推，第七组下限是135，其上限则为140。这样共有7个下组限和7个上组限。由于有重合值，故只有8个组限值。

第三步，计算各组的频数，即将各个变量值归入相应的组中，并计算频数。比如134归入第六组（130～135）；116归入第三组（115～120）……依此类推。最后的结果用次数分布表显示，见表2-7。

表2-7 某生产车间50名工人日加工零件数分布表

按零件数分组（个）	频数（人）	频率（%）
105～110	2	4
110～115	6	12
115～120	9	18
120～125	14	28
125～130	10	20
130～135	6	12
135～140	3	6
合　计	50	100

前面说过，统计分组要遵循“穷尽原则”和“互斥原则”。对这两个原则的简单理解，实际上就是要做到“不重不漏”：“不重”，即一项数据只能分在其中的某一组，不能在其他组中重复出现；“不漏”是指在所分的全部组别中每项数据都能分在其中的某一组，不能遗漏。

为解决“不重”的问题，统计分组时习惯上遵循“上组限不计入”原则，即当相邻两组的上下限重叠时，恰好等于某一组上限的变量值不算在本组内，而算在下一组内。例如，在表2-7的分组中，120这一数值不计算在“115～120”这一组内，而计算在“120～125”组内，其余类推。当然，对于离散变量可以采用相邻两组组限间断的办法解决“不重”的问题。例如，可对【例2-3】的数据做如下的分组，见表2-8。

表2-8 某车间50名工人日加工零件数分组表（一）

按零件数分组（个）	频数（人）	频率（%）
105～109	3	6
110～114	5	10
115～119	8	16
120～124	14	28
125～129	10	20
130～134	6	12
135～139	4	8
合　计	50	100

对于连续变量，可以采取相邻两组组限重叠的方法，根据“上组限不计入”的规定解决“不重”的问题，也可以对一个组的上限值采用小数点的形式，小数点的位数根据所要求的精度具体确定。例如，对零件尺寸可以分组为10～11.99，12～12.99，14～15.99，等等。

在组距分组中，如果全部数据中的最大值和最小值与其他数据相差悬殊，为避免出现空白组（即没有变量值的组）或个别极端值被漏掉，第一组和最后一组可以采用“××以下”及“××以上”这样的开口组，以解决“不漏”问题。例如，在【例2-3】的50个数据中，假定将最小值改为88，最大值改为166，采用上面的分组就会出现“空白组”，这时可采用开口组，见表2-9。

表2-9 某车间50名工人日加工零件数分组表（二）

按零件数分组（个）	频数（人）	频率（%）
110以下	3	6
110～115	5	10
115～120	8	16
120～125	14	28
125～130	10	20
130～135	6	12
135以上	4	8
合　计	50	100

在组距分组时，如果各组的组距相等则称为等距分组，如上面的几种分组就是等距分组。有时，对于某些特殊现象或为了特定研究的需要，各组的组距也可以是不相等的，称为不等距分组或者异距分组。比如，对人口年龄的分组，可根据人口成长的生理特点分成0～7岁（婴幼儿组）、7～18岁（少年儿童组）、18～60岁（中青年组）、60岁以上（老年组）等。

等距分组由于各组的组距相等，各组频数的分布不受组距大小的影响，因此可直接根据绝对频数来观察频数分布的特征和规律。而不等距分组因各组组距不同，各组频数的分布受组距大小不同的影响，因此各组绝对频数的多少并不能反映频数分布的实际状况。为消除组距不同对频数分布的影响，需要计算频数密度，频数密度能准确反映频数分布的实际状况。

频数密度＝频数÷组距

此外，组距分组掩盖了各组内的数据分布状况，为反映各组数据的一般水平，我们通常用组中值作为该组数据的一个代表值，即：

组中值＝（下限值+上限值）/2

缺下限开口组组中值=上限−相邻组组距/2

缺上限开口组组中值=下限+相邻组组距/2

值得注意的是，组中值的这种代表性有一个必要的假定条件，即各组数据在本组内呈均匀分布或在组中值两侧呈对称分布。如果实际数据的分布不符合这一假定，用组中值作为一组数据的代表值会有一定的误差。

为了统计分析的需要，有时需要观察某一数值以下或某一数值以上的频数或频率之和，因此还可以计算出累计频数或累计频率。

（二）累计频数和累计频率

表2-7是一个最简单的频数分布表，有时我们要了解大于或者小于某个数的频数或频

率有多少，就需要将各组的频数或者频率进行累计，对表中的数据进行计算汇总，就可以得到一个包含了累计频数和累计频率的分布表，见表2-10。

表2-10 工人日生产零件数的次数分布表

工人日生产零件数 x（个）	频数f（人）	频率（%）	向上累计		向下累计	
			频数（人）	频率（%）	频数（人）	频率（%）
105～110	2	4	2	4	50	100
110～115	6	12	8	16	48	96
115～120	9	18	17	34	42	84
120～125	14	28	31	62	33	66
125～130	10	20	41	82	19	38
130～135	6	12	47	94	9	18
135～140	3	6	50	100	3	6
合 计	50	100	—	—	—	—

累计有两种方式：一种是向上累计；另一种是向下累计。向上累计，又称“以下累计”“较小制累计”，就是从变量值较小的组向变量值较大的组进行累计，它表示的是小于该组上限的频数与频率，如日产零件数量在130个以下的工人有41人，占总数的82%。向下累计，又称“以上累计”“较大制累计”，就是从变量值较大的组向变量值较小的组进行累计，它表示的是高于某分组下限的频数与频率，如日产零件数量在125个以上的工人有19人，占总数的38%。

（三）数值型数据的图示

前面介绍的条形图、圆形图、环形图及累计分布图等都适用于显示数值型数据。此外，对数值型数据还有以下一些图示方法，这些方法并不适用于定类数据和定序数据。

1.直方图和折线图

通过频数分布表，我们可以初步看出数据分布的一些特征和规律。例如，从表2-7可以看出，该车间工人日加工零件数大多数在120～125个，共14人，低于这一水平的共有17人，高于这一水平的共有19人，可见这是一种非对称分布。如果用图形来表示这一分布的结果，会更加形象和直观。

（1）直方图。直方图是用矩形的宽度和高度来表示频数分布的图形。在平面直角坐标中，横轴表示数据分组，纵轴表示频数或频率，这样，各组与相应的频数就形成了一个矩形，即直方图，一般用于组限重叠的组距式数列的数据图形显示。比如，根据表2-7数据绘成的直方图如图2-7所示。

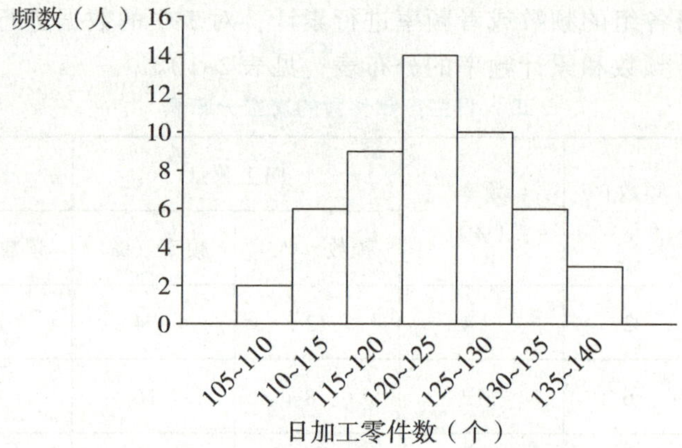

图2-7 某车间工人日加工零件数的直方图

请思考

条形图、柱形图、直方图有何区别？分别适用于什么变量？

依据直方图可以直观地看出工人日加工零件数及其人数的分布状况。

对于等距分组的数据，可以用矩形的高度直接表示频数的分布。如果是不等距分组数据，用矩形的高度来表示各组频数的分布就不再适用。这时，可以用矩形的面积来表示各组的频数分布，或根据频数密度来绘制直方图，从而准确地表示各组数据分布的特征。

实际上，无论是等距分组数据还是不等距分组数据，用矩形的面积或频数密度来表示各组的频数分布都更为合适，因为这样可使直方图下的总面积等于1。比如在等距分组中，矩形的高度与各组的频数成比例，如果取矩形的宽度（各组组距）为一个单位，高度表示各组的频率，则直方图下的总面积等于1。在直方图中，实际上是用矩形的面积来表示各组的频数分布。

直方图与条形图不同，条形图是用条形的长度（横置时）表示各类别频数的多少，其宽度（表示类别）是固定的；直方图是用面积表示各组频数的多少，矩形的高度表示每一组的频数或频率，宽度则表示各组的组距，因此其高度与宽度均有意义。此外，由于分组数据具有连续性，直方图的各矩形通常是连续排列，而条形图则是分开排列。

（2）折线图。在直方图的基础上，把直方图矩形顶端的中点（即组中值）用直线连接起来，再把原来的直方图抹掉就是折线图。需要注意，折线图的两个终点要与横轴相交，具体的做法是将第一个矩形顶部中点通过竖边中点（即该组频数一半的位置）连接到横轴，最后一个矩形顶部中点与其竖边中点连接到横轴。这样才会使折线图下所围成的面积与直方图的面积相等，从而使二者所表示的频数分布一致。例如，在图2-7的基础上绘制的折线图如图2-8所示。

2.曲线图

当对数据所分的组数很多时，组距会越来越小，这时所绘制的折线图就会越来越光滑，逐渐形成一条平滑的曲线，这就是频数分布曲线。分布曲线在统计学中有着十分广泛的应用，是描述各种统计量和分布规律的有效方法。

曲线图绘制的方法是在折线图的基础上，将连接各组次数坐标点的折线加工修匀为比较平滑的曲线，如图2-9所示。

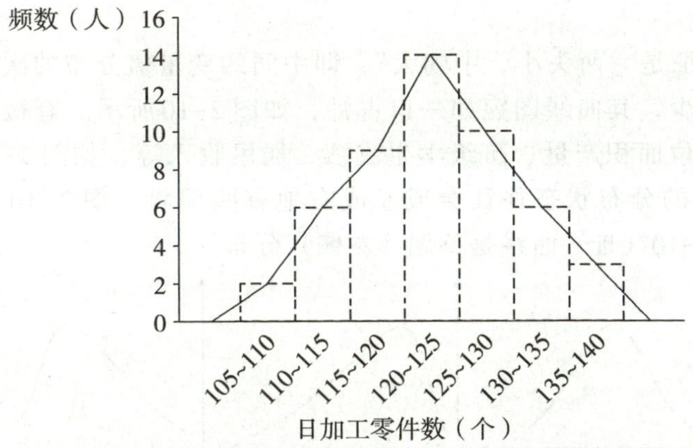

图 2-8 某车间工人日加工零件数的折线图

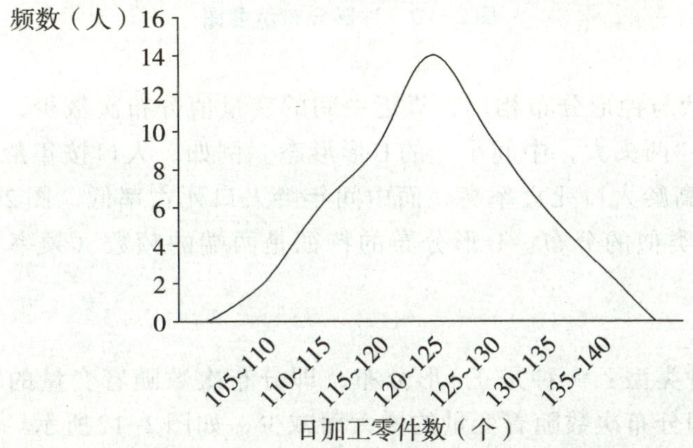

图 2-9 某车间工人日加工零件数的曲线图

请思考

在2021年日本东京奥运会上，中国队以38金和总奖牌数88位列奥运金牌榜和总奖牌榜第二位，美国队以39金和总奖牌数113居榜首。东道主日本位居第三。根据表2-11的数据，你认为可以选择哪些图形来展示三个国家所获得的奖牌情况？

表 2-11 日本东京奥运会中、美、日三国奖牌榜

排名	国家或地区	金	银	铜	合计
1	美国	39	41	33	113
2	中国	38	32	18	88
3	日本	27	14	17	58

七、频数分布的类型

利用统计图，可以对社会现象的数量分布特征进行描述，通过这些图形，可以直观地显示不同类型现象的分布特征。频数分布的类型主要有三种：钟形分布、U形分布和J形分布。

（一）钟形分布

钟形分布的特征是“两头小，中间大”，即中间的变量值分布的次数多，靠近两边的变量值分布的次数少，其曲线图宛如一口古钟，如图2-10所示。有很多现象属于这种分布，如农作物的单位面积产量、班级学生成绩、居民收入等，如图2-10（Ⅰ）所示。但大部分现象所呈现的分布状态往往会或左或右地有些偏斜。图2-10（Ⅱ）曲线是正偏（右偏）分布，图2-10（Ⅲ）曲线是负偏（左偏）分布。

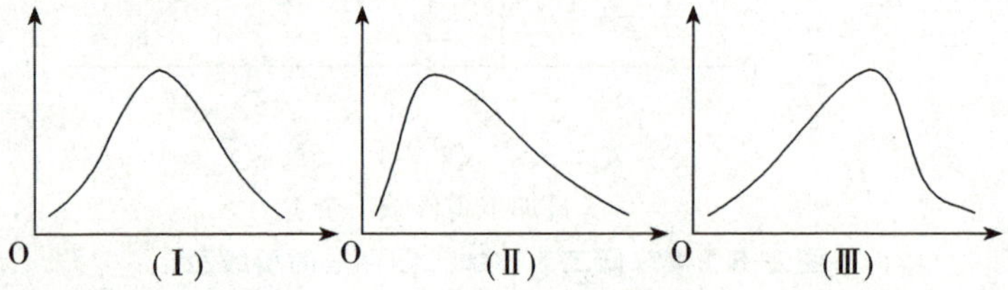

图2-10　钟形分布示意图

（二）U形分布

U形分布的形状与钟形分布相反，靠近中间的变量值分布次数少，靠近两端的变量值分布次数多，形成“两头大，中间小”的U形形态。例如，人口按年龄死亡率的分布，人口总体中，低龄和高龄人口死亡率高，而中间年龄人口死亡率低。图2-11是U形分布图。产品的故障率也有类似的分布。U形分布的特征是两端的频数（频率）高，中间的频数（频率）低。

（三）J形分布

J形分布有两种类型：一种是正J形分布，即分布次数随着变量的增大而增多；另一种是反J形分布，即分布次数随着变量的增大而减少，如图2-12所示。如经济学中的供给曲线，随着价格的提高供给量以更快的速度增加，呈现为正J形；而需求曲线则表现为随着价格的提高需求量以较快的速度减少，呈现为反J形。

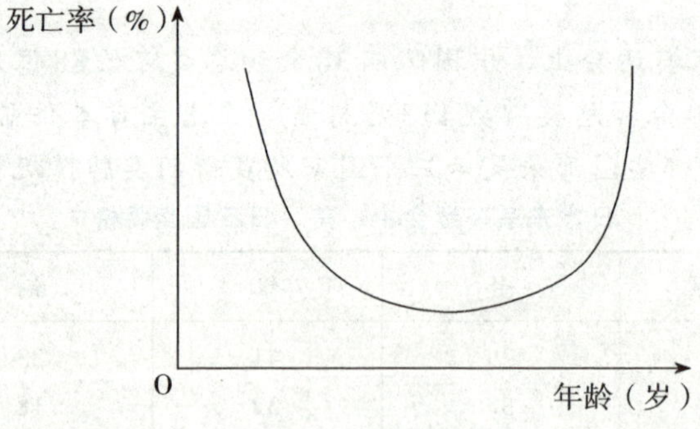

图2-11　U形分布示意图

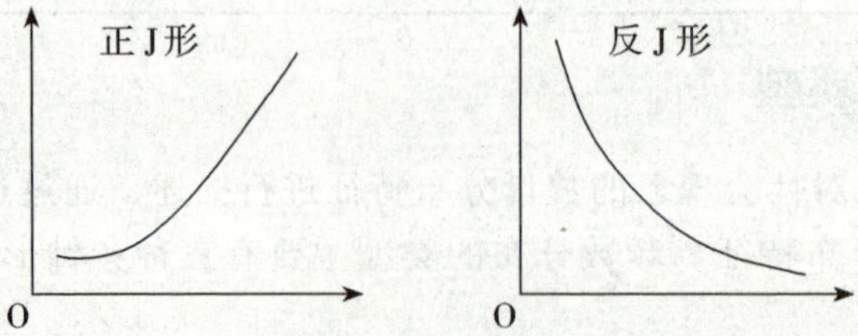

图2-12　J形分布示意图

请思考

现实中还有哪些数据分布是钟形分布、U形分布、J形分布？举例说明。

第三节 统计表

一、统计表及其作用

统计表是反映统计数字的一种最常用的形式。把收集到的数字资料，经过汇总整理后，得出一些系统化的统计资料，将其按一定顺序填列在一定的表格内，这个表格就是统计表。经过整理的统计数据资料，需要展现，可以用统计图，也可以用统计表。统计图的特点是形象、鲜明、直观，能够清晰地显示现象之间的相互关系，统计表不仅可以节省大量的文字叙述，而且更为集中醒目、条理分明，也便于资料的对比分析与积累。

统计表有以下几方面作用：

（1）能使大量的统计资料系统化、条理化，因而能更清晰地表述统计资料的内容。

（2）利用统计表便于比较各项目（指标）之间的关系，而且也便于计算。

（3）采用统计表表述统计资料显得紧凑、简明、醒目，使人一目了然。

（4）利用统计表易于检查数字的完整性和正确性。

统计表可分为广义统计表和狭义统计表两种。广义的统计表，包括统计工作各阶段中所用的一切表格；狭义的统计表，专指分析表和容纳各种统计资料的表格，即通常所说的统计表。狭义的统计表是统计分析的重要工具，这是因为它能够清楚地、有条理地显示统计资料，并能直观地反映统计数据特征。

二、统计表的结构

统计表的结构，从外部形式来看，其构成要素包括总标题、横行标题、纵栏标题、数字资料四个部分。总标题置于表的正上方，是统计表的名称，它简明扼要地说明全表的基本内容。横行标题置于表的左端，是横行的名称，即总体各组名称，表示统计研究的对象，亦称主词。主词所在栏称为主词栏，反映表格说明的主体或对象。纵栏标题置于表的右上端，是纵栏的名称，连同表中数字，称为宾词。宾词所在栏称为宾词栏，反映主体或对象的内容。主词与宾词的位置依据统计资料和列表的具体情况，有时可以互换。如果是时间序列数据，行标题和列标题也可以是时间，当数据较多时，通常将时间放在行标题的位置。表的其余部分是具体的数字资料。表外附加通常放在统计表的下方，主要包括资料来源、指标的注释和必要的说明等内容。统计表的一般结构如表2-12所示。

从统计表的内容上看，可以分为主词和宾词两个部分，如表2-12所示。主词是统计表所要说明的总体，它可以是各个总体单位的名称，也可以是对总体的各个分组。宾词是说明总体的统计指标，包括指标名称和指标数值。

表 2-12　　2020年中国国内生产总值（GDP）及构成

项　目	增加值		
	产值（亿元）	比重（%）	纵栏标题（纵标目）
横行标题（横标目）第一产业	77 754.1	7.65	
第二产业	384 255.3	37.82	数字资料
第三产业	553 976.8	54.53	
合　计	1 015 986.2	100.00	
主词栏	宾词栏		

资料来源：国家统计局．中华人民共和国2020年国民经济和社会发展统计公报［R］．2021-02-28.

三、统计表的种类

（一）按主词加工方法分类

1.简单表

表的主词未经任何分组的统计表称为简单表。简单表的主词一般按时间顺序排列，或按总体各单位名称排列。通常是对调查来的原始资料初步整理所采用的形式。

2.分组表

表的主词按照某一标志进行分组的统计表称为分组表。利用分组表可以反映不同类型现象的特征，说明现象内部的组成部分或结构，分析现象之间的相互关系等。

3.复合表

表的主词按照两个或两个以上标志进行复合分组形成的统计表称为复合表。复合表能更深刻、更详细地反映客观现象，但使用复合表要恰如其分，并不是分组越细越好。因为复合表中多一个层次的分组，组数将会成倍增加，分组太细反而不利于研究现象的特征。

（二）按宾词指标的设计分类

宾词指标的设计在统计表的设计中占有重要位置，宾词指标的设计与统计表内容的繁简有很大关系。一般来讲，有两种设计方式：一种是简单设计，将宾词指标作平行配置，一一排列（见表2-13）；另一种是复合设计，把各个指标结合起来，作层叠配置，分层排列（见表2-14）。

表 2-13　　某地区工业企业的职工性别和年龄（2020年底）（一）

企业按所有制形式分组	企业数	工人总数	性　别		工　龄			
			男	女	1年以下	1～5年	5～10年	10年以上
（甲）	（1）	（2）	（3）	（4）	（5）	（6）	（7）	（8）
国有单位 城镇集体单位								
合　计								

表2-14　　某地区工业企业的职工性别和年龄（2020年底）（二）

企业按所有制形式分组	企业数	工人总数			工龄								
					1年以下			1～10年			10年以上		
		男	女	计	男	女	计	男	女	计	男	女	计
（甲）	（1）	（2）	（3）	（4）	（5）	（6）	（7）	（8）	（9）	（10）	（11）	（12）	（13）
国有单位 城镇集体单位													
合　计													

四、统计表的设计要求

由于使用者的目的以及统计数据的特点不同，统计表的设计在形式和结构上会有较大差异，但设计上的基本要求则是一致的。总体上看，统计表的设计应符合科学、实用、简练、美观的要求，便于使用者进行比较、分析以及阅读。具体来说，设计统计表时要注意以下几点：

（1）要合理安排统计表的结构，比如行标题、列标题、数字资料的位置应安排合理。当然，由于强调的问题不同，行标题和列标题可以互换，但应使统计表的横竖长度比例适当，避免出现过高或过长的表格形式。

（2）表头一般应包括表号、总标题和表中数据的单位等内容。总标题应简明、确切地概括出统计表的内容，一般需要表明统计数据的时间（When）、地点（Where）以及何种数据（What），即标题内容应满足3W要求。

（3）表中应有计量单位栏。当表中只有一种计量单位时，可在表的右上端注明。若有几个计量单位时，横行的计量单位可专设“计量单位”一栏，纵栏的计量单位可与纵栏标题写在一起，用小括号标明。

（4）表中的数据一般是右对齐，有小数点时应以小数点对齐，小数位要一致。如遇相同数字必须照填，不能用“同上”或“同左”代替。无数字的空格要用“—”表示。如因资料缺失或不公开该栏数据（基于保密规定）时，要用“……”表示，以免被误认漏报。一个填好的统计表不应出现空白单元格。

（5）通常情况下，统计表的左右两边不封口，列标题之间一般用竖线隔开，而行标题之间通常不必用横线隔开。表中的上下两条线一般用粗线，中间的其他线要用细线，这样使表格看起来清楚、醒目。表内如有两个或两个以上不同的内容，也要用粗线或双线隔开。

（6）在使用统计表时，必要时可在表的下方加上注释，特别要注意注明资料来源，以表示对他人劳动成果的尊重，方便读者查阅使用。

（7）当统计表栏数较多时，通常要加编号，并说明其相互关系，主词栏与计量单位栏可用甲、乙、丙等文字标明；宾词各栏可用（1）、（2）、（3）等数码标明。

（8）借用他人数据资料时，统计表应加注解，说明资料出处，一般在统计表的下端注明“资料来源”。

专栏阅读

应用软件制作统计图表

本章小结

本章主要介绍了统计调查与统计资料整理两个方面内容。在统计调查中学习了统计调查的含义、调查方案设计、调查方法等内容。在统计资料整理中主要学习了统计分组、分配数列、统计表编制等内容。同学们可以运用这些原理和方法去开展统计调查并进行资料整理。

本章关键术语

统计调查　普查　统计报表　重点调查　典型调查　抽样调查　原始数据　次级数据　定类数据　定量数据　分布数列　变量数列　累计频率　上限不计入原则　统计表

案例分析

统计分析报告写作

寻求工商管理专业较高的学历已是一种世界趋势。有调查表明，越来越多的亚洲人选择攻读工商管理硕士（MBA）学位，将它当作通往成功的道路。在整个亚太地区，成千上万的人对于暂时搁置自己的工作并花两年的时间来接受工商管理系统教育，显示了日益增长的热情。这些工商管理课程显然十分繁重，包括经济学、金融学、市场营销学、行为科学、劳工关系学、决策论、运筹学、经济法等。表2-15是Asia公司提供的数据(2009)，显示了亚太地区25所知名商学院的情况。

表2-15　亚太地区商学院MBA统计表

商学院名称	录取名额	每系人数	本国学生学费（$）	外国学生学费（$）	年龄	国外学生比例（%）	是否要求GMAT	是否要求英语测试	是否要求工作经验	起薪（$）
墨尔本商学院	200	5	24 420	29 600	28	47	是	否	是	71 400
新南威尔士大学（悉尼）	228	4	19 993	32 582	29	28	是	否	是	65 200
印度管理学院（阿默达巴得）	392	5	4 300	4 300	22	0	否	否	否	7 100
香港大学	90	5	11 140	11 140	29	10	是	否	否	31 000
日本国际大学	126	4	33 060	33 060	28	60	是	是	否	87 000
亚洲管理学院（马尼拉）	389	5	7 562	9 000	25	50	是	否	是	22 800
印度管理学院（班加罗尔）	380	5	3 935	16 000	23	1	是	否	否	7 500
新加坡国立大学	147	6	6 146	7 170	29	51	是	是	是	43 300
印度管理学院（加尔格达）	463	8	2 880	16 000	23	0	否	否	否	7 400

续表

商学院名称	录取名额	每系人数	本国学生学费（$）	外国学生学费（$）	年龄	国外学生比例（%）	是否要求GMAT	是否要求英语测试	是否要求工作经验	起薪（$）
澳大利亚国立大学（堪培拉）	42	2	20 300	20 300	30	80	是	是	是	46 600
南洋理工大学（新加坡）	50	5	8 500	8 500	32	20	是	否	是	49 300
昆士兰大学（布里斯班）	138	17	16 000	22 800	32	26	否	否	是	49 600
香港理工大学	60	2	11 513	11 513	26	37	是	否	是	34 000
麦夸里商学院（悉尼）	12	8	17 172	19 778	34	27	否	否	是	60 100
Chulalongkorn大学（曼谷）	200	7	17 355	17 355	25	6	是	否	是	17 600
Monash Mt.Eliza商学院（墨尔本）	350	13	16 200	22 500	30	30	是	是	是	52 500
亚洲管理学院（曼谷）	300	10	18 200	18 200	29	90	否	是	是	25 000
阿德莱德大学	20	19	16 426	23 100	30	10	否	否	是	66 000
梅西大学（新西兰，北帕默斯顿）	30	15	13 106	21 625	37	35	否	是	是	41 400
墨尔本皇家工商学院	30	7	13 880	17 765	32	30	否	是	是	48 900
Jamnalal Bajaj管理学院（孟买）	240	9	1 000	1 000	24	0	否	否	是	7 000
柯廷理工学院（珀思）	98	15	9 475	19 097	29	43	是	否	是	55 000
拉合尔管理科学院	70	14	11 250	26 300	23	2.5	否	否	否	7 500
马来西亚Sains大学（槟城）	30	5	2 260	2 260	32	15	否	是	是	16 000
De La Salle大学（马尼拉）	44	17	3 300	3 600	28	3.5	是	否	是	13 100

要求对该统计表数据作出分析并写出分析报告，分析报告应包括：

（1）用描述统计的方法概括表中数据，并讨论你的结论。

（2）对变量数据的最大值、最小值、平均数等进行评价和解释。通过这些描述统计量，你对亚太地区的商学院有何看法或发现？

（3）对本国学生学费和外国学生学费进行比较。

（4）对要求或不要求工作经验的学校学生的起薪进行比较。

（5）对要求或不要求英语测试的学校学生的起薪进行比较。

（6）分析报告中如果有必要的图表，将更便于反映你希望反映的问题。

练习题

一、单项选择题

1.重点调查中重点单位是按（　　）选择的。

A.这些单位数量占总体全部单位总量的很大比重

B.这些单位的标志总量占总体标志总量的很大比重

C.这些单位具有典型意义，是工作重点

D.这些单位能用以推算总体标志总量

2.有意识地选择三个农村点调查农民收入情况，这种调查方式属于（　　）。

A.典型调查　　B.重点调查　　C.抽样调查　　D.普查

3.2020年11月1日零点的第七次全国人口普查是（　　）。

A.典型调查　　B.重点调查　　C.一次性调查　　D.经常性调查

4.通过调查大庆油田、胜利油田等几个主要油田来了解我国石油生产的基本情况，这种调查方式属于（　　）。

A.普查　　B.典型调查　　C.重点调查　　D.抽样调查

5.某些不能够或不宜用定期统计表收集的全面统计资料，一般应采取的方法是（　　）。

A.普查　　B.重点调查　　C.典型调查　　D.抽样调查

6.统计数据中，最基本的计量尺度是（　　）。

A.定类尺度　　B.定序尺度　　C.定距尺度　　D.定比尺度

7.工厂对生产的一批零件进行检查，通常采用（　　）。

A.普查　　B.抽样调查　　C.重点调查　　D.典型调查

8.检查产品寿命应使用哪种调查方法？（　　）

A.普查　　B.抽样调查　　C.重点调查　　D.典型调查

9.统计整理所涉及的资料一般是（　　）。

A.原始资料　　B.次级资料

C.原始资料和次级资料　　D.统计分析后的资料

10.某连续变量数列末位组为开口组，下限为200，相邻组组中值为170，则末位组中值为（　　）。

A.230　　B.200　　C.210　　D.180

11.为掌握商品销售情况，对占该市商品销售额80%的五个大商场进行调查，这种调查方式属于（　　）。

A.普查　　B.重点调查　　C.抽样调查　　D.统计报表

12.人口普查规定标准时间是为了（　　）。

A.避免登记的重复与遗漏　　B.将来资料具有可比性

C.确定调查单位　　D.方便登记

13.在统计分组时，首先应考虑（　　）。

A.分成多少组　　B.选择什么标志分组

C.各组差异大小　　D.分组后计算方便

14.以一、二、三等品来衡量产品质地的优劣，那么该产品等级是（　　）。

A.品质标志　　B.数量标志　　C.质量指标　　D.数量指标

15.可以准确地计量两个数值之间的倍数的数据尺度是（　　）。

A.定类尺度　　B.定序尺度　　C.定距尺度　　D.定比尺度

二、多项选择题

1.普查是（　　）。

A.非全面调查　　B.专门调查　　C.全面调查
D.经常性调查　　E.一次性调查

2.全面调查形式有（　　）。

A.重点调查　　B.抽样调查　　C.典型调查
D.统计报表　　E.普查

3.在次数分配数列中，（　　）。

A.总次数一定，频数和频率成反比
B.各组的频数之和等于100
C.各组频率大于0，频率之和等于1
D.频数越小，则该组的标志值所起的作用越小

4.要了解某地区全部成年人口的就业情况，那么（　　）。

A.该地区全部成年人是研究的总体
B.成年人口总数是统计指标
C.成年人口就业率是统计标志
D.“职业”是每个人的特征，“职业”是数量指标
E.某人职业是“教师”，这里的“教师”是标志表现

三、判断题

1.普查是全面调查，抽样调查是非全面调查，所以普查比抽样调查准确。
2.为了尽可能多地收集统计数据信息，所以问卷应尽可能长。
3.统计分组应使组内差异尽量小。
4.凡是离散型变量都适合编制单项式数列。
5.调查单位就是填报单位。
6.调查时间是指进行调查工作所需要的时间。
7.对于变化较小、变化较慢的资料应采用一次性调查来取得资料。
8.较小制累计次数表示大于该组变量值下限的次数合计有多少。

四、简答题

1.统计数据可分为哪几种类型？不同类型的数据各有什么特点？
2.简述普查和抽样调查的特点。
3.简述我国目前的统计调查体系。
4.如何编制次数分布表？
5.统计表是怎样构成的？
6.统计调查方案设计包括哪几项内容？
7.简要解释调查对象、调查单位与报告单位的含义及它们之间的联系。
8.比较三种非全面调查的特点及应用场合。
9.何谓统计分组？统计分组应遵循的基本原则是什么？
10.品质型数据的显示方法主要有哪些？
11.数值型数据的显示方法主要有哪些？
12.数据的预处理包括哪些内容？
13.定类数据和定序数据的整理和图示方法各有哪些？

14. 定距数据和定比数据的分组方法有哪些？简述组距分组的步骤。

15. 直方图与条形图有何区别？

五、综合练习题

1. 某高校二级学院60名教职员工的月工资资料如下：

1 100	1 200	1 200	1 400	1 500	1 500	1 700	1 700	1 700	1 800
1 800	1 900	1 900	2 100	2 100	2 200	2 200	2 200	2 300	2 300
2 300	2 300	2 400	2 400	2 500	2 500	2 500	2 500	2 600	2 600
2 600	2 700	2 700	2 800	2 800	2 800	2 900	2 900	2 900	3 100
3 100	3 200	3 200	3 300	3 300	3 400	3 400	3 500	3 500	3 600
3 600	3 800	3 800	4 200	3 800	3 600	3 500	3 400	3 100	3 100

依据上述资料编制组距变量数列，并用次数分布表列出各组的频数和频率，以及向上、向下累计的频数和频率，并绘制直方图、折线图。

2. 已知2009—2020年我国国内生产总值数据如表2-16所示。

表2-16　2009—2020年我国的国内生产总值数据

年　份	国内生产总值（亿元）
2009	348 517.7
2010	412 119.3
2011	487 940.2
2012	538 580.0
2013	592 963.2
2014	643 563.1
2015	688 858.2
2016	746 395.1
2017	832 035.9
2018	919 281.1
2019	986 515.2
2020	1 015 986.2

注：数据来源于国家统计局网站（https：//data.stats.gov.cn/easyquery.htm？ cn=C01）。

其中，在2020年的国内生产总值中，第一产业为77 754.1亿元，第二产业为384 255.3亿元，第三产业为553 976.8亿元。

要求：

（1）根据2009—2020年的国内生产总值数据，利用Excel软件绘制折线图和条形图。

（2）根据2020年的国内生产总值及其构成数据，计算各次产业比重，绘制圆形图和环形图。

第二章练习题参考答案

第三章

综合指标

2020年，全国居民人均可支配收入32 189元，比上年增长4.7%，扣除价格因素，实际增长2.1%。全国居民人均可支配收入中位数27 540元，增长3.8%。按常住地分，城镇居民人均可支配收入43 834元，比上年增长3.5%，扣除价格因素，实际增长1.2%。城镇居民人均可支配收入中位数40 378元，增长2.9%。农村居民人均可支配收入17 131元，比上年增长6.9%，扣除价格因素，实际增长3.8%。农村居民人均可支配收入中位数15 204元，增长5.7%。城乡居民人均可支配收入比值为2.56，比上年缩小0.08。按全国居民五等份收入分组，低收入组人均可支配收入7 869元，中间偏下收入组人均可支配收入16 443元，中间收入组人均可支配收入26 249元，中间偏上收入组人均可支配收入41 172元，高收入组人均可支配收入80 294元。全国农民工人均月收入4 072元，比上年增长2.8%。

全年全国居民人均消费支出21 210元，比上年下降1.6%，扣除价格因素，实际下降4.0%。其中，人均服务性消费支出9 037元，比上年下降8.6%，占居民人均消费支出的比重为42.6%。按常住地分，城镇居民人均消费支出27 007元，下降3.8%，扣除价格因素，实际下降6.0%；农村居民人均消费支出13 713元，增长2.9%，扣除价格因素，实际下降0.1%。全国居民恩格尔系数为30.2%，其中城镇为29.2%，农村为32.7%。①

要理解和分析现实生活中的各种数量特征和数量关系，就要借助于统计指标。用统计指标去概括和分析现象总体的数量特征和数量关系的方法，就叫综合指标法，简称综合指标。综合指标从其作用和方法特点的角度可概括为三类：总量指标、相对指标和平均指标，这三种指标作为统一的综合指标，可以把其看作统计整理的结果，同时又是进行统计分析的基础和工具。

本章提要

本章主要学习综合指标的计算和应用，要求读者了解各种综合指标的概念、作用及种类；掌握各种综合指标的特点和应用场合；熟练掌握集中趋势及离散程度的指标的含义及计算方法。

① 国家统计局. 中华人民共和国2020年国民经济和社会发展统计公报 [R]. 2020-02-28.

第一节　总量指标

一、总量指标的概念和作用

总量指标是反映社会经济现象在一定条件下的总规模、总水平或工作总量的统计指标。总量指标用绝对数表示，也就是用一个绝对数来反映特定现象在一定时间上的总量状况，它是一种最基本的统计指标。但与数学中的绝对数不同，总量指标不是抽象的绝对数，而是一个有名数。例如，2020年我国国内生产总值为1 015 986亿元。有时，总量指标还可以表现为总量之间的绝对差数。例如，2020年我国国内生产总值比上年增加29 471亿元。

总量指标的作用主要表现在以下几方面：第一，总量指标是认识社会经济现象的起点；第二，总量指标是实现宏观经济调控和企业经营管理的基本指标；第三，总量指标是计算其他统计指标的基础。

二、总量指标的种类

（一）总体单位总量和总体标志总量

1.总体单位总量

总体单位总量是反映总体单位数多少的总量指标，通过对总体各单位计数直接得到，用来表明统计总体的容量大小。例如，研究我国的人口状况时，统计总体是全国所有公民，总体单位是每一位公民，那么我国的人口数表明总体单位的个数，是总体单位总量。再如，研究某市的工业发展状况，统计总体是全市的所有工业企业，若该市现有工业企业2 560家，则2 560家即为总体单位总量。

2.总体标志总量

总体标志总量是反映总体各单位某一数量标志值总和的总量指标，需要加总计算得到。仍举上例，该市的每个工业企业是总体单位，每一工业企业的职工人数是该工业企业的一个数量标志，则该市全部工业职工人数就是总体标志总量。另外，该市的年工业增加值、工业总产值、工业利税总额等指标也都是总体标志总量。一个已经确定的统计总体，其总体单位总量是唯一确定的，而总体标志总量却不止一个。

某一总量指标是总体单位总量还是标志总量不是完全确定的，而是随着统计总体的改变而改变的。如上例中的全市工业职工人数是总体标志总量，若研究目的改变为认识该市工业企业职工的生活水平时，统计总体是全市的所有工业企业职工，全市工业企业职工人数就变成总体单位总量了。

（二）时期指标和时点指标

1.时期指标

时期指标反映社会经济现象在一段时间内发生的总量。例如，我国2020年实现国内生产总值1 015 986亿元，是指在2020年这一年的时间内，我国国民经济各行业每天所创增加值的总和。再如，产品产量、利润总额、投资总额、进出口贸易额、社会零售商品销售额等都是时期指标。时期指标具有如下特点：

（1）具有可加性。时间上相邻的时期指标相加能够得到另一更长时期的总量指标。

（2）指标数值的大小与所属时期的长短直接相关。一般来讲，时期越长，指标数值就越大。

（3）必须连续登记而得。时期指标数值的大小取决于整个时期内所有时间上的发展状况，只有连续登记得到的时期指标才会准确。

2.时点指标

时点指标反映社会经济现象在某一时刻的状态总量，如人口数、设备台数、商品库存量、资金占用量等。例如，我国第七次人口普查显示我国人口总数为1 411 778 724人（普查登记的大陆31个省、自治区、直辖市和现役军人的人口），这能够说明我国2020年11月1日这一天的人口数量情况。再如，商品库存额、外汇储备额等也都是时点指标。时点指标具有如下特点：

（1）不具有可加性。不同时点上的两个时点指标数值相加不具有实际意义。

（2）数值大小与登记时间的间隔长短无关。时点指标仅仅反映社会经济现象在某一瞬间上的数量，每隔多长时间登记一次对它的大小没有影响。

（3）指标数值是间断计数的。时点指标没有必要进行连续登记，有的也是不可能连续进行登记的，如一国的总人口数。

三、总量指标的计量单位

总量指标的计量形式都是有名数，都有计量单位。根据总量指标所反映现象的性质不同，其计量单位一般有实物单位、价值单位和劳动单位三种。

（一）实物单位

实物单位是根据事物的外部特征或物理属性而采用的单位。它又分为：

（1）自然单位。如鞋以“双”为单位；衣服以“件”为单位；汽车以“辆”为单位等。

（2）度量衡单位。度量衡单位是以已经确定出的标准来计量实物的重量、长度、面积、容积等的单位，如吨、米等。

（3）复合单位。复合单位是两个单位的乘积。如货运量用“吨公里”计量；发电量用“千瓦时”计量等。

（4）双重单位或多重单位。这是用两种或两种以上的单位结合起来进行计量。如起重机以“吨／台”计量，属于双重单位；船舶用“吨／马力／艘”计量，属于多重单位。

（5）标准实物单位。标准实物单位是按照统一的折算标准来计量事物数量的一种实物单位。它主要用于计量存在差异的工业产品和农产品，为了准确地反映其总量，需要把各产品按照一定的标准折合成标准品再相加。如把含氮量不同的化肥都折合成含氮100%的标准化肥；把各种能源都折合成热量值为7 000千卡／千克的标准煤等。

以实物单位计量的总量指标，叫作实物指标。

（二）价值单位

价值单位也叫货币单位，它是以货币作为价值尺度来计量社会财产和劳动成果。例如，国内生产总值、城乡居民储蓄额、外汇收入、财政收入都必须用货币单位来计量，常见的货币单位有美元、人民币元、欧元等。用货币单位计量的总量指标叫作价值指标。价值指标具有综合性和可加总性，在国民经济管理中起着重要的作用。

（三）劳动单位

劳动单位是用劳动时间表示的计量单位，也是一种复合单位，如“工时”“工日”“台时”。工时是工人数和劳动时数的乘积；工日是工人数和劳动日数的乘积；台时是设备台数和开动时数的乘积。如果把生产各种产品所耗费的劳动量加总，就是劳动消耗总量。劳动单位主要用于编制和检查基层企业的生产作业计划以及为实行劳动定额管理提供依据。

四、总量指标的计算

总量指标数值都是通过对总体单位进行全面调查登记，采用直接计数、点数或测量等方法，逐步计算汇总得出的。例如，统计报表中的总量资料，普查中的总量资料，都是采用这种直接计量法取得的。只有在不能直接计算或不必直接计算总体的总量指标的少数情况下，才采用估计推算的方法取得有关的总量资料。

总量指标数值在计算方法上比较简单，但在计算内容上却相当复杂，这就涉及如何在质与量的统一中，反映一定历史条件下社会经济现象的规模和水平。因此，总量指标数值的计算并不是一个单纯技术性的加总问题，而必须正确规定总量指标所表示的各种社会经济现象的概念、构成内容和计算范围，确定计算方法，然后才能进行计算汇总，以取得正确反映社会经济现象的总量资料。在计算总量指标时，要注意以下几个方面：首先，必须注意现象的同类性，即不同种类的实物总量指标的数值不能加总，只有同类现象才能计算总量。例如，计算工业产品产量时，不能简单地把原煤产量、石油产量、汽车产量、电视机产量等相加；又如，不能把粮食作物与经济作物混合加总。其次，必须明确每项总量指标的统计含义。例如，在计算工业总产值、净产值和增加值时，只有明确这些指标的社会经济范畴，然后才能正确计算这些总量指标。最后，必须做到计量单位一致，即同类现象的总量指标的数值，其计量单位必须一致才能加总；否则，在统计汇总时，先要换算成统一的计量单位。

第二节 相对指标

一、相对指标的概念和作用

（一）相对指标的概念

要分析一种社会经济现象，仅仅利用总量指标是远远不够的。如果要对事物做深入的了解，就需要对总体的组成和其各部分之间的数量关系进行分析、比较，这时就必须运用相对指标。

相对指标又称相对数，它是两个有联系的指标数值对比的结果。用来对比的两个数，既可以是绝对数，也可以是平均数和相对数。例如，人口密度是人口数与土地面积两个绝对数之比。相对指标的特点是把两个对比的具体数值概括化或抽象化了，使人们对事物有一个清晰的概念。

相对指标的数值有两种表现形式：无名数和有名数。无名数是一种抽象化的数值，多以系数、倍数、成数、百分数或千分数表示。有名数主要用来表示强度的相对指标，以表明事物的密度、强度和普遍程度等。例如，人均粮食产量用“千克/人”表示，人口密度用“人/平方千米”表示等。

（二）相对指标的作用

（1）相对指标通过数量之间的对比，表明事物相关程度、发展程度等，因此可以弥补总量指标的不足，能够更加深入地反映现象的实质。

（2）相对指标能够使一些不能直接对比的事物找出共同比较的基础。不同的企业由于生产规模条件不同，直接用总产值、利润比较评价意义不大，但如果采用一些相对指标，如资金利润率、资金产值率等进行比较，便可对不同企业的生产经营成果作出合理评价和比较。

二、相对指标的种类及其计算方法

根据不同的统计分析目的，可以计算不同类型的相对指标。相对指标一般有六种类型，即：计划完成相对指标、结构相对指标、比例相对指标、比较相对指标、强度相对指标和动态相对指标。现将各种相对指标的计算方法和作用介绍如下。

（一）计划完成相对指标

计划完成相对指标是用来检查、监督计划执行情况的相对指标，一般用百分数来表示，又称计划完成百分比或计划完成程度。其基本计算公式为：

$$\text{计划完成相对指标}=\frac{\text{实际完成数}}{\text{计划任务数}}\times 100\% \tag{3.1}$$

由于计划数在实际计算中可以表现为绝对数、相对数、平均数等多种形式，因此计算计划完成相对指标的方法也不尽相同。

1.计划数为绝对数和平均数时

使用绝对数和平均数计算计划完成相对指标时，可直接用上述计算公式。

【例3-1】某企业2020年产品计划产量200万元，实际完成240万元，则产量计划完成程度为：

$$\text{计划完成相对指标}=\frac{240}{200}\times 100\%=120\%$$

计算结果表明，该企业超额20%完成产量计划，实际产量比计划产量增加了40万元。

【例3-2】某企业劳动生产率计划达到5 000元/人，某种产品计划单位成本为100元，该企业实际劳动生产率达到6 000元/人，该产品实际单位成本为90元，其计划完成程度指标为：

$$\text{劳动生产率计划完成相对指标}=\frac{6\,000}{5\,000}\times 100\%=120\%$$

$$\text{单位成本计划完成相对指标}=\frac{90}{100}\times 100\%=90\%$$

计算结果表明，该企业劳动生产率实际比计划提高了20%，而产品单位成本实际比计划降低了10%。这里劳动生产率为正指标，单位成本为逆指标。

2.计划数为相对数时

计划数为相对数时，计划完成程度的计算公式为：

$$\text{计划完成相对指标}=\frac{1\pm\text{实际}\genfrac{}{}{0pt}{}{\text{提高}}{\text{降低}}\text{百分数}}{1\pm\text{计划}\genfrac{}{}{0pt}{}{\text{提高}}{\text{降低}}\text{百分数}}\times 100\% \tag{3.2}$$

【例3-3】某企业某产品产量计划要求增长10%，同时该种产品单位成本计划要求下降6%，而实际产量增长了12%，实际单位成本下降了7.6%，则计划完成程度指标为：

$$产量计划完成程度相对指标=\frac{100\%+12\%}{100\%+10\%}\times 100\%=101.82\%$$

$$单位成本降低计划完成程度相对指标=\frac{100\%-7.6\%}{100\%-6\%}\times 100\%=98.29\%$$

计算结果表明，产量计划完成程度大于100%，说明超额完成计划。而单位成本计划完成程度小于100%，说明实际成本比计划成本有所降低，也超额完成了成本降低计划，比计划多完成1.71%。

3.长期计划的检查

在检查中长期计划的完成情况时，因为有的规定计划末期应达到的水平，有的规定全期应完成的累计总数，因而统计上检查长期计划的完成情况，亦有水平法和累计法之分。

（1）水平法

用水平法检查计划完成程度，就是根据计划末期（最后一年）实际达到的水平与计划规定的同期应达到的水平相比较，来确定全期是否完成计划。其计算公式如下：

$$计划完成相对指标=\frac{中长期计划末期实际达到的水平}{中长期计划末期计划达到的水平}\times 100\% \tag{3.3}$$

【例3-4】某企业按五年计划规定的最后一年的产量应达到720万件，实际执行情况如表3-1所示。

表3-1　某企业五年计划完成情况　单位：万件

年份	第一年	第二年	第三年	第四年				第五年			
				第一季度	第二季度	第三季度	第四季度	第一季度	第二季度	第三季度	第四季度
产量	300	410	530	150	160	170	170	190	190	210	210

则该企业产量五年计划完成相对指标为：

$$计划完成相对指标=\frac{190+190+210+210}{720}\times 100\ \%=111.11\%$$

计算结果表明，该企业超额11.11%完成产量五年计划。

采用水平法计算，只要有连续一年时间（可以跨年度）实际完成水平达到最后一年计划水平，就算完成了五年计划，余下的时间就是提前完成计划时间。在上例中，该企业实际从五年计划的第四年第三季度到第五年的第二季度连续一年时间的产量达到了计划期最后一年计划产量720万件水平，完成了五年计划，那么第五年下半年这半年时间就是提前完成计划的时间。

（2）累计法

累计法就是用整个计划期间实际完成的累计数与同期计划数相比较，来确定计划完成程度。其计算公式如下：

$$计划完成相对指标=\frac{中长期计划末期实际累计完成量}{中长期计划末期计划累计完成量}\times 100\% \tag{3.4}$$

【例3-5】某地区“十三五”期间计划五年固定资产投资总额150亿元，实际各年投资情况如表3-2所示。

表 3-2 某地区“十三五”期间固定资产投资完成情况 单位：亿元

年 份	2016	2017	2018	2019	2020
固定资产实际投资额	29.4	32.6	39.1	48.9	60

则该地区“十三五”期间固定资产投资的计划完成相对指标为：

$$计划完成相对指标=\frac{29.4+32.6+39.1+48.9+60}{150}\times 100\%=140\%$$

计算结果表明，该地区超额40%完成“十三五”固定资产投资计划。

采用累计法计算，只要从中长期计划开始至某一时期止，所累计完成数达到计划数，就算完成了计划。在上例中，前四年投资额已完成五年计划，因此提前一年完成计划。

（二）结构相对指标

研究社会经济现象总体时，不仅要掌握其总量，还要对总体内部的结构进行数量分析，这就需要计算结构相对指标。结构相对指标就是利用分组法，将总体区分为不同性质（即差异）的各部分，以部分数值与总体全部数值对比而得出比重，来反映总体内部组成状况的综合指标。其公式如下：

$$结构相对指标=\frac{总体部分数值}{总体全部数值}\times 100\% \tag{3.5}$$

结构相对指标用于对比的分子和分母可以同是总体单位数，也可以同是总体的标志数值，当然分子的数值仅是分母数值的一部分。结构相对指标一般用百分数表示，由于对比的基础是同一总体的总数值，所以各部分（或组）所占比重之和应当等于100%或1。例如，表3-3所示为2020年末我国人口年龄结构状况。

表 3-3 2020 年末我国人口年龄结构状况

按年龄分组	人口数（万人）	比重（%）
0～14岁	25 412	18.0
15～64岁	96 707	68.5
65岁及以上	19 059	13.5
合 计	141 178	100

注：资料来源于国家统计局网站（https：//data.stats.gov.cn/easyquery.htm？cn=C01）。

结构相对指标的应用比较广泛，它的主要作用包括以下几个方面：

（1）可以说明在一定的时间、地点和条件下，总体的结构特征。

（2）利用不同时期结构相对数的数值变化，可以反映事物性质的发展趋势，分析经济结构的演变规律。

（3）根据各构成部分所占比重大小，可以反映所研究现象总体的人、财、物的利用程度及生产经营效果的好坏。例如，工业企业对成本构成进行分析，有利于发现成本项目中的薄弱环节，以便采取改进措施，降低成本。又如，企业中的工时利用率、设备利用率等一些利用率指标以及产品的合格率、废品率等，均是利用结构相对指标反映的。

（三）比例相对指标

比例相对指标即比例相对数是反映总体中各个组成部分之间的比例关系和均衡状况的综合指标。它是同一总体中某一部分数值与另一部分数值静态对比的结果，计算公式为：

$$比例相对数 = \frac{总体中某一部分数值}{总体中另一部分数值} \times 100\% \tag{3.6}$$

比例相对指标的数值，一般用百分数或几比几的形式表示。例如，2020年末，我国男性人口数为72 334万人，女性人口数为68 844万人，则男性人口数与女性人口数之比为105∶100。统计分析中，有时还要求用连比形式表示总体中若干个组的比例关系。例如，2020年我国国内生产总值中，第一、二、三产业产值的比例为100∶494∶687。

根据统计资料，计算各种比例相对数，反映有关事物之间的实际比例关系，有助于我们认识客观事物是否符合按比例协调发展的要求，参照有关标准，可以判断比例关系是否合理。在宏观经济管理中，这对于研究分析整个国民经济和社会发展是否协调均衡具有重要的意义。

（四）比较相对指标

比较相对指标又称比较相对数或类比相对数，是将在不同条件下（如在各国、各地区、各单位）的两个同类指标作静态对比得到的综合指标，表明同类现象在不同空间条件下的差异程度或相对状态。其计算公式如下：

$$比较相对数 = \frac{甲地区(单位或企业)某类指标数值}{乙地区(单位或企业)同类指标数值} \times 100\% \tag{3.7}$$

式中：分子与分母现象所属统计指标的含义、口径、计算方法和计量单位必须一致。比较相对指标可以用百分数、倍数和系数表示。

【例3-6】两个类型相同的工业企业，甲企业全员劳动生产率为20 000元/人·年，乙企业全员劳动生产率为30 000元/人·年，则甲、乙两个企业全员劳动生产率的比较相对数为：

$$甲、乙企业全员劳动生产率比较相对数 = \frac{20\,000}{30\,000} \times 100\% = 66.7\%$$

计算比较相对数时，作为比较基数的分母可取不同的对象。一般有两种情况：

1. 比较标准是一般对象

如上例是以乙企业的全员劳动生产率作为比较标准，计算结果说明甲企业全员劳动生产率是乙企业的66.7%；如以甲企业全员劳动生产率作为比较标准，则表明乙企业全员劳动生产率是甲企业的150%。就是说，这种情况下的分子与分母的位置可以互换。

2. 比较标准（基数）典型化

例如，将本单位产品的质量、成本、单耗等各项技术经济指标都和国家规定的水平比较，和同行业的先进水平比较，和国外先进水平比较等，这时，分子与分母的位置不能互换。

比较相对数可以用总量指标进行对比，也可以用相对指标或平均指标进行对比。但由于总量指标易受总体范围大小的影响，因而，计算比较相对数时，更多地采用相对指标或平均指标。

在经济管理工作中，比较相对数被广泛应用。例如，用各种质量指标在企业之间、车间或班组之间进行对比，把各项技术经济指标与国家规定的标准条件对比，与同类企业的先进水平或世界先进水平对比，借以找差距，挖潜力，定措施，为提高企业的经营管理水平提供依据。

（五）强度相对指标

1.强度相对指标的定义及计算

强度相对指标即强度相对数，就是在同一地区或单位内，两个性质不同而有一定联系的总量指标数值对比得出的相对数，是用来分析不同事物之间的数量对比关系，表明现象的强度、密度和普遍程度的综合指标。其计算公式可以概括为：

$$\text{强度相对数}=\frac{\text{某一总量指标数值}}{\text{另一个有联系而性质不同的总量指标数值}} \tag{3.8}$$

【例3-7】我国土地面积为960万平方千米，2020年末人口总数为141 178万人，则：

$$\text{人口密度}=\frac{141\,178}{960}=147.06\text{(人/平方千米)}$$

又如，以铁路（公路）长度与土地面积对比，可以得出铁路（公路）密度。这些强度相对指标都用来反映现象的密集程度或普遍程度。

利用强度相对数来说明社会经济现象的强弱程度时，广泛采用人均产量指标来反映一个国家的经济实力。例如，按全国人口数计算的人均钢产量、人均粮食产量等，这种强度相对指标的数值越大，表示一个国家的经济发展程度越高，经济实力越强。

2.强度相对指标的表示方法

强度相对指标的数值表示有两种方法：

（1）一般用复名数表示。由于强度相对数是两个性质不同但有联系的总量指标数值之比，所以在多数情况下，是由分子与分母原有单位组成的复合单位表示的，如人口密度用人/平方千米，人均钢产量用吨/人等。

（2）少数用百分数或千分数表示。有些强度相对指标因分子与分母的计量单位相同，可以用千分数或百分数表示其指标数值。例如：

$$\begin{aligned}\text{人口自然增长率}&=\frac{\text{年内出生人口数}-\text{年内死亡人口数}}{\text{年平均人口数}}\times1000‰\\&=\frac{\text{年内人口自然增长数}}{\text{年平均人口数}}\times1000‰\\&=\text{人口出生率(‰)}-\text{人口死亡率(‰)}\end{aligned}$$

又如，商品流通费用与商品销售额对比得出的商品流通费用率，则用百分数表示。

（3）强度相对指标的正逆指标。有少数反映社会服务行业的负担情况或保证程度的强度相对指标，其分子和分母可以互换，即采用正算法计算正指标，用倒算法计算逆指标。例如：

$$\text{商业网点密度(正指标)}=\frac{\text{零售商业机构数(个)}}{\text{地区人口数(千人)}}$$

$$\text{商业网点密度(逆指标)}=\frac{\text{地区人口数(千人)}}{\text{零售商业机构数(个)}}$$

值得注意的是，强度相对数虽有“平均”的含义，但它不是同质总体的标志总量与总体单位数之比，所以不是平均数。

（六）动态相对指标

将同一现象在不同时期的两个数值进行动态对比得到的相对数，就是动态相对指标或动态相对数，用以表明现象在时间上发展变动的程度，一般用百分数或倍数表示，也称为发展速度。其计算公式如下：

$$动态相对数=\frac{报告期指标数值}{基期指标数值}\times 100\% \tag{3.9}$$

通常，作为比较标准的时期称为基期，与基期对比的时期称为报告期。例如，2020年、2019年我国国内生产总值分别为1 015 986亿元、986 515亿元，如果把2019年选作基期，则2020年国内生产总值与2019年的国内生产总值对比，可以得到动态相对数为103%，它表明在2019年基础上，2020年国内生产总值的发展速度为103%，增长速度为3%。

动态相对数在统计分析中应用相当广泛，本书将在第七章动态数列中详加论述。

三、正确运用相对指标的原则

上述六种相对指标从不同的角度出发，运用不同的对比方法，对两个同类指标数值进行静态或动态比较，对总体各部分之间的关系进行数量分析，对两个不同总体之间的联系程度和比例作比较，是统计中常用的基本数量分析方法之一。要使相对指标在统计分析中发挥应有的作用，在计算和应用相对指标时应该遵循以下原则：

（一）可比性原则

可比性是计算相对数的最重要条件。所谓可比性，是指对比的指标在含义、内容、范围、时间、空间和计算方法等口径方面是否协调一致、相互适应。如果各个时期的统计数字因行政区划、组织机构、隶属关系的变更，或因统计制度方法的改变不能直接对比的，就应以报告期的口径为准，调整基期的数字。此外，许多用金额表示的价值指标，由于价格的变动，将各期的数字进行对比，不能反映实际的发展变化程度，一般要按不变价格换算，以消除价格变动的影响。例如，工业总产值是按工厂法计算，还是按部门法或国民经济法计算；是采用同一不变价格，还是不同的不变价格，或是采用现行价格计算等，在不同空间和时间的对比中要取得一致。如果不一致，就必须进行调整和换算。这样的对比才能符合统计分析研究的要求，对比的结果才能正确地反映社会经济现象的实质。

（二）相对指标和总量指标结合运用的原则

相对数具有抽象化的特点，从而掩盖了现象间绝对量的差别。为了全面分析问题，运用相对数时，必须与计算相对数所依据的绝对水平联系起来考察，要看到相对数背后所隐藏的总量指标数值，这样才能使我们对客观事物有正确的认识。大的相对数背后的绝对数可能很小，而小的相对数背后的绝对数可能很大，即同样的相对数背后隐藏的绝对数可能不同。因此，我们不能只凭相对数大小判断事物，只有将相对数和绝对数结合起来运用，才能对事物作出正确的评价。关于这一点，马克思曾明确指出，如果一个工人每星期的工资是2先令，后来他的工资提高到4先令，那么工资水平就提高了100%……所以不应当为工资水平提高的动听的百分比所迷惑。我们必须经常这样问：原来的工资数是多少？

（三）各种相对指标综合应用的原则

一种相对指标只说明一方面的情况，为了全面而深入地说明现象及其发展过程的规律性，应该根据统计研究的目的，综合应用各种相对指标。例如，要评价一个工业企业的生产情况，既要利用生产计划的完成情况指标，也要分析生产发展的动态指标，以及与先进单位的比较指标，把这几个相对指标结合起来运用。又如，分析生产计划的执行情况，有必要全面分析总产值计划、利润计划、劳动生产率计划和成本计划等完成情况。此外，把几种相对指标结合起来运用，可以比较、分析现象变动中的相互关系，更好地阐明现象之间的发展变化情况。由此可见，综合运用结构相对数、比较相对数、动态相对数等多种相对指标，有助于我们剖析事物变动中的相互关系及其后果。

第三节 平均指标

统计数据经过整理和显示后，数据分布的形状和特征就大致显现出来了。一般地，为了进一步描述数据分布的特征和规律，进行更深入的分析，还需要了解数据分布的集中趋势和离散趋势等。集中趋势反映的是各数据向其中心值靠拢或聚集的程度；离散程度反映了各数据远离其中心值的趋势。取得集中趋势代表值的方法是计算平均指标。

专栏阅读 用简单的描述量得到一个重要发现

一、平均指标的概念及作用

平均指标又叫平均数，是指在同质总体内将各单位某一数量标志的差异抽象化，用以反映总体在具体条件下的一般水平。简言之，平均指标是说明同质总体内某一数量标志在一定时间、空间条件下一般水平的综合指标。如学生的平均身高，商品的平均价格，粮食的单位面积产量等。

平均指标在统计研究中应用广泛，其作用主要有以下几个方面：

（1）通过反映变量分布的一般水平，帮助人们对研究现象的一般数量特征有一个客观认识。例如，要了解某市居民的消费支出水平，只需要计算月（年）平均消费就可以了解该城市居民消费水平高低的基本状况。

（2）利用平均指标可以对某一现象总体在不同时间上的发展水平进行比较，以说明这种现象发展变化的趋势或规律性。

（3）利用平均指标可以对不同空间的发展水平进行比较，消除因总体规模不同而不能直接比较的因素，以反映比较对象之间总体水平上存在的差距，进而分析产生差距的原因。

（4）平均指标可作为研究和评价事物的一种数量标准。在比较、评价不同总体的水平时，不能以总体中某一个体的水平为依据，而要看总体的平均水平；在研究、评价个体事物在同类事物中的水平时，也必须以总体的平均水平为依据。在各项管理工作中，各种定额多是以实际平均数为基础来制定的。

（5）平均指标还可以用于分析现象之间的依存关系或进行数量上的推算。例如，将某城市样本居民按收入分组，计算出各组居民的平均收入与平均消费支出，就可以观察居民消费支出与收入之间的依存关系，还可以以样本居民的平均收入和平均消费支出去推算该城市居民的平均收入和平均消费支出。

二、平均指标的分类

平均指标通常有两大类型：数值平均数和位置平均数。从总体各单位变量值中抽象出具有一般水平的量，是根据各个单位的具体变量值计算的结果，以此反映总体各单位的一般水平，这种平均数称为数值平均数，常用的数值平均数有算术平均数、调和平均数、几何平均数等形式。将总体各单位的变量值按一定顺序排列，然后取某一位置的变量值来反映总体各单位的一般水平，把这个特殊位置上的数值看作平均数，称作位置平均数，常用的位置平均数有众数、中位数等。下面就分别介绍这几种平均数。

（一）算术平均数

算术平均数也称为均值，是集中趋势测度中最重要的一种，它是所有平均数中应用最广泛的平均数。算术平均数的基本公式是：

$$算术平均数=\frac{总体标志总量}{总体单位总量} \tag{3.10}$$

在以上公式中，分子和分母在经济内容上有着从属关系。例如，企业职工的工资总额就是各个职工工资额的总和，职工的平均工资必等于职工的工资总额与职工总人数之比。也就是说，在公式中，分子是分母具有的标志值，分子数值是分母各单位特征的总和，分母是分子的承担者，两者在总体范围上是一致的，这也正是平均数和强度相对数的区别所在。

强度相对数虽然也是两个有联系的总量指标之比，但它并不存在各标志值与各单位的对应问题。以此标准来衡量，全国粮食产量与全国种粮农民人数之比，计算得出的人均产量是一个平均指标；而全国粮食产量与全国人口数之比，计算得到的全国平均每人拥有的粮食产量指标是个强度相对指标。因为全国的每一个种粮农民都具有粮食产量这个标志，而全国人口中，却有很多人不具有这个标志。

在实际工作中，就手工计算而言，由于所掌握的统计资料的不同，利用上述公式进行计算时，有简单算术平均数和加权算术平均数两种计算方法。

1.简单算术平均数

简单算术平均数是根据未经分组整理的原始数据计算的均值。设一组数据为 x_1，x_2，…，x_n，则简单算术平均数的计算公式如下：

$$\bar{x}=\frac{x_1+x_2+\cdots+x_n}{n}=\frac{\sum x}{n} \tag{3.11}$$

【例 3-8】某商场售货小组有 5 个人，某日的销售额分别为 520 元、600 元、480 元、750 元、440 元，则该售货小组平均每人日销售额为：

$$\bar{x}=\frac{\sum_{i=1}^{n}x_i}{n}=\frac{520+600+480+750+440}{5}=\frac{2\ 790}{5}=558(元)$$

2.加权算术平均数

如果掌握的资料经过分组整理编成了单项数列或组距数列，并且每组次数不同时，就应采用加权算术平均数的方法计算算术平均数。具体方法是：

（1）各组标志值（或者组中值）分别乘以相应的频数求得各组的标志总量，并加总得到总体标志总量；

（2）将各组的频数加总，得到总体单位总数；

（3）用总体标志总量除以总体单位总数，即得加权算术平均数。

因此，根据分组整理的数据计算的加权算术平均数的计算公式为：

$$\bar{x}=\frac{x_1f_1+x_2f_2+\cdots+x_nf_n}{f_1+f_2+\cdots+f_n}=\frac{\sum xf}{\sum f} \tag{3.12}$$

式中：x_i——各组变量值（组中值）；f_i——各组变量值出现的频数；n——组数。

【例3-9】某企业某日工人的日产量资料如表3-4前两列所示，计算该企业该日全部工人的平均日产量。

表3-4　某企业某日工人的日产量资料

按零件数分组（x）	频数（f）	xf
10	70	700
11	100	1 100
12	380	4 560
13	150	1 950
14	100	1 400
合　计	800	9 710

资料栏　　计算栏

解：列表计算各组标志总量，见表3-4计算栏，并根据公式得：

$$\bar{x}=\frac{\sum xf}{\sum f}=\frac{10\times70+\cdots+14\times100}{70+\cdots+100}=\frac{9\,710}{800}=12.1375\text{（件）}$$

这种根据已分组整理的数据计算出的算术平均数，称为加权算术平均数。由加权算术平均数的公式可以看出，算术平均数的大小，不仅取决于各组变量（x）的大小，而且也取决于各组变量值出现的频数（f）或频率（$f/\sum f$）的大小。如果某一组的频数或频率较大，说明该组的数据较多，那么该组数据的大小对算术平均数的影响就大，反之则小。可见各组频数的多少（或频率的高低）对平均的结果起着一种权衡轻重的作用，因而这一衡量变量值相对重要性的数值称为权数。

值得注意的是，这里所谓权数的大小，并不是权数本身绝对值（频数）的大小，而是指各组单位数占总体单位数的比重，即权数系数（$f/\sum f$）。权数系数亦称为频率，它是一种结构相对数。

有些情况下，我们掌握的资料是组距式变量数列，要先计算各组的组中值作为各组的代表标志值进行计算。

【例3-10】表3-5为某企业50名工人加工零件件数分组资料，试计算人均日产量。

表3-5　某企业50名工人加工零件均值计算表

按零件数分组（个）	频数（人）	组中值 x	xf
105～110	2	107.5	215.0
110～115	6	112.5	675.0
115～120	9	117.5	1 057.5
120～125	14	122.5	1 715.0
125～130	10	127.5	1 275.0
130～135	6	132.5	795.0
135～140	3	137.5	412.5
合　计	50	—	6 145.0

资料栏　　计算栏

解：列表计算各组标志总量，见表3-5计算栏，并根据公式得：

$$平均日产量 = \frac{\sum xf}{\sum f} = \frac{6\ 145}{50} = 122.9(件)$$

应该指出，利用组中值作为各组代表标志值计算的算术平均数，具有一定的假定性，即假定各单位标志值在组内是均匀分布的，实际上组内分布完全均匀是不常见的，因此用组中值计算出来的算术平均数也就带有近似值的性质，与未分组的原始数据的相应结果可能会存在一些偏差，在使用时应予以注意。

3.利用频率计算算术平均数

当分布数列是以频率的形式出现时，也可以用频率计算算术平均数，利用频率计算和直接用频数计算在结果上是一样的。利用频率计算算术平均数的公式为：

$$\bar{x} = \sum x \frac{f}{\sum f} \tag{3.13}$$

【例3-11】根据表3-6的资料，利用频率计算加权算术平均数。

表3-6　某企业50名工人加工零件均值计算表

按零件数分组（个）	频率（%）	组中值x	$x\frac{f}{\sum f}$
105～110	4	107.5	4.3
110～115	12	112.5	13.5
115～120	18	117.5	21.15
120～125	28	122.5	34.3
125～130	20	127.5	25.5
130～135	12	132.5	15.9
135～140	6	137.5	8.25
合　计	100	—	122.9

资料栏　　计算栏

解：列表计算，如计算栏所示，可得工人平均日加工零件数：

$$\bar{x} = \sum x \frac{f}{\sum f} = 107.5 \times 4\% + 112.5 \times 12\% + \cdots + 137.5 \times 6\% = 122.9（个）$$

4.相对数资料算术平均数计算

如果是计算相对数的平均数，则应符合相对数本身的公式，将分子视为总体标志总量，分母视为总体单位总量。

【例3-12】某季度某工业行业18个工业企业产值计划完成程度资料如表3-7所示，计算平均计划完成程度。

解：

$$平均计划完成程度 = \frac{实际完成产值}{计划产值} = \frac{\sum xf}{\sum f}$$

$$= \frac{26\ 175}{24\ 900} \times 100\% = 105.12\%$$

表 3-7 **某工业行业产值完成情况表**

产值计划完成程度（%）	组中值 x（%）	企业数（个）	计划产值 f（万元）	实际产值 xf（万元）
80～90	85	2	800	680
90～100	95	3	2 500	2 375
100～110	105	10	17 200	18 060
110～120	115	3	4 400	5 060
合　计	—	18	24 900	26 175

资料栏　　　　　计算栏

计划完成相对数的计算公式是实际完成数与计划任务数之比，因此，平均计划完成程度的计算只能是所有企业的实际完成数与其计划任务数之比，不能把各个企业的计划完成百分数进行简单平均。

5.算术平均数的性质

算术平均数在统计学中具有重要的地位，它是进行统计分析和统计推断的基础。首先，从统计思想上看，它是一组数据的重心所在，是数据误差相互抵消后的必然性结果。比如对同一事物进行多次测量，若所得结果不一致，可能是由于测量误差所致，也可能是其他因素的偶然影响，利用算术平均数作为其代表值，则可以使误差相互抵消，反映出事物必然性的数量特征。其次，它具有下面一些重要的数学性质，这些数学性质在实际工作中有着广泛的应用，同时也体现了算术平均数的统计思想。

（1）各变量值与其算术平均数的离差之和等于零，即$\sum(x-\bar{x})=0$或$\sum(x-\bar{x})f=0$。

（2）各变量值与其算术平均数的离差平方和最小，即$\sum(x-\bar{x})^2$=最小值或$\sum(x-\bar{x})^2f$=最小值。

（3）算术平均数与总体单位数的乘积等于总体各单位标志值的总和。这一性质说明，平均数是总体各单位标志值的代表数值，并且根据平均数与次数可以推算出总体标志总量。

（4）如果每个变量值都乘以或除以一个任意数值A，则平均数也乘以或除以这个数值A。

算术平均数适合用代数方法运算，因此在实践中应用很广，但有两点不足：

（1）算术平均数易受极端变量值的影响，使其代表性变小，而且受极大值的影响大于受极小值的影响。

（2）当组距数列为开口组时，由于组中值不易确定，使得算数平均数的代表性受到影响。

小故事

某国卫生与健康大臣对一个统计学者的报告中提到的去年由于某种疾病，平均1 000人中死亡人数为3.2人这个数字发生了兴趣。他问他的私人秘书，3.2个人是如何死法？秘书说：“先生，当一个统计学家说死了3.2个人时，意味着3个人已经死了，2个人正要死。”

（二）调和平均数

与算术平均数类似，调和平均数也有简单的和加权的两种形式，其计算公式分别为：

$$\bar{x}_h = \frac{n}{\frac{1}{x_1} + \frac{1}{x_2} + \cdots + \frac{1}{x_n}} = \frac{n}{\sum_{i=1}^{n} \frac{1}{x_i}} \tag{3.14}$$

$$\bar{x}_h = \frac{m_1 + m_2 + \cdots + m_n}{\frac{m_1}{x_1} + \frac{m_2}{x_2} + \cdots + \frac{m_n}{x_n}} = \frac{\sum_{i=1}^{n} m_i}{\sum_{i=1}^{n} \frac{m_i}{x_i}} \tag{3.15}$$

由于调和平均数也可以看成是变量x的倒数的算术平均数的倒数，故有时也被称作“倒数平均数”。

在我们的现实生活中，直接用调和平均数的地方很少遇到。在统计学中用到的仅是一种特定权数的加权调和平均数，一般是把它作为加权算术平均数的变化形态来使用的，两者计算的结果相同，只是计算形式不同。有以下数学关系式成立：

$$\bar{x} = \frac{\sum xf}{\sum f} = \frac{\sum xf}{\sum \frac{1}{x} xf} = \frac{\sum m}{\sum \frac{m}{x}}$$

可见，调和平均数与算数平均数没有本质的区别，只是各自计算所依据的资料不同而已，下面我们以例子进行说明。

1. 由平均数资料计算平均数时，调和平均数的应用

【例3-13】假定有甲、乙两家公司员工的月工资资料，如表3-8所示，试分别计算其平均工资。

表3-8　两公司员工工资情况表

月工资x（元）	甲公司员工人数（人）	乙公司工资总额m（元）
800	60	40 000
1 000	70	40 000
1 600	20	40 000
合　计	150	120 000

分析：

在这里，平均工资 $= \frac{\text{工资总额}}{\text{员工总人数}}$。

依据给出的分组资料可知：

（1）对于甲公司，已知月工资水平和各组的员工人数，可以运用加权算数平均数来计算。

（2）对于乙公司，已知月工资水平和各组的工资总额，缺少各组员工人数这个条件，但是我们可以用各组的工资总额除以月工资水平得到各组员工人数，进而加总得到全公司的员工总数。将这些计算过程归纳起来，就是运用了调和平均数的公式。

因此，对于上例，我们可以列表计算如下（见表3-9）。

根据甲公司资料，可以采用加权算术平均数公式计算员工月平均工资：

表 3-9　两公司员工平均工资计算表

月工资（元）	甲公司员工人数（人）	乙公司工资总额（元）	甲公司工资总额（元）	乙公司员工人数（人）
x	$f_甲$	$m_乙$	$m_甲=xf_甲$	$f=m_乙/x$
800	60	40 000	48 000	50
1 000	70	40 000	70 000	40
1 600	20	40 000	32 000	25
合　计	150	120 000	150 000	115

资料栏　计算栏

$$\bar{x}_{h甲}=\frac{\sum_{i=1}^{3}xf_i}{\sum_{i=1}^{3}f_i}=\frac{48\,000+70\,000+32\,000}{60+70+20}=\frac{150\,000}{150}=1\,000(元)$$

根据乙公司资料，可以采用加权调和平均数公式计算员工月平均工资：

$$\bar{x}_{h乙}=\frac{\sum_{i=1}^{3}m_i}{\sum_{i=1}^{3}\frac{m_i}{x_i}}=\frac{40\,000+40\,000+40\,000}{\frac{40\,000}{800}+\frac{40\,000}{1\,000}+\frac{40\,000}{1\,600}}=\frac{120\,000}{115}\approx 1\,043.48(元)$$

然而在这里，由于各组的权数（工资总额）相同，实际上并没有真正起到加权的作用。我们采用简单调和平均数的公式来计算，可以得到完全相同的结果，而计算过程却大大简化了：

$$\bar{x}_{h乙}=\frac{3}{\sum_{i=1}^{3}\frac{1}{x_i}}=\frac{3}{\frac{1}{800}+\frac{1}{1\,000}+\frac{1}{1\,600}}\approx 1\,043.48(元)$$

2. 由相对数资料计算平均数时，调和平均数的应用

【例 3-14】设有某行业 150 个企业的有关产值和利润资料（见表 3-10），试分别计算第一季度和第二季度全行业的平均产值利润率。

表 3-10　某行业产值和利润情况表

产值利润率（%）	第一季度		第二季度	
	企业数（个）	实际产值（万元）	企业数（个）	实际利润（万元）
5～10	30	5 700	50	710
10～20	70	20 500	80	3 514
20～30	50	22 500	20	2 250
合　计	150	48 700	150	6 474

表 3-10 中给出的是按产值利润率分组的企业个数、实际产值和实际利润资料。应该注意，产值利润率是一个强度相对指标，而不是平均指标。为了计算全行业平均产值利润率，必须以产值利润率的基本公式为依据：

$$产值利润率=\frac{实际利润}{实际产值}\times 100\%$$

选择适当的权数资料、适当的平均数形式，对各组企业的产值利润率进行加权平均。容易看出，计算第一季度的平均产值利润率，应该以实际产值为权数，进行加权算术平均，即有：

$$\text{第一季度平均产值利润率}=\frac{\sum xf}{\sum f}=\frac{0.075\times 5\,700+0.15\times 20\,500+0.25\times 22\,500}{5\,700+20\,500+22\,500}$$

$$=\frac{9\,127.5}{48\,700}\times 100\%=18.74\%$$

而计算第二季度的平均产值利润率，则应该以实际利润为权数，进行加权调和平均，即有：

$$\text{第二季度平均产值利润率}=\frac{\sum m}{\sum \frac{m}{x}}=\frac{710+3\,514+2\,250}{\frac{710}{0.075}+\frac{3\,514}{0.15}+\frac{2\,250}{0.25}}=\frac{6\,474}{41\,893.3}\times 100\%=15.45\%$$

由上例可见，对于同一问题的研究，算术平均数和调和平均数的实际意义是相同的，计算公式也可以相互推算，采用哪一种方法完全取决于所掌握的实际资料。一般而言，如果掌握的是基本公式中的分母资料，则采用加权算术平均数的计算公式；如果掌握的是基本公式中的分子资料，则采用加权调和平均数的计算公式。

3.调和平均数的特点

（1）调和平均数易受极端值的影响，且受极小值的影响比受极大值的影响更大。

（2）只要有一个变量值为零，就不能计算调和平均数。

（3）当组距数列有开口组时，调和平均数的代表性会受到影响。

（4）调和平均数的应用范围较小。

请思考

表3-11显示了甲、乙两地的粮食产量情况，你注意到甲、乙两地粮食产量的总平均数与各自的组平均数有什么差异？如何解释这种差异？

表3-11　甲、乙两地的粮食产量水平的比较

按地势分组	甲地			乙地		
	播种面积（亩）	总产量（千克）	平均亩产（千克）	播种面积（亩）	总产量（千克）	平均亩产（千克）
旱田	190	72 200	380	200	64 000	320
水田	70	44 800	640	300	186 000	620
合　计	260	117 000	450	500	250 000	500

（三）几何平均数

几何平均数是若干项变量值连乘积开其项数次方的算术根。当各项变量值的连乘积等于总比率或总速度时，适宜用几何平均数计算平均比率或平均速度。根据统计资料的不同，几何平均数也有简单几何平均数和加权几何平均数之分，前者适用于未分组资料，后者适用于分组数据。但常用的是简单几何平均数。

1.简单几何平均数

直接将n项变量值连乘，然后对其连乘积开n次方根所得的平均数即为简单几何平均

数。它是几何平均数的常用形式，计算公式为：

$$\bar{x}_G=\sqrt[n]{x_1\cdot x_2\cdot x_3\cdot\cdots\cdot x_n}=\sqrt[n]{\prod_{i=1}^{n}x_i} \tag{3.16}$$

式中：G——几何平均数符号；∏——连乘符号。

【例3-15】某流水生产线有前后衔接的三道工序。某日各工序产品的合格率分别为95.74%、92.22%、96.3%，整个流水生产线产品的平均合格率为：

$$\bar{x}_G=\sqrt[3]{0.9574\times0.9222\times0.963}=\sqrt[3]{0.8502}=94.74\%$$

2.加权几何平均数

与算术平均数一样，当资料中的某些变量值重复出现时，相应地，简单几何平均数就变成了加权几何平均数。其计算公式为：

$$\bar{x}_G=\sqrt[\Sigma f]{x_1^{f_1}\cdot x_2^{f_2}\cdot x_3^{f_3}\cdot\cdots\cdot x_n^{f_n}}=\sqrt[\Sigma f]{\prod_{i=1}^{n}x_i^{f_i}} \tag{3.17}$$

式中：f_i——各个变量值出现的次数。

【例3-16】某银行某项投资年利率是按复利计算的。25年的利率分组如表3-12所示，计算25年的平均年利率。

表3-12 投资年利率分组表

年　限	年数（个）f_i	年利率（%）	本利率（%）x_i
第1年	1	3	103
第2年至第5年	4	5	105
第6年至第13年	8	8	108
第14年至第23年	10	10	110
第24年至第25年	2	15	115
合　计	20	—	—

解：

$$\bar{x}_G=\sqrt[25]{1.03^1\times1.05^4\times1.08^8\times1.1^{10}\times1.15^2}-1=108.6\%-1=8.6\%$$

即25年的平均年利率为8.6%。

3.几何平均数的特点

（1）几何平均数受极端值的影响较算术平均数小。

（2）如果变量值有负值，计算出的几何平均数就会成为负数或虚数。

（3）它仅适用于具有等比或近似等比关系的数据。

（4）几何平均数的对数是各变量值对数的算术平均数。

（四）众数

1.众数的含义

统计上把在一组数据中出现次数最多的变量值叫作众数，用M_0表示。众数能直观地说明客观现象次数分布中的集中趋势。

【例3-17】根据第二章中表2-3中的数据，计算某城市居民关注广告类型的众数。

解：这里的变量为“广告类型”，这是个定类变量，不同的品牌就是变量值，我们看到，在所调查的人当中，关注“商品广告”的人所占的比重最大，因此众数为“商品广告”，即M_0=商品广告。

【例3-18】某制鞋厂要了解消费者最需要哪种型号的男式皮鞋，调查了某商场某季度男式皮鞋的销售情况，得到资料如表3-13所示。

表3-13 某商场某季度男式皮鞋销售情况

男式皮鞋号码（厘米）	销售量（双）
24.0	30
24.5	100
25.0	400
25.5	800
26.0	500
26.5	100
27.0	70
合　计	2 000

从表3-13可以看到，25.5厘米的鞋号销售量最多，所以鞋号25. 5厘米就是众数。事实上，如果我们计算算术平均数，则平均号码为25. 63厘米，而这个号码显然是没有实际意义的，而直接用25.5厘米作为顾客对男式皮鞋所需尺寸的集中趋势既便捷又符合实际。

2.众数计算

由品质数列和单项式变量数列确定众数比较容易，哪个变量值出现的次数最多，它就是众数，如上面的两个例子。

若所掌握的资料是组距式数列，则只能按一定的方法来推算众数的近似值。计算公式为：

$$M_0 = L + \frac{\Delta_1}{\Delta_1 + \Delta_2} \times d \tag{3.18}$$

$$M_0 = U - \frac{\Delta_2}{\Delta_1 + \Delta_2} \times d \tag{3.19}$$

式中：L——众数所在组下限；U——众数所在组上限；Δ_1——众数所在组次数与其下限的邻组次数之差；Δ_2——众数所在组次数与其上限的邻组次数之差；d——众数所在组组距。

【例3-19】根据表3-14的数据，计算50名工人日加工零件数的众数。

解：从表3-14中的数据可以看出，最大的频数值是14，即众数组为120~125这一组，根据众数的计算公式得50名工人日加工零件的众数为：

表3-14　　某企业50名工人加工零件均值计算表

按零件数分组（个）	频数（人）
105～110	2
110～115	6
115～120	9
120～125	14
125～130	10
130～135	6
135～140	3
合　计	50

$$M_0 = 120 + \frac{14-9}{(14-9)+(14-10)} \times 5 = 122.8(\text{件})$$

或 $$M_0 = 125 - \frac{14-10}{(14-9)+(14-10)} \times 5 = 122.8(\text{件})$$

在实际工作中，众数有它特殊的用途，有时需要利用众数代替算术平均数来说明社会经济现象的一般水平。例如，在大批量生产的女式皮鞋中，有多种尺码，其中36码是销售量最多的尺码，则这个36码也就是众数，可代表女式皮鞋尺码的一般水平，宜大量生产，而其余尺码生产量就要相应少一些，这样才能满足市场上大部分女性消费者的需要。

再比如，要说明一个企业中工人最普遍的技术等级，或者衣服、帽子等最普遍的号码，以及农贸市场上某种农副产品最普遍的成交价格等，都需要利用众数。

但是必须注意，从分布的角度看，众数是具有明显集中趋势点的数值，一组数据分布的最高峰点所对应的数值即为众数。当然，如果数据的分布没有明显的集中趋势或最高峰点，众数也可能不存在；如果有两个最高峰点，也可以有两个众数。只有在总体单位比较多，而且又明显地集中于某个变量值时，计算众数才有意义。

3.众数的特点

（1）众数是以它在所有标志值中所处的位置确定的全体单位标志值的代表值，它不受分布数列的极大值或极小值的影响，从而增强了众数对分布数列的代表性。

（2）当分布数列没有任何一组的次数占多数，也即没有明显的集中趋势，而是近似于均匀分布时，则该分布数列无众数。若将无众数的分布数列重新分组或各组频数依序合并，可能又会使数列再现出明显的集中趋势。

（3）如果与众数组相邻的上下两组的次数相等，则众数组的组中值就是众数值；如果与众数组相邻的前一组的次数较多，而后一组的次数较少，则众数在众数组内会偏向该组下限；如果与众数组相邻的后一组的次数较少，而前一组的次数较多，则众数在众数组内会偏向该组上限。

（4）缺乏敏感性。这是由于众数的计算只利用了众数组的数据信息，不像数值平均数那样利用了全部数据信息。

（五）中位数

1. 中位数的含义

中位数是将观察数据按大小顺序排列起来，形成一个数列，居于数列中间位置的那个数据就是中位数。中位数用M_e表示。

从中位数的定义可知，所研究的数据中有一半小于中位数，一半大于中位数。中位数的作用与算术平均数相近，也是作为所研究数据的代表值。在一个等差数列或一个正态分布数列中，中位数就等于算术平均数。

在数列中出现了极端变量值的情况下，用中位数作为代表值要比用算术平均数更好，因为中位数不受极端变量值的影响；如果研究目的就是为了反映中间水平，当然也应该用中位数。在统计数据的处理和分析时，可结合使用中位数，中位数适用于定序数据和数值型数据的集中趋势测度，但是不适用于定类数据。

2. 中位数的计算

确定中位数，必须将总体各单位的标志值按大小顺序排列，最好是编制出变量数列。这里有两种情况：

（1）对于未分组的原始资料，首先必须将标志值按大小排序。设一组数据为：$x_1,x_2,x_3,\cdots,x_n$，排序的结果为：

$$x_{(1)} \leqslant x_{(2)} \leqslant x_{(3)} \leqslant \cdots \leqslant x_{(n)}$$

$$中位数位置 = \frac{n+1}{2}$$

式中：n——总体单位数。

如果总体单位数是奇数，则居于中间位置的那个单位的标志值就是中位数；如果总体单位数是偶数，则居于中间位置的两项数值的算术平均数就是中位数。

$$M_e = \begin{cases} x_{\left(\frac{n+1}{2}\right)} & (n为奇数) \\ \dfrac{x_{\left(\frac{n}{2}\right)} + x_{\left(\frac{n}{2}+1\right)}}{2} & (n为偶数) \end{cases}$$

【例3-20】在某乡镇中随机抽取9个家庭，调查得到每个家庭的人均月收入数据如下（单位：元），计算人均月收入的中位数。

1 600，760，870，930，2 500，1 090，3 000，2 300，800

解：将上面的数据排序，结果如下：

760，800，870，930，1 090，1 600，2 300，2 500，3 000

中位数的位置=（9+1）/2=5，则中位数M_e=1 090元。

【例3-21】假设在【例3-20】中，我们抽取了10个家庭，每个家庭的人均月收入数据排序后为：

760，800，870，930，1 090，1 600，2 300，2 500，3 000，3 500

中位数的位置=（10+1）/2=5，中位数M_e=（1 090+1 600）/2=1 345（元）。

（2）由分组资料确定中位数。

由组距数列确定中位数，应先按$\frac{\sum f}{2}$的公式求出中位数所在组的位置，然后再按下限公式或上限公式确定中位数。

下限公式（向上累计时使用）：$M_e = L + \frac{(\sum f/2) - S_{m-1}}{f_m} \times d$ (3.20)

上限公式（向下累计时使用）：$M_e = U - \frac{(\sum f/2) - S_{m+1}}{f_m} \times d$ (3.21)

式中：M_e——中位数；L——中位数所在组下限；U——中位数所在组上限；f_m——中位数所在组的次数；$\sum f$——总次数；d——中位数所在组的组距；S_{m-1}——中位数所在组以下的累计次数；S_{m+1}——中位数所在组以上的累计次数。

【例3-22】根据第二章中表2-7的数据，计算50名工人日加工零件数的中位数。

解：列表计算累计频数，如表3-15所示。

表3-15 某企业50名工人加工零件中位数计算表

按零件数分组（个）	频数（人）	向上累计（人）	向下累计（人）
105～110	2	2	50
110～115	6	8	48
115～120	9	17	42
120～125	14	31	33
125～130	10	41	19
130～135	6	47	6
135～140	3	50	3
合　计	50	—	—

由表3-15可知，中位数的位置=50/2=25，即中位数在120～125这一组，L=120，S_{m-1}=17，U=125，S_{m+1}=19，f_m=14，d=5，根据中位数公式得：

$$M_e = 120 + \frac{\frac{50}{2} - 17}{14} \times 5 = 122.86(\text{件})$$

或 $$M_e = 125 - \frac{\frac{50}{2} - 19}{14} \times 5 = 122.86(\text{件})$$

3.中位数的特点

（1）中位数是以它在所有标志值中所处的位置确定的全体单位标志值的代表值，不受分布数列的极大值或极小值影响，从而在一定程度上提高了中位数对分布数列的代表性。

（2）有些离散型变量的单项式数列，当次数分布偏态时，中位数的代表性会受到影响。

（3）缺乏敏感性。

三、众数、中位数和算术平均数的比较

（一）众数、中位数和算术平均数的关系

算术平均数、众数和中位数之间的关系与次数分布数列有关。在次数分布完全对称时，算术平均数、众数和中位数都是同一数值，如图3-1所示；在次数分布非对称时，算术平均数、众数和中位数不再是同一数值了，而具有相对固定的关系。在尾巴拖在右边的正偏态（或右偏态）分布中，众数最小，中位数适中，算术平均数最大，如图3-2所示；

在尾巴拖在左边的负偏态（或左偏态）分布中，众数最大，中位数适中，算术平均数最小，如图3-3所示。

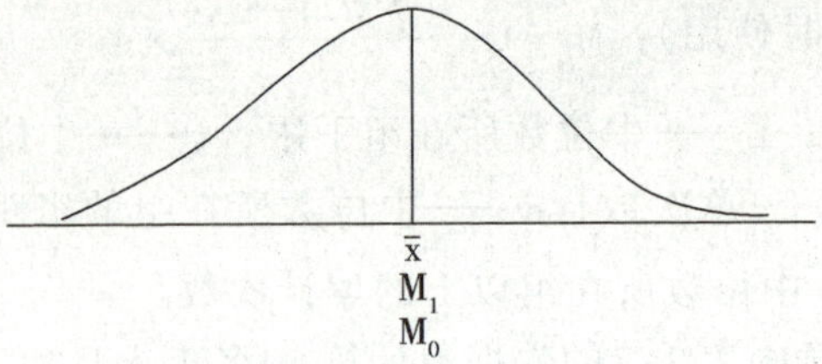

图3-1 对称钟形分布

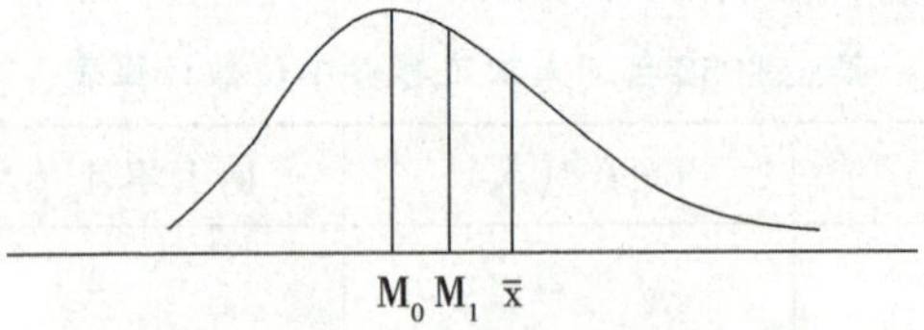

图3-2 右偏钟形分布

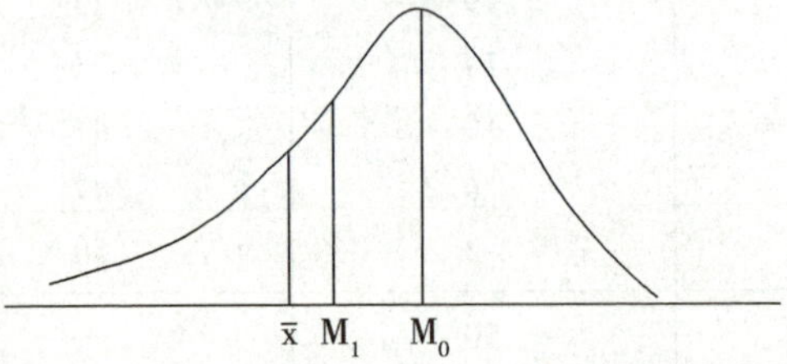

图3-3 左偏钟形分布

在统计实务中，可以利用算术平均数、中位数和众数的数量关系判断次数分布的特征。此外，还可利用三者的关系进行相互之间估算。根据皮尔逊经验法则，在分布偏斜程度不大的情况下，不论右偏或左偏，三者存在一定的比例关系，即众数与中位数的距离约为算术平均数与中位数的距离的2倍，用公式表示为：$M_e - M_0 = 2 \times (\bar{x} - M_e)$，由此可以得到三个推导公式：

$$\bar{x} = \frac{3M_e - M_0}{2}$$

$$M_e = \frac{M_0 - 2\bar{x}}{3}$$

$$M_0 = 3M_e - 2\bar{x}$$

请思考

某大学毕业生在人才招聘市场应聘，愿意接收的两家单位的平均月薪都是4 000元。该大学生应该怎样抉择？如何应用统计学帮助其作出理性选择？

（二）应用

众数、中位数和算术平均数各自具有不同的特点，掌握它们之间的关系和各自的特点，有助于我们在实际应用中选择合理的测度值来描述数据的集中趋势。

众数是一种位置代表值，易理解，不受极端值的影响。任何类型的数据资料都可以计算，但主要适合于作为定类数据的集中趋势测度值；即使资料有开口组仍然能够使用众数。众数不适于进一步代数运算；有的资料众数根本不存在；当资料中包括多个众数时，很难对它进行比较和说明，应用没有算术平均数广泛。

中位数也是一种位置代表值，不受极端值的影响；除了数值型数据，定序数据也可以计算，而且主要适合于作为定序数据的集中趋势测度值，而且开口组资料也不影响计算。中位数不适于进一步代数运算，应用不如算术平均数广泛。

算术平均数的含义通俗易懂，直观清晰；全部数据都要参加运算，因此它是一个可靠的具有代表性的量；任何一组数据都有一个平均数，而且只有一个平均数；用抽样法推断总体平均指标时，必须使用算术平均数；具有优良的数学性质，适合于代数方法的演算。算术平均数是实际工作中应用最广泛的平均指标，主要适合于定距和定比数据的集中趋势值测度；最容易受极端值的影响；对于偏态分布的数据，算术平均数的代表性较差；资料有开口组时，按相邻组组距计算假定性很大，代表性降低。

专栏阅读　建议使用中位数指标度量城乡居民收入

第四节　变异指标

一、变异指标的概念

变异指标是反映总体各单位标志值差异程度的综合指标，又称标志变动度。前面所介绍的平均指标反映了总体一般数量水平的同时，掩盖了总体各单位标志值间的数量差异，但是在同质总体中各单位标志值的差异还是客观存在的。因此，如果要对总体内部各单位标志特征进行完整准确地了解，还必须进一步对各单位标志值的变异程度进行测定。变异指标弥补了这方面的不足，它综合反映了总体各单位标志值的差异性，从另一方面说明了总体的数量特征。平均指标说明总体各单位标志值的集中趋势，而变异指标则说明标志值的分散程度或离中趋势。

常用的变异指标有：全距、平均差、方差和标准差、离散系数。

二、变异指标的作用

1.变异指标是衡量平均指标代表性的尺度

一般来讲，数据分布越分散，变异指标值越大，平均指标的代表性越小；数据分布越集中，变异指标值越小，平均指标的代表性越大。

【例3-23】某车间有两个生产小组，都是7名工人，各工人日产件数如下：

甲组：20，40，60，70，80，100，120

乙组：67，68，69，70，71，72，73

甲、乙两组的平均每人日产量相等，其均值都是70件。

但从数据本身观察可见，甲组各工人日产件数相差很大，分布较分散；而乙组各工人日产件数相差不大，分布相对集中。因此，虽然平均数都是70件，但对甲组来讲，其均值代表性较弱；对乙组来说，其均值代表性相对较强。

2.变异指标可用来反映社会生产和其他社会经济活动过程的均衡性或协调性，以及产品质量的稳定性程度

现象的活动过程通常都以平均数为中心而呈现出波动，波动的大小说明现象活动过程的均衡性、节奏性或稳定性的高低，而这种波动同样可以通过变异指标来反映。例如，国民经济发展过程中增长速度是否大起大落？股票价格的变化是否暴涨暴跌？计划执行过程是否忽松忽紧？产品生产质量是否稳定均匀？这些都可以利用变异指标来加以反映。

3.为统计推断提供依据

在统计推断中，无论是抽样估计还是假设检验，变异指标都是必不可少的要素，也是得出统计推断结论或判断推断效果（例如估计效果、预测效果）的重要依据。

三、变异指标的种类

（一）全距（Range）

全距也称为极差，就是指总体中最大的变量值与最小的变量值的差值，用以说明标志值变动范围的大小，通常用R表示全距。

$$R = 最大变量值 - 最小变量值 \tag{3.22}$$

全距一般只根据未分组数据或者单项式变量数列计算。

【例3-24】有两个学习小组的统计学成绩分别为：

第一组：60，70，80，90，100

第二组：78，79，80，81，82

很明显，两个小组的考试成绩平均分都是80分，但是哪一组的分数比较集中呢？

如果用全距指标来衡量，则有：

$R_{甲} = 100 - 60 = 40$（分）

$R_{乙} = 82 - 78 = 4$（分）

这说明第一组资料的标志变动度或离中趋势远大于第二组资料。

根据组距计算极差，是测定标志变动度的一种简单方法，但受极端值的影响，因而它往往不能充分反映社会经济现象的离散程度。

在实际工作中，全距常用来检查产品质量的稳定性和进行质量控制。在正常生产条件下，全距在一定范围内波动，若全距超过给定的范围，就说明有异常情况出现。因此，利用全距有助于及时发现问题，以便采取措施，保证产品质量。

（二）平均差

平均差是总体各单位标志值对其算术平均数的离差绝对值的算术平均数。它综合反映了总体各单位标志值的变动程度。平均差越大，则表示标志变动度越大；反之，则表示标志变动度越小。

在资料未分组的情况下，平均差的计算公式为：

$$A.D=\frac{\sum|x-\bar{x}|}{N} \tag{3.23}$$

采用标志值对算术平均数的离差绝对值之和，是因为各标志值对算术平均数的离差之

代数和等于零。仍以甲组学生统计学成绩为例，计算平均差如下：

$$A.D=\frac{|60-80|+|70-80|+|80-80|+|90-80|+|100-80|}{5}=12(分)$$

在资料已分组的情况下，要用加权平均差公式：

$$A.D=\frac{\sum|x-\bar{x}|f}{\sum f} \tag{3.24}$$

【例3-25】某厂按月收入水平分组的组距数列如表3-16中资料栏所示，计算平均差。

表3-16　平均差计算表

职工工资（元）	职工人数（f）	组中值（x）	xf	$x-\bar{x}$	$\|x-\bar{x}\|f$
250～270	15	260	3 900	−50	750
270～290	25	280	7 000	−30	750
290～310	35	300	10 500	−10	350
310～330	65	320	20 800	10	650
330～350	40	340	13 600	30	1 200
	180	—	55 800	—	3 700
资料栏			计算栏		

解：根据公式列表计算，得到：

$$\bar{x}=\frac{\sum xf}{\sum f}=\frac{55\,800}{180}=310(元)$$

$$A.D=\frac{\sum|x-\bar{x}|f}{\sum f}=\frac{3\,700}{180}=20.6(元)$$

由于平均差采用了离差的绝对值，不便于运算，这样使其应用受到了很大限制。

（三）方差与标准差

方差和标准差是测度数据变异程度的最重要、最常用的指标。方差是各个数据与其算术平均数的离差平方的算术平均数，通常以σ^2表示。方差的计量单位和量纲不便于从经济意义上进行解释，所以实际统计工作中多用方差的算术平方根——标准差来测度统计数据的差异程度。标准差又称均方差，一般用σ表示。方差和标准差的计算也分为简单平均法和加权平均法。另外，对于总体数据和样本数据，公式略有不同。

1.总体方差和标准差

设总体方差为σ^2，对于未经分组整理的原始数据，方差的计算公式为：

$$\sigma^2=\frac{\sum_{i=1}^{n}(x_i-\bar{x})^2}{n} \tag{3.25}$$

对于分组数据，方差的计算公式为：

$$\sigma^2=\frac{\sum_{i=1}^{k}(x_i-\bar{x})^2f_i}{\sum_{i=1}^{k}f_i} \tag{3.26}$$

方差的平方根即为标准差，其相应的计算公式为：

未分组数据：$\sigma = \sqrt{\frac{\sum_{i=1}^{n}(x_i - \bar{x})^2}{n}}$ (3.27)

分组数据：$\sigma = \sqrt{\frac{\sum_{i=1}^{k}(x_i - \bar{x})^2 f_i}{\sum_{i=1}^{k} f_i}}$ (3.28)

【例3-26】某商场售货小组5个人，某天的销售额分别为440元、480元、520元、600元、750元，求该售货小组销售额的标准差。

$$\bar{x} = \frac{440 + 480 + 520 + 600 + 750}{5} = \frac{2\,790}{5} = 558(\text{元})$$

$$\sigma = \sqrt{\frac{\sum_{i=1}^{n}(x_i - \bar{x})^2}{n}} = \sqrt{\frac{(440 - 558)^2 + \cdots + (750 - 558)^2}{5}}$$

$$= \sqrt{\frac{60\,080}{5}} = 109.62(\text{元})$$

该售货小组销售额的标准差为109.62元。

【例3-27】根据表3-17资料栏中的数据，计算工人日加工零件数的标准差。

解：列表计算如表3-17计算栏所示。

表3-17　某车间50名工人日加工零件标准差计算表

按零件数分组	组中值（x）	频数（f）	$(x-\bar{x})^2$	$(x-\bar{x})^2 f$
105~110	107.5	3	246.49	739.47
110~115	112.5	5	114.49	572.45
115~120	117.5	8	32.49	259.92
120~125	122.5	14	0.49	6.86
125~130	127.5	10	18.49	184.90
130~135	132.5	6	86.49	518.94
135~140	137.5	4	204.49	817.96
合　计	—	50	—	3 100.50

资料栏　　　　计算栏

工人日加工零件数的标准差：

$$\sigma = \sqrt{\frac{\sum(x - \bar{x})^2 f}{\sum f}} = \sqrt{\frac{3\,100.5}{50}} = 7.87(\text{个})$$

2.样本方差和标准差

样本方差与总体方差在计算上的区别是：总体方差是用数据个数或总频数去除离差平方和，而样本方差则是用样本数据个数或总频数减1去除离差平方和，其中样本数据个数减1即n－1称为自由度。设样本方差为S_{n-1}^2，根据未分组数据和分组数据计算样本方差的公式分别为：

未分组数据：$S_{n-1}^2=\dfrac{\sum_{i=1}^{n}(x_i-\bar{x})^2}{n-1}$ (3.29)

分组数据：$S_{n-1}^2=\dfrac{\sum_{i=1}^{k}(x_i-\bar{x})^2 f_i}{\sum_{i=1}^{k}f_i-1}$ (3.30)

未分组数据：$S_{n-1}=\sqrt{\dfrac{\sum_{i=1}^{n}(x-\bar{x})^2}{n-1}}$ (3.31)

分组数据：$S_{n-1}=\sqrt{\dfrac{\sum_{i=1}^{k}(x-\bar{x})^2 f_i}{\sum_{i=1}^{k}f_i-1}}$ (3.32)

为什么样本方差的分母是用自由度n-1而不是n呢？从字面的意义来看，自由度是指一组数据中可以自由取值的个数。当样本数据的个数为n时，若样本平均数$\bar{x}$确定后，只有n-1个数据可以自由取值，其中必有一个数据不能自由取值。例如，假定样本有3个数值，即$x_1=2$，$x_2=4$，$x_3=9$，则$\bar{x}=5$，当$\bar{x}=5$确定后，x_1、x_2和x_3只有2个数据可以自由取值，另一个则不能自由取值。例如，$x_1=6$，$x_2=7$，那么x_3必然取2，而不能取其他值。样本方差用自由度去除，其原因可以从多方面来解释，从实际应用的角度看，在抽样估计中，当我们用样本方差S^2去估计总体方差σ^2时，它是σ^2的无偏估计量。

【例3-28】考察一台机器的生产能力，利用抽样方法来检验生产出来的产品质量，假设抽样调查收集的数据如下：

3.43	3.45	3.43	3.48	3.52	3.50	3.39
3.48	3.41	3.38	3.49	3.45	3.51	3.50

根据该行业通用法则：如果一个样本中的14个数据项的方差大于0.005，则该机器必须关闭待修。问此时的机器是否必须关闭？

解：根据已知数据，计算如下：

$$\bar{x}=\frac{\sum x}{n}=3.459$$

$$S^2=\frac{\sum(x-\bar{x})^2}{n-1}=0.002<0.005$$

因此，该机器工作正常，不需要关闭待修。

方差和标准差也是根据全部数据计算的，反映了每个数据与其均值相比平均相差的数值，因此能准确地反映出数据的离散程度。方差和标准差是在实际中应用最广泛的离散程度测度值。

小故事

一个统计办公室的主管也是一个行政事务官，一次与一些统计学者开会，统计学者抱怨从其他部门获得的一些估计值没有给出标准误差（估计时的误差大小，表示估计的精度），这个主管马上问道："对误差也有标准吗？"

（四）离散系数（Coefficient of Variation）

以上介绍的各种变异指标，包括全距、平均差、方差、标准差，都是绝对指标，除了方差，其他三种都和平均指标具有相同的计量单位。有时，我们需要对比分析几个数据集变异程度的大小。然而数据集变异程度的大小，不仅受离散程度的影响，而且还受数列水平（即标志值本身水平）高低的影响；另外，采用不同计量单位计量的变量值，其离散程度的测度值也不能直接进行比较。因此，对于平均水平不同或计量单位不同的不同组别的变量值，为了能够对比其变异程度的大小，需要计算离散系数以消除变量值水平高低和计量单位不同对离散程度测度值的影响。

离散系数也称为变异系数，通常是用标准差来计算的，因此也称为标准差系数，它是一组数据的标准差与其相应的算术平均数（均值）之比，是测度数据离散程度的相对指标。其计算公式为：

$$V_\sigma = \frac{\sigma}{\bar{X}} \quad 或 \quad V_S = \frac{S}{\bar{x}} \tag{3.33}$$

式中：V_σ和V_S——分别表示总体离散系数和样本离散系数。

离散系数主要用于对不同组别数据的离散程度进行比较，离散系数大，说明该组数据的变异程度（波动）大；离散系数小，说明该组数据的变异程度（波动）小。

【例3-29】某管理局抽查了所属的8家企业，其产品销售数据如表3-18所示。试比较产品销售额与销售利润的离散程度。

表3-18　某管理局所属8家企业的产品销售数据

企业编号	产品销售额 x_1（万元）	销售利润 x_2（万元）
1	170	8.1
2	220	12.5
3	390	18.0
4	430	22.0
5	480	26.5
6	650	40.0
7	950	64.0
8	1 000	69.0

解：由于销售额与利润额的数据水平不同，不能直接用标准差进行比较，需要计算离散系数。由表中数据计算可得：

$$\bar{x}_1 = 536.25(万元) \quad S_1 = 309.19(万元) \quad V_1 = \frac{309.19}{536.25} = 0.577$$

$$\bar{x}_2 = 32.5215(万元) \quad S_2 = 23.09(万元) \quad V_2 = \frac{23.09}{32.5125} = 0.710$$

计算结果表明，$V_1<V_2$，说明产品销售额的离散程度小于销售利润的离散程度。

请思考

既然标准差可以反映数据的变异程度，为什么有时候还需要计算标准差系数？

四、偏态

偏态（Skewness）是对次数分布偏斜方向和程度的测度。有些变量值出现的次数往往是非对称型的，如收入分配、市场占有份额、资源配置等。变量分组后，总体中各个体在不同的分组变量值下次数分布并不均匀对称，而呈现出偏斜的分布状况，统计上将其称为偏态分布。

利用众数、中位数和平均数之间的关系就可以判断分布是对称、左偏还是右偏，但要测度偏斜的程度则需要计算偏态系数，具体公式如下：

$$S_k = \frac{\sum_{i=1}^{n}(x_i - \bar{x})^3 f_i}{\sum_{i=1}^{n} f_i \cdot \sigma^3} \tag{3.34}$$

式中：S_k——偏态系数。

从公式（3.34）可以看到，它是离差三次方的算术平均数再除以标准差的三次方。当次数分布对称时，离差三次方后正负离差可以相互抵消，因而S_k的分子等于0，则$S_k=0$；当次数分布不对称时，正负离差不能抵消，就形成了正与负的偏态系数S_k。当S_k为正值时，表示正偏离差值较大，可以判断为正偏或右偏；反之，S_k为负值时，表示负偏离差值较大，可以判断为负偏或左偏。

偏态系数S_k的数值一般在0到±3之间，S_k越接近0，次数分布的偏斜度越小；S_k越接近±3，次数分布的偏斜度越大。

【例3-30】某管理局所属企业2021年8月份销售收入统计资料如表3-19所示，要求计算该变量数列的偏斜状况。

表3-19　偏态系数计算表

销售收入（百万元）	企业数 f	组中值 x	xf	$(x-\bar{x})^2f$	$(x-\bar{x})^3f$	$(x-\bar{x})^4f$
10～30	2	20	40	2 312	−78 608	2 672 672
30～50	10	40	400	1 960	−27 440	384 160
50～70	13	60	780	468	2 808	16 848
70～90	5	80	400	3 380	87 880	2 284 880
合　计	30	—	1 620	8 120	−15 360	5 358 560

解：销售收入平均数：$\bar{x} = \frac{\sum xf}{\sum f} = \frac{1\,620}{30} = 54$（百万元）

标准差：$\sigma = \sqrt{\frac{\sum_{i=1}^{n}(x_i - \bar{x})^2 f_i}{\sum_{i=1}^{n} f_i}} = \sqrt{\frac{8\,120}{30}} = 16.45$（百万元）

偏态系数：$S_k = \frac{\sum_{i=1}^{n}(x_i - \bar{x})^3 f_i}{\sum_{i=1}^{n} f_i \cdot \sigma^3} = \frac{-155\,360}{30 \times 16.45^3} = -0.12$

计算结果表明，该管理局所属企业2021年8月份的销售收入分布呈轻微负偏（左偏）分布特征。

五、峰度

峰度（Kurtosis）是次数分布集中趋势高峰的形状。在变量数列的分布特征中，常常以正态分布为标准，观察变量数列分布曲线顶峰的尖平程度，统计上称之为峰度。如果分布的形状比正态分布更高更瘦，则称为尖峰分布，如图3-4（a）所示；如果分布的形状比正态分布更矮更扁平，则称为平峰分布，如图3-4（b）所示。

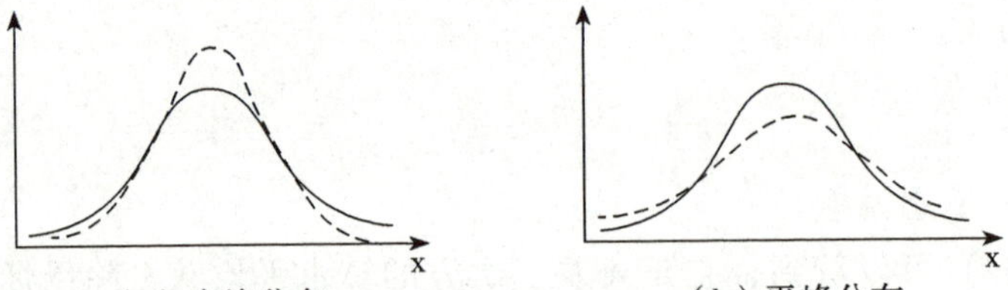

图3-4　尖峰、平峰分布示意图

测度峰度指标的一般公式如下：

$$K_u = \frac{\sum_{i=1}^{n}(x_i - \bar{x})^4 f_i}{\sum_{i=1}^{n} f_i \cdot \sigma^4} - 3 \tag{3.35}$$

式中：K_u——峰度系数。

峰度系数是统计中描述次数分布形态的又一个重要特征值，用以测定邻近数值周围变量值分布的集中或分散程度。由于正态分布的峰度系数为0，当$K_u > 0$时为尖峰分布，当$K_u < 0$时为平峰分布。

【例3-31】在【例3-30】基础上计算该变量数列的峰度。

解：根据表3-19中有关数据计算峰度系数如下：

$$K_u = \frac{\sum_{i=1}^{n}(x_i - \bar{x})^4 f_i}{\sum_{i=1}^{n} f_i \cdot \sigma^4} - 3 = \frac{5\,358\,560}{30 \times 16.45^4} - 3 = 2.44 - 3 = -0.56$$

计算结果表明，企业销售收入的分布呈平峰状态，各变量值分布较为均匀。

知识拓展　　**如何用统计软件计算指标**

本章小结

本章主要介绍了总量指标、相对指标、平均指标、变异指标的计算和应用原理。通过学习，同学们对统计指标就有了基本的认识，可以在现实中去尝试分析各种社会经济总体的综合数量特征。

本章关键术语

综合指标　总量指标　时期指标　时点指标　相对指标　算术平均数　调和平均数　几何平均数　中位数　众数　全距　平均差　方差　标准差　离散系数　标准差系数　偏态系数　峰度系数

本章主要公式

简单算术平均数：$\bar{x}=\dfrac{x_1+x_2+\cdots+x_n}{n}=\dfrac{\sum x}{n}$

加权算术平均数：$\bar{x}=\dfrac{x_1f_1+x_2f_2+\cdots+x_nf_n}{f_1+f_2+\cdots+f_n}=\dfrac{\sum xf}{\sum f}$ 或 $\bar{x}=\sum x\dfrac{f}{\sum f}$

简单调和平均数：$\bar{x}_h=\dfrac{n}{\dfrac{1}{x_1}+\dfrac{1}{x_2}+\cdots+\dfrac{1}{x_n}}=\dfrac{n}{\sum\limits_{i=1}^{n}\dfrac{1}{x_i}}$

加权调和平均数：$\bar{x}_h=\dfrac{m_1+m_2+\cdots+m_n}{\dfrac{m_1}{x_1}+\dfrac{m_2}{x_2}+\cdots+\dfrac{m_n}{x_n}}=\dfrac{\sum\limits_{i=1}^{n}m_i}{\sum\limits_{i=1}^{n}\dfrac{m_i}{x_i}}$

简单几何平均数：$\bar{x}_G=\sqrt[n]{x_1\cdot x_2\cdot x_3\cdot\cdots\cdot x_n}=\sqrt[n]{\prod\limits_{i=1}^{n}x_i}$

加权几何平均数：$\bar{x}_G=\sqrt[\sum f]{x_1^{f_1}\cdot x_2^{f_2}\cdot x_3^{f_3}\cdot\cdots\cdot x_n^{f_n}}=\sqrt[\sum f]{\prod\limits_{i=1}^{n}x_i^{f_i}}$

众数：$M_0=L+\dfrac{\Delta_1}{\Delta_1+\Delta_2}\times d$ 或 $M_0=U-\dfrac{\Delta_2}{\Delta_1+\Delta_2}\times d$

中位数：$M_e=L+\dfrac{(\sum f/2)-S_{m-1}}{f_m}\times d$ 或 $M_e=U-\dfrac{(\sum f/2)-S_{m+1}}{f_m}\times d$

简单平均差：$A.D=\dfrac{\sum|x-\bar{x}|}{N}$

加权平均差：$A.D=\dfrac{\sum|x-\bar{x}|f}{\sum f}$

简单标准差：$\sigma=\sqrt{\dfrac{\sum\limits_{i=1}^{n}(x_i-\bar{x})^2}{n}}$

加权标准差：$\sigma=\sqrt{\dfrac{\sum\limits_{i=1}^{k}(x_i-\bar{x})^2f_i}{\sum\limits_{i=1}^{k}f_i}}$

标准差系数：$V_\sigma=\dfrac{\sigma}{\bar{x}}$ 或 $V_S=\dfrac{S}{\bar{x}}$

偏态系数：$S_k=\dfrac{\sum\limits_{i=1}^{n}(x_i-\bar{x})^3f_i}{\sum\limits_{i=1}^{n}f_i\cdot\sigma^3}$

峰度系数：$K_u=\dfrac{\sum\limits_{i=1}^{n}(x_i-\bar{x})^4f_i}{\sum\limits_{i=1}^{n}f_i\cdot\sigma^4}-3$

案例分析

1. 如果你是一家制造业公司原材料供应部门经理，需要确定一家企业为本公司的长期供货商。你对两家原材料供货商进行了考察，几个月后，整理出了这两家供货商每次供货所需天数的直方图（如图3-5所示）。根据图形，你更愿意选择哪家供货商？为什么？

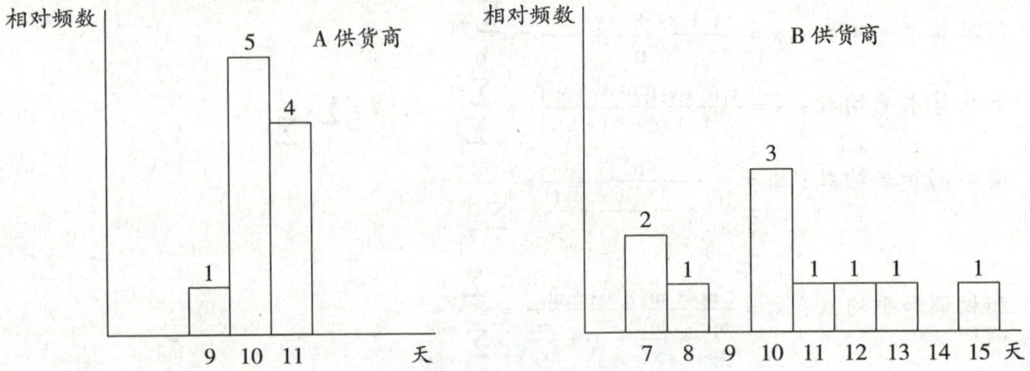

图3-5 两家供货商供货所需天数的直方图

2. 联合食品公司为了了解客户的支付方式和金额，抽样调查并得到100个客户的样本资料（见表3-20）。

表3-20 100个客户的样本资料

现金支付	个人支票	信用卡支付	现金支付	个人支票	信用卡支付
7.40	27.60	50.30	5.80	52.87	69.77
5.51	30.60	33.76	20.48	78.16	48.11
4.75	41.58	25.57	16.28	25.96	
15.10	36.09	46.42	15.57	31.07	
8.81	2.67	46.13	6.93	35.38	
1.85	34.67	14.44	7.17	58.11	
7.41	58.64	43.79	11.54	49.21	
11.77	57.59	19.78	13.09	31.74	
12.07	43.14	52.35	16.69	50.58	
9.00	21.11	52.63	7.02	59.78	
5.98	52.04	57.55	18.09	72.46	
7.88	18.77	27.66	2.44	37.94	
5.91	42.83	44.53	1.09	42.69	
3.65	55.40	26.91	2.96	41.10	
14.28	48.95	55.21	11.17	40.51	
1.27	36.48	54.19	16.38	37.20	
2.87	51.66	22.59	8.85	54.84	
4.34	28.58	53.32	7.22	58.75	
3.31	35.89	26.57		17.87	
15.07	39.55	27.89		69.22	

要求对此样本数据作出分析并写出分析报告，分析报告应包括：

（1）利用描述统计指标概括各指标样本数据特征；

（2）计算和比较各个指标数据的分布特征；

（3）研究结论。

练习题

一、单项选择题

1.下列指标中属于时点指标的是（　　）。

A.国内生产总值　　B.流通费用率　　C.人均利税额　　D.商店总数

2.下列指标中属于总量指标的是（　　）。

A.人均粮食产量　　B.资金利税率　　C.产品合格率　　D.学生人数

3.将不同地区、部门、单位之间同类指标进行对比所得的综合指标称为（　　）。

A.动态相对指标　　B.结构相对指标　　C.比例相对指标　　D.比较相对指标

4.一个企业产品销售收入计划增长8%，实际增长20%，则计划超额完成程度为（　　）。

A.12%　　B.150%　　C.111.11%　　D.11.11%

5.时点指标的数值（　　）。

A.与其时间间隔长短无关　　B.通常连续登记

C.时间间隔越长，指标数值越大　　D.具有可加性

6.某产品单位成本计划2020年比2019年降低10%，实际降低15%，则计划完成程度为（　　）。

A.150%　　B.94.4%　　C.104.5%　　D.66.7%

7.总体各部分指标数值与总体数值计算求得的结构相对数之和（　　）。

A.大于100%　　B.小于100%　　C.等于100%　　D.无法确定

8.平均指标反映了（　　）。

A.总体次数分布的集中趋势　　B.总体的差异状况

C.总体单位的差异状况　　D.总体次数分布的离中趋势

9.某单位的生产小组工人工资资料如下：90元、100元、110元、120元、128元、148元、200元，计算结果均值为$\bar{x}=128$元，标准差为（　　）。

A.$\sigma=33.88$　　B.$\sigma=36.34$　　C.$\sigma=34.23$　　D.$\sigma=35.23$

10.众数是总体中下列哪项的标志值？（　　）

A.位置居中　　B.数值最大

C.出现次数较多　　D.出现次数最多

11.某工厂新员工月工资标准4 000元，新员工当月工资总额为2 000 000元，老员工月工资标准8 000元，老员工当月工资总额为800 000元，则该工厂全体员工的月平均工资为（　　）。

A.6 000元　　B.5 333元　　C.4 667元　　D.5 000元

12.标志变异指标说明变量的（　　）。

A.变动趋势　　B.集中趋势　　C.离中趋势　　D.一般趋势

13.标准差指标数值越小，则反映变量值（　　）。

A.越分散，平均数代表性越低　　B.越集中，平均数代表性越高
C.越分散，平均数代表性越高　　D.越集中，平均数代表性越低
14.在抽样推断中应用比较广泛的指标是（　　）。
A.全距　　B.平均差　　C.标准差　　D.标准差系数

二、多项选择题

1.下列指标属于总量指标的有（　　）。
A.国内生产总值　　B.人均利税总额　　C.利税总额
D.职工人数　　E.固定资产原值
2.下列指标中，属于强度相对指标的有（　　）。
A.人均国内生产总值　　B.人口密度　　C.人均钢产量
D.每千人拥有的商业网点数　　E.人均粮食产量
3.常用的相对指标有（　　）。
A.动态相对指标　　B.结构相对指标　　C.强度相对指标
D.比较与比例相对指标　　E.计划完成相对指标
4.相对指标数值的表现形式有（　　）。
A.比例数　　B.无名数　　C.结构数
D.抽样数　　E.有名数
5.根据标志值在总体中所处的特殊位置确定的平均指标有（　　）。
A.算术平均数　　B.调和平均数　　C.几何平均数
D.众数　　E.中位数
6.影响加权算术平均数的因素有（　　）。
A.总体标志总量　　B.分配数列中各组标志值
C.各组标志值出现的次数　　D.各组单位数占总体单位数比重
E.权数
7.标志变异指标有（　　）。
A.全距　　B.平均差　　C.标准差
D.标准差系数　　E.相关系数
8.几何平均数的计算公式有（　　）。
A.$\sqrt[n]{x_1 \cdot x_2 \cdot \cdots \cdot x_{n-1} \cdot x_n}$　　B.$\frac{x_1 \cdot x_2 \cdot \cdots \cdot x_{n-1} \cdot x_n}{n}$
C.$\frac{\frac{x_1}{2} + x_2 + \cdots + x_{n-1} + \frac{x_n}{2}}{n-1}$　　D.$\sqrt[\sum f]{\prod x^f}$　　E.$\sqrt[n]{\prod x}$

三、判断题

1.普查是全面调查，抽样调查是非全面调查，所以普查比抽样调查准确。
2.为了尽可能多地收集统计数据信息，问卷应尽可能长。
3.统计分组应使组内差异尽量小。
4.凡是离散型变量都适合编制单项式数列。
5.调查单位就是填报单位。
6.调查时间是指进行调查工作所需要的时间。

7.对于变化较小、变化较慢的资料应采用一次性调查来取得资料。

8.较小制累计次数表示大于该组变量值下限的次数合计有多少。

9.根据组距分组数列计算的算术平均数，只是一个近似值。

10.结构相对指标的计算方法灵活，分子和分母可以互换。

11.两个企业比较，若$\bar{x}_{甲}>\bar{x}_{乙}$,$\sigma_{甲}>\sigma_{乙}$，由此可以肯定乙企业生产的均衡性比甲企业好。

12.某企业计划规定，2021年第一季度的单位产品成本比上年同期降低10%，实际执行结果降低5%，仅完成单位产品成本计划的一半。

13.甲洗衣机厂2021年第一季度洗衣机产量对乙洗衣机厂同期产量的比率是比例相对指标。

四、简答题

1.时期指标和时点指标有什么区别?

2.相对指标有哪几种类型?

3.强度相对数和算术平均数有何区别?

4.平均指标有哪几种类型?

5.变异指标有哪些形式?各有什么作用?

6.在进行统计分析时为什么要将多种相对指标结合应用?

7.如何根据偏态系数和峰度指标说明次数分布特征?

8.标准差系数有什么作用?

五、计算题

1.某集团所属的三家公司工业产值计划和实际资料如表3-21所示。试填入表中所缺的数字。

表3-21　某集团所属的三家公司工业产值计划和实际资料　金额单位：万元

公司名称	2020年					2019年实际产值	2020年比2019年增长(%)
	计划		实际		计划完成(%)		
	产值	比重(%)	产值	比重(%)			
A					97		9.3
B	370	31	402				
C					111		-0.8
合计	1 900					1 500	

2.某企业2020年的劳动生产率计划规定比上年提高8%，实际执行结果比上年提高10%。问劳动生产率计划完成程度是多少?

3.某厂按计划规定，第一季度的单位产品成本比上年同期降低10%，实际执行结果是单位产品成本较上年同期降低8%。问该厂第一季度产品单位成本计划的完成程度如何?

4.某企业产值计划完成103%，比上年增长5%。试问计划规定比上年增长多少?

5.某制冷机公司计划在未来的五年内累计生产压缩机12 000台，其中，最后一年产量达到3 000台，实际完成情况如表3-22所示。

表 3-22 某制冷机公司生产计划实际完成情况 单位：台

时间	第一年	第二年	第三年	第四年				第五年			
				一季	二季	三季	四季	一季	二季	三季	四季
产量	2 000	2 300	2 600	650	650	700	750	750	800	800	850

试求：(1) 该公司五年累计完成计划程度。

(2) 该公司提前多少时间完成累计产量计划？

(3) 该公司提前多少时间达到最后一年计划产量？

6. 某企业360名工人生产某种产品的资料如表3-23所示。

表 3-23 某企业360名工人生产某种产品的资料

工人按日产量分组（件）	工人数（人）	
	7月份	8月份
20以下	30	18
20～30	78	30
30～40	108	72
40～50	90	120
50～60	42	90
60以上	12	30
合计	360	360

试分别计算7、8月份平均每人日产量，并简要说明8月份平均每人日产量变化的原因。

7. 某地甲、乙两个农贸市场三种主要蔬菜价格及销售额资料如表3-24所示。

表 3-24 甲、乙两个农贸市场三种主要蔬菜价格及销售额

品　种	价　格（元/千克）	销售额（万元）	
		甲市场	乙市场
A	0.30	75.0	37.5
B	0.32	40.0	80.0
C	0.36	45.0	45.0

试计算比较该地区哪个农贸市场蔬菜平均价格高，并说明原因。

8. 某地区抽样调查职工家庭收入资料如表3-25所示。

试根据上述资料计算：

(1) 职工家庭平均每人月收入（用算术平均数公式）；

(2) 依下限公式计算确定中位数和众数；

(3) 简要说明家庭收入的分布特征。

表 3-25 某地区抽样调查职工家庭收入资料

按平均每人月收入分组（元）	职工户数
100～200	6
200～300	10
300～400	20
400～500	30
500～600	40
600～700	240
700～800	60
800～900	20
合 计	426

9.某工业局全员劳动生产率的标准差为530元，标准差系数为8.4%。试求该工业局全员劳动生产率水平（要求列出公式和算式）。

10.一位投资者持有一种股票，在第一年、第二年、第三年和第四年的收益率分别为4.5%、2.1%、25.5%和1.9%。计算该投资者在这4年内的年平均收益率。

11.甲、乙两单位工人的生产资料如表3-26所示。

表 3-26 甲、乙两单位工人的生产统计表

日产量（件/人）	甲单位工人数（人）	乙单位总产量（件）
1	120	30
2	60	120
3	20	30
合 计	200	180

试分析：(1) 哪个单位工人的生产水平高？

(2) 哪个单位工人的生产水平整齐？

12.某笔投资的年利率资料如表3-27所示。

表 3-27 某笔投资的年利率资料

年利率（%）	年数
2	1
4	3
5	6
7	4
8	2

要求：(1) 若年利率按复利计算，则该笔投资的平均年利率为多少？

(2) 若年利率按单利计算，即利息不转为本金，则该笔投资的平均年利率为多少？

第三章练习题参考答案

第四章

抽样估计

美国一家有名的刊物《文学文摘》预测1936年美国总统选举结果发生重大失误。当年的两位候选人，一是民主党的罗斯福，一是共和党的兰登，当时大多数民意测验、新闻机构和政治观察家都预测罗斯福会获胜，但《文学文摘》与众不同，它预言兰登会以57%：43%的优势战胜罗斯福。最后结果：罗斯福以62%：38%的压倒性优势当选。

《文学文摘》作出这个预测，并非一种主观臆断，而是依据对240万人的民意测验作出的。附带说一句，盖洛普在第二次世界大战后做过多次关于总统大选结果的民意测验，不仅与实际结果接近（当选者预测无误，得票率估计略有误差），且调查的人数也不过几千人，比《文学文摘》所用的240万人相去甚远，但预测相当成功。

为何《文学文摘》做了这么大规模的调查，反而没有取得满意的结果呢？问题出在样本的挑选上。该刊从电话号码簿和俱乐部会员名册上挑选了过多的访问对象，这样做在工作上带来方便。如果要在全国范围内用随机的方法挑选访问对象，则麻烦要大得多。但在1936年，美国家庭装的电话机只有1 100万部左右，因此有家用电话者，尤其是有条件参加某种俱乐部的人，大多是经济上较富有、政治上保守而倾向共和党的选民，这就造成显著的系统性偏差。就是说，较贫穷的阶层，包括当时多达900万的失业者，在样本中缺少其应有的代表性。当时正值1929—1933年经济大萧条过去不久，较贫困的阶层人数不少，与兰登相比，罗斯福推行的新政较多地考虑了这些人的利益，这解释了《文学文摘》的预测为何产生如此大的偏差。除此以外，它还犯了一个错误：起初拟访问对象为1 000万人，相信在这个庞大的样本中，美国社会各阶层的代表性会好些。但这1 000万人中只有240万人寄回了对问题单的回答。较富有的人，对当时现实抱比较满意态度以及文化水平较高的人，作出回答的可能性要大些，这个倾向有利于共和党。这是另一个系统性偏差，它加重了原来在挑选样本时已存在的系统性偏差。这一点曾在芝加哥地区得到证实：该刊向芝加哥地区1／3的登记选民发了问题单，有20%的人做了回答，其中半数以上有利于兰登。但实际结果是：在芝加哥是以2：1的优势有利于罗斯福。

类似于本例的错误，在其他抽样调查估计中也时有发生。要做到科学地进行抽样调查和开展抽样估计，需要系统地学习抽样法基本原理。

资料来源：陈希孺. 机会的数学［M］. 北京：清华大学出版社，2000.

本章提要

本章主要介绍有关随机抽样和参数估计的基本理论与方法，是本门课的重点，内容包括抽样推断的基本概念、随机抽样方法与抽样分布、抽样误差、参数估计、抽样的组织形式和样本容量的确定等，重点是抽样推断的基本原理和方法，难点是抽样组织形式及参数估计。

第一节 抽样的基本概念

一、抽样估计的概念和特点

（一）抽样调查的概念

如果我们掌握了所研究的总体的全部数据，那么只需要作一些简单的统计描述，就可以得到有关总体的数量特征，比如总体的均值、方差、比例等。但现实的情况比较复杂，有些现象的范围比较广，不可能对总体中的每一个单位一一进行调查，或者由于总体过大，没有必要一一进行调查；另外，有一些调查是破坏性的，比如灯泡的耐用时数调查等。这就需要从总体中抽出一部分单位进行调查，进而利用样本的信息来推断总体的数量特征。

我们先看几个例子：

【例4-1】要检验一批灯泡的使用寿命，由于测试是破坏性的，不可能对每一只灯泡都进行测试。只能抽取一部分灯泡作测试，据此来推断该批灯泡的平均使用寿命。

【例4-2】电视台要了解某一节目的收视率是多少，显然不可能对所有的电视观众进行调查，而只能抽取一部分观众去做调查，进而根据这一部分观众的收视率来推断全部观众的收视率。

【例4-3】要想了解水库中的鱼苗数，显然不可能将水库中的鱼苗全部捞出进行调查，只能从中抽取部分进行调查，然后用部分去估计水库中的鱼苗数。

上面这些例子表明，当总体的范围难以确定或当总体的单位数很多时，或者对于破坏性试验，我们只能从中抽取一部分单位进行调查，然后以此来估计总体的状况。

抽样估计包括抽样调查和抽样推断两个部分。抽样调查是一种非全面的调查方法，是从总体中按照随机原则抽取样本单位进行调查，抽样推断是利用样本信息推断总体的数量特征。抽样估计不论在统计调查还是在统计分析中都有广泛的应用。

所谓随机原则，是在抽取样本时，排除人们主观意图的作用，使得总体中的各单位均以相等的机会被抽中。随机原则又称为等可能性原则。例如，从一定面积的小麦中，通过随机抽样，抽取若干地块实割实测，计算平均亩产，以此来推断全部面积的小麦产量。再如，对一批产品进行质量检查时，从全部产品中随机抽取部分产品进行检测计算合格率，以此来推断全部产品的合格率等。

抽样调查的科学原理产生得很早。在17世纪到19世纪中叶，统计学家把大数定律、概率论的原理引进到统计学的研究领域，从而产生了抽样调查的统计研究方法。正是由于大数定律、概率论研究的重大进展，抽样调查获得了充分的数学理论根据，为抽样调查的实际运用，提供了现实的可能性。自此以后，在西方资本主义国家，不仅在研究自然现象方面广泛运用抽样调查这一数理统计方法，而且这一方法也广泛应用于社会经济统计领域中。

抽样调查概念有广义和狭义的两种理解。按照广义的理解，凡是抽取一部分单位进行观察，并根据观察结果来推断全体的都是抽样调查，其中又可分为非随机抽样和随机抽样两种。非随机抽样就是抽查者根据自己的认识和判断，选取若干个有代表性的单位，根据这些单位的观察结果来推断总体，如民意测验等。随机抽样则是根据大数定律的要求，在抽取调查单位时应保证总体中的各个单位都有同等的中选可能性。一般所讲的抽样调查，大多数是指这种随机调查，即狭义的抽样调查。因此，抽样调查是按随机原则从全部研究单位中抽取一部分单位进行观察，根据样本资料计算样本的特征值，然后以样本的特征值，对总体的特征值作出具有一定可靠性的估计和判断，用以反映总体的数量特征和数量表现的一种统计方法。

（二）抽样调查的基本特点

1.调查单位的确定是按随机原则从全部总体单位中抽取的

抽样调查是一种非全面调查，同时其样本单位的抽取要遵守随机原则，这一点是和典型调查、重点调查相区别的。典型调查是根据统计调查的任务要求，有意识地选取若干个有代表性的单位进行调查，样本单位的选取不具有随机性；重点调查是根据重点单位来选取样本单位，样本单位的选取同样不具有随机性。抽样调查则不同，在从总体中抽取调查单位时，必须客观地、毫无偏见地严格按随机原则来选取样本单位，不受调查者和被调查单位的主观影响，否则会带上个人偏见，挑中的那部分单位的指标值可能偏高或偏低，失去对总体数量特征的代表性。

2.用部分单位的指标数值去推断和估计总体指标数值

这一点是和重点调查相区别的。重点调查是对重点单位进行调查，其目的是掌握总体的基本情况，不能以此推断总体的数量特征。抽样调查虽然也是非全面调查，但其目的是以样本的数据推断总体的数量特征。

3.抽样调查中的抽样误差是不可避免的，但在事先是可以计算并加以控制的

在非全面调查中，典型调查虽然也可以用所抽取的部分单位的数量特征去推算总体的数量特征，但这种推算的误差范围和推算的保证程度是不能计算和加以控制的。而抽样调查则是在对部分单位进行调查的基础上去推断总体的数量特征，当然这种推算也存在误差，但与其他估算不同，抽样误差是可以事先计算的，并可以控制这个误差范围，以保证抽样推断的结果达到一定的可靠程度。

二、抽样调查的作用

（1）有些现象是无法进行全面调查的，为了测算全面资料，必须采用抽样调查的方法。例如，对无限总体不能采用全面调查。另外，有些产品的质量检查具有破坏性，如电视机使用寿命检验，罐头的防腐期限试验，轮胎的里程试验等，这些调查所使用的测试手段对产品具有破坏性，不可能进行全面调查，只能采用抽样调查。

（2）从理论上讲，有些现象虽然可以进行全面调查，但实际上没有必要或很难办到，也要采用抽样调查。例如，要了解全国城乡人民的家庭生活状况，从理论上讲可以挨门逐户进行全面调查，但是调查范围太大，调查单位太多，实际上难以办到，也没有必要。采

用抽样调查可以节约时间、人力、物力和财力，提高调查结果的时效性，又能达到和全面调查同样的目的和效果。

（3）抽样调查的结果可以对全面调查的结果进行检查和修正。统计数据与客观实际数量之间会存在差别，这种差别通常称为统计误差。统计误差有两种：一种是登记性误差；另一种是代表性误差。登记性误差是在调查、登记汇总时产生的误差，这种误差是可以避免的；而代表性误差是指用部分单位的统计数据去推断总体的数量特征时产生的误差，这种误差是一定会产生的，是不可避免的。全面调查只有登记性误差而没有代表性误差，而抽样调查两种误差都有，因此人们往往认为抽样调查的误差大于全面调查的误差。这种看法忽略了两种误差的大小。全面调查涉及面宽，工作量大，参加人员多，调查结果容易出现差错。因此，发生登记性误差的可能性就大。抽样调查的单位少，参与调查的工作人员也省，可以进行严格的培训，发生登记性误差的可能性小。在这种情况下，抽样调查的结果会比全面调查的结果更为可靠。在全面调查（如人口普查）之后进行抽样复查，根据抽查结果计算差错率，并以此为依据检查和修正全面调查结果，从而提高全面调查质量。

例如，我国每10年进行一次人口普查，中间进行一次1%的人口抽样调查，抽样调查从内容上补充了全面调查。再如，我国的人口普查使用长表和短表两种表格，短表的调查项目少，人人都要登记，长表的调查项目多，只供部分人登记填写，这其实就是在普查的同时进行抽样调查，这样不仅能够保证基本资料的全面、准确、完整，而且利用有限的时间和经费使调查内容更深入详尽。

（4）抽样调查可以用于工业生产过程的质量控制。在工业产品成批或大量连续生产过程中，利用抽样调查可以检验生产过程是否正常，及时提供信息，进行质量控制，保证生产质量稳定。

（5）利用抽样调查原理，可以对某些总体的假设进行检验，来判别这种假设的真伪，以决定行动的取舍。例如，某地区2019年职工家庭年收入为37 200元，抽样调查结果显示，2020年职工家庭年收入为37 100元，这是否意味着职工生活水平下降呢？我们还不能下这个结论，最好通过假设性检验，检验这两年职工家庭收入是否存在显著性统计差异，才能判断该地区2020年职工家庭年收入是否低于上年水平。

总之，抽样调查是一种科学实用的调查方法，目前它不仅广泛应用于自然科学领域，也愈来愈多地应用于社会经济现象数量方面的研究。随着抽样理论的发展、抽样技术的进步和完善、广大统计工作者业务水平的提高，抽样调查在社会经济统计中的应用将会愈加普及。

三、抽样调查的几个基本概念

（一）全及总体和抽样总体

在抽样调查中有两种不同的总体：全及总体和抽样总体。

全及总体也称为总体或母体，是指所要认识的研究对象的全体，它是由所研究范围内具有某种共同性质的全体单位所组成的集合体。

抽样总体简称样本，是按随机原则从全及总体中抽取的一部分单位组成的集合体。

例如，我们要研究某城市职工的生活水平，则该城市全部职工就构成全及总体或总体。在本章用大写字母N代表全及总体的单位数。如果从中抽取1%的职工进行调查，这

1%的职工所组成的一个集合就是抽样总体，组成样本的每个单位称为样本单位，本章中用小写字母n代表样本的单位数，样本单位数n也称为样本容量。例如，某城市有20万住户，我们要采用抽样调查的方法研究该城市住户的家庭收支情况，则该城市全部住户构成全及总体，N=20万。如果从全部住户中随机抽取千分之五即1 000户进行调查，则被抽中的1 000户构成抽样总体即样本，样本容量n=1 000。样本容量大，样本误差会小，但调查费用会增加。因此，在抽样设计中应根据调查目的认真考虑合适的样本容量。样本按照样本容量的大小可以分为大样本和小样本。一般来说，$n \geq 30$为大样本，$n < 30$为小样本。在对社会经济现象进行抽样调查时，多数采用大样本。

应当注意的是，作为抽样推断对象的全及总体是唯一确定的，但作为观察对象的样本就不是唯一的。从一个全及总体中可以抽取很多个样本，每次抽到哪个样本是不确定的，因此样本是随机的。明白这一点对理解抽样推断是很重要的。样本个数又称样本的可能数目，它是从一个总体中可能抽取多少个样本。样本数目的多少与每一个样本的容量有关，也和随机抽样的方法有关。不同的样本容量和取样方法，样本的可能数目也有很大的差别。抽样本身是一种手段，目的在于对总体进行估计推断。因此，样本容量要多大，要怎样取样，样本数目可能有多少，它们的分布又怎样，这些都关系到对总体判断的准确程度，都需要加以认真研究。

（二）全及指标和样本指标

1.全及指标

全及指标又称总体指标或总体参数，是根据全及总体各单位的标志值或特征计算的、反映总体某一属性的综合指标。

由于全及总体是唯一确定的，根据全及总体计算的全及指标也是唯一确定的。常见的总体参数主要有四个：总体平均数（均值）、总体成数（比重）、总体标准差及方差。它们都是反映总体分布特征的重要指标。平均数反映总体分布的集中趋势，方差或标准差反映总体分布的离中趋势。总体成数是指总体中具有某种性质的单位数在总体中的比重，它反映总体的结构特征。这些指标在第三章已有介绍，这里不再重复。

2.样本指标

样本指标又称为样本统计量，是由样本各单位标志值或标志特征计算的综合指标。

样本统计量是与总体参数相对应的。由于样本是从总体中随机地抽出来的，而样本统计量是样本的一个函数，因此它们是随机变量。我们利用样本统计量来估计和推断总体的有关参数。与总体参数相对应，常见的样本统计量有：样本平均数（均值）、样本成数、样本标准差及方差。

样本平均数（样本均值）：

$$\bar{X} = \frac{\sum_{i=1}^{n} X_i}{n} \left(= \frac{\sum Xf}{\sum f} \right) \tag{4.1}$$

样本成数：

$$P = \frac{n_1}{n} \tag{4.2}$$

样本方差：

$$S^2 = \frac{1}{n-1}\sum_{i=1}^{n}(X_i-\bar{X})^2 \left(= \frac{\sum_{i=1}^{n}(X_i-\bar{X})^2 f}{\sum f - 1} \right) \tag{4.3}$$

样本标准差：

$$S = \sqrt{S^2} \tag{4.4}$$

式中：$\bar{X}$——样本平均数；P——样本成数；S^2与S——分别表示样本的方差与标准差；n——样本容量；n_1——样本中具有某种特征的单位数目；f——在分组样本资料下的权数。

应当指出，尽管样本统计量的计算公式与总体参数的计算公式形式上十分类似，但两者有重要区别：总体参数是常数，计算总体参数公式中所用到的总体各单位的标志值是确定的具体数值，用小写字母x表示；样本统计量是随机变量，计算样本统计量公式中所用的样本单位标志值在未具体观察前是不确定的随机变量，用大写字母X表示。计算总体参数公式中所使用的单位数包括总体的所有单位，通常用大写字母N表示；计算样本统计量所使用的单位数只是样本所包含的单位数，即单位容量，用小写字母n表示。计算总体参数公式中所使用的权数F是整个总体分组资料下的权数；计算样本统计量所使用的权数f是样本分组资料下的权数。

（三）样本可能数目和抽样方法

1.样本可能数目

样本可能数目又称样本个数，是指从全及总体中可能抽取或可能构成的样本总体数量。它既和每个样本的容量有关，也和抽样的方法有关。当样本容量给定时，样本的可能数目便由抽样方法决定。

2.抽样方法

抽样方法按抽取样本的方式不同分为重复抽样和不重复抽样。

（1）重复抽样。重复抽样是从全及总体中抽取样本时，随机抽取一个样本单位，记录该单位有关标志表现以后，把它放回到全及总体中去，再从全及总体中随机抽取第二个单位，记录它的有关标志表现以后，也把它放回全及总体中去，照此下去直到抽选n个样本单位。

重复抽样的特点是：第一，n个单位的样本是由n次试验的结果构成的。第二，每次试验是独立的，即其试验的结果与前次、后次的结果无关。第三，每次试验是在相同条件下进行的，每个单位在多次试验中选中的机会（概率）是相同的。

（2）不重复抽样。不重复抽样是从全及总体中抽取第一个样本单位，记录该单位有关标志表现后，这个样本单位不再放回全及总体中参加下一次抽选。然后，从总体N-1个单位中随机抽选第二个样本单位，记录了该单位有关标志表现以后，该单位也不再放回全及总体中去，再从全及总体N-2单位中抽选第三个样本单位，照此下去直到抽选出n个样本单位。其特点是：第一，n个单位的样本由n次试验结果构成，但由于每次抽取不重复，所以实质上相当于从总体中同时抽取n个样本单位。第二，每次试验结果不是独立的，上次中选情况影响下次抽选结果。第三，每个单位在多次（轮）试验中中选的机会是不等的。不重复抽样，如果考虑顺序，其样本可能数目为$\frac{N!}{(N-n)!}$；如果不考虑顺序，其样本可能数目为$\frac{N!}{(N-n)!n!}$。

根据对样本的要求不同，抽样方法有考虑顺序抽样和不考虑顺序抽样两种。

考虑顺序抽样，即从总体N个单位中抽取n个单位构成样本，不但要考虑样本中各单位的不同性质，而且还要考虑不同性质各单位中选的顺序。相同构成成分的单位，由于中选顺序不同，也作为不同样本。

不考虑顺序抽样，即从总体N个单位中抽取n个单位构成样本。只考虑样本各个单位的组成成分如何，而不问单位的中选顺序。如果样本的成分相同，不论顺序有多大的不同，都作为一个样本。

以上两种方法存在交叉情况，因而有：考虑顺序的重复抽样、考虑顺序的不重复抽样、不考虑顺序的重复抽样、不考虑顺序的不重复抽样。

考虑顺序的重复抽样也就是通常所说的可重复排列。从总体N个不同单位中每次抽取n个允许重复的排列，组成的样本可能数目为N^n。

考虑顺序的不重复抽样即通常所说的不重复排列。从总体N个不同单位中每次抽取n个不重复的排列，组成的样本可能数目为$\frac{N!}{(N-n)!}$。

不考虑顺序的重复抽样即通常所说的可重复组合。从总体N个不同单位中每次抽取n个允许重复的组合，组成的样本可能数目为C_{N+n-1}^{n}。

不考虑顺序的不重复抽样即通常所说的不重复组合。从总体N个不同单位中每次抽取n个不重复的组合，组成的样本可能数目为$\frac{N!}{(N-n)!n!}$。

第二节 抽样分布与中心极限定理

抽样的目的就是要根据样本统计量去估计总体的参数。要做这样的估计，我们就必须知道样本统计量的分布。某个样本统计量的抽样分布，从理论上说就是在重复选取样本容量为n的样本时，由每一个样本统计量计算的该统计量数值的相对频数分布或概率分布。

由于现实中我们不能将所有的样本都抽出来，因此统计量的抽样分布实际上是一种理论分布。

一、抽样分布

（一）重复抽样分布

1.样本均值的抽样分布

我们知道，从总体N个单位中抽取一个容量为n的随机样本，在重复抽样条件下，共有N^n个可能的样本，在不重复抽样条件下，共有$\frac{N!}{(N-n)!n!}$个可能的样本。对于每一个样本，我们都可以计算出一个样本均值（当然也可计算出每一个样本的方差、比例），因此样本均值是一个随机变量。所有的样本均值所形成的分布就是样本均值的抽样分布。为了更好地理解抽样分布的概念，我们通过一个简单的例子，说明样本均值的形成过程。

【例4-4】设一个总体，含有4个单位（个体），即总体单位数N=4。4个个体分别为

$x_1=1$，$x_2=2$，$x_3=3$，$x_4=4$。

总体分布如图4-1所示。

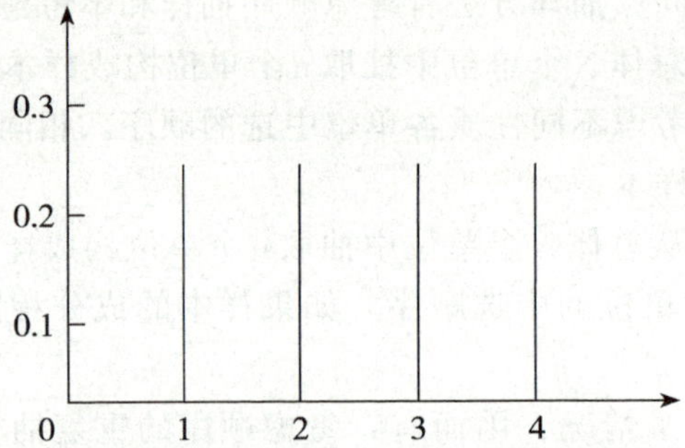

图4-1　总体各单位的分布

由图4-1可知，总体是均匀分布。计算总体均值和方差分别为：

总体均值：$\mu=\frac{\sum_{i=1}^{N}x_i}{N}=2.5$

总体方差：$\sigma^2=\frac{\sum_{i=1}^{N}(x_i-\mu)^2}{N}=1.25$

现随机从中采用重复抽样方法抽取容量n＝2的样本，共有16个可能的样本，计算每一个样本的均值$\bar{X}_i$，结果如表4-1所示。

表4-1　16个可能的样本及其均值

样本	样本中的单位	样本均值
1	1，1	1.0
2	1，2	1.5
3	1，3	2.0
4	1，4	2.5
5	2，1	1.5
6	2，2	2.0
7	2，3	2.5
8	2，4	3.0
9	3，1	2.0
10	3，2	2.5
11	3，3	3.0
12	3，4	3.5
13	4，1	2.5
14	4，2	3.0
15	4，3	3.5
16	4，4	4.0

每个样本被抽中的概率均为1/16。样本均值经整理后如表4-2所示。

表4-2 样本均值 $\bar{X}$ 的分布

$\bar{X}$ 的取值	$\bar{X}$ 的个数	$\bar{X}$ 取值的概率 $P(\bar{X})$
1.0	1	1/16
1.5	2	2/16
2.0	3	3/16
2.5	4	4/16
3.0	3	3/16
3.5	2	2/16
4.0	1	1/16

将 $\bar{X}$ 的分布绘成图4-2。

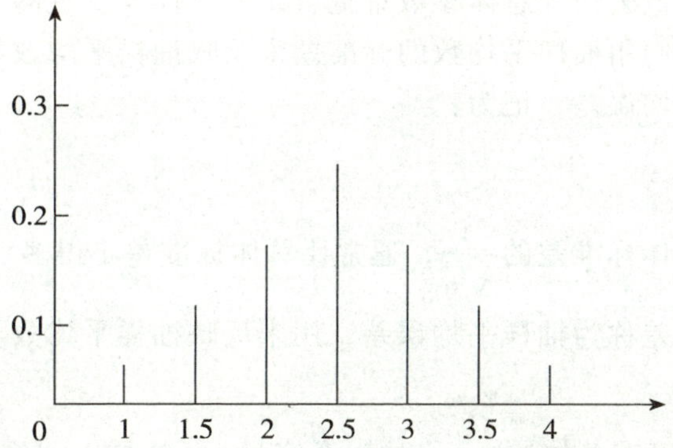

图4-2　样本均值的抽样分布

下面我们再来看看样本均值的抽样分布的特征。从抽样推断的角度来看，我们所关心的分布特征主要是数学期望和方差。

根据表4-1的资料计算样本平均数的期望值：

$$E(\bar{X})=\frac{1.0+1.5+\cdots+3.5+4.0}{16}=\frac{40}{16}=2.5=\mu$$

样本平均数期望值的方差：

$$\sigma_{\bar{x}}^2=\frac{\sum_{i=1}^{16}(\bar{X}_i-\mu)^2}{16}=\frac{10}{16}=0.625=\frac{1.25}{2}=\frac{\sigma^2}{n}$$

上例计算表明：（1）样本平均数的期望值等于总体平均数，即 $E(\bar{X})=\mu$，上例中两者均等于2.5；（2）样本平均数期望值的方差等于总体方差的 $\frac{1}{n}$，$\sigma_{\bar{x}}^2=\frac{\sigma^2}{n}$，上例总体方差为1.25，样本均值的方差为0.625。

设从总体中抽出的样本为 $X_1,\cdots,X_n$，由于是重复抽样，每个 X_i（i=1，2，…，n）都是从总体中随机抽出的，都是与总体同分布的随机变量，并且是相互独立的。要知道 $\bar{X}$ 的分布，必须知道总体的分布。由于正态分布是最常见的分布之一，我们首先介绍在总体分布为正态分布 $N(\mu,\sigma^2)$ 时样本均值 $\bar{X}$ 的分布。

设总体的平均数为 μ，方差为 σ^2，则样本平均数的期望值与方差分别是：

$$E(\bar{X})=E\left(\frac{X_1+\cdots+X_n}{n}\right)$$
$$=\frac{1}{n}\left[E(\bar{X}_1)+E(\bar{X}_2)+\cdots+E(\bar{X}_n)\right] \tag{4.5}$$
$$=\mu$$

$$\sigma^2(\bar{X})=\sigma^2\left(\frac{X_1+\cdots+X_n}{n}\right)$$
$$=\frac{1}{n^2}\left[\sigma^2(\bar{X}_1)+\sigma^2(\bar{X}_2)+\cdots+\sigma^2(\bar{X}_n)\right] \tag{4.6}$$
$$=\frac{\sigma^2}{n}$$

从以上的式子我们知道，样本平均数分布的中心与总体分布的中心完全相同，方差是总体分布方差的$\frac{1}{n}$。因此，样本平均数分布的集中趋势优于总体分布自身的集中趋势。由于样本平均数能“集中”分布于总体平均数附近，我们可以考虑用样本平均数来估计总体的平均数。用样本统计量去估计总体参数难免有误差，样本变量的离散程度越大，产生误差的可能性也越大。我们用抽样平均数的标准差来反映抽样平均数与总体平均数的平均误差程度，称其为抽样平均误差，记为：

$$\sigma_{\bar{X}}=\frac{\sigma}{\sqrt{n}} \tag{4.7}$$

抽样平均误差是总体标准差的$\frac{1}{\sqrt{n}}$，通常比总体标准差小得多。

抽样平均数的标准差称为抽样平均误差，用来反映抽样平均数与总体平均数的平均误差程度。

设$X_1,\cdots,X_n$是来自正态总体$N(\mu,\sigma^2)$的一个容量为n的样本，则其样本均值$\bar{X}=\frac{1}{n}\sum_{i=1}^{n}X_i$服从正态分布$N(\mu,\frac{\sigma^2}{n})$，等价地有$\frac{\bar{X}-\mu}{\sigma/\sqrt{n}}\sim(0,1)$。

然而在实际问题中，总体的分布并不是正态分布或近似正态分布，此时$\bar{X}$的分布也将取决于总体分布的情况。值得庆幸的是，当样本容量n比较大时，人们证明了中心极限定理。该定理告诉我们不管总体的分布是什么，当样本容量n增大时，不论原来的总体是否服从正态分布，样本均值$\bar{X}$的分布都将趋于服从正态分布。

设$X_1,\cdots,X_n$来自一个任意总体中的容量为n的样本，当n充分大时（一般$n>30$），样本均值$\bar{X}=\frac{1}{n}\sum_{i-1}^{n}X_i$的抽样分布近似服从均值为μ、方差为$\frac{\sigma^2}{n}$的正态分布。

【例4–5】某班组有5个工人，他们的单位工时工资分别是4元、6元、8元、10元、12元，总体服从于正态分布。现用重复抽样方式从5个工人中抽出2人，计算样本的平均工时工资的抽样平均误差。

解：总体分布的平均数与方差分别是：

$$\mu=\frac{\sum x}{N}=\frac{4+6+8+10+12}{5}=8(\text{元})$$

$$\sigma^2=\frac{\sum(x-\mu)^2}{N}=\frac{(4-8)^2+(6-8)^2+(8-8)^2+(10-8)^2+(12-8)^2}{5}=8(\text{元})$$

抽样平均误差为：

$$\sigma_{\bar{x}} = \frac{\sigma}{\sqrt{n}} = \frac{\sqrt{8}}{\sqrt{2}} = 2(\text{元})$$

2.样本成数分布

总体成数P是指具有某种特征的单位在总体中的比重。在前面我们已经知道，成数是一个特殊平均数，设总体单位总数目是N，总体中有该特征的单位数是N_1。设X是0、1变量，即：总体单位有该特征，则X取1，否则取0，则有：

$$p = \frac{N_1}{N} = \bar{X} \tag{4.8}$$

现从总体中抽出n个单位，如果其中有相应特征的单位数是n_1，则样本成数是：

$$P = \frac{n_1}{n} \tag{4.9}$$

P也是一个随机变量，利用样本平均数分布性质的结论，有：

$$E(P) = p \tag{4.10}$$

$$\sigma(P) = \frac{\sqrt{p(1-p)}}{\sqrt{n}} = \sqrt{\frac{p(1-p)}{n}} \tag{4.11}$$

【例4-6】已知一批产品的合格率为90%，现采用重复抽样方式从中取出400件，求样本合格率的抽样平均误差。

解：$E(P) = p = 90\%$

$$\sigma(P) = \sqrt{\frac{p(1-p)}{n}} = \sqrt{\frac{0.9 \times 0.1}{400}} = 1.5\%$$

样本容量越大，样本成数的平均误差就会越小。

（二）不重复抽样分布

1.样本平均数分布

【例4-7】仍以【例4-4】资料为例，在不重复抽样条件下，所有样本平均数如表4-3所示。从表4-3中可整理出样本平均数的分布如表4-4和图4-3所示。

表4-3　12个可能的样本及其均值

样本	样本中的单位	样本均值
1	1，2	1.5
2	1，3	2.0
3	1，4	2.5
4	2，1	1.5
5	2，3	2.5
6	2，4	3.0
7	3，1	2.0
8	3，2	2.5
9	3，4	3.5
10	4，1	2.5
11	4，2	3.0
12	4，3	3.5

表4-4 样本均值$\bar{X}$的分布

$\bar{X}$的取值	$\bar{X}$的个数	$\bar{X}$取值的概率$P(\bar{X})$
1.5	2	2/12
2.0	2	2/12
2.5	4	4/12
3.0	2	2/12
3.5	2	2/12

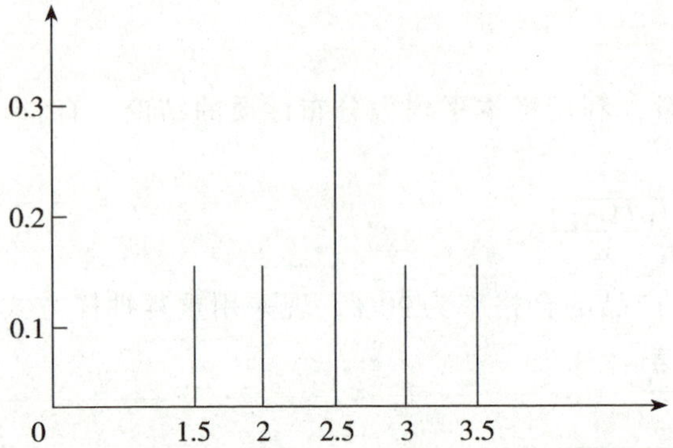

图4-3 样本均值的抽样分布

根据表4-3的分布数据，可计算样本平均工资与其标准差：

$$E(\bar{X}) = \frac{1.5 + 2.0 + \cdots + 3.5}{12} = \frac{30}{12} = 2.5 = \mu$$

样本均值的方差：

$$\sigma_{\bar{x}}^2 = \frac{\sum_{i=1}^{12}(\bar{X}_i - \mu)^2}{12} = \frac{5}{12} = 0.417$$

计算结果表明：在不重复抽样条件下，样本平均数分布的中心还是总体的中心，而抽样平均误差比重复抽样要小。

不重复抽样的平均误差比重复抽样小的原因是很直观的：不重复抽样排除了“每次抽出的都是极端值”的可能，这显然对降低抽样误差有利。数学上可以证明，在不重复抽样条件下，抽样平均误差为：

$$\sigma_{\bar{x}} = \sqrt{\frac{\sigma^2}{n}\left(\frac{N-n}{N-1}\right)} \approx \sqrt{\frac{\sigma^2}{n}\left(1-\frac{n}{N}\right)} \tag{4.12}$$

不重复抽样与重复抽样相比，多了一个系数$\sqrt{\frac{N-n}{N-1}}$，这个系数称为不重复抽样的修正系数。由于该系数在0~1之间，因此不重复抽样平均误差比重复抽样小。当N远大于n时，修正系数近似1，修正与否对平均误差几乎没有影响，这时可以不考虑抽样方式差异，都按重复抽样处理。在实际工作中，在没有掌握总体单位数的情况下或者总体单位数很大时一般均用重复抽样的公式来计算样本均值的方差。

2.样本成数抽样分布

由于样本成数是一个特殊的平均数，不重复抽样也有如下性质：

$$E(P)=p \tag{4.13}$$

$$\sigma(P)=\sqrt{\frac{p(1-p)}{n}\left(\frac{N-n}{N-1}\right)}=\sqrt{\frac{p(1-p)}{n}\left(1-\frac{n}{N}\right)} \tag{4.14}$$

与样本均值分布的方差一样，对于无限总体进行不重复抽样时，可以按重复抽样来处理。不重复抽样时样本比例的抽样平均误差可按重复抽样的公式来计算。对于有限总体，当N很大，而抽样比例n/N≤5%时，其修正系数$\frac{N-n}{N-1}$趋近于1，这时样本比例的抽样平均误差可按重复抽样的公式计算。

在上面计算抽样平均误差的公式中，无论是σ^2还是$p(1-p)$都是全及总体指标。但在抽样调查的实践中，这两个指标一般都是未知的，因此，通常可以采用以下四种方法解决：

（1）用过去调查所得资料。可以用全面调查的资料，也可以用抽样调查的资料。如果有几个不同总体方差的资料，则应该用数值较大的。

（2）用样本方差的资料代替总体方差。概率论的研究从理论上证明了样本方差可以相当接近于总体方差。这是实际工作中经常使用的一种方法，但它在调查之后才能计算。

（3）用小规模调查资料。如果既没有过去的资料，又需要在调查之前就估计抽样误差，实在不得已时，可以在大规模调查之前，组织一次小规模的试验性调查，用以确定方差。

（4）用估计的材料。例如，在农产量抽样调查中用农产品的预计产量计算出总体的方差。

二、大数定理与中心极限定理

（一）大数定理

大数定理又称为大数法则。人们在观察个别事物时，是连同一切个别的特性来观察的。个别现象受偶然因素影响，有各自不同的表现。但是，对总体的大量观察后进行平均，就能使偶然因素的影响相互抵消，消除由个别偶然因素引起的极端性影响，从而使总体平均数稳定下来，反映出事物变化的一般规律，这就是大数定理的意义。

大数定理：独立同分布的随机变量$X_1,\cdots,X_n$，设它们的平均数为μ，方差为σ^2，则对任意的正数ε，有：

$$\lim_{n\to\infty} p\left\{\left|\frac{1}{n}\sum_{i=1}^{n}X_i-\mu\right|<\varepsilon\right\}=1 \tag{4.15}$$

该定理说明，当n充分大时，独立同分布的一系列随机变量，其平均数与它们共同的期望值之间的偏差，可以有很大的把握被控制在任意给定的范围之内。由于从总体中抽出的样本是独立且与总体同分布的，因此，当样本容量n充分大时，样本平均数与总体平均数之间的误差可以有很大的把握被控制在任意给定的要求之内，这就是人们用样本平均数估计总体平均数的理论根据。

由于成数指标是一个特殊的平均数，大数定理对成数指标自然也成立：设m是n次试验中事件A发生的次数，p是事件A发生的概率，则对于任意小的正数ε，有：

$$\lim_{n\to\infty} p\left\{\left|\frac{m}{n}-p\right|<\varepsilon\right\}=1 \tag{4.16}$$

当n充分大时，事件A发生的频率接近（依概率收敛于）事件A发生的概率，反映了频率在大量重复试验过程中的稳定性。该定理称为贝努里大数定理，它提供了用频率代替概率的理论根据。

（二）中心极限定理

1.正态分布的再生定理

相互独立的两个正态随机变量相加之和仍服从正态分布，这就是正态分布的再生性。因此，从服从正态分布的总体中抽出一个容量是n的样本，则样本平均数 $\bar{X}$ 也服从正态分布。如果总体平均数是μ，标准差是σ，则样本平均数所服从的正态分布的中心仍是μ，标准差是抽样平均误差 $\sigma_{\bar{X}}$。

2.中心极限定理

从正态分布的再生定理，可推出样本平均数 $\bar{X}$ 服从正态分布 $N(\mu,\sigma_{\bar{X}}^2)$，前提条件是总体服从正态分布。在客观实际中，总体服从正态分布的条件不会总是成立的。在非正态总体的场合，样本平均数服从什么分布，我们只有了解了中心极限定理后才能明确。

中心极限定理：随机变量 $X_1,\cdots,X_n$ 相互独立，且服从同一分布，该分布存在有限的期望和方差：$E(X_i)=\mu$，$\sigma^2(X_i)=\sigma^2$，（i=1，2，…），则当n趋于无穷大时，算术平均数 $\bar{X}=\frac{\sum_{i=1}^{n}X_i}{n}$ 近似服从正态分布，即：$\bar{X}\sim N\left(\mu,\frac{\sigma^2}{n}\right)$。

从上述定理可以得出结论：无论总体服从何种分布，只要它的期望值与方差存在，我们就可以通过增大样本容量n的方式，保证样本平均数 $\bar{X}$ 近似服从正态分布。也就是说，大样本的平均数近似服从正态分布。

对于成数指标，我们设总体成数是p，样本成数是P，则当样本容量充分大时，P近似服从 $N(p,\sigma_p^2)$。

第三节　总体参数估计

一、总体参数估计概述

总体参数估计就是以样本统计量来估计总体参数。比如，用样本均值 $\bar{X}$ 去估计总体均值μ，用样本方差 S^2 去估计总体方差 σ^2，用样本比例P去估计总体比例p等。如果我们将总体参数笼统地用一个符号θ表示，参数估计也就是如何用样本统计量去估计总体参数θ。

用来估计总体参数的统计量的名称，称为估计量，用 $\hat{\theta}$ 表示。样本均值、样本比例、样本方差都可以是一个估计量。

用来估计总体参数时计算出来的估计量的具体数值，称为估计值。比如，我们要估计一个班的学生每月的平均消费额，从中抽出一个样本，全班的平均消费额是不知道的，称为参数，用 $\hat{\theta}$ 表示。根据样本计算的平均数 $\bar{X}$ 就是一个估计量，用 $\hat{\theta}$ 表示，假定计算出来的平均消费额是650元，这个650元就是估计量的具体数值，称为估计值。

二、参数估计的方法

（一）点估计与区间估计

用样本估计量$\hat{\theta}$的值直接作为总体参数θ的估计值，称为参数估计的点估计，又称定值估计。

在统计中常用的点估计有：

$\hat{\mu} = \bar{X}$

$\hat{p} = P$

$\hat{\sigma}^2 = \sigma^2$

假定我们要估计一个班学生的平均消费水平，根据随机样本计算的平均数为650元，我们就用650元作为全班平均消费水平的值，这就是点估计。再比如，对一批某种型号的10 000个电子元件进行耐用时间检查，随机抽取100个电子元件，测试的平均耐用时间为1 055小时，合格率为91%，我们推断说10 000个电子元件的平均耐用时间为1 055小时，全部电子元件的合格率也是91%。

点估计方法简单实用，但准确性无法确定。因为，抽样估计中样本指标完全等于全及指标的可能性极小。

在点估计的基础上，给出总体参数估计的一个范围，称为参数的区间估计。

比如，我们估计全班的平均消费水平在600～700元之间，这就是区间估计。

在实际中，我们更多地使用区间估计，因为我们不可能指望样本估计量的值刚好等于总体参数的值。

（二）优良估计量的标准

在点估计中我们用估计量的值作为总体参数的估计值。实际上，用于估计总体参数的估计量有很多。比如，我们可以用样本均值作为总体均值的估计量，也可以用中位数作为总体均值的估计量，甚至可以用众数作为总体均值的估计量等。那么，究竟用哪种估计量作为总体参数的估计呢？我们自然要用估计效果最好的那种估计量。什么样的估计量才算一个好的估计量呢？统计学家给出了评价估计量优良的标准主要有三条：无偏性、有效性和一致性。

1.无偏性

用θ表示总体的待估计参数，$\hat{\theta}$是估计θ的样本统计量，我们说$\hat{\theta}$是θ的无偏估计，指的是θ满足：

$$E(\hat{\theta}) = \theta \tag{4.17}$$

无偏性要求用来估计总体参数的样本统计量，其分布是以总体参数真值为中心的，在一次具体的抽样估计中，估计量或者大于总体参数，或者小于总体参数；但是，在进行重复抽样估计的过程中，所有估计量的平均数应该等于待估计的总体参数。这说明，无偏估计要求估计量没有系统偏差。由于$E(\bar{X}) = \mu$，所以样本平均数是总体平均数的一个无偏估计。

在讨论抽样分布时，我们证明了$E(\bar{X}) = \mu$和$E(P) = p$，因此$\bar{X}$和P是总体均值μ和总体比例p的无偏估计量。修正的样本方差$S_n^{*2} = \dfrac{1}{n-1}\sum_{i=1}^{n}(X_i - \bar{X})^2$是总体方差的无偏估计。

请思考

有没有有偏估计量呢？试举例说明。

2.有效性

$\hat{\theta}_1$和$\hat{\theta}_2$都是总体参数θ的无偏估计量，如果$\sigma^2(\hat{\theta}_1)<\sigma^2(\hat{\theta}_2)$，则说明估计量$\hat{\theta}_1$比$\hat{\theta}_2$更有效。在无偏估计的条件下，估计量的方差越小，则估计量越有效。设总体的方差是σ^2，我们有：$\sigma^2(X_i)=\sigma^2$，$\sigma^2(\bar{X})=\dfrac{\sigma^2}{n}$。显然，样本平均数的方差比样本中某个单位的标志值的方差要小，只是其方差的1/n，所以作为估计量，样本平均数更加有效。

3.一致性

一致性是指随着样本容量不断增大，样本统计量接近总体参数的可能性就越来越大，或者，对于任意给定的偏差控制水平，两者间偏差高于此控制水平的可能性越来越小，接近于0。用公式表示就是：

$$\lim_{n\to\infty} p\left\{\left|\hat{\theta}-\theta\right|<\varepsilon\right\}=1 \tag{4.18}$$

ε为一任意小的数。上式说明，当n充分大时，$\hat{\theta}$与θ之间的偏差，可以有很大的把握被控制在任意给定的范围之内。当n趋于无穷大时，估计量$\hat{\theta}$依概率收敛于θ。

换言之，一个大样本给出的估计量要比一个小样本给出的估计量更接近总体的参数。在介绍抽样分布时，我们给出样本均值的标准差（抽样平均误差）为$\sigma_{\bar{X}}=\dfrac{\sigma}{\sqrt{n}}$，由于$\sigma_{\bar{X}}$与样本容量有关，样本容量越大，$\sigma_{\bar{X}}$越小，因此可以说，大样本给出的点估计更接近于总体均值μ。同时由大数定理我们知道，抽样平均数是总体平均数的一致估计。因此，样本平均数是总体平均数的一个无偏、有效且满足一致性要求的估计量；因为成数是一个特殊的平均数，该结论对成数估计也成立。

三、总体均值的区间估计

（一）区间估计的基本原理

区间估计就是在点估计的基础上给出总体参数估计的一个区间范围，该区间通常是由点估计值加减抽样误差而得到的。与点估计不同，进行区间估计时，根据样本统计量的分布我们能够对样本统计量与总体参数的接近程度给出一个概率度量。下面以总体均值的区间估计来说明区间估计的原理。

由样本均值的抽样分布可知，在重复抽样或无限总体抽样的情况下，样本均值的数学期望等于总体均值，即$E(\bar{X})=\mu$，样本均值的标准差（抽样平均误差）为$\sigma_{\bar{X}}=\dfrac{\sigma}{\sqrt{n}}$，由此可知样本均值$\bar{X}$落在总体均值μ两侧的一个抽样平均误差范围内的概率为0.6873；落在两个抽样平均误差范围内的概率为0.9545，落在三个抽样平均误差范围内的概率为0.9973，等等。我们可以求出样本均值$\bar{X}$落在总体均值μ两侧的任何一个范围内的概率。但在实际估计时，情况刚好相反，这时样本均值$\bar{X}$是已知的，而总体均值μ是未知的，也正是μ是未知的，所以我们才要去估计它。由于$\bar{X}$与μ的距离是对称的，如果某个样本的平均值落在μ的一个抽样平均误差范围内，反过来，μ也包括在以$\bar{X}$为中心的一个抽样平均误差的范围内。因此，有68.73%的样本均值会落在μ的一个抽样平均误差范围之内。也就是说，约有68.73%的样本均值包括μ。通俗地说，我们抽取100个样本来估计总体的均值，由100个样本所构造的区间中约有68个区间包含了总体均值，而另外32个区间则不包含总体均值。图4-4给出了区间估计的示意图。

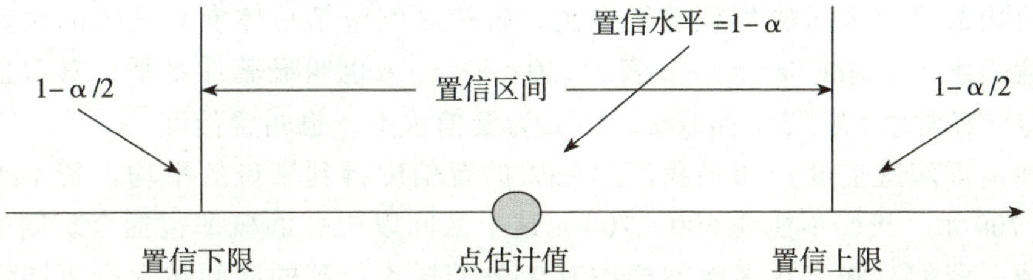

图4-4　区间估计示意图

在区间估计中，由样本统计量所构造的估计区间称为置信区间，其区间的最小值为置信下限，区间的最大值为置信上限。统计学家在某种程度上确信这个区间会包括真正的总体参数，所以取名为置信区间，与此相对应的概念是置信水平。所谓置信水平，就是如果我们抽取了许多不同的样本，比如说100个样本，根据每一个样本构造一个置信区间，这样，由100个样本构造的置信区间中有95%的区间包括了总体参数，5%的区间没有包括总体参数，则称95%为置信水平。

从图4-4可以看出，置信区间对应的是估计的精度，区间越小则估计的精度越高、误差越小；置信水平对应的是估计的可靠性。当样本容量给定时，置信区间的宽度随置信水平增大而增大，从直觉上说，置信区间比较大才有更大的可能性包含总体参数的真值。但置信区间大，则估计的误差大，估计的精度低，可靠性高；反之，置信区间小，则估计精度高，但可靠性会降低。现实中我们总是希望估计的精度高、误差小，同时估计的可靠性又高，但这两者又往往难以同时满足。例如，通过抽样估计某班学生某课程平均成绩的范围，这时我们要考虑这个估计可靠性大小的问题。一种极端估计是：平均成绩在0与100分之间，显然这个范围的估计，可靠性为100%，但这个估计无精度可言。如提高精度，估计平均成绩在70分到80分之间，这时估计正确的把握性肯定低于1。可见估计中精度要求与可靠性要求是一对矛盾。

参数估计通常应满足以下两个要求：一是估计的精度要求；二是估计的可靠性要求。所谓精度就是置信区间；所谓可靠性是指置信水平。由于估计精度和估计的可靠度是一对矛盾，因此在实际估计时，要么就估计精度提出要求，要么就估计的可靠性提出要求。

所谓区间估计，就是估计总体参数的区间范围，并要求给出区间估计的置信水平，即：$p(\hat{\theta}-\Delta\leqslant\theta\leqslant\hat{\theta}+\Delta)=1-\alpha$

由样本统计量所构造的总体参数的估计区间，称为置信区间，其中区间的最小值为置信下限，最大值为置信上限。

在现实中置信区间可以通过总体参数点估计值（样本统计量值）$\hat{\theta}$加减一个允许的误差项来计算，这个可以接受的误差项也称为极限误差。

设待估计的总体参数是θ，用以估计该参数的统计量是$\hat{\theta}$，抽样估计的极限误差是Δ，即$|\theta-\hat{\theta}|\leqslant\Delta$，则置信上限为$\hat{\theta}+\Delta$，置信下限为$\hat{\theta}-\Delta$。

极限误差是根据研究对象的变异程度和分析任务的性质来确定的允许误差范围。显然，

Δ越小，估计的精度要求越高；Δ越大，估计的精度要求越低。极限误差的确定要以实际需要为基本标准。比如，对航天元器件的估计误差，就要求控制在极小的范围内；而对一些小商品如纽扣的合格率估计，其估计误差就可以控制在较大的范围内，因为这种误差，对消费者、厂商的负面影响都有限。极限误差可用抽样平均误差的倍数表示：$\Delta = z\sigma_{\bar{x}}$。

如果将构造置信区间的步骤重复多次，置信区间包括总体参数真值的次数所占的比率，称为置信水平，用$F(z) = 1-\alpha$表示，$0<\alpha<1$。α也叫显著性水平，其取值大小由实际问题确定，经常取1%、5%和10%；$1-\alpha$为置信水平，也叫置信度。

要正确地理解置信度。如果我们用95%的置信度得到某班的平均消费水平的置信区间是600～700元，我们不能说600～700元这个区间以95%的概率包括全班同学平均消费水平的真值，我们只知道在多次抽样中有95%的样本得到的区间包含全班同学平均消费水平的真值。而对一次抽样而言，你构造的置信区间为600～700元，如果真值为630元，600～700元这个区间就一定包含真值；如果真值为580元，那么区间600～700元就一定不包含真值。因此，这个概率不是用来描述某个特定区间包含总体参数真值的可能性，一个特定的区间"总是包含"或"绝对不包含"总体参数的真值，不存在"可能包含"或"可能不包含"的问题。但是，用概率可以知道在多次抽样得到的区间中大概有多少个区间包含了参数的真值。

（二）平均数的区间估计

对平均数的区间估计，分两种情况：

1.正态总体且总体方差σ^2已知，或非正态总体、大样本由抽样分布定理知道

如果总体服从正态分布，则样本平均数$\bar{X} \sim N(\mu, \sigma_{\bar{x}}^2)$；如果总体正态性不成立，但是样本容量n充分大时，近似地也有$\bar{X} \sim N(\mu, \sigma_{\bar{x}}^2)$。等价地有$z = \dfrac{\bar{X}-\mu}{\sigma/\sqrt{n}} \sim N(0,1)$。

如果我们就可靠性提出要求，对于给出的显著性水平α或置信水平$1-\alpha$，通过（反）查标准正态分布表可得到临界值$z_{\alpha/2}$，满足：

$$p(-z_{\alpha/2} \leqslant z \leqslant z_{\alpha/2}) = 1-\alpha$$

注意到：

$$-z_{\alpha/2} \leqslant z \leqslant z_{\alpha/2}$$

$$\Leftrightarrow -z_{\alpha/2} \leqslant \frac{\bar{X}-\mu}{\sigma_{\bar{x}}} \leqslant z_{\alpha/2}$$

$$\Leftrightarrow -z_{\alpha/2}\sigma_{\bar{x}} \leqslant \bar{X}-\mu \leqslant z_{\alpha/2}\sigma_{\bar{x}}$$

$$\Leftrightarrow \bar{X}-z_{\alpha/2}\sigma_{\bar{x}} \leqslant \mu \leqslant \bar{X}+z_{\alpha/2}\sigma_{\bar{x}}$$

因此，总体平均数在显著性水平是α时的区间估计为：

$$\bar{X} \pm z_{\alpha/2}\frac{\sigma}{\sqrt{n}} \tag{4.19}$$

反过来，如果就抽样精度提出要求，即给出极限误差Δ，即：$|\bar{X}-\mu| \leqslant \Delta$，等价于一个区间估计：$\bar{X}-\Delta \leqslant \mu \leqslant \bar{X}+\Delta$，这个区间估计的置信度是多少呢？

$$p(\bar{X}-\Delta \leqslant \mu \leqslant \bar{X}+\Delta) = p(|\bar{X}-\mu| \leqslant \Delta)$$

$$= p\left(\left|\frac{\bar{X}-\mu}{\sigma_{\bar{x}}}\right| \leqslant \frac{\Delta}{\sigma_{\bar{x}}}\right)$$

$$= p\left(|z| \leqslant \frac{\Delta}{\sigma_{\bar{x}}}\right)$$

通过临界值$z_{\alpha/2}=\dfrac{\Delta}{\sigma_{\bar{X}}}$，去查标准正态分布表，可得出上式的置信水平是1-α。

临界值$z_{\alpha/2}$与置信水平1-α，两者间是密切相关的，通过查标准正态表，可互相确定。如果置信水平提高，区间估计的概率增大，α就要相应地减小，临界值$z_{\alpha/2}$增大；反之，区间估计的概率减小，临界值也减小。因此，也称临界值$z_{\alpha/2}$为概率度，简记为z，用来间接衡量区间估计的概率大小。

关于极限误差、抽样平均误差、概率度三者间的关系，有如下结果：

$$z_{\alpha/2}=\frac{\Delta}{\sigma_{\bar{X}}}\quad 或\quad \Delta=z_{\alpha/2}\sigma_{\bar{X}} \tag{4.20}$$

以上关系式不仅在对平均数进行区间估计时有效，在对成数指标估计时也适用。

对于给出的置信水平1-α，得到置信区间的公式：

重复抽样：$$\bar{X}\pm z_{\alpha/2}\frac{\sigma}{\sqrt{n}} \tag{4.21}$$

不重复抽样：$$\bar{X}\pm z_{\alpha/2}\frac{\sigma}{\sqrt{n}}\sqrt{\frac{N-n}{N-1}} \tag{4.22}$$

【例4-8】某灯具生产厂家生产一种60W的灯泡，假设其寿命为随机变量并服从正态分布N(μ,1296)。现在从该厂生产的60W的灯泡中随机抽取了27个产品进行测试，直到灯泡烧坏，测得它们的平均寿命为1 478小时。请计算该厂60W灯泡的平均寿命的置信水平为95%的置信区间。

解：问题实际上就是求总体均值（60W灯泡的平均寿命）的置信区间，由已知条件可得，总体方差$\sigma^2=1296$，样本容量为$n=27$，样本均值$\bar{X}$=1 478。因为置信水平为$1-\alpha=0.95$，所以查标准正态分布表可得：

$$\sigma_{\bar{X}}=\sqrt{\frac{\sigma^2}{n}}=\sqrt{\frac{1296}{27}}=6.9282$$

$$\Delta=z\sigma_{\bar{X}}=1.96\times 6.92=13.58$$

$$\bar{X}-z_{\alpha/2}\frac{\sigma}{\sqrt{n}}=1478-13.58=1464.42,\quad \bar{X}+z_{\alpha/2}\frac{\sigma}{\sqrt{n}}=1478+13.58=1491.58$$

因此该厂60W灯泡的平均寿命的置信水平为95%的置信区间为：

$$\left(\bar{X}-z_{\frac{\alpha}{2}}\frac{\sigma}{\sqrt{n}},\ \bar{X}+z_{\frac{\alpha}{2}}\frac{\sigma}{\sqrt{n}}\right)=(1464.42,\ 1491.58)$$

【例4-9】某地区的电视台委托调查公司估计地区内居民平均每日看电视时间。调查公司随机抽取了100名居民进行调查，样本数据显示平均每人每天看电视时间是3个小时。如果已知总体的标准差σ=2.0小时。试求：

（1）该地区内居民每天看电视的平均时间的置信区间（置信度是95.45%）。

（2）如果要求估计的误差不超过27分钟，这时置信度是多少？

解：（1）已知$\bar{X}$=3小时，n=100，σ=2.0小时，1-α=95.45%，这时查标准正态分布表，可得临界值：$z_{\alpha/2}=z_{0.02275}=2$。

由于样本容量在地区居民人数中所占的比重太小，重复与不重复抽样效果相差不大，按重复抽样计算：

$$\sigma_{\bar{X}}=\frac{\sigma}{\sqrt{n}}=\frac{2.0}{\sqrt{100}}=0.2$$

$\Delta = z\sigma_{\bar{x}} = 2 \times 0.2 = 0.4$

$\bar{X} - \Delta = 3 - 0.4 = 2.6$，$\bar{X} + \Delta = 3 + 0.4 = 3.4$

因此，可以95.45%的置信度，估计该地区内居民每天看电视的平均时间在2.6到3.4个小时之间。

（2）要求极限误差等于27分钟，即Δ=0.45小时。这时概率度为：

$$z_{\alpha/2} = \frac{\Delta}{\sigma_{\bar{x}}} = \frac{0.45}{2/\sqrt{100}} = 2.25$$

$\bar{X} - \Delta = 3 - 0.45 = 2.55$，$\bar{X} + \Delta = 3 + 0.45 = 3.45$

查概率表知这时的概率即置信度是97.56%，区间估计是：

$$\left(\bar{X} - \Delta_x, \bar{X} + \Delta_x\right) = (3 - 0.45, 3 + 0.45) = (2.55, 3.45)$$

因此结论是：可用97.56%的概率保证，估计该地区内居民每天看电视的平均时间在2.55到3.45个小时之间。

2. 总体方差σ^2未知

当总体服从正态分布但方差未知时，可用样本的标准差s代替总体标准差。这时统计量是：

$$t = \frac{\bar{X} - \mu}{s/\sqrt{n}}$$

t服从的分布不是标准正态分布，而是自由度为n−1的t−分布。因此，总体均值的区间估计是：

重复抽样：$\bar{X} \pm t_{\alpha/2,n-1}\frac{s}{\sqrt{n}}$ （4.23）

不重复抽样：$\bar{X} \pm t_{\alpha/2,n-1}\frac{s}{\sqrt{n}}\sqrt{\frac{N-n}{N-1}}$ （4.24）

以上区间估计公式中，不仅总体标准差σ用样本标准差s代替，而且临界值$t_{\alpha/2,n-1}$，要查t−分布表（自由度为n−1）得到。但是，在大样本场合，t−分布与标准正态分布非常接近，可直接从标准正态分布表中查临界值。

【例4−10】某灯泡厂对10 000个产品进行使用寿命检验，随机不重复抽取2%的样本进行测试。所得资料如表4−5所示。

表4−5 某灯泡厂使用寿命检验所得资料

使用时间（小时）	灯泡数（个）	使用时间（小时）	灯泡数（个）
900以下	2	1 050～1 100	84
900～950	4	1 100～1 150	18
950～1 000	11	1 150～1 200	7
1 000～1 050	71	1 200以上	3
		合计	200

试以95.45%的概率保证度估计该批灯泡的耐用时数。

解：标准差计算表见表4−6。

表 4-6　　标准差计算表

使用时间（小时）	组中值	灯泡数 f（个）	Xf	$(X-\bar{X})^2f$
900 以下	875	2	1 750	66 248
900 ~ 950	925	4	3 700	69 696
950 ~ 1 000	975	11	10 725	73 964
1 000 ~ 1 050	1 025	71	72 775	72 704
1 050 ~ 1 100	1 075	84	90 300	27 216
1 100 ~ 1 150	1 125	18	20 250	83 232
1 150 ~ 1 200	1 175	7	8 225	97 468
1 200 以上	1 225	3	3 675	84 672
合计	—	200	211 400	575 200

$$\bar{X}=\frac{\sum Xf}{\sum f}=\frac{211400}{200}=1057$$

$$s=\sqrt{\frac{\sum(X-\bar{X})^2f}{\sum f-1}}=\sqrt{\frac{575200}{200-1}}=53.63$$

$$\sigma_{\bar{x}}=\sqrt{\frac{\sigma^2}{n}(1-\frac{n}{N})}=\sqrt{\frac{53.63^2}{200}}\times(1-2\%)=3.7541$$

$1-\alpha=95.45\%$，查表得 z=2。

$\Delta_x=z\sigma_{\bar{x}}=2\times3.7541\approx7.51$

下限 $=\bar{X}-\Delta x=1057-7.51=1049.49$

上限 $=\bar{X}+\Delta x=1057+7.51=1064.51$

因此，该批灯泡的使用寿命在 1 049.49 ~ 1 064.51 小时之间，其置信水平为 95.45%。

【例 4-11】某可乐公司生产的雪碧，瓶上标明净容量是 500ml，在市场上随机抽取了 25 瓶，测得其平均容量为 499.5ml，标准差为 2.63ml。试求该公司生产的这种瓶装饮料的平均容量的置信水平为 99% 的置信区间（假定饮料的容量服从正态分布 $N(\mu,\sigma^2)$）。

解：以 μ 表示瓶装饮料的平均容量，由已知可得，样本容量为 $n=25$，样本均值为 $\bar{X}=499.5$，样本标准差为 $s=2.63$。

因为置信水平 $1-\alpha=0.99$，查自由度为 $n-1=24$ 的 t 分布表得分位数：

$t_{\alpha/2}(n-1)=t_{0.005}(24)=2.797$

所以　$\bar{X}-t_{\alpha/2}(n-1)\times\frac{s}{\sqrt{n}}=499.5-2.797\times2.63/\sqrt{25}=499.5-1.4712\approx498.03$

$\bar{X}+t_{\alpha/2}(n-1)\times\frac{s}{\sqrt{n}}=499.5+1.4712\approx500.97$

因此该公司生产的这种瓶装饮料的平均容量的置信水平为 99% 的置信区间为 (498.03，500.97)。由于该区间包含了 500，故该公司的这种瓶装饮料的容量符合其包装上的标准，不存在容量不足欺骗消费者的行为。

不论样本容量n是大还是小，只要总体为正态分布，总体方差未知，总体均值μ的置信水平为$1-\alpha$的（双侧）置信区间都可以用（4.23）和（4.24）式进行计算。但是，由于在自由度较大时（比如大于或等于30或50），t分布和标准正态分布极为接近，所以也可以用标准正态分布的分位数$z_{\alpha/2}$来近似t分布的分位数$t_{\alpha/2}(n-1)$。实际上，也可以证明当样本容量n充分大时，$t=\dfrac{\bar{X}-\mu}{S/\sqrt{n}}$近似服从标准正态分布，这也可以解释当n较大时，用标准正态分布的分位数$z_{\alpha/2}$来近似t分布的分位数$t_{\alpha/2}(n-1)$的合理性。

（三）成数指标的区间估计

成数指标是一个特殊的平均数，所以，类似于总体平均数的区间估计，总体成数的区间估计是：

$$P \pm z_{\sigma/2}\sigma_p \tag{4.25}$$

式中的成数抽样平均误差在重复抽样条件下是：

$$\sigma_p=\sqrt{\frac{P(1-P)}{n}} \tag{4.26}$$

在不重复抽样条件下是：

$$\sigma_p=\sqrt{\frac{P(1-P)}{n}\left(\frac{N-n}{N-1}\right)} \tag{4.27}$$

在实践中，由于总体成数常常未知，这时，抽样平均误差公式中的总成数用样本成数代替。

【例4-12】某公司有职工3 000人，从中随机抽取100人调查其工资收入情况。调查结果表明，职工的月平均工资为3 350元，标准差为403元，月收入在5 000元及以上职工8人。试以95.45%的置信水平推断该公司月平均工资收入在5 000元及以上职工在全部职工中所占的比重。

解：以p表示月收入在5 000元及以上职工在全部职工中所占的比重，在抽取的100人中月收入在5 000元及以上职工所占的比重即样本成数为$P=8/100=0.08$。

因为$1-\alpha=0.9545$，所以$1-\alpha/2=0.97725$，查标准正态分布表得$z_{\alpha/2}=z_{0.02275}=2$。

$$\sigma_p=\sqrt{\frac{P(1-P)}{n}}=\sqrt{\frac{0.08\times(1-0.08)}{100}}=0.02715$$

$$\Delta_p=z_{\alpha/2}\sigma_p=2\times0.02715=0.0543$$

$$P-\Delta_p=0.08-0.0543=0.0257$$

$$P+\Delta_p=0.08+0.0543=0.1343$$

有95.45%的把握说该公司月收入在5 000元及以上职工占全部职工的比重在2.57%到13.43%之间。

【例4-13】某工厂要估计一批总数5 000件的产品的废品率，于是随机抽出400件产品进行检测，发现有32件废品。试给出该批产品的废品率的区间估计（置信度是90%）。

解：n=400，N=5 000，样本废品率P=32/400×100%=8%。置信度1-α=90%，α=10%，α/2=5%。查标准正态分布表得：$z_{\alpha/2}=z_{0.05}=1.645$。

$$\sigma_p=\sqrt{\frac{P(1-P)}{n}\left(\frac{N-n}{N-1}\right)}=\sqrt{\frac{0.08\times(1-0.08)}{400}\times\frac{5\,000-400}{5\,000-1}}=0.0130$$

$\Delta_p = z_{\alpha/2}\sigma_p = 1.645 \times 0.013 = 0.021$

$P - \Delta_p = 0.08 - 0.021 = 0.059$

$P + \Delta_p = 0.08 + 0.021 = 0.101$

这批产品的废品率在5.9%与10.1%之间。

【例4-14】以【例4-10】资料为基础，按照质量要求，灯泡使用寿命在1 000小时以上为合格品，试以95.45%的概率保证度估计该批灯泡的合格率。

解：$p = \frac{n_1}{n} = \frac{183}{200} \times 100\% = 91.5\%$

$$S^2 = \frac{1}{n-1}\sum_{i=1}^{n}(X_i - \bar{X})^2 = \frac{1}{n-1}\sum_{i=1}^{n}(X_i - p)^2 = \frac{n}{n-1}p(1-p)$$

$$\sigma_p = \sqrt{\frac{P(1-P)}{n}(1-\frac{n}{N})} = \sqrt{\frac{91.5\% \times 8.5\%}{200}} \times (1 - 2\%) = 1.952\%$$

$1 - \alpha = 95.45\%$，由于是大样本，可直接利用正态分布表，查表得z=2。

$\Delta p = z\sigma_p = 2 \times 1.952\% \approx 3.90\%$

上限 $= p + \Delta p = 91.5\% + 3.9\% = 95.4\%$

下限 $= p - \Delta p = 91.5\% - 3.9\% = 87.6\%$

因此，该批灯泡的合格率在87.6%到95.4%之间，其置信度为95.45%。

四、样本容量的确定

在进行估计时，我们总是希望提高估计的可靠程度和估计的精确度。但在样本容量一定时，$\Delta = z\sigma_{\bar{X}}$，当抽样平均误差保持不变时，极限误差与概率度两者间关系是：Δ增大，z也增大了；Δ减小，z也减小了。因此，抽样估计的精度与可靠性之间存在矛盾，要提高精度（Δ减小），需以牺牲概率度（z减小）为代价；要提高概率度（z增大），要以牺牲估计精度（Δ增大）为代价。在$\sigma_{\bar{X}}$不变的情况下，这对矛盾是不可调和的；而$\sigma_{\bar{X}} = \frac{\sigma}{\sqrt{n}}$，从中可以看出，如果增大样本容量，则可降低抽样平均误差。降低抽样平均误差后，就可以同时提高估计的精度与概率度。这时应该考虑，样本容量n究竟取多大合适？但样本容量的增大也会受到许多限制。如果n选得过大，会增加费用；如果n选得过小，会使估计误差增大。这个问题的关键是：

（1）要求什么样的精度？即我们希望估计值与真值接近到什么程度？换句话说，我们想构造多宽的区间？

（2）对于我们的置信区间来说，想要多大的置信度？即我们想要多大的可靠度？

小提示

确定样本容量的前提条件是：（1）要有什么样的精度，即想有多宽的区间。（2）要有多大的置信度，即可靠程度。

（一）估计总体均值时样本容量的确定

1.重复抽样

这时有：

$$\Delta = z_{\alpha/2}\frac{\sigma}{\sqrt{n}}$$

上式两边平方整理后可得：

$$n=\frac{(z_{\alpha/2})^2\times\sigma^2}{\Delta^2} \tag{4.28}$$

这就是在给定极限误差、概率度要求下，至少应抽取的样本容量。

2.总体方差已知，不重复抽样

这时有：

$$\Delta=z_{\alpha/2}\frac{\sigma}{\sqrt{n}}\sqrt{1-\frac{n}{N}}$$

上式两边平方并进行整理得：

$$n=\frac{(z_{\alpha/2})^2\sigma^2 N}{N\Delta^2+(z_{\alpha/2})^2\sigma^2} \tag{4.29}$$

（二）估计成数时样本容量的确定

1.重复抽样

$$n=\frac{{z_{\alpha/2}}^2P(1-P)}{\Delta^2} \tag{4.30}$$

2.不重复抽样

$$n=\frac{{z_{\alpha/2}}^2p(1-p)N}{N\Delta^2+{z_{\alpha/2}}^2p(1-p)} \tag{4.31}$$

由式中可看到必要样本容量n与总体方差、允许误差、可靠性系数有以下关系：

第一，总体方差越大，必要的样本容量n越大，即必要样本容量n与总体方差成正比。

第二，必要样本容量n反比例于允许误差的平方，即在给定的置信水平下，允许误差越大，样本容量就可以越小；允许误差越小，样本容量就必须加大。

第三，必要样本容量n与可靠性系数成正比。也就是说，我们要求的可靠程度越高，样本容量就应越大；我们要求的可靠程度越低，样本容量就可以越小。

（三）使用上述公式应注意的问题

（1）计算样本容量时，一般总体的方差与成数都是未知的，可用有关资料替代：一是用历史资料已有的方差与成数代替；二是在进行正式抽样调查前进行几次试验性调查，用试验中方差的最大值代替总体方差；三是成数方差在完全缺乏资料的情况下，就用成数方差的最大值0.25代替。

（2）如果进行一次抽样调查，同时估计总体均值与成数，用上面的公式同时计算出两个样本容量，可取一个最大的结果，同时满足两方面的需要。

（3）上面的公式计算结果如果带小数，这时样本容量不按四舍五入法则取整数，取比这个数大的最小整数代替。例如，计算得到：n=56.03，那么，样本容量取57，而不是56。

【例4-15】资产评估机构欲估计某类商店去年所花的平均广告费有多少。经验表明，总体方差约为1 800 000。如置信度取95%，并要使估计值处在总体平均值附近500元的范围内，评估机构应取多大的样本？

解：已知$\sigma^2=1\,800\,000$，$\alpha=0.05$，$z=1.96$，$\Delta=500$，$1-\alpha=95\%$，则：

$$n=\frac{z^2\sigma^2}{\Delta^2}=\frac{1.96^2\times1\,800\,000}{500^2}=27.65\approx28$$

评估机构应抽选28个商店作样本（注意抽取样本数总是整数，所以n应通过四舍五入取成整数）。

【例4-16】一家市场调研公司想估计某地区有高清电视机的家庭所占的比例。该公司希望对P的估计误差不超过0.05，要求的可靠程度为95%，应取多大容量的样本？没有可利用的p估计值。

解：对于服从二项分布的随机变量，当$p=0.5$时，其方差达到最大值。因此，在无法得到p值时，可以用$p=0.5$计算。这样得出的必要样本容量虽然可能比实际需要的容量大一些，但可以充分保证有足够高的置信水平和尽可能小的置信区间。

已知：$\Delta=0.05$，$\alpha=0.05$，$t=1.96$。

由于p的估计值未知，我们可以采用$p=0.5$，计算必要的样本容量：

$$n=\frac{z^2p(1-p)}{\Delta^2}$$
$$\approx\frac{1.96^2\times0.5\times(1-0.5)}{0.05^2}$$
$$\approx384.16$$
$$\approx385$$

为了以95%的可靠度保证估计误差不超过0.05，应抽取385户进行调查。

请思考

这个题目没有告诉我们p，为什么用0.5来替代p？样本容量为什么没有四舍五入？

第四节　抽样方案的设计与实施

一、抽样方案设计的内容

如何科学地组织抽样调查是抽样推断中一个重要的问题，在抽样调查之前首先要有一个抽样方案的设计。抽样方案是抽样调查的一个总体规划，应该包括怎样从总体中抽取样本、应取得哪些项目的资料、用什么方法取得这些资料、要求资料的精确程度和确定必要的样本单位数等。完整的抽样方案还应该包括一些必要的附件，如调查人员的培训计划、调查问卷或调查表的设计、调查项目的编码以及汇总表的格式等。

一般而言，一个完整的抽样方案应包括以下内容：

（1）明确调查目的，确定所要估计的目标量。例如，电视节目的收视率调查、日用品的消费调查等，往往是以户为单位的；而一般的态度、观念调查，则是以个人为单位进行的。目标量的变动将引起抽样方案的改动，一旦规定好了以后，就不要轻易变更。

（2）明确总体及抽样单元。例如，电视节目的收视率调查，总体一般指在电视覆盖地区的拥有电视的家庭中4岁以上的居民，最小抽样单位一般为“户”。而广播电视的广告传播效果调查一般以9岁或12岁以上的公民为受众总体，最小抽样单位为“个人”。消费者调查、社会问题调查的总体一般是指18岁及以上的公民。

（3）确定或构建抽样框。所谓抽样框，就是总体单位的名单。抽样框可以分为两类：一类是总体单位的名称表；另一类是地段抽样框，一般依据地图，划分成若干个有明确边界的地段即单位。编制抽样框的作用是：①将总体所有单位置于可以被抽中的位置上，易于贯彻随机原则和进行抽选工作，提高抽样调查的效率。②编制抽样框就是确定了调查对象及全及总体的范围，否则无法确定抽样调查推断的总体是谁。如何编制抽样框，根据对总体单位了解的程度而定，如果对总体单位不甚了解，往往只能编制总体单位清单或地段抽样框；如果对总体单位情况比较了解，甚至掌握与调查内容有关的标志表现的资料，可以按有关标志值的高低进行有序排队。例如，进行农产品抽样调查，可以把地块按过去平均亩产的高低排队。设计出抽样框后，便可采用抽签的方式或按照随机数表来抽选必要的单位数。若没有抽样框，则不能计算样本单位的概率，从而也就无法进行概率选样。

（4）对主要目标的精度提出要求。例如，在收视率的调查中，平均收视率的误差不超过3%等。

（5）选择抽样方案的类型。例如，在收视率调查中采用多级抽样，而在各级中又采用分层抽样等组织形式，最后一级采用等距抽样方式等。

（6）根据抽样方案的类型、对主要目标量的精确度要求及置信度等，确定样本量，并给出总体目标量的估计式（点估计或区间估计）和抽样误差的估算式。

（7）制定实施方案的具体办法和步骤。

抽样方案设计的主要步骤如图4-5所示。

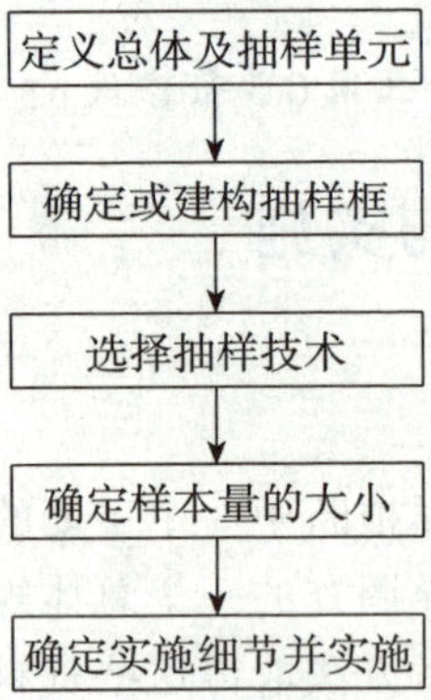

图4-5 抽样方案设计的主要步骤

二、抽样方案设计的基本原则

（一）实现抽样的随机性原则

随机原则是概率抽样的基础，只有排除了人们有意识地抽选样本，保证每个样本都有同等的概率被抽中，才能用概率论的原理对总体进行正确的判断。若抽样中未按照随机原则进行抽选或抽选后未按要求进行调查，破坏了随机原则，就容易产生偏误。在抽样中常见一些破坏随机原则的现象，就是在按规定抽选样本后，有些单位似乎与总体水平相差甚远，便故意地抛弃或更换这些单位。例如，在农产量调查中，一些基础单位抽取地块时抽到一些丰产田或低产田，就故意把这些地块剔出或更换。实际上抽样调查的代表性是以样本作为一个整体来代表总体，并不要求每一个单位均有代表性，这样做只能人为地缩小样本方差，从而无法正确计算抽样误差，给抽样推断带来不好的后果。因此，在抽样设计时一定要保证随机抽选，而且还应考虑到由于种种原因未能取得中选单位资料时替补的方法。若不按随机原则，临时更换也容易产生偏误。比如，在抽选住户进行调查时，如果该住户不在家就用邻居户替代的话也会产生偏误。因为双职工不在家的机会较多，而有孩子和老人的住户在家的机会较多，这样更换就会使双职工住户的比重下降而产生偏误。因此，随机原则是抽样调查的一个重要原则。

（二）实现抽样效果最佳原则

在固定的费用下，选取抽样误差最小的方案；或在要求的精度条件下，做到调查费用最低。

抽样调查与其他工作一样也有一个经济效益的问题，就是如何以较小的费用支出取得一定准确程度的数据。在抽样调查中我们总是希望调查费用越低越好，调查精度越高越好。但在通常情况下，提高精度的要求和节省费用的要求往往有矛盾，因为要求抽样误差愈小，则抽样的单位数就越多，相应地要增加调查费用。但实际中并不是抽样误差最小的方案就是最好的方案，因为不同的调查项目对于精度的要求往往是不同的，而且调查精度和调查费用之间也非线性关系。

图4-6中表示用100%的费用实现100%的精度，但是如果用75%的费用就可实现98%的精度，而且98%的精度可以满足调查要求，则没有必要再花25%的费用去获取余下2%的精度。何况抽样调查的内容也是千差万别的，精度要求也要视情况而定。因此，最好的方案是保证精度下费用最小的方案。

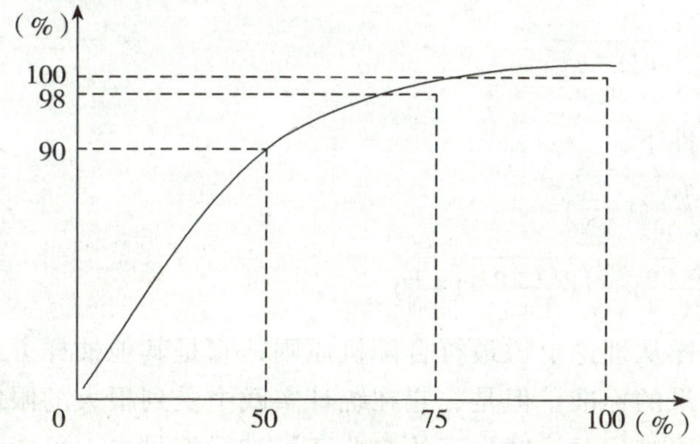

图4-6 抽样调查费用与精度之间关系

三、抽样的组织形式

抽样估计效果好坏，关键是抽样平均误差的控制。抽样平均误差小，抽样效果从整体上看就是好的；否则，抽样效果就不理想。从前面的分析知道，抽样平均误差受以下几方面的因素影响：一是总体的变异性，即与总体的标准差大小有关；二是样本容量；三是抽样方法。还有一个重要的因素，就是抽样的组织形式。抽样的组织形式有：简单随机抽样、类型抽样、等距抽样、整群抽样、多阶段抽样等。不同抽样组织设计意味着对总体信息不同程度的利用，意味着不同的调查成本，它们之间抽样效果存在较大的差异。前面我们讨论的抽样组织形式，都是简单随机抽样。

（一）简单随机抽样

简单随机抽样，又称为纯随机抽样，它是按照随机原则直接从总体N个单位中抽取n个单位作样本，使每个总体单位都有同等的机会被抽中。简单随机抽样是抽样调查中最基本的，也是最单纯的方式，适合于均匀总体。

简单随机抽样最原始的抽样方法就是抽签摸球。具体做法是将每一个被抽选总体单位都用一个签或球来代表，然后把它们搅均匀，从中随机摸取，抽中者即为样本单位，直到抽满所需的样本容量n为止。显然，这种方法一般适用于总体单位比较少的情况。如果总体单位数目很大，手续比较烦琐，则不宜采用。

最常用的抽样方法是利用随机数表，这种表是由计算机或其他随机方法制成的，即0，1，2，…，9这10个数字出现的概率是相同的，但排列的先后顺序则是随机的。在使用随机数表抽取样本之前，首先应将各个总体单位编上号码；然后在随机数表中任意地取数，凡是抽中的数字与相应的总体单位号码相一致时，该单位即为抽中的单位。若抽中的数字无相应的总体单位号码，则该数字被放弃，再重新抽取下一个数，直到抽满预定的样本容量n为止。

前面介绍的抽样平均误差的计算公式以及区间估计公式，在简单随机抽样的条件下是完全适用的，或者说前面的公式都是在简单随机抽样的条件下产生的。因此，简单随机抽样的抽样平均误差公式为：

在重复抽样条件下：

$$\sigma_{\bar{x}}=\frac{\sigma}{\sqrt{n}}$$

$$\sigma(P)=\frac{\sqrt{p(1-p)}}{\sqrt{n}}=\sqrt{\frac{p(1-p)}{n}}$$

在不重复抽样条件下：

$$\sigma_{\bar{x}}=\sqrt{\frac{\sigma^2}{n}\left(\frac{N-n}{N-1}\right)}\approx\sqrt{\frac{\sigma^2}{n}\left(1-\frac{n}{N}\right)}$$

$$\sigma(P)=\sqrt{\frac{p(1-p)}{n}\left(\frac{N-n}{N-1}\right)}=\sqrt{\frac{p(1-p)}{n}\left(1-\frac{n}{N}\right)}$$

虽然简单随机抽样从理论上说最符合随机原则，它是其他抽样方式的基础，也是衡量其他抽样方式抽样效果的标准。但是，它在统计实践中受到很大的限制：首先，当总体很大时，编号工作就很困难，对连续生产的企业产品进行编号也不可能；其次，当总体各单位标志值之间差异很大时，采用这种抽样方式并不能保证样本的代表性。

（二）类型抽样

类型抽样也称分层抽样，它是按一定标志对总体各单位进行分类，然后分别从每一类中按随机原则抽取一定的单位构成样本。类型抽样的前提是对总体的结构有着一定的了解，为了充分利用这些信息，提高估计的精确性，对总体按确定标志进行分类，保证抽出的样本与总体尽可能保持相似的结构。可见类型抽样的特点在于，它把分组法和贯彻随机原则结合起来。例如，抽样调查一个城市居民收入分配状况，如果历史资料反映了该城市居民的贫富结构：高收入者、中等收入者与低收入者的比例结构，我们可以按此结构分类，分别从高收入者、中等收入者与低收入者中按一定的比例抽取样本，这样就可以避免样本全来自某一收入群体所产生的系统偏差。

类型抽样的优点：（1）它提高了样本的代表性。因为样本单位是从各类型组中抽取的，样本中有各种标志值水平的单位。（2）降低了影响抽样平均误差的总体方差。

提高类型抽样的效果，关键是适当分组，分组的原则是：从客观经济现象出发，在定性分析的基础上，尽量缩小组内标志值变异，增加组间标志值变异，这种做法缩小组内方差、增大组间方差，从而降低影响抽样误差的总方差。

类型抽样具体分为两种方法：等比例类型抽样和不等比例类型抽样。

1.等比例抽样方法单位数的确定

设总体单位数N，把总体分为k组：$N = N_1 + N_2 + \cdots + N_k$。

从各组中分别按随机方式抽出$n_1, n_2, \cdots, n_k$个单位组成样本。设样本容量为n，满足：$n = n_1 + n_2 + \cdots + n_k$。

采用等比例抽样方式，从每一类中抽样时要求保持各组样本单位数与总体同组单位数之比，等于样本容量与总体单位数之比，即$\frac{n_1}{N_1} = \frac{n_2}{N_2} = \cdots = \frac{n}{N}$。

各组的样本单位数应为：$n_i = \frac{nN_i}{N} \quad (i = 1, 2, \cdots, k)$

2.适宜抽样方法部位数的确定

在类型适宜抽样条件下，对于标志变动程度大的组，抽取样本单位数的比例相应要大一些；反之，抽取样本单位数的比例要小一些。因此，各组抽取的单位数为：

$$n_i = \frac{N_i\sigma_i}{\sum N_i\sigma_i}n \quad (i = 1, 2, \cdots, k)$$

这个公式表明，各组抽取样本单位数的多少，取决于各组总体单位数N_i与标准差σ_i的乘积占各组单位数与标准差的乘积之和$\sum N_i\sigma_i$的比例。这样，各类型单位数的多少和各组标志值的差异程度这两个因素都考虑到了。

3.类型抽样的抽样平均误差的计算

在总体分组的情况下，总体方差由两部分组成：一部分是组间方差，即各类型组之间标志值差异程度；另一部分是组内方差，即各组组内各单位标志值之间差异程度。在类型抽样的情况下，因为从各类型组都抽取了样本单位，所以，对各类型组来说是全面调查。因此，组间方差是可以不考虑的。影响抽样误差的总方差是组内方差。

（1）样本平均数的计算。

各组平均数：$\overline{X_i} = \frac{\sum_j X_{ij}}{n_i} \quad (i=1,\ 2,\ \cdots,\ k)$

样本平均数：$\bar{X} = \frac{\sum N_i\overline{X_i}}{N} = \frac{\sum n_i\overline{X_i}}{n}$

类型抽样各组内样本平均数的标准差：$\sigma_i \approx \sqrt{\frac{\sum\left(X_i - \bar{X}_i\right)^2}{n}}$

平均组内方差：$\overline{\sigma_i^2} = \frac{\sum \sigma_i^2 N_i}{N}$

（2）抽样误差的估计式。

重复抽样：$\sigma_{\bar{x}} = \sqrt{\frac{\overline{\sigma_i^2}}{n}}$

不重复抽样：$\sigma_{\bar{x}} = \sqrt{\frac{\overline{\sigma_i^2}}{n}\left(1 - \frac{n}{N}\right)}$

在成数下，抽样平均误差的计算公式为：

重复抽样：$\sigma_p = \sqrt{\frac{p(1-p)}{n}}$

不重复抽样：$\sigma_p=\sqrt{\frac{p(1-p)}{n}(1-\frac{n}{N})}$

【例4-17】某农场种小麦12 000公顷，其中平原3 600公顷，丘陵6 000公顷，山地2 400公顷，现用类型抽样法调查1 200公顷，以各种麦田占全农场面积的比重分配抽样面积数量。资料如表4-7所示，要求计算抽样平均误差。

表4-7　　麦田类型抽样的平均误差计算表

类　型	全场播种面积（公顷）	抽样调查面积（公顷）	单位面积产量不均匀程度指标（千克）	$\sigma_i^2 n_i$
符　号	N_i	n_i	σ_i	
丘陵地区	6 000	600	750	337 500 000
平原地区	3 600	360	840	254 016 000
山　地	2 400	240	1 000	240 000 000
合　计	12 000	1 200	—	831 516 000

解：

$$\overline{\sigma_i^2}=\frac{\sum\sigma_i^2 n_i}{\sum n_i}=\frac{831\ 516\ 000}{1\ 200}=692\ 930$$

或

$$\overline{\sigma_i^2}=\frac{\sum\sigma_i^2 N_i}{N}$$

$$\sigma_{\bar{x}}=\sqrt{\frac{\overline{\sigma_i^2}}{n}\left(1-\frac{n}{N}\right)}$$

$$=\sqrt{\frac{692\ 930}{1\ 200}\times\left(1-\frac{1\ 200}{12\ 000}\right)}=\sqrt{519.6975}=22.8\text{（千克）}$$

接上例，若高产田的比例如表4-8所示，试计算高产田比例的抽样平均误差。

表4-8　　高产田比例的抽样平均误差计算表

类别	高产田比重（%）	非高产田比重（%）	麦田不均匀程度指标（%）	抽样调查面积（公顷）	$p_i(1-p_i)n_i$
符号	p_i	$1-p_i$	$p_i(1-p_i)$	n_i	
丘陵	80	20	16	600	96.0
平原	90	10	9	360	32.4
山地	60	40	24	240	57.6
合计	—	—	—	1 200	186

$$\overline{P(1-P)}=\frac{\sum p_i(1-p_i)n_i}{\sum n_i}=\frac{186}{1\ 200}\times100\%=15.5\%$$

$$\sigma_p=\sqrt{\frac{\overline{p(1-p)}}{n}\left(1-\frac{n}{N}\right)}=\sqrt{\frac{0.155}{1\ 200}\times\left(1-\frac{1\ 200}{12\ 000}\right)}\times100\%=1.078\%$$

（三）等距抽样

等距抽样又称为机械抽样或系统抽样，它是事先将总体各单位按某一标志排列，然后依固定顺序和间隔抽选调查单位的一种抽样组织形式。如对职工按姓氏笔画顺序排队，然后按此顺序等间隔地抽取样本单位进行调查。等距抽样要计算抽取间隔，间隔k等于总体单位数N除以样本容量n，即k=N/n。

例如，从10 000名职工中抽取2%即200名进行调查，职工可先按姓氏笔画排队列表，然后按排队顺序分200组（组数等于样本容量），每组50人（50也是抽取间隔）。假设第一组随机抽取第5号职工，那么第一组样本单位的顺序号是5，第二个样本单位的顺序号是55，第三个样本单位的顺序号是105，其余类推，最后一个样本单位的顺序号是9955。等距抽样的间隔，应避免与现象本身的节奏性或循环周期相重合。例如，进行农作物产量调查时，抽样间隔就应避免与农作物垅长或间距相重合；进行工业产品质量调查时，产品抽样时间间隔不宜和上下班时间相一致，否则，就会引起系统偏差而影响样本的代表性。

1. 按无关标志排队和按有关标志排队

在等距抽样中，由于排队所依据的标志不同，等距抽样分为按无关标志排队和按有关标志排队两种。

（1）所谓无关标志，是指排列的标志和所研究的标志值的大小无关或不起主要影响作用。例如，调查职工生活水平时，职工按姓氏笔画排队；对产品进行质量检查时，按产品入库顺序排队等都是按无关标志排队。

（2）所谓有关标志，即用来排列的标志和所研究的标志值的大小保持密切关系。例如，对耕地的农产量进行调查，把地块按往年平均亩产的高低进行排队；对职工家庭生活水平进行调查，把职工按工资水平的高低进行排队等都是按有关标志排队。

2. 随机起点等距抽样、半距起点等距抽样和对称等距抽样

等距抽样按样本单位抽选的方法不同，可分为随机起点等距抽样、半距起点等距抽样和对称等距抽样。

（1）随机起点等距抽样。当抽取间隔k确定以后，在第一组随机抽选一个样本单位，该样本单位的顺序号为a，则第二个样本单位的顺序号为k+a，第三个样本单位的顺序号为2k+a，其余以此类推，第n个样本单位的顺序号为（n−1）k+a。当总体按无关标志排队时，随机起点等距抽样是可以应用的。当总体按有关标志排队时，随机起点等距抽样会产生系统性误差。

（2）半距起点等距抽样。要求各样本单位都选在各组的中点。各样本单位的顺序是：第一个样本单位是$\frac{k}{2}$，第二个样本单位是$k+\frac{k}{2}$，第三个样本单位是$2k+\frac{k}{2}$，第n个样本单位是$(n-1)k+\frac{k}{2}$。

无论是按有关标志排队还是按无关标志排队都可采用这种方法，这种方法简单易懂、易于实践。当总体按有关标志排队时，采用这种方法抽样能保证样本有充分的代表性，因此在实践中被广泛应用。但半距起点等距抽样也存在一定的局限性。第一，随机性不足，当总体的顺序排定后按半距起点等距抽样只能抽出一个样本，没有满足抽样的随机性；第二，只能抽取一个样本，不能进行样本的轮换，抽样的利用率太低。

（3）对称等距抽样。要求在第一组随机抽取第一个样本单位，假设该单位的序号为a，在第二组与第一个样本单位对称的位置抽取第二个样本单位，它的序号为2k-a。在第三组与第二组样本单位对称的位置抽取第三个样本单位，它的序号为2k+a。以后抽出的样本单位序号依次为4k-a，4k+a，6k-a，6k+a，…。

对称等距抽样保留了半距起点等距抽样的优点，而又避免了它的局限性，使其优点更加明显。

3.样本平均数的计算和抽样误差的估计

（1）样本平均数的计算：

$$\bar{X}=\frac{\sum_{i=1}^{n}X_i}{n}$$

（2）抽样平均误差的估计。

一般说来，排序后总体被分成n个部分，每一部分包含k个单位，从中随机抽取一个单位，其余单位情况未知，每一部分中的方差不可计算，一般也没有历史资料替代。因此，直接计算等距抽样的平均误差是有困难的，只能以间接方式近似计算。

如果按无关标志排队，第一个单位是随机抽取的，那么它的抽样误差就与简单随机抽样误差相接近。为了方便起见，可以采用简单随机抽样的平均误差代替等距抽样平均误差：

$$\sigma_{\bar{x}}=\sqrt{\frac{\sigma^2}{n}\left(1-\frac{n}{N}\right)}$$

等距抽样一般都是不重复抽样。总体方差σ^2不知，常用样本方差代替。

按有关标志排队等距抽样实质上可以看作一种特殊的分类抽样，不同的是分类更细致，组数更多，而在每个组之内则只抽选一个样本单位。因此，一般认为可以用类型抽样的抽样平均误差公式来计算抽样平均误差。

重复抽样：$\sigma_{\bar{x}}=\sqrt{\frac{\overline{\sigma_i^2}}{n}}$ $\sigma_p=\sqrt{\frac{p(1-p)}{n}}$

不重复抽样：$\sigma_{\bar{x}}=\sqrt{\frac{\overline{\sigma_i^2}}{n}(\frac{N_i-n_i}{N_i-1})}$

在等距抽样时，每个组内只抽取一个单位，因此$n_i=1$，从而$\frac{N_i-n_i}{N_i-1}=\frac{N_i-1}{N_i-1}=1$，所以：

$$\sigma_{\bar{x}}=\sqrt{\frac{\overline{\sigma_i^2}}{n}}$$

也就是说，等距抽样虽然是不重复抽样，但实质上使用的是重复抽样的公式。

（四）整群抽样

整群抽样是先将全及总体各单位划分成若干群（组），然后以群（组）为单位从总体中随机抽取一些群（组），对中选群（组）的所有单位进行全面调查的抽样组织形式。例如，对一城市居民进行生活水平调查，如果不是从全部城市住户中直接抽选住户进行调查，而是从城市全部居民委员会中随机抽选若干居委会，对被抽中的居委会所有住户都进行调查，这就是整群抽样。该城市的每一居委会就是一群。再如，对连续生产的企业，每小时都抽选最后10分钟生产的全部产品进行调查。那么，每小时最后10分钟生产的全部产品就是一群。如果一天24小时生产的全部产品构成全及总体，则全及总体有144群，样本有24群。

整群抽样的优点是节约和方便。例如，整群抽样不需要编制总体单位名单，只需要编制总体群的名单。两者相比后者工作量少多了。在社会经济调查中，总体单位通常总是以某种社会经济组织形式结合为群体，所以利用这些群体作为整群抽样的“群”会给调查的组织工作和收集资料工作提供方便。例如，以居委会和街道为单位组织城市住户调查是非常方便的。

设总体的全部N个单位被划分为R群，每群含有M个单位。现在从总体R群中随机抽出r群组成样本，对中选的群中的所有单位进行全面调查。

群的平均数：

$$\bar{X}_i = \frac{\sum_{j=1}^{M} X_{ij}}{M} \quad (i = 1, 2, \cdots, r)$$

样本平均数的计算：

$$\bar{X} = \frac{\sum_{i=1}^{r}\sum_{j=1}^{M} X_{ij}}{rM} = \frac{\sum_{i=1}^{r} \bar{X}_i}{r}$$

整群抽样对抽样误差的影响如何，可以分两种情况：如果总体群内方差小，群间方差大，则样本的代表性降低，抽样误差增加；如果总体群内方差大，群间方差小，则样本的代表性提高，抽样误差减小。在整群抽样时，群内方差无论多大都不影响抽样误差。因为对每一个群来讲，进行的是全面调查，不发生抽样误差。因此，为了减小抽样平均误差，总体在分群的时候，注意增大群内方差，降低群间方差。群间方差的计算方法如下：

$$\delta^2 = \frac{\sum(\bar{\mu}_i - \mu)^2}{R}$$

如果用样本数据来代替：

$$\delta_{\bar{x}}{}^2 = \frac{\sum(\bar{X}_i - \bar{X})^2}{r}$$

整群抽样都采用不重复抽样方法，因此在计算时要使用修正系数$\left(\frac{R-r}{R-1}\right)$。

抽样平均误差：

$$\sigma_{\bar{x}} = \sqrt{\frac{\delta_{x}{}^2}{r}\left(\frac{R-r}{R-1}\right)}$$

$$\sigma_p = \sqrt{\frac{\delta_p{}^2}{r}\left(\frac{R-r}{R-1}\right)}$$

【例4-18】假如某一机器大量生产某一种零件，现每隔一小时抽取5分钟产品进行检验，用以检查产品的合格率，检查结果如表4-9所示。

$$\text{样本群平均合格率}p = \frac{\sum pr}{\sum r} = \frac{21.59}{24} = 0.8996$$

$$\text{群间方差}\delta_p^2 = \frac{\sum_{i=1}^{r}(p_i - p)^2 r}{\sum r} = \frac{0.05669}{24} = 0.002362$$

表4-9 抽检数据

合格率	群数 r	p_i	$p_i r$	群间方差
80%	2	0.8	1.6	0.01984
85%	4	0.85	3.4	0.00984
90%	12	0.9	10.8	…（太小不计）
95%	3	0.95	2.85	0.00762
98%	3	0.98	2.94	0.01939
合计	24	—	21.59	0.05669

抽样平均误差 $\sigma_p = \sqrt{\frac{\delta_p^2}{r}(1-\frac{r}{R})} = \sqrt{\frac{0.002362}{24}\times(1-\frac{24}{288})} = \pm 0.0095$（或0.95%）

（五）多阶段抽样

当总体很大时，抽样调查直接抽取总体单位，在技术上有很大困难，则将总体分成若干阶段，在每一阶段中实行随机抽样则会简单得多。多阶段抽样，顾名思义就是在抽样调查抽选样本时并不是一次直接从总体中抽取，而是分两个或两个以上的阶段来进行。

1.多阶段抽样的作用

（1）当抽样调查的面很广，没有一个包括所有总体单位的抽样框，或者总体范围太大无法直接抽取样本时，需要采用多阶段抽样。例如，全国农产量调查和城市居民的住户调查，样本单位遍布全国各地，显然不可能直接一次抽到所需要的样本，只能分成几个阶段来逐级抽取。

（2）可以相对地节约人力和物力。从一个比较大的总体，抽取一个随机样本，势必使抽到的样本单位比较分散，若要派人调查，人力和物力的支出比较大。例如，一个县要确定一些农户作样本，一次随机抽样的样本很可能分布在全县各个乡，调查的往返路费就比较大。如果分阶段进行，先抽n个乡，然后在抽中的乡中再抽若干户，这样可以使样本相对比较集中，因而可以节省人力和物力。

（3）可以利用现成的行政区划、组织系统作为划分各阶段的依据，为抽样调查提供方便。根据我国政治、经济、管理的特点，各级党政领导都需要统计数字，因而全国的抽样调查的数字往往不能满足各级需要。如果能把多阶段抽样和各级需要结合起来，如各阶段根据需要再适当地补充样本单位，把多阶段抽样和各级的需要结合起来从而解决这一矛盾。

以某省粮食产量调查为例。可以按行政区域划分层次，以省为总体。步骤为：

第一步，从全省所有县级单位中，抽取部分县作为第一阶段抽取的样本。

第二步，从被抽中县的所有乡或村中，抽取部分乡或村作为第二阶段抽取的样本。

第三步，从被抽中乡或村的所有农户中，抽取部分农户作为第三阶段抽取的样本。

第四步，从被抽中农户的所有播种面积中抽取部分地块，进行实割实测的调查，作为最基层阶段的样本，计算其样本平均亩产量，并推算总产量。

多阶段抽样所划分的抽样阶段数不宜过多，一般以划分两三个阶段，至多四个阶段为宜。

2.多阶段抽样应注意的问题

在多阶段抽样中，前几个阶段的抽样，都类似整群抽样。每一阶段抽样都会存在抽样误差。为提高抽样指标的代表性，各阶段抽取群数的安排和抽样方式，都应注意样本单位的均匀分布。

第一，适当多抽第一阶段的群数，使样本单位在总体中得到均匀分布。但是，样本过于分散则需要更多的人力和经费。

第二，根据方差大小来考虑各阶段抽取群数的多少。对于群间方差大的阶段，应适当多抽一些群；反之，则可少抽一些群。

第三，各阶段抽样时，应尽可能地利用现成资料，将各种抽样组织形式灵活运用。

下面以两阶段抽样为例。设总体分成R组，每组M个单位。两阶段抽样就是：第一阶段用整群抽样方式从总体的全部R组（群）中，随机抽取r组（群）；第二阶段用类型抽样方式从每个中选组中抽出m_i个样本单位，构成一个样本，这种抽样便是两阶段抽样。其中总体单位数$N=M_1+M_2+M+\cdots+M_R$，各组单位数M_i可以是相等的，也可以是不等的。样本单位数$n=n_1+n_2+\cdots+n_r$，各组抽取的单位数可以是相等的，也可以是不等的。

两阶段抽样和类型抽样、整群抽样都必须先对总体加以分组，然后再抽取样本单位，但它们之间有明显的区别。类型抽样是从全部的分组中每组抽取单位，相当于在两阶段抽样中第一阶段抽取的部分组，而两阶段抽样在第一阶段只是随机地抽取了部分组。整群抽样是从全部的组中随机地抽取部分组，然后对中选组的全部单位进行调查，它和两阶段抽样的区别在于第二阶段抽取了中选组的全部单位，而两阶段抽样在第二阶段则是在中选组中随机地抽取部分单位。因此，两阶段抽样在组织技术上可以看成是整群抽样和类型抽样的结合。

（六）不同抽样组织设计的比较

抽样实施前，进行抽样组织设计的目的是提高样本的代表性，增加抽样的效果。其中简单随机抽样是最基本的组织形式，在没有总体的有关信息时，人们一般都采用简单随机抽样。但是，在掌握了总体的有关信息的情况下，在抽样设计阶段，如果能充分利用这些有关信息，就有利于提高抽样的精确度和可靠度。当然，在抽样设计时，如何降低抽样的成本费用等因素，也是应该考虑的。限于篇幅，在此就不比较各抽样组织方式的费用大小了。

1.简单随机抽样是基本抽样组织方式

抽样推断效果如何，依赖于所抽出样本的质量；样本的质量好坏，就看样本对总体的代表性如何。代表性好的样本，能从总体中“带出”更多有关总体的信息，样本分布与总体分布两者间存在密切的联系性与相似性。要做到这一点，首先就要避免抽样人员的“主观”影响，克服由此产生的“偏见”，因此，抽取样本都要求满足“随机性”。例如，类型抽样先将总体分成不同的部分，再从每一个部分中抽取出一些单位，共同组成样本。因为每一部分都需进行抽样，虽然划分过程不存在随机性，但是，再从每部分中取样时，就必须遵从随机原则。对整群抽样也是这样，虽然对抽中的群进行全面调查，不存在随机性要求，但是，群是如何抽取的？是把“群”看成抽样单元，通过简单随机抽样抽出来的，在抽取群时，就满足随机原则了。任何概率推断，抽样设计时都应考虑在某个阶段或某个环节上遵从随机性要求，否则的话，样本的代表性就值得怀疑，抽样推断就无从进行。再者，我们抽样的最终目的是进行统计推断，统计推断是概率推断，以随机变量的概率分布作为推断的基础。典型调查、重点调查都是判断抽样，是非概率调查方式，不一定能体现总体的结构，根据这样的样本来推断总体的参数，其可靠度如何无从量化。由此可见，简单随机抽样是抽样设计的基础。

2.类型抽样与整群抽样比较

类型抽样的平均误差与组间方差无关，决定于组内方差的平均水平；整群抽样的平均误差与组内方差无关，决定于组间方差大小。总体方差等于组间方差加上组内方差平均数。我们由此可推导出减小类型抽样与整群抽样平均误差的方法。

（1）减小类型抽样平均误差的办法。提高组间方差，降低组内方差。具体来说，就是使类型抽样的各部分内部单位差异尽可能地小，不同类型间的差异尽可能地大。如果组间方差接近于总体方差，说明组内方差接近于0，这时组内单位基本上没有差异，这是一种极端情况，类型抽样的平均误差接近于0。

（2）减小整群抽样平均误差的办法。为了降低抽样平均误差，应该设法降低群间方差。可通过提高群内方差方法达到降低群间方差的目的。因此，类型抽样与整群抽样对总体进行分组的要求刚好是相反的：类型抽样要尽量提高组间方差、降低组内方差；整群抽样应尽量提高组内方差、降低组间方差。也就是说，类型抽样时，尽量使各组内的单位差异减小，各组间的单位差异增大；整群抽样时刚好相反。

因此，类型抽样的前提是对总体的结构事先有一定的认识，有辅助信息可资利用，这种信息与所研究的问题有密切关系，可以作为分类的依据。通过分类把总体中调查标志差异比较接近的单位归为一组，减少组内差异，再从各组中抽出样本，这样的样本就对总体有更大的代表性。所以，类型抽样的特点是充分利用总体的已有信息。整群抽样可以对抽中的群进行集中调查，是一种较为方便有效的抽样组织方式；在总体单位没有原始资料可资利用时，整群抽样有利于提高抽样的效率。但是，正是由于整群抽样的抽样单位较集中，限制了样本在总体中分配的均匀性，所以，整群抽样有时代表性不是很理想，抽样误差较大。在实际抽样中，通常要适当增加一些样本单位，以利于缩小抽样误差，提高抽样推断的准确度。

3.多阶段抽样平均误差的控制

多阶段抽样的特点是将抽样过程分成了几个阶段，每个阶段都有可能引起抽样的误差，因此多阶段抽样误差的控制必须落实到抽样的各个阶段，抽样过程只要有一阶段误差失控都有可能使整个抽样效果不理想。两阶段抽样误差控制，要落实为第一阶段的整群抽样的误差控制与第二阶段的类型抽样的误差控制两方面。实际中，人们还可以控制抽样误差，在各个阶段进行整体性平衡，以求达到最理想效果。如两阶段抽样平均误差，既取决于组间方差也取决于组内平均方差，但组间方差是主要因素。这是因为组间方差通常大于组内方差，而且抽样平均误差是由组间方差的$\frac{1}{r}$和组内平均方差的$\frac{1}{rm}$决定的，前者大于后者。所以，在组织两阶段抽样时，在相同样本容量要求下，适当增加第一阶段的组数，比增加第二阶段的单位数，能更显著地提高抽样效果。

软件应用 **用SPSS求置信区间（小样本）**

本章小结

抽样调查是按随机原则从全部研究单位中抽取一部分单位进行观察，根据样本资料计算样本的特征值，然后以样本的特征值，对总体的特征值作出具有一定可靠性的估计和判断，用以反映总体的数量特征和数量表现的一种统计方法。抽样的基本概念有总体与样本、参数与统计量、样本容量与样本个数、重复与不重复抽样。总体是所要认识的研究对象的全体，是唯一的、确定的；样本是按随机原则从全及总体中抽取的一部分单位组成的集合体，样本是随机的、不确定的。总体参数是根据总体各单位的标志值或特征计算的、反映总体某一属性的综合指标，总体参数是唯一的、确定的，但常常是未知的；样本统计量是由抽样总体各个标志值或标志特征计算的综合指标，常见的样本统计量有抽样平均数、抽样成数、样本数量标志标准差及方差、样本是非标志标准差及方差。总体参数是常数，样本统计量是随机变量。进行抽样时要考虑是重复抽样还是不重复抽样。

抽样分布是参数估计中的一个重要概念，它是我们进行抽样估计的基础。抽样分布是指样本统计量的概率分布，比如样本均值的分布、样本比例的分布等。

参数估计的方法有点估计和区间估计。点估计是用样本估计量直接作为总体参数的估计值，评价一个估计量好坏的标准主要有无偏性、有效性和一致性。区间估计则是在点估计的基础上，给出总体参数的一个置信区间，并给出相应的概率保证。

样本容量是实际应用中需要考虑的一个重要问题。

一个抽样方案应该包括怎样从总体中抽取样本、应取得哪些项目的资料、用什么方法取得这些资料、要求资料的精确程度和确定必要的样本单位数等。在进行抽样方案的设计时要遵循抽样的随机性原则和实现抽样效果最佳原则。为实现最佳的抽样效果需要灵活地选择抽样的组织形式，包括简单随机抽样、类型抽样、等距抽样、整群抽样、阶段抽样等。

本章关键术语

总体　样本　总体参数　统计量　重复抽样　不重复抽样　抽样分布　抽样平均误差　抽样极限误差　点估计　区间估计　置信区间　置信水平（置信度）　必要样本容量　简单随机抽样　分层抽样　等距抽样　整群抽样

本章主要公式

抽样平均误差：

简单随机重复抽样：$\sigma_{\bar{x}} = \dfrac{\sigma}{\sqrt{n}}$

$$\sigma(P) = \frac{\sqrt{p(1-p)}}{\sqrt{n}} = \sqrt{\frac{p(1-p)}{n}}$$

简单随机不重复抽样：$\sigma_{\bar{x}} = \sqrt{\dfrac{\sigma^2}{n}\left(\dfrac{N-n}{N-1}\right)} \approx \sqrt{\dfrac{\sigma^2}{n}\left(1-\dfrac{n}{N}\right)}$

$$\sigma(P)=\sqrt{\frac{p(1-p)}{n}\left(\frac{N-n}{N-1}\right)}=\sqrt{\frac{p(1-p)}{n}\left(1-\frac{n}{N}\right)}$$

类型重复抽样：$\sigma_{\bar{x}}=\sqrt{\frac{\overline{\sigma_i^2}}{n}}$　　$\sigma_p=\sqrt{\frac{\overline{p(1-p)}}{n}}$

类型不重复抽样：$\sigma_{\bar{x}}=\sqrt{\frac{\overline{\sigma_i^2}}{n}\left(1-\frac{n}{N}\right)}$　　$\sigma_p=\sqrt{\frac{\overline{p(1-p)}}{n}\left(1-\frac{n}{N}\right)}$

整群抽样：$\sigma_{\bar{x}}=\sqrt{\frac{\delta_x^2}{r}\left(\frac{R-r}{R-1}\right)}$　　$\sigma_p=\sqrt{\frac{\delta_p^2}{r}\left(\frac{R-r}{R-1}\right)}$

抽样极限误差：

重复抽样：$\Delta_X=z_{\alpha/2}\frac{\sigma}{\sqrt{n}}$

$$\Delta_P=z_{\sigma/2}\sqrt{\frac{P(1-P)}{n}}$$

不重复抽样：$\Delta_X=z_{\alpha/2}\frac{\sigma}{\sqrt{n}}\sqrt{\frac{N-n}{N-1}}$

$$\Delta_P=z_{\sigma/2}\sqrt{\frac{P(1-P)}{n}\left(\frac{N-n}{N-1}\right)}$$

均值的置信区间：

重复抽样：$\bar{X}\pm z_{\alpha/2}\frac{\sigma}{\sqrt{n}}$　　$\bar{X}\pm t_{\alpha/2,n-1}\frac{s}{\sqrt{n}}$

不重复抽样：$\bar{X}\pm z_{\alpha/2}\frac{\sigma}{\sqrt{n}}\sqrt{\frac{N-n}{N-1}}$　　$\bar{X}\pm t_{\alpha/2,n-1}\frac{s}{\sqrt{n}}\sqrt{\frac{N-n}{N-1}}$

总体比例的置信区间：

重复抽样：$P\pm z_{\sigma/2}\sqrt{\frac{P(1-P)}{n}}$

不重复抽样：$P\pm z_{\sigma/2}\sqrt{\frac{P(1-P)}{n}\left(\frac{N-n}{N-1}\right)}$

必要样本容量：

简单随机重复抽样：$n=\frac{(z_{\alpha/2})^2\times\sigma^2}{\Delta^2}$　　$n=\frac{z_{\alpha/2}^2P(1-P)}{\Delta^2}$

简单随机不重复抽样：$n=\frac{(z_{\alpha/2})^2\sigma^2N}{N\Delta^2+(z_{\alpha/2})^2\sigma^2}$　　$n=\frac{z_{\alpha/2}^2p(1-p)N}{N\Delta^2+z_{\alpha/2}^2p(1-p)}$

案例分析

为了考察某校的教学水平，将抽查这个学校高三年级的部分学生本年度的考试成绩。为了全面反映实际情况，采取以下三种方式进行抽查（已知该校高三年级共有20个班，并且每个班内的学生已经按随机方式编好了学号，假定该校每班学生的人数相同）：①从高三年级20个班中任意抽取一个班，再从该班中任意抽取20名学生，考察他们的学习成绩；②每个班抽取1人，共计20人，考察这20名学生的成绩；③把学生按成绩分成优秀、良好、普通三个级别，从其中共抽取100名学生进行考察（已知该校高三学生共1 000人，若按成绩分，其中优秀生共150人，良好生共600人，普通生共250人）。

根据上面的叙述，试回答下列问题：

（1）上面三种抽取方式的总体、个体、样本分别是什么？每一种抽取方式抽取的样本中，样本容量分别是多少？

（2）上面三种抽取方式各自采用的是何种抽取样本的方法？

（3）试分别写出上面三种抽取方式各自抽取样本的步骤。

练习题

一、单项选择题

1.抽样调查的主要目的是（　　）。

A.计算和控制抽样误差　　B.了解总体单位情况

C.用样本指标估计总体指标　　D.对样本单位作深入的研究

2.抽样调查所遵循的基本原则是（　　）。

A.准确性原则　　B.随机性原则

C.可靠性原则　　D.灵活性原则

3.在抽样推断中，抽样误差是（　　）。

A.可以避免的　　B.可避免且可控制的

C.不可避免且无法控制的　　D.不可避免但可控制的

4.抽样调查与典型调查的主要区别是（　　）。

A.所研究的总体不同　　B.调查对象不同

C.调查对象的代表性不同　　D.调查单位的选取方式不同

5.按随机原则抽样即（　　）。

A.随意抽样

B.有意抽样

C.无意抽样

D.选取样本时要求总体中每个单位都有相等的机会或可能性被抽中

6.样本是指（　　）。

A.任何一个总体　　B.任何一个被抽中的调查单位

C.抽样单元　　D.由被抽中的调查单位所形成的总体

7.抽样误差是指（　　）。

A.在调查过程中由于观察、测量等差错所引起的误差

B.在调查中违反随机原则出现的系统误差

C.随机抽样而产生的代表性误差

D.人为原因所造成的误差

8.抽样极限误差是（　　）。

A.随机误差　　B.一定可靠程度下抽样误差的最大绝对值

C.最小抽样误差　　D.最大抽样误差的绝对值

9.反映样本指标与总体指标之间的平均误差程度的指标是（　　）。

A.抽样误差系数　　B.概率度

C.抽样平均误差　　D.抽样极限误差

10.抽样调查的误差（　　）。

A.包括登记性误差和代表性误差

B.只有登记性误差，没有代表性误差

C.没有登记性误差，只有代表性误差

D.既没有登记性误差，也没有代表性误差

11.抽样平均误差是指样本平均数或样本成数的（　　）。

A.平均数　　B.平均差　　C.标准差　　D.标准差系数

12.抽样平均误差与极限误差的关系是（　　）。

A.抽样平均误差大于极限误差

B.抽样平均误差小于极限误差

C.抽样平均误差等于极限误差

D.抽样平均误差可能大于、小于或等于极限误差

13.在同等条件下，重复抽样与不重复抽样相比较，其抽样平均误差（　　）。

A.前者小于后者　　B.前者大于后者

C.两者相等　　D.无法确定哪一个大

14.在其他条件相同的情况下，重复抽样的估计准确度和不重复抽样的相比（　　）。

A.前者一定大于后者　　B.前者一定小于后者

C.两者相等　　D.前者可能大于也可能小于后者

15.在其他条件不变的情况下，提高估计的概率保证程度，其估计的精确程度（　　）。

A.随之扩大　　B.随之缩小　　C.保持不变　　D.无法确定

16.若有多个成数资料可供参考时，确定样本容量或计算抽样平均误差应该使用（　　）。

A.数值最大的那个成数　　B.数值最小的那个成数

C.最接近0.5的那个成数　　D.前面三种都可以

17.某市为了了解职工家庭生活状况，首先把职工按所在国民经济行业分为13类，然后在每个行业抽选200名职工家庭进行调查，这种调查是（　　）。

A.整群抽样　　B.等距抽样

C.等比例类型抽样　　D.不等比例类型抽样

18.某系有1 000名学生，欲抽取5%进行调查，了解学生消费情况，现将学生按学号排队，按排队顺序分50个组，每组20人，第一组随机抽出编号为5号的学生，其他各组抽中的学生编号依次是25号、45号…985号，这种抽样方式是（　　）。

A.简单随机抽样　　B.随机起点等距抽样

C.对称等距抽样　　D.类型抽样

19.下面哪几项属于按无关标志对总体各单位进行排队的等距抽样？（甲）进行工厂职工家计调查，按上年度各工厂职工月平均工资排队，抽取调查企业；（乙）城市居民家计调查按街道的门牌号抽取调查户；（丙）农产量抽样中，总体单位按自然位置或行政区域的顺序排队来抽样；（丁）农产量抽样调查利用各县或乡近三年平均亩产或当年估计亩产排队，抽取调查单位。（　　）

A.甲　　B.乙　　C.乙、丙　　D.甲、乙、丙、丁

20.下面哪几项是整群抽样？（甲）某化肥厂日夜连续生产，每分钟产量为100袋，每次抽取1分钟的产量，共抽取10分钟的产量进行检验；（乙）假设某市将职工分为产业职工，商业职工，文教科研、行政机关职工干部和其他部门职工等四组，从各组中抽取共

400职工家庭进行调查；（丙）为了了解某市居民生活情况，抽选一部分街道，对抽中的街道所有住户都进行调查。（　　）

A.甲　　B.乙　　C.甲、丙　　D.乙、丙

21.（甲）某高校新生1 000人，从理科中随机抽取60人，文科中随机抽取40人，进行英语水平测试；（乙）从麦地总垅长中每3 000市尺测杆落点处前后5尺长垅的产量进行实割实测；（丙）为研究城市青年业余时间活动情况，某城市每第10个居委会被抽取，并询问住在那里的所有从16岁到30岁的青年人。上述哪项属于类型抽样？（　　）

A.甲　　B.乙　　C.乙、丙　　D.甲、乙、丙

22.总体单位在某标志上变异比较小、分布比较均匀，可以加以编号，可以形成抽样框的场合比较适宜于（　　）。

A.简单随机抽样　　B.类型抽样　　C.等距抽样　　D.整群抽样

23.某银行想知道平均每户活期存款余额和估计其总量，根据存折账号的顺序，每50本存折抽出一本登记其余额。这样的抽样组织形式是（　　）。

A.类型抽样　　B.整群抽样　　C.等距抽样　　D.纯随机抽样

24.对某单位职工的文化程度进行抽样调查，得知其中80%的人是高中毕业，抽样平均误差为2%，当概率为95.45%时，该单位职工中具有高中文化程度的比重是（　　）。

A.等于78%　　B.大于84%

C.在76%与84%之间　　D.小于76%

25.要使抽样平均误差减少一半（在其他条件不变的情况下），则抽样单位数必须（　　）。

A.增加两倍　　B.增加到两倍

C.增加四倍　　D.增加到四倍

26.对一批产品按不重复抽样方法抽取200件进行调查，其中废品8件，已知样本容量是产品总量的1/20，当F（t）=95.45%时，不合格率的抽样极限误差是（　　）。

A.1.35%　　B.1.39%　　C.2.70%　　D.2.78%

27.类型抽样影响抽样平均误差的方差是（　　）。

A.组间方差　　B.组内方差　　C.总方差　　D.允许方差

28.纯随机抽样（重复）的平均误差取决于（　　）。

A.样本单位数

B.样本单位数和总体方差

C.样本单位数和样本单位数占总体的比重

D.总体方差

29.成数和方差的关系表现为（　　）。

A.成数的数值越接近1，成数方差越大

B.成数的数值越接近0，成数方差越大

C.成数的数值越接近0.5，成数方差越大

D.成数的数值越接近0.25，成数方差越大

30.抽样平均误差公式中（N－n）/N这个因子总是（　　）。

A.大于1　　B.小于1　　C.等于1　　D.唯一确定值

31.（甲）总体是唯一确定的，样本是随机的；（乙）总体指标是确定不变的，抽样指

标是随机变量；（丙）抽样指标是样本变量的函数。对于总体、样本及其指标的认识正确的是（　　）。

A.甲　　B.乙　　C.乙、丙　　D.甲、乙、丙

32.某厂要对某批产品进行抽样调查，已知以往的产品合格率分别为90%、93%、95%，要求误差范围小于5%，可靠性为95.45%，则必要样本容量为（　　）。

A.144　　B.105　　C.76　　D.109

二、多项选择题

1.影响抽样单位数目的因素有（　　）。

A.总体方差（或标准差）

B.概率保证程度（置信水平）

C.抽样方法

D.允许误差范围

E.抽样组织方式

2.在区间估计中，如果其他条件保持不变，概率保证程度与精确度之间的关系是（　　）。

A.前者愈低，后者也愈低

B.前者愈高，后者也愈高

C.前者愈低，后者愈高

D.前者愈高，后者愈低

E.两者呈相反方向变化

3.要提高抽样推断的精确度可采用的方法有（　　）。

A.增加样本数目

B.减少样本数目

C.缩小总体被研究标志的变异程度

D.改善抽样的组织方式

E.改善抽样的方式

4.影响抽样平均误差的因素有（　　）。

A.总体标志变异程度

B.样本容量

C.抽样方式

D.抽样方法（重复和不重复）

E.样本指标值的大小

5.抽样调查遵循随机原则的原因有（　　）。

A.样本容量有限

B.能确定抽样方法

C.能确定抽样的可靠程度

D.能计算抽样的抽样误差

E.保证总体中每个单位有同等机会被抽中

6.计算抽样平均误差时，总体标准差常常是未知的，经常采用的方法有（　　）。

A.用过去同类问题的全面调查或抽样调查的经验数据

B.用样本的标准差

C.凭抽样调查者经验确定

D.用总体方差

E.先组织试验性抽样，用试验样本的标准差

7.影响整群抽样的抽样误差的因素有（　　）。

A.总方差

B.组内方差

C.组间方差

D.总体群数

E.样本群数

8.与全面调查相比，抽样调查的优点有（　　）。

A.速度快

B.费用省

C.能够控制抽样估计的误差

D.适用范围广

E.无调查误差

9.抽样推断适用于（　　）。

A.具有破坏性的场合

B.用于时效性要求强的场合

C.对于大规模总体和无限总体的场合进行调查

D.用于对全面调查的结果进行核查和修正

E.不必要进行全面调查，但又需要知道总体的全面情况时

10.同其他统计调查相比，抽样推断的特点有（　　）。

A.了解总体的基本情况

B.以部分推断总体

C.比重点调查更节省人、财、物力

D.可以控制抽样误差

E.按随机原则抽样

三、判断题

1.当研究目的一旦确定，全及总体也就相应确定，而从全及总体中抽取的抽样总体则是不确定的。

2.从全部总体单位中按照随机原则抽取部分单位组成样本，只可能组成一个样本。

3.在抽样推断中，作为推断的总体和作为观察对象的样本都是确定的、唯一的。

4.我们可以任取某一次抽样所得的抽样误差，作为衡量抽样指标对于全及指标的代表性程度。

5.由于没有遵守随机原则而造成的误差，通常称为随机误差。

6.抽样平均误差是表明抽样估计的准确度，抽样极限误差则是表明抽样估计准确程度的范围。两者既有区别，又有联系。

7.抽样平均误差反映抽样的可能误差范围，实际上每次的抽样误差可能大于抽样平均

误差，也可能小于抽样平均误差。

8.所有可能的样本平均数的平均数等于总体平均数。

9.按有关标志排队，随机起点的等距抽样可能产生系统性误差。

10.抽样推断是利用样本资料对总体的数量特征进行估计的一种统计分析方法，因此不可避免地会产生误差，这种误差的大小是不能进行控制的。

四、简答题

1.什么是抽样估计？抽样估计的基本方法有哪些？

2.在抽样估计中，为什么说准确性的要求和可靠性的要求是一对矛盾？在实际估计中又如何解决这对矛盾？

3.抽样估计的优良标准是什么？

4.什么是抽样平均误差、抽样极限误差？两者在抽样估计中发挥什么作用？

5.类型抽样中的分组和整群抽样中的分群有什么不同意义和不同要求？

6.为什么说对总体指标的区间估计只能是一种可能范围估算，而不是绝对范围估算？

五、计算题

1.5个工人的日产量分别为（单位：件）：6、8、10、12、14，用重复抽样的方法，从中随机抽取2个工人的日产量，用以代表这5个工人的总体水平，则抽样平均误差为多少？

2.某企业生产的产品，按正常生产经验，合格率为99%，现从5 000件产品中抽取50件进行检验，求合格率的抽样平均误差。

3.某学校进行一次英语测验，为了解学生的考试情况，随机抽选部分学生进行调查，所得资料如表4-10所示。

表4-10 英语考试成绩资料

考试成绩	60分以下	60～70分	70～80分	80～90分	90～100分
学生人数	10人	20人	22人	40人	8人

试以95.45%的可靠性估计该校学生英语考试的平均成绩的范围及该校学生成绩在80分以上的学生所占的比重的范围。

4.从某年级学生中按简单随机抽样方式抽取40名学生，对公共理论课的考试成绩进行检查，得知其平均分数为78.75分，样本标准差为12.13分，试以95.45%的概率保证程度推断全年级学生考试成绩的区间范围。如果其他条件不变，将允许误差缩小一半，应抽取多少名学生？

5.保险公司从投保人中随机抽取36人，计算得36人的平均年龄$\bar{X}=39.5$岁，已知投保人平均年龄近似服从正态分布，标准差为7.2岁，试求全体投保人平均年龄的置信水平为99%的置信区间。

6.从火柴厂仓库中随机抽取100盒进行检验，结果发现平均每盒火柴为99支，样本标准差为3支，若可靠程度为99.73%，估计仓库中火柴平均每盒支数的范围。如果允许误差减少为原来的1/2，把握程度为95.45%，应抽取多少支火柴检验？

7.一家食品公司，每天大约生产袋装食品若干，按规定每袋的重量应为100g。为对产品质量进行检测，该企业质检部门采用抽样技术，每天抽取一定数量的食品，以分析每袋重量是否符合质量要求。现从某天生产的一批食品8 000袋中随机抽取了25袋（不重复抽样），测得它们的重量分别为：

112.5	101	103	102	100.5
102.6	107.5	95	108.8	115.6
100	12.35	102	101.6	102.2
116.6	95.4	97.8	108.6	105
136.8	102.8	101.5	98.4	93.3

已知产品重量服从正态分布，且总体方差为100g。试估计该批产品平均重量的置信区间，置信水平为95%。

8. 已知某种电子元件的寿命服从正态分布，现从一批电子元件中随机抽取16只，测得其寿命的原始数据（小时）如下：

1 510　1 450　1 480　1 460　1 520　1 480　1 490　1 460　1 480　1 510

1 530　1 470　1 500　1 520　1 510　1 470

试建立该批电子元件使用寿命95%的置信区间。

9. 某企业对某批电子元件进行检验，随机抽取100只，测得平均耐用时间为1 000小时，标准差为50小时，合格率为94%，求：

（1）以耐用时间的允许误差范围$\Delta x = 10$小时，估计该批产品平均耐用时间的区间及其概率保证程度。

（2）以合格率估计的误差范围不超过2.45%，估计该批产品合格率的区间及其概率保证程度。

（3）试以95%的概率保证程度，对该批产品的平均耐用时间作出区间估计。

（4）试以95%的概率保证程度，对该批产品的合格率作出区间估计。

10. 某城市想要估计下岗职工中女性所占的比例，采取重复抽样方法随机抽取了100名下岗职工，其中65人为女性。试以95%的置信水平估计该城市下岗职工中女性所占比例的置信区间。

11. 某企业共有职工1 000人，企业准备实行一项改革，在职工中征求意见，采用不重复抽样方法，随机抽取200人作为样本，调查结果显示，有150人表示赞成这项改革，有50人表示反对。试以95%的置信水平确定赞成改革的人数比例的置信区间。

12. 资产评估机构欲估计某类商店去年所花的平均广告费有多少。经验表明，总体方差约为1 800 000。如置信度取95%，并要使估计值处在总体平均值附近500元的范围内，评估机构应取多大的样本？

13. 一家市场调研公司想估计某地区有高清电视机的家庭所占的比例。该公司希望对P的估计误差不超过0.05，要求的可靠程度为95%，应取多大容量的样本？

14. 在某企业中采用简单随机抽样调查职工月平均奖金额，设职工月奖金额服从标准差为10元的正态分布，要求估计的绝对误差为3元，可靠度为95%，试问应抽取多少职工？

15. 假定根据类型抽样求得如表4-11所示数字，试以95.45%的概率保证程度估计总体平均数的范围。

表 4-11　　类型抽样有关资料

区域	抽取单位	平均数	标准差
甲	600	32	20
乙	300	36	30

16. 某化工厂日产14 400袋化肥（每袋50千克），平均每分钟为10袋。现对某日生产的化肥进行质量检验，确定每1分钟产量为1群，每60分钟抽取1群为样本进行观察。要求以95.45%的概率推算化肥重量的包装质量的一级品率的抽样误差。

各群的化肥重量的平均数与包装一级品率如表4-12所示。

表 4-12　　各群的化肥重量的平均数与包装一级品率

批号	各批平均每袋重量（千克）	各批一等品包装质量比重（%）	批号	各批平均每袋重量（千克）	各批一等品包装质量比重（%）
1	49	98	13	50.6	99
2	51	99	14	49.5	98
3	50	97	15	50.5	98
4	51	99	16	49.5	95
5	48.5	98	17	49	98
6	50	99	18	51	97
7	50	98	19	50	98
8	49.5	98	20	50	95
9	49.5	97	21	50.5	95
10	50	99	22	50.5	97
11	51.5	96	23	50	97
12	52	98.5	24	49.5	98

第四章练习题参考答案

第五章

假设检验

Par公司是一家较大的高尔夫球设施制造商。经理认为引进某种耐磨、持久的高尔夫球会使Par的市场占有率增加，因此Par的研究小组致力于一种为抵抗切割以及使球更耐用而设计的高尔夫球外膜的调查。对外膜的各种检验一度非常热门。

研究者关注的是新外膜材料对击球距离的影响。Par希望新的耐磨球与当前型号的高尔夫球有相同的击球距离。为比较两种球的击球距离，用40只新型号球与40只当前型号球来做距离检验。为了能将两型号球的平均距离的差异归因于方案的不同，检验是由一个机械击球装置来进行的。检验结果如表5-1所示，其中距离是按最接近的码数来测量的。

表5-1 检验结果

型号		型号		型号		型号	
当前	新型	当前	新型	当前	新型	当前	新型
264	277	270	272	263	274	281	283
261	269	287	259	264	266	274	250
267	263	289	264	284	262	273	253
272	266	280	280	263	271	263	260
258	262	272	274	260	260	275	270
283	251	275	281	283	281	267	263
258	262	265	276	255	250	279	261
266	289	260	269	272	263	274	255
259	286	278	268	266	278	276	263
270	264	275	262	268	264	262	279

（1）用公式表示并描述Par用于比较当前球与新球击球距离的假设检验的基本原理。

（2）分析数据，得出假设检验的结论。检验的p-值是多少？您对Par公司有何建议？

（3）对每种型号的数据给出描述性的统计总结。

（4）您认为对高尔夫球需要更大的样本容量做进一步检验吗？讨论之。

解决以上问题需要用到假设检验知识，假设检验是推断统计中的一个重要内容。

本章提要

本章主要学习假设检验的基本原理与方法。要求读者熟练掌握假设检验的原理和步骤；理解两类错误和检验功效；掌握一个总体参数的假设检验；理解两个总体参数的假设检验；了解正态性检验和等效检验。

第一节 假设检验原理

一、假设检验的基本思想和步骤

（一）假设检验的基本思想

假设检验是先对研究总体的参数作出某种假设，然后以样本指标为依据来分析总体指标的假设值是否成立。

【例5-1】某种袋装食品，每袋重量不得少于400克。若从一批该种食品中任意抽取50袋，发现有7袋低于400克。而规定不符合标准的比例达到5%，食品就不得出厂，问该批食品能否出厂。我们就先假设该批食品的不合格率未超过5%，然后用样本不合格率来检验假设是否正确，这便是一个假设检验问题。

【例5-2】从2019年的新生婴儿中随机抽取50个，测得其体重平均为3 210克。而根据2018年的统计资料，新生婴儿的平均体重为3 230克，问2019年的新生婴儿与2018年相比，体重有无显著变化。从直观上看，2019年的新生婴儿的体重较轻，但这种差异可能是由于抽样的随机性带来的，而事实上这两年新生婴儿的体重也许没有显著差异。究竟是否存在显著差异，可以先设立一个假设，不妨为“假设这两年新生婴儿的体重没有显著差异”，然后检验这个假设是否成立，这也是一个假设检验问题。

最后，通过一个例子来说明假设检验的基本思想。

【例5-3】某企业生产一种零件，过去的大量资料表明，零件的平均长度为4厘米，标准差为0.1厘米。改革工艺后，抽查了100个零件，测得样本平均长度为3.94厘米。现问：工艺改革前后零件的长度是否发生了显著的变化？

这是关于工艺改革前后零件的平均长度（总体平均数）是否等于4厘米的假设检验问题。我们知道，样本平均长度与原平均长度出现差异不外乎两种可能：一是改革后的总体平均长度不变，但由于抽样的随机性使样本平均数与总体平均数之间存在抽样误差；二是由于工艺条件的变化，使总体平均数发生了显著的变化。因此可以这样推断：如果样本平均数与总体平均数之间的差异不大，未超出抽样误差范围，则认为总体平均数不变；反之，如果样本平均数与总体平均数之间的差异超出了抽样误差范围，则认为总体平均数发生了显著的变化。到底是哪一种情况呢？假设检验就是要解决这一问题的方法。

由上面的这些例子可以看出，假设检验是对调查人员所关心的却又是未知的总体参数先作出假设，然后抽取样本，利用样本提供的信息对假设的正确性进行判断的过程。假设是否成立通常是用样本指标和总体指标假设值之间的差异的显著性来说明。差异性小，假设的真实性就可能大；差异性大，假设的真实性就可能小。因此，假设检验又称为显著性检验。

小提示

假设检验也可分为参数检验（Parametric Test）和非参数检验（Nonparametric Test）。当总体分布形式已知，只对某些参数作出假设，进而作出的检验为参数检验；对其他假设作出的检验为非参数检验。

（二）假设检验的步骤

1.提出原假设和备择假设

对每个假设检验问题，一般可同时提出两个相反的假设：原假设和备择假设。

原假设又称零假设，是正待检验的假设，记为H_0；备择假设是拒绝原假设后可供选择的假设，记为H_1。

原假设和备择假设是相互对立的，检验结果二者必取其一。接受H_0则必须拒绝H_1；反之，拒绝H_0则必须接受H_1。原假设和备择假设不是随意提出的，应根据所检验问题的具体背景而定。常常是采取"不轻易拒绝原假设"的原则，即把没有充分理由不能轻易否定的命题作为原假设，而相应地把没有足够把握就不能轻易肯定的命题作为备择假设。

一般地，假设有三种形式：

（1）H_0：$\mu=\mu_0$；H_1：$\mu\neq\mu_0$。这种形式的假设检验称为双侧检验。如【例5-3】中可提出假设：H_0：$\mu=4$厘米；H_1：$\mu\neq4$厘米。

（2）H_0：$\mu=\mu_0$；H_1：$\mu<\mu_0$（或H_0：$\mu\geq\mu_0$；H_1：$\mu<\mu_0$）。这种形式的假设检验称为左侧检验。

（3）H_0：$\mu=\mu_0$；H_1：$\mu>\mu_0$（或H_0：$\mu\leq\mu_0$；H_1：$\mu>\mu_0$）。这种形式的假设检验称为右侧检验。

2.选择适当的统计量，并确定其分布形式

在参数的假设检验中，如同在参数估计中一样，要借助于样本统计量进行统计推断。用于假设检验问题的统计量称为检验统计量。在具体问题里，选择什么统计量作为检验统计量，需要考虑的因素与参数估计相同。例如，用于进行检验的样本是大样本还是小样本，总体方差已知还是未知，等等。在不同的条件下应选择不同的检验统计量。

3.选择显著性水平α，确定临界值

显著性水平表示H_0为真时拒绝H_0的概率。假设检验是围绕对原假设内容的判定而展开的。如果原假设正确我们接受了（同时也就拒绝了备择假设），或原假设错误我们拒绝了（同时也就接受了备择假设），这表明我们作出了正确的决定。但是，由于假设检验是根据样本提供的信息进行推断的，也就有犯错误的可能。有这样一种情况，原假设正确，而我们却把它当成错误的加以拒绝。犯这种错误的概率用α表示，统计上把α称为假设检验中的显著性水平（Significant Level），也就是决策中所面临的风险。所以，显著性水平是指当原假设为正确时人们却把它拒绝了的概率或风险。这个概率是由人们确定的，通常取$\alpha=0.05$或$\alpha=0.01$，这表示，当原假设正确时作出拒绝原假设的决定，从而犯错误的可能性（概率）为5%或1%。

假设检验应用小概率事件实际极少发生的原理，这里的小概率就是指α。给定了显著

性水平α，就可由有关的概率分布表查得临界值，从而确定H_0的接受区域和拒绝区域。临界值就是接受区域和拒绝区域的分界点。

对于不同形式的假设，H_0的接受区域和拒绝区域也有所不同。双侧检验的拒绝区域位于统计量分布曲线的两侧；左侧检验的拒绝区域位于统计量分布曲线的左侧；右侧检验的拒绝区域位于统计量分布曲线的右侧，如图5-1所示。

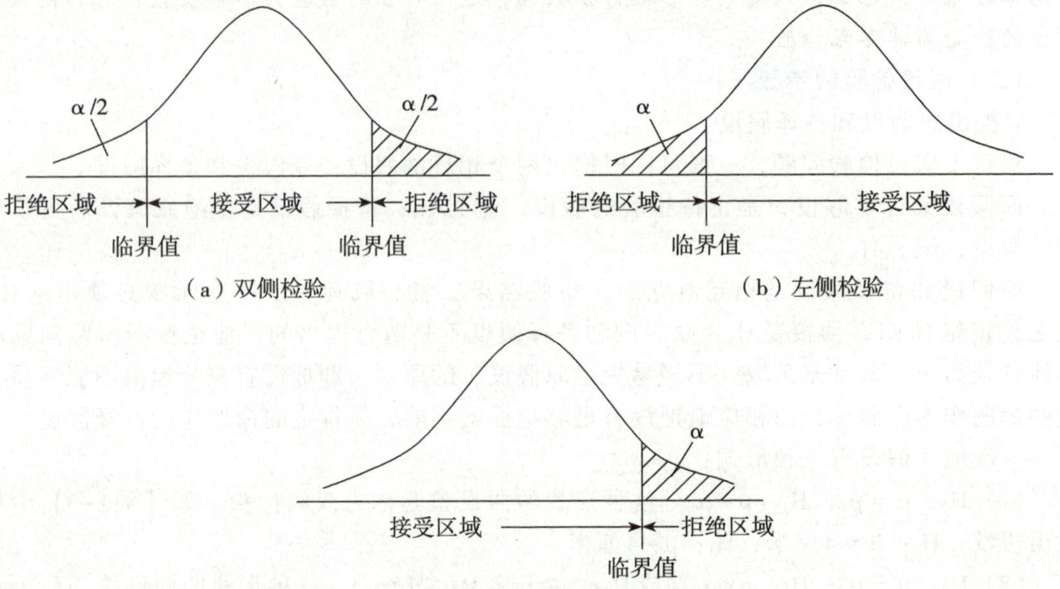

（a）双侧检验　（b）左侧检验　（c）右侧检验

图5-1　假设检验的接受区域和拒绝区域

4.得出结论

根据样本资料计算出检验统计量的具体值，并用以与临界值比较，得出接受或拒绝原假设H_0的结论。如果检验统计量的值落在拒绝区域内，说明样本所描述的情况与原假设有显著性差异，应拒绝原假设；反之，则接受原假设。

注　意

什么是显著性水平？

1.是一个概率值。

2.原假设为真时拒绝原假设的概率，被称为抽样分布的拒绝域。

3.表示为α（alpha）。常用的α值有0.01，0.05，0.10。

4.由研究者事先确定。

二、单侧检验与双侧检验

在前面介绍的统计检验程序中，我们看到，通过确定的检验统计量、事先给出的显著性水平，可以找出一个临界值，将统计量的取值范围划分成接受区域与拒绝区域两部分。拒绝区域是检验统计量取值的小概率区域，我们可以将这个小概率区域安排在检验统计量分布的两端，也可以安排在分布的一侧，分别称作双侧检验与单侧检验。单侧检验又按拒绝域在左侧还是在右侧而分为左侧检验与右侧检验两种。

采用哪种假设，要根据所研究的实际问题而定。如果对所研究问题只需判断有无显著差异或要求同时注意总体参数偏大或偏小的情况，则采用双侧检验。如果所关心的是总体参数是否比某个值偏大（或偏小），则宜采用单侧检验。在【例5-3】中，如果我们在乎的是零件长度是否比原来有所缩短，则可采用单侧检验，即 H_0：$\mu \geq 4$ 厘米；H_1：$\mu < 4$ 厘米。

一个统计检验究竟是使用双侧检验还是使用单侧检验，单侧检验时，是使用左侧检验还是使用右侧检验，这取决于备择假设的性质。比如，当总体标准差已知时，我们对正态总体的均值进行检验。

按备择假设的不同，存在三种情形：

（1）H_0：$\mu = \mu_0$，H_1：$\mu \neq \mu_0$

（2）H_0：$\mu \geq \mu_0$，H_1：$\mu < \mu_0$

（3）H_0：$\mu \leq \mu_0$，H_1：$\mu > \mu_0$

对于第一种情形，备择假设是总体均值不等于一个给定的μ_0，检验统计量取极端值，不论是在极端大的右侧取值，还是在极端小的左侧取值，都有利于拒绝原假设，接受备择假设。因此，拒绝原假设的拒绝域被安排在左右两侧，使用的是双侧检验。对于第二种情形，备择假设是总体均值小于一个确定的μ_0，检验统计量越在极端大的右侧取值，越有利于说明总体的均值较大，这对备择假设是不利的。因此，拒绝域不宜安排在右侧，安排到左侧去比较合适，使用左侧检验。对于第三种情形，备择假设是总体均值大于一个确定的μ_0，检验统计量在极端小的左侧取值时，对备择假设是不利的。因此，拒绝原假设的拒绝域被安排在左侧，而使用单侧检验中的右侧检验。

最后我们可以归纳结论是：用单侧检验还是双侧检验，使用左侧检验还是右侧检验，决定于备择假设中的不等式形式与方向。与“不相等”对应的是双侧检验，与“小于”相对应的是左侧检验，与“大于”相对应的是右侧检验。

三、“原假设”和“备择假设”的选择

我们在统计检验中先要建立一个有待检验的假设，称之为原假设，通常用H_0表示，与原假设对应的是备择假设H_1，备择假设是与原假设互相排斥与对立的假设。当原假设被否定时，备择假设就自然成立。原假设与备择假设确定之后，需要构造一个统计量来决定是否拒绝原假设接受备择假设。对不同的问题，要选择不同的检验统计量。检验统计量确定后，就要利用该统计量的分布以及根据实际问题所确定的显著性水平，来进一步确定检验统计量拒绝原假设的取值范围。在给定的显著性水平α下，检验统计量的可能取值范围被分成两部分：拒绝原假设的区域与不能拒绝原假设的区域。

所谓拒绝区域，就是在原假设成立的前提下，其发生的概率不超过显著性水平α的区域。如果检验统计量的取值落在这一区域，表明发生了小概率事件，即这一场合原假设成立的概率很小，所以应当拒绝原假设，接受备择假设。所谓不拒绝区域，就是在原假设成立的前提下，其发生的概率为$1-\alpha$的区域。如果检验统计量的取值落入该区域，表明在原假设成立的前提下，其发生的概率尚不够小，即认为没有充分证据证明备择假设结论为真，所以还不能拒绝原假设。

应当指出，在假设检验中，相对而言，当原假设被拒绝时，我们能够以较大的把握肯定备择假设的成立。而当原假设未被拒绝时，我们并不能认为原假设确实成立，只能说明抽样结果与原假设没有显著差异。所以，在假设检验中原假设与备择假设所承担的作用并不是对称的。例如，当给定的α为0.01时，如果检验统计量的取值落入其发生概率不超过0.04但又大于0.01的区域时，我们是不能拒绝原假设的。事实上，在原假设成立的前提下，其发生的概率最多只有0.04，因此难以证明原假设成立。如果将显著性水平定为0.05，则原假设就会被否定。

小提示

在设定原假设和备择假设时，一般是根据实际问题，把期望出现的结论放到备择假设中；当原假设被拒绝时，有较大的概率保证备择假设成立。

还有一点应注意，就是在假设检验中，应将有利于构建检验统计量的假设作为原假设，这样做才可以顺利进行下一步的统计分析和检验过程。因此，在假设检验中，等号总是放在原假设中的。比如对总体均值是否为μ_0的检验，原假设总是$H_0:\mu=\mu_0$，$H_0:\mu\geqslant\mu_0$和$H_0:\mu\leqslant\mu_0$，而相应的备择假设则为$H_1:\mu\neq\mu_0$，$H_1:\mu<\mu_0$和$H_1:\mu>\mu_0$。这样我们就可以在假设总体均值为μ_0的基础上构建统计量。如果是在均值大于或小于μ_0的条件下，我们都很难构建有确定分布的统计量。在原假设为$H_0:\mu\geqslant\mu_0$时，我们用等号进行检验，当拒绝$H_0:\mu=\mu_0$，接受$H_1:\mu<\mu_0$时，这时你不可能选择$H_0:\mu>\mu_0$。因为相对于$H_0:\mu>\mu_0$来说，$H_0:\mu=\mu_0$是最接近$H_1:\mu<\mu_0$的。当最接近的原假设都被拒绝时，离得更远的假设就更不能成立。因此，拒绝$H_0:\mu=\mu_0$等同于拒绝了$H_0:\mu\geqslant\mu_0$。

如果原假设与备择假设颠倒了，检验结果是否受影响呢？我们通过总体均值z检验来说明这个问题。设假设1：$H_0:\mu\leqslant\mu_0$，$H_1:\mu>\mu_0$；假设2：$H_0:\mu\geqslant\mu_0$，$H_1:\mu<\mu_0$。z_α是对应于显著性水平α的临界值。针对这两个相反的假设，检验可能的结论如表5-2所示。

表5-2　两种假设下的检验结论对照表

	假设1	假设2	结论一致性
$z<-z_\alpha$	$\mu<\mu_0$	$\mu<\mu_0$	一致
$-z_\alpha\leqslant z\leqslant z_\alpha$	$\mu\leqslant\mu_0$	$\mu\geqslant\mu_0$	（基本）相反
$z>z_\alpha$	$\mu>\mu_0$	$\mu>\mu_0$	一致

当$z<-z_\alpha$时，在假设1中，结论是接受H_0，即$\mu\leqslant\mu_0$，但是由于z值偏左，接受$\mu<\mu_0$更合理；在假设2中，当$z>z_\alpha$时，结论取$\mu>\mu_0$的道理相同。

从表5-2我们也可以看出，当样本的检验统计量取值在$z<-z_\alpha$和$z>z_\alpha$时，原假设与备择假设颠倒不会影响检验的结论，检验结果稳定性好；当$-z_\alpha\leqslant z\leqslant z_\alpha$，即统计量落在接受域且处在中间部分时，原假设与备择假设颠倒的后果会得出基本上相反的结论，检验结果不稳定，更容易出错，也容易“取伪”。究竟哪个结论为真？检验格式本身不能给出判断，这需要检验人员的经验或结合其他信息才能解决。这也从另一个侧面告诉我们：假设检验中接受一个原假设的风险是明显的，一定要重视对“取伪错误”的控制。

四、假设检验中的两类错误

统计假设检验是通过比较检验统计量的样本数值作出决策。统计量是随机变量，据之所作的判断不可能保证百分之百正确。一般来说，决策结果存在以下四种情形：

原假设是真实的，判断结论是接受原假设，这是一种正确的判断；

原假设是不真实的，判断结论是拒绝原假设，这也是一种正确的判断；

原假设是真实的，判断结论是拒绝原假设，这是一种产生“弃真错误”的判断；

原假设是不真实的，判断结论是接受原假设，这是一种产生“取伪错误”的判断。

以上四种判断可归纳为如表5-3所示形式。

表5-3　假设检验决策结果表

	H_0是真实的	H_0是不真实的
拒绝H_0	第Ⅰ类错误（α）	正确
接受H_0	正确	第Ⅱ类错误（β）

“弃真错误”也称作假设检验的“Ⅰ型错误”或“第一类错误”；“取伪错误”也称作假设检验的“Ⅱ型错误”或“第二类错误”。

无论是Ⅰ型错误还是Ⅱ型错误，都是检验结论失真的表现，都是应尽可能地加以避免的情形，如果不能完全避免，也应该对其发生的概率加以控制。

Ⅰ型错误产生的原因是：在原假设为真的情况下，检验统计量不巧刚好落入小概率的拒绝区域。因此，犯Ⅰ型错误的概率大小就等于显著性水平的大小，即等于α。我们可以通过控制显著性水平大小的方式，来控制犯Ⅰ型错误的可能性大小。α定得越小，犯Ⅰ型错误的可能性就越小。例如，$\alpha=0.05$，表示犯Ⅰ型错误的可能性为5%，100次判断中，产生弃真性错误的次数是5次；进一步降低显著性水平，取$\alpha=0.01$，这时犯Ⅰ型错误的概率下降为1%。所以，统计学上又称Ⅰ型错误为α错误。

Ⅱ型错误是“以假为真”的错误，即把不正确的原假设当作正确的而将它接受了的错误。犯Ⅱ型错误大小的概率记为β，因此，统计学上称Ⅱ型错误为β错误。犯Ⅱ型错误的概率与犯Ⅰ型错误的概率是密切相关的，在样本容量不变的条件下，α小，β就增大；α大，β就减小。为了同时减小α和β，只有增大样本容量，减小抽样分布的离散性，这样才能达到目的。它们这种关系可通过正态分布的统计检验来说明，如图5-2所示。

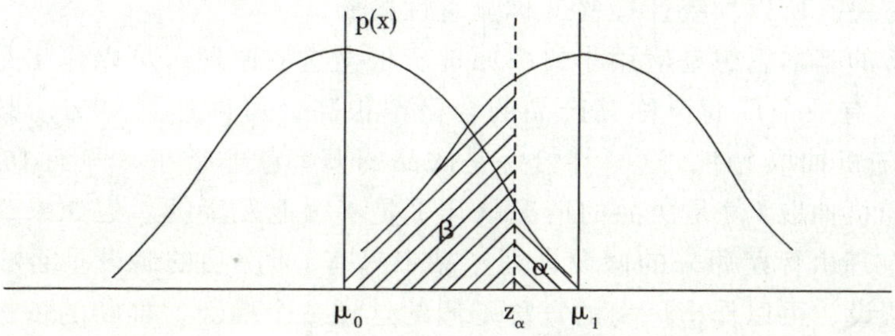

图5-2　α与β关系示意图

知识拓展 样本容量与两类错误之间的关系

五、检验功效和小概率原理

$1-\beta$是反映统计检验判别能力大小的重要标志，我们称之为检验功效。检验效果好与坏，与犯两类错误的概率都有关。一个有效的检验首先是犯I型错误的概率α不能太大，否则的话，就经常产生弃真现象；另外，β错误就是取伪错误，在犯I型错误概率得到控制的条件下，犯取伪错误的概率也要尽可能地小，或者说，不取伪的概率$1-\beta$应尽可能增大。$1-\beta$越大，意味着当原假设不真实时，检验结论判断出原假设不真实的概率越大，检验的判别能力就越好；$1-\beta$越小，意味着当原假设不真实时，检验结论判断出原假设不真实的概率越小，检验的判别能力就越差。在统计检验中，一般都是首先控制犯I型错误的概率，也就是显著性水平α都尽量取较小的值，尽量避免犯弃真的错误，在其他条件不变时，β就增大，检验的功效就减弱。该如何来调和这一矛盾呢？唯一的办法就是增大样本容量，因为增加样本容量能够既保证满足较小的α需要，同时又能减小犯Ⅱ型错误的概率β，抵消检验功效的衰减。可见样本容量大小是影响检验功效大小的一个重要因素，可通过增大样本容量方法提高检验功效。然而，实际上样本容量n的增加也是有限制的，兼顾α与β很困难，这时，鉴于α风险一般比β风险重要，首先考虑的还是控制α风险。

影响检验功效大小的另一因素是原假设与备择假设间的差异程度。如果这两个假设间的差异是非常明显的，这时原假设不真而取伪的可能性就减小，即β就减小，检验功效就大。否则的话，就较难通过检验把原假设与备择假设区分开来，影响检验功效的提高。

小概率原理，是指发生概率很小的随机事件在一次实验中是几乎不可能发生的。进行参数假设检验，首先须对总体分布函数形式或分布的某些参数作出假设，然后再根据样本数据和“小概率原理”，对假设的正确性作出判断。根据小概率原理，概率很小的事件在一次试验中被认为实际上不可能出现，这种事件称为“实际不可能事件”。在日常生活中，我们对小概率事件也持否定态度。但是，多小的概率才是小概率呢？实际上并没有绝对的标准，一般是以一个所谓显著性水平α（$0<\alpha<1$）作为小概率的界限，α的取值与实际问题的性质有关。所以，统计检验又称显著性检验。

而假设检验的基本思想是应用小概率原理。根据这一原理，可以作出是否接受原假设的决定。例如，有一个厂商声称其产品的合格率很高，可以达到99%，那么从一批产品（如100件）中随机抽取1件，这一件恰好是次品的概率就非常小，只有1%。如果厂商的宣称是真的，随机抽取1件是次品的情况就几乎是不可能发生的。但如果这种情况确实发生了，我们就有理由怀疑原来的假设，即产品中只有1%次品的假设是否成立，这时就可以推翻原来的假设，可以作出厂商的宣称是假的这样一个推断，推断的依据就是小概率原理。当然，推断也可能会犯错误，即这100件产品中确实只有1件是次品，而恰好在一次抽取中被抽到了。所以，这个例子中犯这种错误的概率是1%，也就是说我们在冒1%的风险作出厂商宣称是假的这样一个推断。由此也可以看出，这里的1%正是前面所说的显著性水平。

请思考

“只是因为在人群中多看了你一眼……今生的爱情故事已经走远”“有多少爱可以重来……”，正像一些爱情歌曲一样，人们总是对失去的真爱难以释怀。请从统计假设检验的角度，说明如何对待两类错误，从而尽可能减少选择的遗憾。

第二节 一个总体参数的假设检验

一、总体方差已知时对正态总体均值的假设检验

设总体 $X \sim N(\mu, \sigma^2)$，总体方差 σ^2 为已知，$(x_1, x_2, \cdots, x_n)$ 为总体的一个样本，样本平均数为 $\bar{x}$。现在的问题是对总体均值 μ 进行假设检验。H_0：$\mu = \mu_0$（或 $\mu \leqslant \mu_0$，$\mu \geqslant \mu_0$）。

根据抽样分布定理，样本平均数 $\bar{x}$ 服从 $N(\mu, \sigma^2/n)$，所以，如果 H_0 成立，检验统计量Z及其分布为：

$$z = \frac{\bar{x} - \mu_0}{\sigma/\sqrt{n}} \sim N(0,1) \tag{5.1}$$

利用服从正态分布的统计量Z进行的假设检验称为Z检验法。根据已知的总体方差、样本容量n和样本平均数 $\bar{x}$，计算出检验统计量Z的值。对于给定的检验水平，查正态分布表可得临界值，将所计算的Z值与临界值比较，便可作出检验结论。

【例5-4】电视机显像管批量生产的质量标准为平均使用寿命1 200小时，标准差为300小时。某厂宣称其生产的显像管质量大大超过了规定标准。为了进行验证，随机抽取了100件作为样本，测得平均使用寿命1 245小时。能否说该厂的显像管质量显著地高于规定标准？

解：首先需要规定检验的方向。某电视机厂称其产品质量大大超过规定标准1 200小时，要检验这个宣称是否可信，属于单侧检验。从逻辑上看，如果样本均值低于1 200小时，电视机厂的宣称是不会被接受的，如果略高于1 200小时，我们也不会接受电视机厂的宣称。只有当样本均值超过1 200小时很多时，以至于用抽样的随机性也无法解释时，我们才能认为该厂产品质量确实超过1 200小时，所以此问题为右侧检验。

$H_0: \mu \leqslant 1\,200$

$H_1: \mu > 1\,200$

取 $\alpha=0.05$，查表可得临界值 $z_{0.05}=1.645$。

检验统计量Z值为：

$$z = \frac{\bar{x} - \mu_0}{\sigma/\sqrt{n}} = \frac{1\,245 - 1\,200}{300/\sqrt{100}} = 1.5$$

由于 $z=1.5<z_{0.05}$，不拒绝 H_0，即还不能说该厂产品质量显著地高于规定标准。

【例5-5】根据过去大量资料，某厂生产的产品的使用寿命服从正态分布 $N(1\,020, 100^2)$。现从最近生产的一批产品中随机抽取16件，测得样本平均寿命为1 080小时。试在0.05的显著性水平下判断这批产品的使用寿命是否有显著提高？

解：根据题意，提出假设：

H_0：$\mu \leq 1\,020$

H_1：$\mu > 1\,020$

取 $\alpha = 0.05$，查表得临界值 $z_{0.05} = 1.645$。

检验统计量Z值为：

$$z = \frac{\bar{x} - \mu_0}{\sigma / \sqrt{n}} = \frac{1\,080 - 1\,020}{100 / \sqrt{16}} = 2.4$$

由于 $z = 2.4 > z_{0.05}$，所以应拒绝 H_0 而接受 H_1，即这批产品的使用寿命确有显著提高。

二、总体方差未知时对正态总体均值的假设检验

设总体 $X \sim N(\mu, \sigma^2)$，但总体方差 σ^2 未知，此时对总体均值的检验不能用上述Z检验法，因为此时的检验统计量Z中包含了未知参数σ。为了得到一个不含未知参数的检验统计量，很自然会用总体方差的无偏估计量——样本方差 S^2 来代替 σ^2，于是得到T统计量。

根据第四章内容知道，检验统计量T及其分布为：

$$T = \frac{\bar{x} - \mu_0}{S / \sqrt{n}} \sim t(n-1) \tag{5.2}$$

t分布是假定样本取自正态总体并且样本平均数和抽样平均数相互独立的一种分布。t分布类似于标准正态分布，其期望值为0，并以它为中心形成钟形的两边对称分布。但标准正态分布的标准差为1，而t分布的标准差则受自由度 $v=n-1$ 这个参数的影响。当自由度很小，即小样本时，t分布的标准差大于1；当自由度在30以上时，t分布和标准正态分布极为相似，以S估计σ的值的误差可以忽略不计；但当自由度很小时，t分布的S变异就很明显。因此，t分布和标准正态分布就有明显差异。自由度很小的t分布的顶部比标准正态分布低，而两端又比较高些。这个现象的直观解释是，t分布依赖于两个变量：样本均值和样本标准差。在小样本中，样本均值和样本标准差的极端值很可能会同时出现，所以统计量t势必比Z分散些。但当自由度增大时，t的变异性减小；当自由度无限增大时，t分布的方差趋近于1。t分布与标准正态分布Z便重合起来。t检验的其他步骤均与Z检验相同。

利用服从t分布的统计量去检验总体均值的方法称为T检验法。其具体做法是：根据题意提出假设（与Z检验法中的假设形式相同）；构造检验统计量T并根据样本信息计算其具体值；对于给定的检验水平α，由t分布表查得临界值；将所计算的t值与临界值比较，作出检验结论。

双侧检验时，若 $|T| > t_{\alpha/2}$，则拒绝 H_0，接受 H_1。

左侧检验时，若 $T < -t_\alpha$，则拒绝 H_0，接受 H_1。

右侧检验时，若 $T > t_\alpha$，则拒绝 H_0，接受 H_1。

【例5-6】某厂采用自动包装机分装产品，假定每包产品的重量服从正态分布，每包标准重量为1 000克，某日随机抽查9包，测得样本平均重量为986克，样本标准差是24克。试问在 $\alpha=0.05$ 的显著性水平上，能否认为这天自动包装机工作正常？

解：H_0：$\mu=1\,000$；H_1：$\mu \neq 1\,000$

以上的备择假设是总体均值不等于1 000克，因为只要均值偏离1 000克，都说明包装机工作不正常，因此使用双侧检验。

由于总体标准差未知，用样本标准差代替，相应检验统计量是t-统计量：$\alpha=0.05$，查t-分布表（自由度n-1=8），得临界值是$t_{\alpha/2}(n-1)=t_{0.025}(8)=2.306$，拒绝域是$|T|>2.306$。

样本平均数$\bar{x}=986$，n=9，S=24，代入t-检验统计量得：

$$|T|=\frac{\bar{x}-\mu_0}{S_{\bar{x}}}=\frac{\bar{x}-\mu_0}{S/\sqrt{n}}=\frac{986-1\,000}{24/\sqrt{9}}=-1.75$$

由于$|T|>2.306$，不拒绝H_0，即说明这天的自动包装机工作正常。

我们不难发现，t-检验与正态检验十分相似，不同之处只是在确定临界值时，查的分布表不同，而且，在大样本场合两者检验过程可完全相同。

【例5-7】某次测验结果显示，一般人的得分均数为72分，随机调查的25名男性平均得分为74.2分，标准差为6.5分，能否认为男性得分要高于一般人群？

解：

H_0：男性得分与一般人相等，即$m=m_0$

H_1：男性得分高于一般人，即$m>m_0$

单侧$\alpha=0.05$

已知n=25，$\bar{x}=74.2$，S=6.5，$\mu_0=72.0$。

$$T=\frac{\bar{x}-\mu_0}{S_{\bar{x}}}=\frac{\bar{x}-\mu_0}{S/\sqrt{n}}=\frac{74.2-72.0}{6.5/\sqrt{25}}=1.692$$

$v=n-1=25-1=24$

由于单侧$t_{0.05}(24)=1.711$，单侧$t_{0.10}(24)=1.318$，得$0.05<P<0.10$，不拒绝H_0，尚不能认为男性得分高于一般人。

【例5-8】从长期资料可知，某厂生产的某种零件服从均值为200小时，标准差未知的正态分布。通过改变部分生产工艺后，抽得10件做样本的数据（小时）如下：

202，209，213，198，206，210，195，208，200，207

解：根据题意，检验目的是考察零件的平均值数据是否有所提高。因此，可建立如下假设：

$H_0:\mu\leqslant 200$；　$H_1:\mu>200$

根据已知数据求得$\bar{x}=204.8$，S=5.789。

$$\text{检验统计量}\ T=\frac{\bar{x}-\mu_0}{S/\sqrt{n}}=\frac{204.8-200}{5.789/\sqrt{10}}=2.622$$

由$\alpha=0.05$，查表得临界值$t_\alpha(n-1)=t_{0.05}(10-1)=1.8331$。

由于$|T|=2.622>t_\alpha(n-1)=1.8331$，所以拒绝$H_0$接受$H_1$，即可以认为在新工艺下，这种零件的平均值有所提高。

T检验法适用于小样本情况下总体方差未知时对正态总体均值的假设检验。随着样本容量n的增大，t分布趋近于标准正态分布。所以，在大样本情况下（n>30），总体方差未知时对正态总体均值μ的假设检验通常近似采用Z检验法。同理，大样本情况下非正态总体均值的检验也可用Z检验法。因为，根据大样本的抽样分布定理，总体分布形式不明或为非正态总体时，样本平均数趋近于正态分布。这时，检验统计量Z中的总体标准差σ用样本标准差S来代替。

三、总体比例的假设检验

p-值检验是国际上流行的检验格式。该检验格式是通过计算p-值，再将它与显著性水平α作比较，决定拒绝还是接受原假设。所谓p-值就是拒绝原假设所需的最低显著性水平。p-值判断的原则是：如果p-值小于给定的显著性水平α，则拒绝原假设；否则，接受原假设。或者，更加直观的原则是：如果p-值很小，拒绝H_0；如果p-值很大，接受H_0。p-值检验无须针对不同的显著性水平，先查分布表确定临界值，然后才能进行检验判断。p-值检验可直接把计算机计算出来的p-值与显著性水平进行比较，立刻作出统计决策。Excel等统计分析软件都直接给出了p-值。请大家注意的是，这里的p-值是指概率，不要与前面的均值指标相混淆。

p-值实际上是检验统计量超过（大于或小于）由样本数据所得数值的概率。因此，p-值与检验统计量的分布、是双侧检验还是单侧检验、是左侧检验还是右侧检验都有关系。

由比例的抽样分布定理可知，样本比例服从二项分布，因此可由二项分布来确定对总体比例进行假设检验的临界值，但其计算往往十分烦琐。在大样本情况下，二项分布近似服从正态分布。因此，对总体比例的检验通常是在大样本条件下进行的，根据正态分布来近似确定临界值，即采用Z检验法。其检验步骤与均值检验时的步骤相同，只是检验统计量不同。

首先提出待检验的假设：

$H_0: P = P_0$（或$P \geqslant P_0$，$P \leqslant P_0$）；

$H_1: P \neq P_0$（或$P < P_0$，$P > P_0$）

公式为：

$$z = \frac{p - P_0}{\sqrt{\dfrac{P_0(1-P_0)}{n}}} \sim N(0,\ 1) \tag{5.3}$$

【例5-9】2020年某国州长选举中，有位候选人几个月前的支持率是60%。近期的一项调查访问了500人，发现他的支持率变成了55%。显著性水平取0.05，试用p-值方法，检验他的支持率是否下降了？

解：H_0：$P \geqslant 60\%$；H_1：$P < 60\%$。

P=55%，代入检验统计量中，得：

$$z_0 = \frac{p - P_0}{\sqrt{\dfrac{P_0(1-P_0)}{n}}} = \frac{0.55 - 0.6}{\sqrt{\dfrac{0.6 \times (1-0.6)}{500}}} = -2.28$$

由于是左侧检验，p-值计算为：

p-值$= p(z < z_0) = p(z < -2.28) = 0.0113$

由于p-值小于显著性水平0.05，拒绝原假设，接受备择假设，可以认为该候选人的支持率已经下降了。

【例5-10】某研究组在调查汽车生产线时，被告知性能良好、生产稳定，合格率可达99%。随机抽查了200辆，其中195辆合格，判断厂方的宣称是否可信（$\alpha = 10\%$）？

解：依题意，可建立如下假设：

$H_0:P=0.99$ ； $H_1:P\neq 0.99$

样本比例 $p=\frac{m}{n}=\frac{195}{200}=0.975$

由于样本容量相当大，所以可近似采用Z检验法。

$$z=\frac{p-P_0}{\sqrt{\frac{P_0(1-P_0)}{n}}}=\frac{0.975-0.99}{\sqrt{\frac{0.99\times 0.01}{200}}}=-2.132$$

给定α=0.1，查正态分布表得 $z_{\alpha/2}=z_{0.05}=1.645$。

由于 $|z|>z_{\alpha/2}$，应拒绝原假设，即认为厂方的宣称是不可信的。

四、总体方差的假设检验

方差反映现象在数量上的变异程度，从而也从另一个方面反映事物变化的均匀性程度。要检查方差总体是否发生显著性变化，可以利用总体方差的假设检验方法。

我们已经知道可以用样本方差 S^2 来估计总体方差 σ^2，其中 S^2 的分母n-1称为自由度，用v来表示，说明样本n个单位中，只有n-1个单位可以独立决定。现在问题是根据样本资料计算 S^2 之后怎样来判断总体方差 σ^2 是否发生显著性变化呢？总体方差检验和总体平均数检验或成数检验的基本思路是一样的，所不同的是正态分布和t分布已不适合于总体方差的检验，而必须利用另一种概率分布，即 χ^2（卡方）分布来确定方差检验的拒绝或接受临界值，并根据样本方差的实际值建立一个 χ^2 统计量，然后就可以按一般的程序进行检验和决策。

从一个方差为 σ^2 的正态总体中，独立抽取容量为n的样本，构造新的随机变量m，则m是服从自由度为v=n-1的 χ^2 分布，记为 χ^2_{n-1}。它表明样本方差 S^2 乘以常数因子（n-1）$/\sigma_0^2$ 后服从自由度为v=n-1的 χ^2 分布。公式为：

$$\chi^2=\frac{(n-1)s^2}{\sigma_0^2} \tag{5.4}$$

其分布曲线全部处于第一象限，而自由度是分布的唯一参数，随着自由度的不同而有不同的偏斜程度，自由度愈小，偏斜度愈大，当自由度超过30时，曲线接近于正态分布。

事先编制 χ^2 分布表，以表明m≥ε的概率。在 χ^2 分布表中，对应一定的自由度和给定的概率α，查表就可以得到临界值ε。例如，当自由度为5，而α=0.10时，表中对应的ε=9.236，即表示：P（m≥9.236）=0.1。利用 χ^2 分布表，我们就可以进行总体方差检验。

（一）右侧检验

χ^2 分布表事实上就是提供右侧检验临界值 χ^2_α。从样本资料求得 χ^2 统计量实际值 $>\chi^2_\alpha$ 时，我们就拒绝原假设，而采用备择假设；否则，我们接受原假设。

【例5-11】机械厂生产某型号螺栓，正常生产螺栓口径服从于平均数为u，方差 $\sigma^2=36$ mm的正态分布，现从新批量的螺栓中抽取10只实测，计算样本方差为42，试以显著性水平α=0.05检验总体方差是否显著提高了。

解：建立假设：

H_0：$\sigma^2\leq 36$；H_1：$\sigma^2>36$

根据样本信息，计算 χ^2 统计量的实际值：

$$\chi^2=\frac{(n-1)s^2}{\sigma_0^2}=10.5$$

给定显著性水平α=0.05，自由度v=n−1=10−1=9，查分布表得右临界值$\chi^2_{0.05}$=16.919。

检验判断：由于$\chi^2<\chi^2_{0.05}$，即10.5<16.919，所以不能拒绝原假设，不能认为总体方差有显著提高。

（二）左侧检验

由于χ^2分布表只提供右侧临界值，因此给定显著性水平α的左单侧临界值，应该用$\chi^2_{1-\alpha}$来代替。并且规定，当根据样本信息计算χ^2统计量的实际值<$\chi^2_{1-\alpha}$时，就拒绝原假设，而接受备择假设，否则我们接受原假设。

【例5-12】工厂某型号的零件长度服从标准差σ=2.4厘米的正态分布，经技术调整后，选出新生产的25个零件的一个随机样本，求出样本标准差S=2.1厘米。试以显著性水平α=0.01判断该工厂生产的零件长度的变异性是否已显著减小。

解：建立假设：

H_0：$\sigma^2\geqslant 5.76$；H_1：$\sigma^2<5.76$

根据样本信息，计算χ^2统计量的实际值：

$$\chi^2=\frac{(n-1)s^2}{\sigma_0^2}=18.375$$

给定显著性水平α=0.01，自由度v=n−1=25−1=24，查分布表得左临界值$\chi^2_{1-\alpha}=\chi^2_{0.99}$=10.856。

检验判断：由于统计量$\chi^2>\chi^2_{0.99}$，所以我们没有理由拒绝原假设，即认为零件长度的方差没有显著减小。

（三）双侧检验

在双侧检验中，显著性水平α区分为两个拒绝区域，各占α/2。但由于χ^2分布并非对称，必须分别求左右临界值，左临界值$\chi^2_{1-\alpha/2}$，右临界值$\chi^2_{\alpha/2}$。并规定当根据样本信息计算的χ^2统计量实际值<$\chi^2_{1-\alpha/2}$或>$\chi^2_{\alpha/2}$时，就拒绝原假设，而接受备择假设。而当$\chi^2_{1-\alpha/2}<\chi^2<\chi^2_{\alpha/2}$时，就接受原假设。

【例5-13】皮球生产车间规定皮球重量服从标准差σ=20克的正态分布，现在从生产线中随机抽取16个皮球实测，样本标准差S=24克。请以0.02的显著性水平检查皮球重量是否有显著变化。

解：建立假设：

H_0：$\sigma^2=400$；H_1：$\sigma^2\neq 400$

根据样本信息，计算χ^2统计量的实际值：

$$\chi^2=\frac{(n-1)s^2}{\sigma_0^2}=21.6$$

给定显著性水平α=0.02，自由度v=n−1=16−1=15，查分布表得左临界值$\chi^2_{1-\alpha/2}$= 5.229，右临界值$\chi^2_{\alpha/2}$=30.578。

检验判断：由于$\chi^2_{0.99}<\chi^2<\chi^2_{0.01}$，我们没有理由拒绝原假设，而认为总体方差没有显著变异。

第三节 两个总体参数的假设检验

一、两个成组样本总体均值的假设检验

（一）成组设计的两样本均值的比较

适用于完全随机设计的两样本均值的比较。目的是推断两样本均值$\overline{X}_1$和$\overline{X}_2$分别代表的两总体均值μ_1和μ_2有无差别。若n_1和n_2较小且两总体方差相等时，用公式（5.5）计算检验统计量t值：

$$t=\frac{\overline{X}_1-\overline{X}_2}{S_{\overline{X}_1-\overline{X}_2}}=\frac{\overline{X}_1-\overline{X}_2}{\sqrt{S_c^2\left(\frac{1}{n_1}+\frac{1}{n_2}\right)}}=\frac{\overline{X}_1-\overline{X}_2}{\sqrt{\frac{S_1^2(n_1-1)+S_2^2(n_2-1)}{n_1+n_2-2}\left(\frac{1}{n_1}+\frac{1}{n_2}\right)}} \tag{5.5}$$

式中：$S_{\overline{X}_1-\overline{X}_2}$——两样本均值之差的标准误，$\sigma_1^2=\sigma_2^2$时，可将两方差合并，估计出两者的共同方差——合并方差S_c^2；$S_1{}^2$和$S_2{}^2$——分别为两样本的方差；n_1+n_2-2——两样本自由度的合计。

若n_1和n_2较大时可用z检验，按公式（5.6）计算统计量z值。

$$z=\frac{\overline{X}_1-\overline{X}_2}{S_{\overline{X}_1-\overline{X}_2}}=\frac{\overline{X}_1-\overline{X}_2}{\sqrt{S_{\overline{X}_1}^2+S_{\overline{X}2}^2}}=\frac{\overline{X}_1-\overline{X}_2}{\sqrt{\frac{S_1^2}{n_1}+\frac{S_2^2}{n_2}}} \tag{5.6}$$

式中：$S_{\overline{X}_1}^2$和$S_{\overline{X}_2}^2$——分别为两样本的标准误估计值的平方。

【例5-14】某研究调查了两个快餐店的员工每小时收入情况（元），如表5-4所示，问A快餐店和B快餐店的员工的收入情况是否不同？

表5-4　　A快餐店和B快餐店的员工的收入情况比较

处理	例数	均值	标准差
A快餐店员工收入	30	6.2	1.4
B快餐店员工收入	28	3.5	1.2

解：H_0：两总体均值相等，即$\mu_1=\mu_2$

H_1：两总体均值不相等，即$\mu_1\neq\mu_2$

$n_1=30$，$\overline{X}_1=6.2$，$S_1=1.4$

$n_2=28$，$\overline{X}_2=3.5$，$S_2=1.2$

按公式（5.5）得：

$$t=\frac{\overline{X}_1-\overline{X}_2}{\sqrt{\frac{S_1^2(n_1-1)+S_2^2(n_2-1)}{n_1+n_2-2}\left(\frac{1}{n_1}+\frac{1}{n_2}\right)}}$$

$$=\frac{6.2-3.5}{\sqrt{\frac{1.4^2\times(30-1)+1.2^2\times(28-1)}{30+28-2}\times\left(\frac{1}{30}+\frac{1}{28}\right)}}$$

$$=7.859$$

$\nu=n_1+n_2-2=30+28-2=56$

给定显著性水平$\alpha=0.05$，查t分布表，得$P<0.001$，按$\alpha=0.05$水平拒绝H_0，接受H_1，

故可认为两个快餐店员工的每小时收入不同。

【例5-15】使用两种学习方法记单词，使用默记法的有100人，使用朗读法的有105人，两组每小时记住的单词数分别如表5-5所示，试问两种学习方法带来的效果是否不同？

表5-5　默记法与朗读法每小时记住的单词数比较

组别	n	$\bar{X}$	S
默记法	100	73.07	10.75
朗读法	105	80.30	11.83

本资料是成组设计的两样本均值比较，可用t检验，由于两样本容量皆较大，也可用z检验以简化计算。

解：H_0：默记法与朗读法均值相等，即$\mu_1=\mu_2$

H_1：默记法与朗读法均值不等，即$\mu_1\neq\mu_2$

$\bar{X}_1=73.07$，$S_1=10.75$，$n_1=100$

$\bar{X}_2=80.30$，$S_2=11.83$，$n_2=105$

按公式（5.6）得：

$$z=\frac{\bar{X}_1-\bar{X}_2}{\sqrt{\frac{S_1^2}{n_1}+\frac{S_2^2}{n_2}}}=\frac{73.07-80.30}{\sqrt{\frac{10.75^2}{100}+\frac{11.83^2}{105}}}=-4.58$$

给定显著性水平$\alpha=0.05$，查表得$P<0.05$，按$\alpha=0.05$水平拒绝H_0，接受H_1，可认为默记法与朗读法带来的学习效果不同。

（二）成组设计的两样本几何平均数的比较

成组设计的两样本几何平均数比较的目的是推断两样本几何平均数各自代表的总体几何平均数有无差别，适宜于用几何平均数表示其平均水平的资料（如等比资料和对数正态分布资料）。在此种情况下，应先把观察值X进行对数变换（即lgX），用变换后的数据代入（5.5）式计算统计量t值。

【例5-16】为比较两种实验催化剂的效果，将120份样本液体随机分为两组，分别使用两种实验催化剂进行催化，测定45天甲、乙两组液体中某物质的变化数据，结果见表5-6，问两种实验催化剂的催化效果有无差别？

表5-6　两种实验催化剂的催化效果比较

组别	样本数	催化效果								
		50	100	200	400	800	1 600	3 200	6 400	12 800
甲	60	1	3	3	7	4	6	26	7	3
乙	60	1	3	14	10	5	3	15	9	0

解：H_0：两种实验催化剂的催化效果相同

H_1：两种实验催化剂的催化效果不同

将两组数据分别取对数，记作X_1、X_2。

用变换后的数据计算$\bar{X}_1$、S_1、$\bar{X}_2$、S_2。

$\bar{X}_1=3.2292$，$S_1=0.5714$，$\bar{X}_2=2.9482$，$S_2=0.6217$

代入（5.5）式：

$$t=\frac{\overline{X}_1-\overline{X}_2}{\sqrt{\frac{S_1^2(n_1-1)+S_2^2(n_2-1)}{n_1+n_2-2}(\frac{1}{n_1}+\frac{1}{n_2})}}$$

$$=\frac{3.2292-2.9482}{\sqrt{\frac{0.5714^2\times59+0.6217^2\times59}{60+60-2}\times(\frac{1}{60}+\frac{1}{60})}}$$

$$=2.578$$

$n=60+60-2=118$

给定显著性水平 $\alpha=0.05$，查t界值表，得 $0.01<P<0.05$，按 $\alpha=0.05$ 水平拒绝 H_0，接受 H_1，可认为两种实验催化剂的催化效果不同。

二、两个匹配样本总体均值的假设检验

配对设计主要有以下情况：① 配对的两个受试对象分别接受两种处理之后的数据；② 同一样品用两种方法（或仪器等）检验的结果；③ 同一受试对象两个部位的数据。其目的是推断两种处理（或方法）的结果有无差别。解决这类问题，首先要求出各对差值（d）的均数（$\bar{d}$）。理论上，若两种处理无差别时，差值d的总体均数 m_d 应为0。所以，对于配对设计的均值比较可看成是样本均值 $\bar{d}$ 与总体均数（$\mu_d=0$）的比较。按（5.7）式计算检验统计量t：

$$t=\frac{\bar{d}-0}{S_{\bar{d}}}=\frac{\bar{d}}{S_d/\sqrt{n}} \qquad (5.7)$$

式中：$\bar{d}$——差值的均值；$S_{\bar{d}}$——差值的标准误；S_d——差值的标准差；n——对子数。

【例5-17】某工厂希望严格控制工人迟到情况，引入了两种计时器，对某日迟到的工人迟到时间进行抽查。两种计时器测量出该日迟到的12名工人迟到时间（分）如表5-7所示，问两种计时器计时的结果有无差别？

表5-7　两种计时器测量出该日工人迟到时间

工人编号	计时器A	计时器B	d	d^2
（1）	（2）	（3）	（4）＝（2）－（3）	（5）
1	3.96	3.42	0.54	0.2916
2	4.51	4.53	−0.02	0.0004
3	6.49	5.85	0.64	0.4096
4	7.10	6.79	0.31	0.0961
5	5.19	5.53	−0.34	0.1156
6	6.30	5.76	0.54	0.2916
7	3.84	3.68	0.16	0.0256
8	2.67	2.42	0.25	0.0625
9	5.77	5.81	−0.04	0.0016
10	4.11	4.12	−0.01	0.0001
11	4.95	5.32	−0.37	0.1369
12	3.25	2.85	0.40	0.1600
			（$\sum d$）2.06	（$\sum d^2$）1.5916

解：该资料为配对设计，所以可以用配对t检验作统计推断，具体步骤如下：

H_0：两种计时器计时的结果相同，即$\mu_d=0$

H_1：两种计时器计时的结果不同，即$\mu_d\neq 0$

$n=12$，$\bar{d}=\sum d/n=2.06/12=0.1717$（分）

差值的标准差为：

$$S_d=\sqrt{\frac{\sum d^2-(\sum d)^2/n}{n-1}}=\sqrt{\frac{1.5916-2.06^2/12}{12-1}}=0.3355$$

按公式（5.7）：

$$t=\frac{\bar{d}-0}{S_{\bar{d}}}=\frac{\bar{d}}{S_d/\sqrt{n}}=\frac{0.1717}{0.3355/\sqrt{12}}=1.7728$$

$\nu=n-1=12-1=11$

给定显著性水平$\alpha=0.05$，查t界值表，得$0.10<P<0.20$，按$\alpha=0.05$水平不拒绝H_0，尚不能认为两种计时器计时的结果不同。

三、方差不齐时两小样本均值比较

（一）两样本方差的齐性检验

用t检验进行完全随机设计两总体均值比较时，要求两总体的方差相等，因此在作两总体均数比较的t检验以前，首先应对两总体的方差是否相等进行检验，方差相等称为方差齐性。

方差齐性检验的适用条件是两样本均来自正态分布的总体。

检验假设和检验水平：

H_0：$\sigma_1^2=\sigma_2^2$（两总体的方差相等）

H_1：$\sigma_1^2\neq\sigma_2^2$（两总体的方差不等）

$\alpha=0.10$

如果两个总体的方差相等，通过随机抽样得到样本，两个样本的方差之比S_1^2/S_2^2服从自由度为（n_1-1，n_2-1）的F分布。当样本值F小于等于F分布的第$\alpha/2$百分位数或当样本值F大于等于F分布的第（$1-\alpha/2$）百分位数时，则$P\leqslant\alpha$，拒绝H_0。为方便起见，通常是用较大方差比较小方差，因此构造了统计量F：

$$F=\frac{\max(S_1^2,S_2^2)}{\min(S_1^2,S_2^2)} \tag{5.8}$$

以F分布的（$1-\alpha/2$）分位数为临界值，若$F\geqslant$F分布的第（$1-\alpha/2$）百分位数，则$P\leqslant\alpha$，拒绝H_0。用α，$n_1=n_1-1$，$n_2=n_2-1$，查方差齐性检验用的F界值表，如果$F\geqslant F_{\alpha/2(\nu_1,\nu_2)}$，则$P\leqslant\alpha$，因此拒绝$H_0$，接受$H_1$，可认为两个总体的方差不等；否则不拒绝$H_0$，尚不能认为两个总体的方差不等，可以当作方差齐处理。

【例5-18】某工厂抽查了两分厂生产的同一种零件大小。由两批零件的直径（cm）数据算得结果如下，请检验两组的总体方差是否相等。

A厂零件：$n_1=10$，$\overline{X_1}=6.21$cm，$S_1=1.79$cm

B厂零件：$n_2=50$，$\overline{X_2}=4.34$cm，$S_2=0.56$cm

解：

H_0：总体方差相等，即$\sigma_1^2=\sigma_2^2$

H_1：总体方差不等，即$\sigma_1^2\neq\sigma_2^2$

$n_1=10$，$S_1=1.79$；$n_2=50$，$S_2=0.56$

按公式（5.8）计算如下：

$$F=\frac{S_1^2}{S_2^2}=\frac{1.79^2}{0.56^2}=10.217$$

$\nu_1=n_1-1=10-1=9$，$\nu_2=n_1-1=50-1=49$

给定显著性水平$\alpha=0.10$，查F分布表，因$10.217>2.07=F_{0.10(9,50)}$，故$P<0.10$。按$\alpha=0.10$水平，拒绝$H_0$，接受$H_1$，故可以认为两总体方差不等，不可直接用方差相等情形的两样本t检验。

注意：①方差齐性检验本为双侧检验，但由于公式（5.8）规定以较大方差作为分子，F值必然大于1，故F分布表单侧0.05的界值，实对应双侧检验P=0.10；②由于方差齐性F检验在样本容量较小时不敏感，而在样本容量较大时太敏感，因此统计学家对两样本均数比较是否进行方差齐性检验有不同的看法。

（二）近似t检验——t′检验

近似t检验有三种方法可供选择，包括Cochran & Cox法、Satterthwaite法和Welch法。其中第一、二种方法较为常用。Cochran & Cox法是对临界值校正，而Satterthwaite法和Welch法则是对自由度校正。Satterthwaite法是目前计算机统计软件中普遍使用的方法。

Satterthwaite法是用公式（5.6）中的t′代替t值，自由度校正按公式（5.10）计算并四舍五入取整。最终结果查t界值表得到P。

$$t'=\frac{\overline{X}_1-\overline{X}_2}{\sqrt{\frac{S_1^2}{n_1}+\frac{S_2^2}{n_2}}} \tag{5.9}$$

$$\nu=\frac{(S_{\overline{X}_1}^2+S_{\overline{X}_2}^2)^2}{\frac{S_{\overline{X}_1}^4}{n_1-1}+\frac{S_{\overline{X}_2}^4}{n_2-1}} \tag{5.10}$$

【例5-19】对【例5-18】数据，检验两组零件的直径大小是否不同。

解：H_0：$\mu_1=\mu_2$，即两组零件的直径大小相同

H_1：$\mu_1\neq\mu_2$，即两组零件的直径大小不同

因两总体方差不齐，不能用前述方差相等情形下的t检验，故选用Satterthwaite法的t′检验。

按公式（5.9）计算t值：

$$t'=\frac{\overline{X}_1-\overline{X}_2}{\sqrt{\frac{S_1^2}{n_1}+\frac{S_2^2}{n_2}}}=\frac{6.21-4.34}{\sqrt{\frac{1.79^2}{10}+\frac{0.56^2}{50}}}=3.272$$

按公式（5.10）计算自由度：

$$\nu=\frac{(S_{\overline{X}_1}^2+S_{\overline{X}_2}^2)^2}{\frac{S_{\overline{X}_1}^4}{n_1-1}+\frac{S_{\overline{X}_2}^4}{n_2-1}}$$

$$=\frac{(\frac{S_1^2}{n_1}+\frac{S_2^2}{n_2})^2}{\frac{(\frac{S_1^2}{n_1})^2}{n_1-1}+\frac{(\frac{S_2^2}{n_2})^2}{n_2-1}}$$

$$=\frac{(\frac{1.79^2}{10}+\frac{0.56^2}{50})^2}{\frac{(\frac{1.79^2}{10})^2}{10-1}+\frac{(\frac{0.56^2}{50})^2}{50-1}}$$

$$=9.36\approx 9$$

给定显著性水平 $\alpha=0.05$，以 $v=9$，查t界值表得 $0.005<P<0.01$。按 $\alpha=0.05$ 水平，拒绝 H_0，接受 H_1，可认为两组零件的直径大小不同。

第四节　正态性检验

前面已经讲过，有些统计方法只适合于正态分布资料，如用均值和标准差描述资料的分布特征，用正态分布法确定参考值范围，小样本的t检验等。因此，在应用这些方法前常需判定资料是否服从正态分布，或样本是否来自正态总体，即进行正态性检验。在实际工作中，根据经验得知，有些指标服从正态分布，对这些指标不必作正态性检验，而对一些不能直接判断的变量可以用以下方法判断：

一、图示法

图示法是一种简单易行的方法，通过图示，可以大致了解观察资料是否服从正态分布，缺点是比较粗糙。其中常用的有方格坐标纸图、正态概率纸图和P-P图。

P-P图的横坐标是所观察数据的实际累计概率，纵坐标是假设数据是服从正态分布的累计概率的期望值。如果所分析的数据服从正态分布，则在P-P图上数据点应在从左下到右上的直线上，如图5-3所示。如果数据呈负偏态，图中显示为当纵坐标为0.5时数据点在直线的上方。如果数据呈正偏态，图中显示为当纵坐标为0.5时数据点在直线的下方。一般的统计软件均提供P-P图。

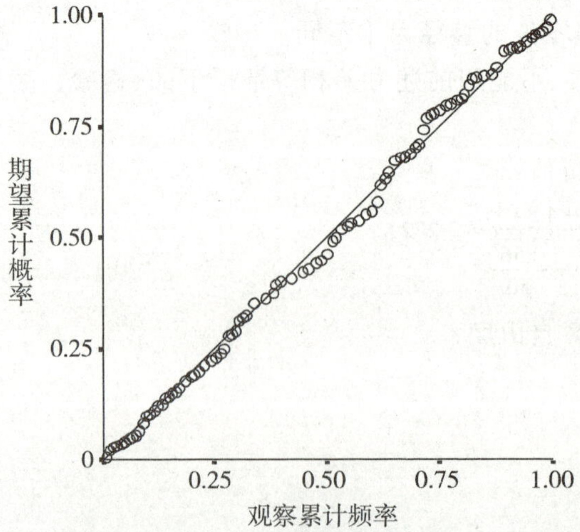

图5-3　数据呈正态分布时的P-P示意图

二、统计检验方法

我国专门制定了正态性检验的国家标准GB4882-85，其中推荐了正态性检验的方法。

（一）W检验（S. S. Shapiro and M. B. Wilk）：在样本量为3≤n≤50时使用

有n个来自同一总体的数据，将其按从小到大的顺序排列：

$x_{(1)} \leqslant x_{(2)} \leqslant x_{(3)} \leqslant \cdots \leqslant x_{(n-1)} \leqslant x_{(n)}$

检验假设：

H_0：样本来自正态分布的总体

H_1：样本不是来自正态分布的总体

检验水准α=0.10

统计量W的计算公式为：

$$W = \frac{\left\{\sum_{i=1}^{n/2} a_i\left[X_{(n+1-i)} - X_{(i)}\right]\right\}}{\sum_{i=1}^{n}\left(X_{(i)} - \bar{X}\right)^2} \tag{5.11}$$

式中：$X_{(i)}$——按从小到大的顺序排列后第i个数据的值；$\bar{X}$——均值；a_i——需要从专用的表查得。

（二）D检验（D′Agostino）：在样本量为50≤n≤1 000时使用

检验统计量Y的计算公式为：

$$Y = \frac{\sqrt{n}\left(D - 0.28209479\right)}{0.02998598}$$

其中：

$$D = \frac{\sum_{i=1}^{n}\left(i - \frac{n+1}{2}\right)X_{(i)}}{\left(\sqrt{n}\right)^3\sqrt{\sum_{i=1}^{n}\left[X_{(i)} - \bar{X}\right]^2}} \tag{5.12}$$

W检验和D检验都需要通过专用的计算表来确定临界值。

如果计算出的统计量W小于等于相应的临界值$W_{\alpha/2}$，即P≤α，则拒绝无效假设，可以认为数据不是来自正态分布的总体。

如果计算出的统计量$Y \leqslant Y_{\alpha/2}$或$Y \geqslant Y_{\alpha/2}$，即P≤α，则拒绝无效假设，可以认为数据不是来自正态分布的总体。

以上两个检验为正态性检验的专用方法，此外还有偏度检验和峰度检验。

第五节　两样本均值的等效检验

前述的两均值比较的假设检验方法都是推断某处理因素有无作用或两种处理效果有无差别。但在科学研究中，还需要推断两种处理效果是否相近或相等的问题。如某实验试剂具有作用快、价格便宜等优点，研究者希望了解该实验试剂与常规试剂效果是否相近或相等，以便代替原用的试剂。对于这种推断目的若采用前述的假设检验方法，即使P>α，也只能得出不拒绝H_0，尚不能认为二者有差别的结论。因为根据假设检验的逻辑推理，只能作出拒绝或不拒绝H_0的推断，而不能作出接受无效假设的结论，即便研究者把不拒绝

H_0看作接受，勉强作出两种试剂效果无差别的结论，但是在不知道Ⅱ型错误β大小的情况下，难以保证此结论的可靠性。所以，推断两种处理效果是否相近或相等时，必须寻求其他方法，常借助等效检验。

等效检验可广泛应用于科研实际。例如，检验实验组与对照组的构成是否均衡；两种试剂是否可以相互替代；两种方法是否相近或相同；两种检测的结果是否相似；两种管理手段是否等效，等等。总之，若检验目的是两总体指标是否相似或相等，可用等效检验的原理和方法解决。等效检验的假设检验的基本原理和步骤与惯用的假设检验是一致的，但在建立假设、计算检验统计量和估计样本容量等方面与惯用的假设检验略有差别，现以两均值的等效检验步骤为例介绍如下：

一、建立检验假设，确定检验水准

两均值等效检验的推断目的是两总体均数是否等效，惯用的假设检验的推断目的是两总体均值是否有差别，所以二者假设的内容略有不同。等效检验的无效假设是两总体均值之差不小于等效界值Δ，即H_0：$|\mu_1-\mu_2|\geqslant\Delta$，或者说两总体均值不等效；备择假设是两总体均值之差小于Δ，即H_1：$|\mu_1-\mu_2|<\Delta$，或者说可认为两总体均值等效。下面是等效检验中样本均值与总体均值比较和两样本均值比较的假设：

样本均值与总体均值的比较	两样本均值的比较
H_0：$|\mu-\mu_0|\geqslant\Delta$	H_0：$|\mu_1-\mu_2|\geqslant\Delta$
H_1：$|\mu-\mu_0|<\Delta$	H_1：$|\mu_1-\mu_2|<\Delta$
$\alpha=0.05$	$\alpha=0.05$

Δ是等效界值，应在进行等效检验时事先给定。

二、计算统计量

（一）样本均值与总体均值比较

$$t_{(n-1)}=\frac{\Delta-|\bar{X}-\mu_0|}{\sigma/\sqrt{n}} \tag{5.13}$$

（二）两样本均值比较

$$t_{(n_1+n_2-2)}=\frac{\Delta-|\bar{X}_1-\bar{X}_2|}{S_{\bar{X}_1-\bar{X}_2}}=\frac{\Delta-|\bar{X}_1-\bar{X}_2|}{\sqrt{\frac{S_1^2(n_1-1)+S_2^2(n_2-1)}{n_1+n_2-2}\left(\frac{1}{n_1}+\frac{1}{n_2}\right)}} \tag{5.14}$$

式中符号意义同前。

三、确定P值，作出统计推断

根据$v=n-1$（样本与总体）或$v=n_1+n_2-2$（两样本），查t分布表，确定P值。若$P\leqslant\alpha$，拒绝H_0，可认为两总体均值等效。

根据检验统计量得到$P<0.05$时，按$\alpha=0.05$水平拒绝H_0，接受H_1，可认为两总体均值等效。而惯用的假设检验的无效假设是两总体均值相等，即H_0：$\mu_1-\mu_2=0$；备择假设是两总体均值不等（双侧检验时），即H_1：$\mu_1-\mu_2\neq0$。当$P\leqslant0.05$时，按$\alpha=0.05$水平拒绝H_0，接受H_1，可认为两总体均值不等。由此看出，等效检验与惯用的假设检验都是按检验水平α

=0.05作出是否拒绝H_0的推断，只是由于两种检验方法的推断目的不同，其无效假设H_0的内容有所差别，因此在拒绝H_0后，所得的结论不同。

【例5-20】为评价一种新的减肥药对轻度肥胖、中度肥胖人的减肥效果，以旧减肥药为对照，选取轻、中度肥胖的人，采用双盲双模拟、随机对照法，使用1天后体重改变值的均数及标准差列入表5-8中，能否认为两种减肥药的减肥效果等效？

表5-8　新减肥药与旧减肥药1天的减肥效果　单位：千克

	n	$\bar{X}$	S
新减肥药	119	1.91	1.89
旧减肥药	120	2.21	1.40

设等效界值Δ=0.67kg。

H_0：$|\mu_1-\mu_2|\geqslant 0.67$kg

H_1：$|\mu_1-\mu_2|<0.67$kg

$$t=\frac{\Delta-|\bar{X}_1-\bar{X}_2|}{S_{\bar{x}_1-\bar{x}_2}}=\frac{0.67-|1.91-2.21|}{\sqrt{\frac{1.89^2\times(119-1)+1.40^2\times(120-1)}{119+120-2}\times(\frac{1}{119}+\frac{1}{120})}}=1.72$$

$$\nu=119+120-2=237$$

由于检验水平α=0.05，查t界值表，得0.025<P<0.05，拒绝H_0，接受H_1，可认为两种减肥药的减肥效果等效。

等效检验的注意事项：

（一）Δ值的选定在等效检验中十分重要

研究者可把公认的或从专业上认为有意义的两种处理措施的差值作为等效检验的Δ值。等效检验可靠性的关键在于差值Δ确定得是否合理。若Δ确定过大，将把不等效的处理措施判断为等效；若Δ确定过小，则很难得到等效的结果。因此，Δ值的选取必须结合自己的专业知识，结合具体的问题确定合理的差值。

（二）惯用的假设检验与等效检验的检验假设不同

以两样本比较为例：

惯用的假设检验	等效检验
H_0：$\mu_1=\mu_2$	H_0：$\|\mu_1-\mu_2\|\geqslant\Delta$
H_1：$\mu_1\neq\mu_2$	H_1：$\|\mu_1-\mu_2\|<\Delta$

可见二者的无效假设是不同的。

请思考

1.总体参数的区间估计与假设检验有何联系与区别？

2.提出原假设应掌握什么原则？为什么？举例说明。

3.理解原假设与备择假设的含义，并归纳常见的几种建立原假设与备择假设的规则。

本章小结

假设检验是与参数估计同等重要的又一类统计推断问题。假设检验技术不仅可以对总体分布的某些参数，而且也可以对总体本身的分布作出假设，通过对样本的统计分析来判定该假设是否成立，从而对总体分布给以进一步的确认。本章在简要介绍假设检验原理的基础上，重点讨论了总体参数的假设检验问题。

所谓假设检验就是对一个关于总体参数或总体分布形式的假设，利用样本资料来检验其真或伪的可能性。具体来说，就是利用样本资料计算出有关的检验统计量，再根据该统计量的抽样分布理论来判断样本资料对原假设是否有显著的支持性或排斥性，即在一定的概率下判断原假设是否合理，从而决定应接受或否定原假设。所以，假设检验也称为显著性检验。对总体参数（平均数、成数、方差等）所作的假设进行检验称为参数假设检验，简称参数检验。

本章主要介绍了假设检验的基本思想与步骤、各种条件下的均值检验、各种条件下的成数检验、方差检验等问题。对于如何提出原假设和备择假设，如何在小概率条件下对相关假设的检验及其应用进行了具体说明。

本章关键术语

假设检验　原假设和备择假设　Ⅰ型错误和Ⅱ型错误　检验功效　小概率原理

本章主要公式

均值的Z统计量：$z=\dfrac{\bar{X}-\mu_0}{\sigma/\sqrt{n}}\sim N(0,1)$

均值的T统计量：$T=\dfrac{\bar{X}-\mu_0}{S/\sqrt{n}}\sim t(n-1)$

比例的Z统计量：$z=\dfrac{p-P_0}{\sqrt{\dfrac{p(1-p)}{n}}}\sim N(0,1)$

卡方统计量：$\chi^2=\dfrac{(n-1)s^2}{\sigma_0^2}$

均值比较的检验统计量：

$$t=\frac{\bar{X}_1-\bar{X}_2}{S_{\bar{X}_1-\bar{X}_2}}=\frac{\bar{X}_1-\bar{X}_2}{\sqrt{S_c^2\left(\dfrac{1}{n_1}+\dfrac{1}{n_2}\right)}}=\frac{\bar{X}_1-\bar{X}_2}{\sqrt{\dfrac{S_1^2(n_1-1)+S_2^2(n_2-1)}{n_1+n_2-2}\left(\dfrac{1}{n_1}+\dfrac{1}{n_2}\right)}}$$

$$z=\frac{\bar{X}_1-\bar{X}_2}{S_{\bar{X}_1-\bar{X}_2}}=\frac{\bar{X}_1-\bar{X}_2}{\sqrt{S_{\bar{X}_1}^{\ 2}+S_{\bar{X}_2}^{\ 2}}}=\frac{\bar{X}_1-\bar{X}_2}{\sqrt{\dfrac{S_1^2}{n_1}+\dfrac{S_2^2}{n_2}}}$$

方差检验统计量：

$$t=\frac{\bar{d}-0}{S_{\bar{d}}}=\frac{\bar{d}}{S_d/\sqrt{n}}$$

$$F=\frac{\max(S_1^2,S_2^2)}{\min(S_1^2,S_2^2)}$$

$$t'=\frac{\bar{X}_1-\bar{X}_2}{\sqrt{\dfrac{S_1^2}{n_1}+\dfrac{S_2^2}{n_2}}}$$

$$\nu=\frac{(S_{\bar{X}_1}^2+S_{\bar{X}_2}^2)^2}{\dfrac{S_{\bar{X}_1}^4}{n_1-1}+\dfrac{S_{\bar{X}_2}^4}{n_2-1}}$$

案例分析

程序运行状况是否令人满意

天府信息是一家咨询公司，为委托人监控其制造过程提供抽样和统计程序方面的建议。在应用中，一名委托人向天府信息提供了其程序正常运行时的800个观察值，组成一个样本。这些数据的样本标准差为0.21，因而我们假定总体的标准差为0.21。天府信息建议该委托人连续地定期选取样本容量为30的随机样本来对该程序进行监控。通过对这些样本的分析，委托人可以迅速知道该程序运行状况是否令人满意。当该程序的运行令人不满意时，应采取纠正措施以避免出现问题。设计规格要求该过程的均值为12，天府信息建议该委托人采用如下形式的假设检验：

H_0：$\mu=12$　　　　H_1：$\mu\neq12$

只要拒绝H_0，就应采取纠正措施。

表5-9为在头一天运行时，间隔1小时这种新型统计控制过程程序所收集的样本数据。

表5-9　　收集的样本数据资料

样本1	样本2	样本3	样本4
11.55	11.62	11.91	12.02
11.62	11.69	11.36	12.02
11.52	11.59	11.75	12.05
11.75	11.82	11.95	12.18
11.90	11.97	12.14	12.11
11.64	11.71	11.72	12.07
11.80	11.87	11.61	12.05
12.03	12.10	11.85	11.64
11.94	12.01	12.16	12.39
11.92	11.99	11.91	11.65
12.13	12.20	12.12	12.11
12.00	12.16	11.61	11.90
11.93	12.00	12.21	12.22
12.21	12.28	11.56	11.88
12.32	12.39	11.95	12.03
11.93	12.00	12.01	12.35
11.85	11.92	12.06	12.09
11.76	11.83	11.76	11.77
12.16	12.23	11.82	12.20
11.77	11.84	12.12	11.79
12.00	12.07	11.60	12.30
12.04	12.11	11.95	12.27
11.98	12.05	11.96	12.29
12.30	12.37	12.22	12.47
12.18	12.25	11.75	12.03
11.97	12.04	11.96	12.17
12.17	12.24	11.95	11.94
11.85	11.92	11.89	11.97
12.30	12.37	11.88	12.23
12.15	12.22	11.93	12.25

思考：

（1）对每个样本在0.01的显著性水平下进行假设检验，如果需要采取措施的话，确定应该采取何种措施？给出每一检验的检验统计量和p-值。

（2）考虑四个样本中每一个样本的标准差。假设总体标准差为0.21是否合理？

（3）当样本均值$\bar{x}$在$\mu=12$附近多大限度以内时，可以认为该过程的运行令人满意？如果$\bar{x}$超过上限或低于下限，则应对其采取纠正措施。在质量控制中，这类上限或下限被称作上侧或下侧控制限。

（4）当显著性水平变大时，暗示着什么？这时，哪种错误或误差将增大？

练习题

一、单项选择题

1.对总体参数提出某种假设，然后利用样本信息判断假设是否成立的过程称为（　　）。

A.假设检验　　B.参数估计　　C.双边检验　　D.单边检验

2.研究者想收集证据予以支持的假设通常称为（　　）。

A.原假设　　B.备择假设　　C.合理假设　　D.正常假设

3.在假设检验中，原假设与备择假设（　　）。

A.都有可能被接受

B.都有可能不被接受

C.只有一个被接受而且必有一个被接受

D.原假设一定被接受，备择假设不一定被接受

4.在假设检验中，“=”一般放在（　　）。

A.原假设上

B.备择假设上

C.可以放在原假设上，也可以放在备择假设上

D.有时放在原假设上，有时放在备择假设上

5.在假设检验中，不能拒绝原假设意味着（　　）。

A.原假设肯定是正确的　　B.原假设肯定是错误的

C.没有证据证明原假设是正确的　　D.没有证据证明原假设是错误的

6.在假设检验中，通常犯第一类错误的概率称为（　　）。

A.置信水平　　B.显著性水平　　C.取伪概率　　D.弃伪概率

7.在假设检验中，如果样本容量一定，则第一类错误和第二类错误（　　）。

A.可以同时减小　　B.不能同时减小　　C.可以同时增大　　D.只能同时增大

8.按设计标准，某自动食品包装机所包装食品的平均每袋重量应为500克。若要检验该机实际运行状况是否符合设计标准，应该采用（　　）。

A.左侧检验　　B.右侧检验

C.双侧检验　　D.左侧检验或右侧检验

9.假设检验中，如果原假设为真，而根据样本所得到的检验结论是否定原假设，则可认为（　　）。

A.抽样是不科学的　　B.检验结论是正确的

C.犯了第一类错误　　D.犯了第二类错误

10.当样本统计量的观察值未落入原假设的拒绝域时，表示（　　）。

A.可以放心地接受原假设　　B.没有充足的理由否定原假设

C.没有充足的理由否定备择假设　　D.备择假设是错误的

11.进行假设检验时，在其他条件不变的情况下，增加样本量，检验结论犯两类错误的概率会（　　）。

A.都减少　　B.都增大

C.都不变　　D.一个增大一个减小

12.关于检验统计量，下列说法中错误的是（　　）。

A.检验统计量是样本的函数

B.检验统计量包含未知总体参数

C.在原假设成立的前提下，检验统计量的分布是明确可知的

D.检验同一总体参数可以用多个不同的检验统计量

二、多项选择题

1.关于原假设的建立，下列叙述中正确的有（　　）。

A.若不希望否定某一命题，就将此命题作为原假设

B.尽量使后果严重的错误成为第二类错误

C.质量检验中若对产品质量一直很放心，原假设为“产品合格（达标）”

D.若想利用样本作为对某一命题强有力的支持，应将此命题的对立命题作为原假设

E.可以随时根据检验结果改换原假设，以期达到决策者希望的结论

2.在假设检验中，α与β的关系是（　　）。

A.α和β绝对不可能同时减少

B.只能控制α，不能控制β

C.在其他条件不变的情况下，增大α，必然会减少β

D.在其他条件不变的情况下，增大α，必然会增大β

E.增大样本容量可以同时减少α和β

3.关于假设检验和参数估计的联系与区别，下面判断正确的有（　　）。

A.都是对总体某一数量特征的推断，都是运用概率估计来得到自己的结论

B.前者需要事先对总体参数作出某种假设，然后根据已知的抽样分布规律确定可以接受的临界值

C.后者无须事先对总体数量特征作出假设，它是根据已知的抽样分布规律找出恰当的区间，给出总体参数落在这一区间的概率

D.假设检验中的第二类错误就是参数估计中的第一类错误

E.假设检验中的显著性水平就是参数估计中的置信水平

4.当我们根据样本资料对零假设作出接受或拒绝的决定时，可能出现的情况有（　　）。

A.当零假设为真时接受它

B.当零假设为假时接受它，我们犯了第一类错误

C.当零假设为真时拒绝它，我们犯了第二类错误

D.当零假设为假时拒绝它，我们犯了第二类错误

E.当零假设为假时接受它，我们犯了第二类错误

5.假设检验拒绝原假设，说明（　　）。

A.原假设有逻辑上的错误

B.原假设根本不存在

C.原假设成立的可能性很小

D.备择假设成立的可能性很大

E.备择假设成立的可能性很小

6.在假设检验中，犯第一类错误的概率α与犯第二类错误的概率β的关系是（　　）。

A.α=β

B.α与β成正比例关系变化

C.α与β成反比例关系变化

D.当α值给定后，β值随之确定

E.当α值减小后，β值会随之增大

7.假设检验中，下面判断正确的有（　　）。

A.当零假设为假时接受它的概率就是备择假设为真时接受它的概率

B.当零假设为假时接受它的概率就是备择假设为真时拒绝它的概率

C.当零假设为真时接受它的概率就是备择假设为假时拒绝它的概率

D.当零假设为真时拒绝它的概率就是备择假设为假时接受它的概率

E.当备择假设为假时拒绝它的概率等于零假设为假时接受它的概率

三、判断题

1.对某一总体均值进行假设检验，H_0：$\bar{X}=100$，H_1：$\bar{X}\neq100$。检验结论是：在1%的显著性水平下，应拒绝H_0。据此可认为：总体均值的真实值与100有很大差异。

2.有个研究者猜测，某贫困地区失学儿童中女孩数是男孩数的3倍以上（即男孩数不足女孩数的1/3）。为了对他的这一猜测进行检验，拟随机抽取50个失学儿童构成样本，那么原假设可以为：H_0：$P\leq1/3$。

四、简答题

1.采用某种新生产方法需要追加一定的投资。但若根据实验数据，通过假设检验判定该新生产方法能够降低产品成本，则这种新生产方法将正式投入使用。

（1）如果目前生产方法的平均成本是350元，试建立合适的原假设和备择假设。

（2）对你所提出的上述假设，发生第一、二类错误分别会导致怎样的后果？

2.简述可信区间和假设检验的关系。

五、计算题

1.某种感冒冲剂的生产线规定每包重量为12克，超重或过轻都是严重的问题。从过去的资料知σ是0.6克，质检员每2小时抽取25包冲剂称重检验，并作出是否停工的决策。假设产品重量服从正态分布。

（1）建立适当的原假设和备择假设。

（2）在$\alpha=0.05$时，该检验的决策准则是什么？

（3）如果$\bar{x}=12.25$克，生产线是否需要停工检修？

（4）如果 $\bar{x}=11.95$ 克，生产线是否需要停工检修？

2.某装置的工作温度服从正态分布，厂方说它的平均温度为80度，今抽16台测得平均温度为83度，标准差为2.5度。试问平均工作温度与厂方所说的是否有显著差异？显著性水平为0.05。

【$Z_{0.025}=1.96$；$t_{0.025}(15)=2.131$；$t_{0.025}(16)=2.120$】

3.为比较两种测声计A和B对噪声的测定结果，某人随机测定了10个场地，每个场地在同一时间用测声计A和B对噪声进行测定的结果如表5-10所示，问两种测声计对噪声的测定结果是否不同？

表5-10　测声计A和B对噪声进行测定的结果

场地	1	2	3	4	5	6	7	8	9	10
测声计A	87	65	74	95	65	55	63	88	61	54
测声计B	86	66	77	95	60	53	62	85	59	55

【$Z_{0.025}=1.96$；$t_{0.025}(10)=2.228$；$t_{0.025}(9)=2.262$】

第五章练习题参考答案

第六章

方差分析

2021年春季学期某学院三名教师分别给三个教学班级讲授“统计学”课程，为评估教师的教学水平，学院随机从各教师所教授的班级分别抽选了33名学生的“统计学”期末考试成绩，抽中学生的考试成绩见表6-1。

表6-1　学生“统计学”期末考试成绩　单位：分

A教师所教授班级学生成绩										
79	82	65	77	79	73	76	81	69	75	80
77	79	48	78	86	76	73	94	84	74	78
69	83	66	70	53	92	69	66	75	70	65
B教师所教授班级学生成绩										
74	75	77	54	74	80	73	85	78	76	76
74	87	69	76	75	72	75	90	66	88	70
76	68	82	93	78	61	76	79	52	72	73
C教师所教授班级学生成绩										
73	77	69	91	75	76	74	87	63	78	72
77	88	78	76	75	86	76	80	56	84	67
76	75	73	77	50	77	79	95	75	72	82

问题讨论：

（1）利用描述性统计方法，分析三个班级样本学生成绩的一般特征。

（2）A、B、C三名教师在“统计学”课程教学上是否存在显著性差异？

在假设检验中，我们学习了两个总体均数相互比较的方法。而上例中的数据组多于两组，假设检验方法已不再适用，需要用这一章的方差分析法来加以解决。

本章提要

本章系统学习方差分析的基本原理和方法。通过学习，要求读者熟练掌握方差分析的基本思想和常用术语；理解F检验；掌握单因素方差分析；了解双因素方差分析。

第一节 方差分析原理

一、方差分析的常用概念

（一）应用方差分析的原因

假设检验适用于样本平均数与总体平均数及两样本平均数间的差异显著性检验，但在生产和科学研究中经常会遇到比较多个处理优劣的问题，即需进行多个平均数间的差异显著性检验。这时，若仍采用假设检验法就不适宜了。这是因为：

1.检验过程烦琐

例如，一试验包含5个处理，采用假设检验的t检验法要进行C_5^2=10次两两平均数的差异显著性检验；若有k个处理，则要作k（k-1）/2次类似的检验。

2.无统一的试验误差，误差估计的精确性和检验的灵敏性低

对同一试验的多个处理进行比较时，应该有一个统一的试验误差的估计值。若用假设检验法作两两比较，由于每次比较需计算一个$S_{\bar{x}_1-\bar{x}_2}$，故使得各次比较误差的估计不统一，同时没有充分利用资料所提供的信息而使误差估计的精确性降低，从而降低检验的灵敏性。例如，试验有5个处理，每个处理重复6次，共有30个观测值。进行t检验时，每次只能利用两个处理共12个观测值估计试验误差，误差自由度为2（6-1）=10；若利用整个试验的30个观测值估计试验误差，显然估计的精确性高，且误差自由度为5（6-1）=25。可见，在用t检验法进行检验时，由于估计误差的精确性低，误差自由度小，使检验的灵敏性降低，容易掩盖差异的显著性。

3.推断的可靠性低，检验的I型错误率大

即使利用资料所提供的全部信息估计了试验误差，若用假设检验法进行多个处理平均数间的差异显著性检验，由于没有考虑相互比较的两个平均数的秩次问题，因而会增大犯I型错误的概率，降低推断的可靠性。

由于上述原因，多个平均数的差异显著性检验不宜用假设检验法，必须采用方差分析法。

小知识

方差分析法

方差分析（Analysis of Variance）是由英国统计学家R. A. Fisher于1923年提出的。这种方法是将k个处理的观测值作为一个整体看待，把观测值总变异的平方和及自由度分解为不同变异来源的平方和及自由度，进而获得不同变异来源的总体方差估计值；通过计算这些总体方差估计值的比值，就能检验各样本所属总体平均数是否相等，从而找到影响总体平均数之间差异的主要原因。方差分析实质上是关于观测值变异原因的数量分析，它在

科学研究中应用十分广泛。

（二）常用术语

本章在讨论方差分析基本原理的基础上，重点介绍单因素及双因素方差分析法。在此之前，先了解几个常用术语。

1.因素

因素是指所要研究的变量，它可能对因变量产生影响。假设要分析不同销售方式对销售量是否有影响，那么，销售量是因变量，而销售方式是可能影响销售量的因素。

如果方差分析只针对一个因素进行，称为单因素方差分析。如果同时针对多个因素进行，称为多因素方差分析。本章介绍单因素方差分析和双因素方差分析法，它们是方差分析中最常用的。

2.水平

水平指各个因素的具体表现，如销售的四种方式就是因素的不同取值等级。有时水平是人为划分的，比如质量被评定为好、中、差。

3.指标

为衡量研究结果或处理效应的好坏，在研究中具体测定的性状或观测项目称为指标。

4.交互作用

如果一个因素的效应大小在另一个因素不同水平下明显不同，则称为两个因素之间存在交互作用。当存在交互作用时，单纯研究某个因素的作用是没有意义的，必须在另一个因素的不同水平下研究该因素的作用大小。如果所有单元格内只有一个元素，则交互作用无法测出。

二、方差分析的基本思想

【例6-1】某公司采用四种方式推销其产品。为检验不同方式推销产品的效果，随机抽样得表6-2。

表6-2 某公司产品销售方式所对应的销售量

销售方式 \ 序号	1	2	3	4	5	水平均值
方式一	77	86	81	88	83	83
方式二	95	92	78	96	89	90
方式三	71	76	68	81	74	74
方式四	80	84	79	70	82	79
总均值						81.5

要看不同推销方式的效果，其实就归结为一个检验问题，设μ_i为第i（i=1，2，3，4）种推销方式的平均销售量，即检验原假设$H_0:\mu_1=\mu_2=\mu_3=\mu_4$是否为真。从数值上观察，四个均值都不相等，方式二的销售量明显较大。然而，我们并不能简单地根据这种第一印象来否定原假设，而应该分析μ_1、μ_2、μ_3、μ_4之间差异的原因。

从表6-2可以看到，20个数据各不相同，这种差异可能是由两方面的原因引起的：一是推销方式的影响，不同的方式会使人们产生不同消费冲动和购买欲望，从而产生不同的购买行动，这种由不同水平造成的差异，我们称为系统性差异；另一是随机因素的影响，同一种推销方式在不同的工作日销量也会不同，因为来商店的人群数量不一，经济收入不一，当班服务员态度不一，这种由随机因素造成的差异，我们称为随机性差异。两个方面产生的差异用两个方差来计量：一是μ_1、μ_2、μ_3、μ_4之间的总体差异，即水平之间的方差；二是水平内部的方差。前者既包括系统性差异，也包括随机性差异；后者仅包括随机性差异。如果不同的水平对结果没有影响，如推销方式对销售量不产生影响，那么在水平之间的方差中，也就仅仅有随机性差异，而没有系统性差异，它与水平内部方差就应该接近，两个方差的比值就会接近于1；反之，如果不同的水平对结果产生影响，在水平之间的方差中就不仅包括了随机性差异，也包括了系统性差异。这时，该方差就会大于水平内部的方差，两个方差的比值就会比1大，当这个比值大到某个程度时，即达到某临界点，我们就作出判断，不同的水平之间存在着显著性差异。因此，方差分析就是通过对水平之间的方差和水平内部的方差的比较，作出拒绝还是不能拒绝原假设的判断。

三、方差分析的前提和基本步骤

（一）方差分析的前提

方差分析实质上是对各总体均值相等假设进行检验，为了得到检验统计量的精确分布，要求满足的前提条件是：

（1）样本是独立的随机样本。

（2）各样本均来自正态总体。

（3）总体方差具有齐性，即各总体方差相等。

一般情况下，以上的假定条件都是能够满足的或近似满足的。

（二）方差分析的基本步骤

方差分析的基本步骤如下：

（1）计算各项平方和与自由度。

（2）列出方差分析表，进行F检验。

（3）作出判断。

若希望两两比较，则需要进行多重比较。多重比较的方法有最小显著差数法（LSD法）和最小显著极差法（LSR法，包括q检验法和新复极差法）。

此外，若需要揭示一些特殊重要问题，多重比较又无法或不能很好地回答这些问题时，则应考虑正交试验设计。

在现实生活中，消费者在购买产品/服务时通常会考虑许多因素，如价格、品牌、款式以及产品的特有功能等。那么在这些因素当中，每个因素对消费者的重要程度如何？在同样的成本下，产品的哪些因素最能赢得消费者的满意？

对于上述问题，我们还需要利用正交试验设计进行分析。正交试验设计（简称正交设计或正交试验）是利用“正交表”进行科学地安排与分析多因素试验的方法。它的优点是能在很多试验方案中挑选出代表性很强的少数试验方案，并通过对这少数方案的试验结果的分析，推断出影响试验结果的主要因素，同时还可作进一步的分析，得到比试验结果本身给出的还要多的有关各因素的信息。

第二节 F检验

一、F分布

设想我们做这样的抽样试验，即在一正态总体N（μ，σ^2）中随机抽取样本容量为n的样本k个，将各样本观测值整理成如表6-2所示的形式。此时所谓的各处理没有真实差异，各处理只是随机分的组。因此，算出的S_A^2和S_E^2都是误差方差σ^2的估计量。以S_E^2为分母，S_A^2为分子，求其比值。统计学上把两个均方之比值称为F值，即：

$$F = S_A^2/S_E^2$$

F具有两个自由度：$df_1 = dfA = k-1, df_2 = dfE = k(n-1)$。

若在给定的k和n的条件下，继续从该总体进行一系列抽样，则可获得一系列的F值。这些F值所具有的概率分布称为F分布（F Distribution）。F分布密度曲线是随自由度df_1、df_2的变化而变化的一簇偏态曲线，其形态随着df_1、df_2的增大逐渐趋于对称，如图6-1所示。

F分布的取值范围是（0，+∞），其平均值μ_F=1。

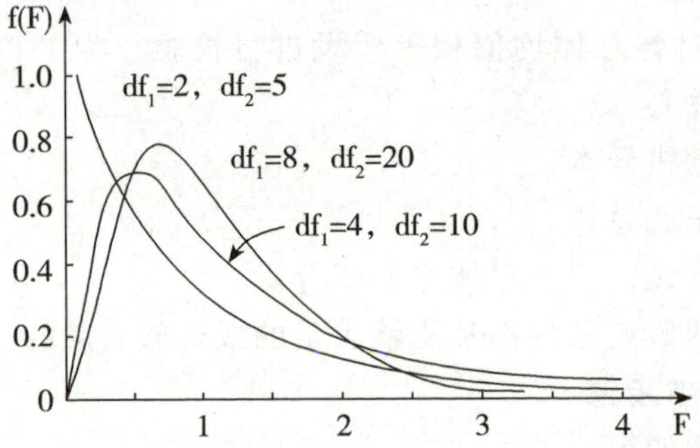

图6-1　F分布图

用f（F）表示F分布的概率密度函数，则其分布函数$F(F_\alpha)$为：

$$F(F_\alpha) = P(F < F_\alpha) = \int_0^{F_\alpha} f(F)\,dF$$

因而F分布右尾从F_α到+∞的概率为：

$$P(F \geqslant F_\alpha) = 1 - F(F_\alpha) = \int_{F_\alpha}^{+\infty} f(F)\,dF$$

本书附录表列出的是不同df_1和df_2下，P（$F \geqslant F_\alpha$）=0.05和P（$F \geqslant F_\alpha$）=0.01时的F值，即右尾概率α=0.05和α=0.01时的临界F值，一般记作$F_{0.05(df_1,df_2)}$，$F_{0.01(df_1,df_2)}$。例如，查表知，当df_1=3，df_2=18时，$F_{0.05(3,18)}$=3.16，$F_{0.01(3,18)}$=5.09，表示所得F值大于3.16的仅为5%，而大于5.09的仅为1%。

二、F检验

本书附录表是专门为检验S_A^2代表的总体方差是否比S_E^2代表的总体方差大而设计的。若实际计算的F值大于$F_{0.05(df_1,df_2)}$，则F值在α=0.05的水平上显著，我们以95%的可靠性（即冒5%的风险）推断S_A^2代表的总体方差大于S_E^2代表的总体方差。这种用F值出现概率的大小推断两个总体方差是否相等的方法称为F检验（F-test）。

在方差分析中所进行的F检验目的在于推断处理间的差异是否存在，检验某项变异因素的效应方差是否为零。因此，在计算F值时总是以被检验因素的均方作为分子，以误差均方作为分母。应当注意，分母项的正确选择是由方差分析的模型和各项变异原因的期望均方决定的。

在单因素试验结果的方差分析中，原假设为H_0：$\mu_1=\mu_2=\cdots=\mu_k$，备择假设为H_1：各μ_i不全相等，或H_0: $\sigma_\alpha^2=0$，H_1：$\sigma_\alpha^2\neq0$，$F=MS_A/MS_E$，也就是要判断处理间均方是否显著大于处理内（误差）均方。如果结论是肯定的，我们将拒绝H_0；反之，则不拒绝H_0。如果H_0是正确的，那么MS_A与MS_E都是总体误差σ^2的估计值，理论上讲F值等于1；如果H_0是不正确的，那么MS_A之期望均方中的σ_α^2就不等于零，理论上讲F值就必大于1。但是，由于抽样的原因，即使H_0正确，F值也会出现大于1的情况。因此，只有F值大于1达到一定程度时，才有理由拒绝H_0。

实际进行F检验时，是根据试验资料所计算的F值与根据df_1（或df_A，即分子均方的自由度）、df_2（或df_E，即分母均方的自由度）查附表所得的F临界值$F_{0.05(df_1,df_2)}$，$F_{0.01(df_1,df_2)}$相比较作出统计推断的。

若$F<F_{0.05(df_1,df_2)}$，即$P>0.05$，不能拒绝H_0，统计学上把这一检验结果表述为：各处理间差异在显著性水平为0.05条件下不显著。

若$F_{0.05(df_1,df_2)}\leqslant F<F_{0.01(df_1,df_2)}$，即$0.01<P\leqslant0.05$，拒绝$H_0$，接受$H_1$，统计学上把这一检验结果表述为：各处理间差异在显著性水平为0.05条件下显著，可在F值的右上方标记“*”。

若$F\geqslant F_{0.01(df_1,df_2)}$，即$P\leqslant0.01$，拒绝$H_0$，接受$H_1$，统计学上把这一检验结果表述为：各处理间差异在显著性水平为0.01条件下显著，可在F值的右上方标记“**”。

【例6-2】某水产研究所为了比较四种不同配合饲料对鱼的饲喂效果，选取了条件基本相同的鱼20尾，随机分成四组，投喂不同饲料，经一个月试验以后，各组鱼的增重结果列于表6-3中。

表6-3　饲喂不同饲料的鱼的增重　单位：10g

饲料	鱼的增重（x_{ij}）					合计$x_{i.}$	平均$\bar{x}_{i.}$
A_1	31.9	27.9	31.8	28.4	35.9	155.9	31.18
A_2	24.8	25.7	26.8	27.9	26.2	131.4	26.28
A_3	22.1	23.6	27.3	24.9	25.8	123.7	24.74
A_4	27.0	30.8	29.0	24.5	28.5	139.8	27.96
合计						550.8	

对于【例6-2】，因为$F=MS_A/MS_E=38.09/5.34=7.13^{**}$；根据$df_1=df_A=3$，$df_2=df_E=16$查附表，得$F>F_{0.01\ (3,\ 16)}=5.29$，$P<0.01$，表明四种不同饲料对鱼的增重效果差异极为显著，用不同的饲料饲喂鱼，增重是不同的。

在方差分析中，通常运用Excel或SPSS软件自动计算，软件运行结果将变异来源、平方和、自由度、均方和F值形成一张方差分析表，本例的软件运行结果见表6-4。

表6-4 方差分析表

变异来源	平方和	自由度	均方	F值
处理间	114.27	3	38.09	7.13**
处理内	85.40	16	5.34	
总变异	199.67	19		

在实际进行方差分析时，只需计算出各项平方和与自由度，各项均方的计算及F值检验可在方差分析表上进行。

第三节 单因素方差分析

一、单因素方差分析的数据结构

在单因素方差分析中，若因素A共有r个水平，对均衡试验而言，每个水平的样本容量为k，则共有kr个观察值，如表6-5所示。对不均衡试验，各水平的样本容量可以是不同的，设第i个样本的容量是n_i，则观测值的总个数为$n=\sum_{i=1}^{r}n_i$。

表6-5 单因素方差分析的数据结构

水平i \ 观测值j		1	2	…	k
因素A	水平1	x_{11}	x_{12}	…	x_{1k}
	水平2	x_{21}	x_{22}	…	x_{2k}
	⋮	⋮	⋮	⋮	⋮
	水平r	x_{r1}	x_{r2}	…	x_{rk}

二、单因素方差分析的步骤

（一）单因素方差分析模型与检验假设

方差分析最初是针对试验设计的试验结果分析而提出的。设在某试验中，因素A有r个水平$A_1,\cdots,A_r$，在水平A_i下的试验结果X_i服从$N(\mu_i,\sigma^2)$，$i=1,\cdots,r$，这里$X_1,\cdots,X_r$相互独立。在水平A_i下做了n_i次试验，得到n_i个观测结果x_{ij}，$j=1,\cdots,n_i$，它们可以被看作是来自X_i的一个容量为n_i的样本。因为$x_{ij}\sim N(\mu_i,\sigma^2)$，所以可得到单因素方差分析模型如下：

$$x_{ij}=\mu_i+\varepsilon_{ij}$$

其中随机误差ε_{ij}相互独立，都服从$N(0,\sigma^2)$分布。要检验的假设是：

$H_0:\mu_1=\mu_2=\cdots=\mu_r$；$H_1:\mu_1,\mu_2,\cdots,\mu_r$不全相等

以μ表示这r个总体均值的平均值，即$\mu=\frac{1}{r}\sum_{i=1}^{r}\mu_i$，称为一般水平或平均水平，令$\alpha_i=\mu_i-\mu$，称为因素A的第i个水平的效应，由算术平均数的性质易得$\sum_{i=1}^{r}\alpha_i=0$。把原参

数μ_i变换成新参数α_i后，$i=1,\cdots,r$，单因素方差分析模型则变为：

$$x_{ij}=\mu+\alpha_i+\varepsilon_{ij}$$

式中：x_{ij}——水平A_i的第j个观察值。

上述要检验的假设则等价于：

$H_0:\alpha_1=\alpha_2=\cdots=\alpha_r=0$; $H_1:\alpha_1,\alpha_2,\cdots,\alpha_r$不全为0

对于【例6-1】，如果要比较四种推销方式对应的销售量是否存在差异，那么第一种推销方式中的某个观察值就等于该种方式的平均水平再加上一个随机误差。如果四种方式总体均值都相同，则它就等于总体均值再加上一个随机误差，实际上就变成了同一个变量分布中的某一点。所以，原假设和备择假设是：

$H_0:\mu_1=\mu_2=\mu_3=\mu_4$，即推销方式对销售量影响不显著；

$H_1:\mu_1,\mu_2,\mu_3,\mu_4$不全相等，即推销方式对销售量有显著影响。

（二）构造检验F统计量

1.水平的均值

我们令$\bar{x}_i$为第i（或A_i）水平的样本均值，则有：

$$\bar{x}_i\cdot=\frac{1}{n_i}\sum_{j=1}^{n_i}x_{ij}$$

当各水平的观察值个数均相等的时候，上式变为：

$$\bar{x}_i\cdot=\frac{1}{k}\sum_{j=1}^{k}x_{ij}$$

2.全部观察值的总均值

我们令$\bar{\bar{x}}$为全部观察值的总均值，则：

$$\bar{\bar{x}}=\frac{\sum_{i=1}^{r}\sum_{j=1}^{n_i}x_{ij}}{\sum_{i=1}^{r}n_i}$$

当各水平的观察值个数均相等的时候，上式变为：

$$\bar{\bar{x}}=\frac{\sum_{i=1}^{r}\sum_{j=1}^{k}x_{ij}}{rk}=\frac{\sum_{i=1}^{r}\bar{x}_i\cdot}{r}$$

对【例6-1】而言，各n_j都相等，即k=5。

3.离差平方和

在单因素方差分析中，有以下三个离差平方和：

（1）总离差平方和（Sum of Squares for Total，SST），计算公式为：

$$SST=\sum_{i=1}^{r}\sum_{j=1}^{n_i}(x_{ij}-\bar{\bar{x}})^2 \tag{6.1}$$

总离差平方和反映全部观察值的离散状况，是全部观察值与总平均值的离差平方和。

（2）误差项离差平方和（Sum of Squares for Error，SSE），计算公式为：

$$SSE=\sum_{i=1}^{r}\sum_{j=1}^{n_i}(x_{ij}-\bar{x}_i)^2 \tag{6.2}$$

误差项离差平方和又称为组内离差平方和，它反映了同一水平内部各观察值的差异情况，即随机因素产生的影响。

（3）水平项离差平方和（Sum of Squares for Factor A，SSA），计算公式为：

$$SSA = \sum_{i=1}^{r} n_i\ (\bar{x}_{i\cdot} - \bar{\bar{x}})^2 \tag{6.3}$$

水平项离差平方和又称组间离差平方和，是各组平均值与总平均值的离差平方和，反映了不同水平之间各观察值的差异情况，它既包括随机误差，也包括系统误差。

各样本具有独立性，使得离差平方和具有可分解性，即总离差平方和等于误差项离差平方和加上水平项离差平方和，用公式表达为：

$$SST=SSE+SSA \tag{6.4}$$

对【例6-1】而言，计算结果见表6-6。

表6-6　【例6-1】数据单因素方差分析计算表（一）

序号	方式一	方式二	方式三	方式四	
1	77	95	71	80	
2	86	92	76	84	
3	81	78	68	79	
4	88	96	81	70	
5	83	89	74	82	总均值
水平均值	83	90	74	79	81.5
					合计
总离差平方	85.25	571.25	379.25	147.25	1 183
误差项离差平方	74	210	98	116	498
水平项离差平方	11.25	361.25	281.25	31.25	685

4.均方差（Mean Square）

各离差平方和的大小与观察值的多少有关，为了消除观察值多少对离差平方和大小的影响，需要将其平均，这就是均方差，也可以理解为方差（因为采取了方差的计算方法）。方差分析表中有组间方差（MSA）和组内方差（MSE），分别用离差平方和除以相应的自由度df（见表6-7），其中$n=\sum_{i=1}^{r} n_i$。

表6-7　方差分析表

方差来源	离差平方和SS	df	均方差MS	F
组间	SSA	r-1	MSA = SSA /（r-1）	MSA/MSE
组内	SSE	n-r	MSE = SSE /（n-r）	
总方差	SST	n-1		

5.构造检验统计量F

公式为：

$$F=组间方差/组内方差=MSA/MSE \tag{6.5}$$

对【例6-1】而言，计算结果见表6-8。

表6-8　【例6-1】数据单因素方差分析计算表（二）

方差来源	离差平方和SS	df	均方和MS	F
组间	685	3	228.3333	7.3360
组内	498	16	31.125	
总方差	1 183	19		

（三）判断与结论

在假设条件成立时，F统计量服从第一自由度df_1为$r-1$、第二自由度df_2为$n-r$的F分布（F分布表见本教材附表4）。将统计量F与给定的显著性水平α的临界值$F_\alpha(r-1,n-r)$比较，可以作出拒绝或不能拒绝原假设H_0的判断，如图6-2所示。

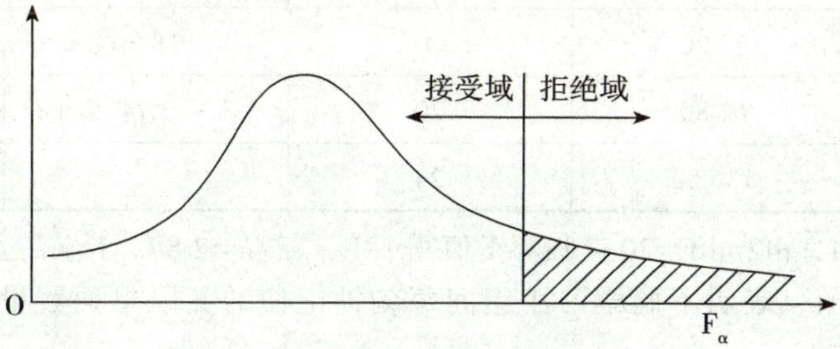

图6-2　F检验示意图

若$F \geq F_\alpha$，则拒绝原假设H_0，表明均值之间的差异显著，因素A对观察值有显著影响；

若$F<F_\alpha$，则不能拒绝原假设H_0，表明均值之间的差异不显著，因素A对观察值没有显著影响。

在【例6-1】中，F=7.3360，若α取0.05，则临界值$F_{0.05}(3,16)=3.24$。由于$F>F_\alpha$，故应拒绝原假设，推销方式对销售量有影响。

以下是另外两例完整的方差分析。

【例6-3】抽查五个不同学习小组每刻钟记住的英语单词数量，结果见表6-9，试检验不同学习小组间每刻钟记住的英语单词数量差异是否显著。

表6-9　五个不同学习小组每刻钟记住的英语单词数量

学习小组	观察值x_{ij}（个）					$x_{i.}$	$\bar{x}_{i.}$
1	8	13	12	9	9	51	10.2
2	7	8	10	9	7	41	8.2
3	13	14	10	11	12	60	12
4	13	9	8	8	10	48	9.6
5	12	11	15	14	13	65	13
合计						265	

解：这是一个单因素试验，k=5，n=5。现对此试验结果进行方差分析如下：

$$C = (\sum\sum x)^2/N = 265^2/(5\times5) = 2\,809.00$$

$$SST = \sum_{i=1}^{r}\sum_{j=1}^{n_i}(x_{ij} - \bar{\bar{x}})^2$$

$$= \sum\sum x_{ij}^2 - C = (8^2 + 13^2 + \cdots + 14^2 + 13^2) - 2\,809.00$$

$$= 2\,945.00 - 2\,809.00 = 136.00$$

$$SSA = \frac{1}{n}\sum(\sum x)^2 - C = \frac{1}{5}\times(51^2 + 41^2 + 60^2 + 48^2 + 65^2) - 2\,809.00$$

$$= 2\,882.20 - 2\,809.00 = 73.20$$

$$SSE = SST - SSA = 136.00 - 73.20 = 62.80$$

$$dfT=kn-1=5\times5-1=24,\ dfA=k-1=5-1=4,\ dfE=dfT-dfA=24-4=20$$

不同学习小组每刻钟记住的英语单词数量的方差分析见表6-10。

表6-10　不同学习小组每刻钟记住的英语单词数量的方差分析表

误差来源	平方和	自由度	均方	F值
组间误差	73.20	4	18.30	5.83**
组内误差	62.80	20	3.14	
总误差	136.00	24		

根据df1=dfA=4，df2=dfE=20查临界F值得：$F_{0.05\,(4,\ 20)}=2.87$，$F_{0.05\,(4,\ 20)}=4.43$，因为$F>F_{0.01\,(4,\ 20)}$，即$P<0.01$，表明不同学习小组间每刻钟记住的英语单词数量有差异，达到1%显著水平。

【例6-4】五个不同地点的报亭每小时销量（元）资料如表6-11所示。试比较不同地点间的报亭销量有无差异。

表6-11　五个不同地点的报亭每小时销量

地点	销量（元）						n_i	$x_{i.}$	$\bar{x}_{i.}$
B_1	21.5	19.5	20.0	22.0	18.0	20.0	6	121.0	20.2
B_2	16.0	18.5	17.0	15.5	20.0	16.0	6	103.0	17.2
B_3	19.0	17.5	20.0	18.0	17.0		5	91.5	18.3
B_4	21.0	18.5	19.0	20.0			4	78.5	19.6
B_5	15.5	18.0	17.0	16.0			4	66.5	16.6
合计							25	460.5	

解：此例处理数k=5，各处理重复数不等。现对此试验结果进行方差分析如下：

$$C = (\sum\sum x)^2/N = 460.5^2/25 = 8\,482.41$$

$$SST = \sum_{i=1}^{r}\sum_{j=1}^{n_i}(x_{ij} - \bar{\bar{x}})^2$$

$$= \sum\sum x_{ij}^2 - C = (21.5^2 + 19.5^2 + \cdots + 17.0^2 + 16.0^2) - 8\,482.41$$

$$= 8\,567.75 - 8\,482.41 = 85.34$$

$$SSA = \frac{1}{n}\sum(\sum x)^2 - C = (121.0^2/6 + 103.0^2/6 + 91.5^2/5 + 78.8^2/4 + 66.5^2/4) - 8\,482.41$$

$$= 8\,528.91 - 8\,482.41 = 46.50$$

SSE = SST - SSA = 85.34 - 46.50 = 38.84

dfT = N - 1 = 25 - 1 = 24

dfA = k - 1 = 5 - 1 = 4

dfE = dfT - dfA = 24 - 4 = 20

不同地点的报亭每小时销量的方差分析见表6-12。

表6-12　　不同地点的报亭每小时销量的方差分析表

误差来源	平方和	自由度	均方	F值
组间误差	46.50	4	11.63	5.99^{**}
组内误差	38.84	20	1.94	
总误差	85.34	24		

临界F值为：$F_{0.05\ (4,\ 20)}=2.87$，$F_{0.01\ (4,\ 20)}=4.43$，因为不同地点间的F值$5.99>F_{0.01\ (4,\ 20)}$，$P<0.01$，表明不同地点间销量的差异极为显著。

三、单因素方差分析中的两个问题

使用单因素方差分析时，应注意的问题有：

（1）在前面的数据结构中，因素各水平下的样本容量都相同，是为了公式推导的方便。在实际问题中，各总体的样本容量可以相同也可以不同，分析过程和结论都不受影响。在用Excel进行方差分析时，计算机也能自动判断各样本的容量大小。

（2）方差分析将所有样本结合在一起，使数据数量增多，提高了分析结果的稳定性。但是，方差分析也存在自己的不足之处，比如：当检验结果是拒绝原假设时，我们认为各总体的均值不等，至于哪个总体均值大，哪个总体均值小，方差分析本身不能立即得出结论。如果要得到各总体均值大小的排序信息，还需要借助“多重比较”法。

软件应用　　如何用软件进行单因素方差分析？

第四节　双因素方差分析

一、双因素方差分析的种类

在现实中，常常会遇到两个因素同时影响结果的情况。这就需要检验究竟一个因素起作用，还是两个因素都起作用，或者两个因素的影响都不显著。

双因素方差分析有两种类型：一种是无交互作用的双因素方差分析，它假定因素A和因素B的效应之间是相互独立的，不存在相互关系；另一种是有交互作用的方差分析，它假定A、B两个因素不是独立的，而是相互起作用的，两个因素同时起作用的结果不是两个因素分别作用的简单相加，两者的结合会产生一个新的效应。这种效应的最典型的例子是，耕地深度和施肥量都会影响产量，但同时深耕和适当的施肥可能使产量成倍增加，这时，耕地深度和施肥量就存在交互作用。两个因素结合后就会产生出一个新的效应，属于有交互作用的方差分析问题。

二、无交互作用的双因素方差分析

（一）数据结构

设两个因素分别是A和B。因素A共有r个水平，因素B共有s个水平，无交互作用的双因素方差分析的数据结构如表6-13所示。

表6-13　无交互作用双因素方差分析的数据结构

j / i		因素B				
		B_1	B_2	…	B_s	均值
因素A	A_1	x_{11}	x_{12}	…	x_{1s}	$\bar{x}_{1\cdot}$
	A_2	x_{21}	x_{22}	…	x_{2s}	$\bar{x}_2$
	⋮	⋮	⋮	⋮	⋮	⋮
	A_r	x_{r1}	x_{r2}	…	x_{rs}	$\bar{x}_{r\cdot}$
	均值	$\bar{x}_{\cdot 1}$	$\bar{x}_{\cdot 2}$	…	$\bar{x}_{\cdot s}$	

（二）分析步骤

1.模型与假设

在水平(A_i,B_j)下的试验结果X_{ij}服从$N(\mu_{ij},\sigma^2)$，$i=1,\cdots,r$，$j=1,\cdots,s$，这些试验结果相互独立。

与单因素方差分析模型相类似，令$\mu=\frac{1}{rs}\sum_{i=1}^{r}\sum_{j=1}^{s}\mu_{ij}$，称为一般水平或平均水平，$\mu_{i\cdot}=\frac{1}{s}\sum_{j=1}^{s}\mu_{ij}$，$i=1,\cdots,r$，$\mu_{\cdot j}=\frac{1}{r}\sum_{i=1}^{r}\mu_{ij}$，$j=1,\cdots,s$，$\alpha_i=\mu_{i\cdot}-\mu$，称为因素A在第i个水平下的效应，$\beta_j=\mu_{\cdot j}-\mu$，称为因素B在第j个水平下的效应，显然有$\sum_{i=1}^{r}\alpha_i=0$，$\sum_{j=1}^{s}\beta_j=0$。若$\mu_{ij}=\mu+\alpha_i+\beta_j$，则称这种方差分析模型为无交互作用的双方差分析模型，此时只需对(A_i,B_j)的每种组合各做一次试验，观测值记为x_{ij}。把原参数μ_{ij}变换成新参数α_i和β_j后，无交互作用的双因素方差分析模型则为：

$$\begin{cases} x_{ij}=\mu+\alpha_i+\beta_j+\varepsilon_{ij}, \quad i=1,\cdots,r, \quad j=1,\cdots,s \\ \sum_{i=1}^{r}\alpha_i=0, \quad \sum_{j=1}^{s}\beta_j=0 \end{cases}$$

其中随机误差ε_{ij}相互独立，都服从$N(0,\sigma^2)$分布。对这个模型要检验的假设有两个：

对因素A：$H_{01}:\mu_{1\cdot}=\mu_{2\cdot}=\cdots=\mu_{r\cdot}$；$H_{11}:\mu_{1\cdot},\mu_{2\cdot},\cdots,\mu_{r\cdot}$不全相等

对因素B：$H_{02}:\mu_{\cdot 1}=\mu_{\cdot 2}=\cdots=\mu_{\cdot s}$；$H_{12}:\mu_{\cdot 1},\mu_{\cdot 2},\cdots,\mu_{\cdot s}$不全相等

我们检验因素A是否起作用实际上就是检验各个α_i是否均为0，如都为0，则因素A所对应的各组总体均数都相等，即因素A的作用不显著；对因素B，也是这样。因此，上述假设等价于：

对因素A：$H_{01}:\alpha_1=\alpha_2=\cdots=\alpha_r=0$；$H_{11}:\alpha_1,\alpha_2,\cdots,\alpha_r$不全为0

对因素B：$H_{02}:\beta_1=\beta_2=\cdots=\beta_s=0$；$H_{12}:\beta_1,\beta_2,\cdots,\beta_s$不全为0

2.构造检验统计量

（1）水平的均值：

$$\bar{x}_{i\cdot}=\frac{1}{s}\sum_{j=1}^{s}x_{ij}$$

$$\bar{x}_{\cdot j}=\frac{1}{r}\sum_{i=1}^{r}x_{ij}$$

（2）总均值：

$$\bar{\bar{x}}=\frac{1}{rs}\sum_{i=1}^{r}\sum_{j=1}^{s}x_{ij}=\frac{1}{r}\sum_{i=1}^{r}\bar{x}_{i\cdot}=\frac{1}{s}\sum_{j=1}^{s}\bar{x}_{\cdot j}$$

（3）离差平方和的分解。

双因素方差分析同样要对总离差平方和SST进行分解，SST分解为三部分：SSA、SSB和SSE，以分别反映因素A的组间差异、因素B的组间差异和随机误差（即组内差异）的离散状况。

它们的计算公式分别为：

$$SST=\sum_{i=1}^{r}\sum_{j=1}^{s}(x_{ij}-\bar{\bar{x}})^2 \tag{6.6}$$

$$SSA=\sum_{i=1}^{r}s(\bar{x}_{i\cdot}-\bar{\bar{x}})^2 \tag{6.7}$$

$$SSB=\sum_{j=1}^{s}r(\bar{x}_{\cdot j}-\bar{\bar{x}})^2 \tag{6.8}$$

$$SSE=SST-SSA-SSB \tag{6.9}$$

（4）构造检验统计量。

由离差平方和与自由度可以计算出均方和，从而计算出F检验值，见表6-14。

表6-14　无交互作用的双因素方差分析表

方差来源	离差平方和SS	df	均方和MS	F
因素A	SSA	r-1	MSA=SSA/（r-1）	MSA/MSE
因素B	SSB	s-1	MSB=SSB/（s-1）	MSB/MSE
误差	SSE	（r-1）（s-1）	MSE=SSE/（r-1）（s-1）	
总方差	SST	rs-1		

为检验因素A的影响是否显著，采用下面的统计量：

$$F_A=\frac{MSA}{MSE}\sim F(r-1,(r-1)(s-1)) \tag{6.10}$$

为检验因素B的影响是否显著，采用下面的统计量：

$$F_B=\frac{MSB}{MSE}\sim F(s-1,(r-1)(s-1)) \tag{6.11}$$

3.判断与结论

根据给定的显著性水平α在F分布表中查找相应的临界值F_α，将统计量F与F_α进行比较，作出拒绝或不能拒绝原假设H_0的决策。

若$F_A \geq F_\alpha(r-1,(r-1)(s-1))$，则拒绝原假设$H_{01}$，表明均值之间有显著差异，即因素A对观察值有显著影响；

若$F_A < F_\alpha(r-1,(r-1)(s-1))$，则不能拒绝原假设$H_{01}$，表明均值之间的差异不显著，即因素A对观察值没有显著影响；

若$F_B \geq F_\alpha(s-1,(r-1)(s-1))$，则拒绝原假设$H_{02}$，表明均值之间有显著差异，即因素B对观察值有显著影响。

若$F_B < F_\alpha(s-1,(r-1)(s-1))$，则不能拒绝原假设$H_{02}$，表明均值之间的差异不显著，即因素B对观察值没有显著影响。

（三）实例

【例6-5】某企业有三台不同型号的设备，生产同一产品，现有五名工人轮流在此三台设备上操作，记录下他们的日产量，见表6-15。试根据方差分析说明这三台设备之间和五名工人之间对日产量的影响是否显著（α=0.05）。

表6-15　五名工人在三台设备上的日产量

设备	工人一	工人二	工人三	工人四	工人五
A	64	72	63	81	78
B	75	66	61	73	80
C	78	67	80	69	71

解：检验的假设有两个。

第一个假设是针对设备（设为A因素）的：

H_{01}：三台设备对日产量没有显著影响；

H_{11}：三台设备对日产量有显著影响。

第二个假设是针对人员（设为B因素）的：

H_{02}：工人技术对日产量没有显著影响；

H_{12}：工人技术对日产量有显著影响。

将以上数据输入Excel表格中，进行“无重复双因素分析”，Excel输出的方差分析表如表6-16所示。

表6-16　Excel输出的方差分析表

差异源	SS	df	MS	F	P-value	F crit
行（A因素）	10.53333	2	5.266667	0.092371	0.91273	4.458968
列（B因素）	161.0667	4	40.26667	0.706226	0.60969	3.837854
误差	456.1333	8	57.01667			
总计	627.7333	14				

从表6-16可知：$F_A=0.092<F_{0.05}(2,8)=4.46$，接受$H_{01}$，没有证据证明三台设备对日产量有显著影响；$F_B=0.706<F_{0.05}(4,8)=3.84$，也接受$H_{02}$，也没有证据证明五名工人对日产量有

显著影响。

三、有交互作用的方差分析

（一）数据结构

设两个因素分别是A和B，因素A共有r个水平，因素B共有s个水平，在水平组合(A_i,B_j)下的试验结果X_{ij}服从$N(\mu_{ij},\sigma^2)$，$i=1,\cdots,r$，$j=1,\cdots,s$，假设这些试验结果相互独立。为对两个因素的交互作用进行分析，每个水平组合下至少要进行两次试验，不妨假设在每个水平组合(A_i,B_j)下重复t次试验，每次试验的观测值用x_{ijk}，$k=1,\cdots,t$表示，那么有交互作用的双因素方差分析的数据结构如表6-17所示。

表6-17　　有交互作用双因素方差分析的数据结构

j \ i		因素B			
		B_1	…	B_s	均值
因素A	A_1	x_{111}, x_{112}, …, x_{11t}	…	x_{1s1}, x_{1s2}, …, x_{1st}	$\bar{x}_{1\bullet}$
	A_2	x_{211}, x_{212}, …, x_{21t}	…	x_{2s1}, x_{2s2}, …, x_{2st}	$\bar{x}_{2\bullet}$
	⋮	⋮	⋮	⋮	⋮
	A_r	x_{r11}, x_{r12}, …, x_{r1t}	…	x_{rs1}, x_{rs2}, …, x_{rst}	$\bar{x}_{r\bullet}$
	均值	$\bar{x}_{\bullet 1}$	…	$\bar{x}_{\bullet s}$	

（二）分析步骤

1.模型与假设

与无交互作用双因素方差分析模型一样，令$\mu=\frac{1}{rs}\sum_{i=1}^{r}\sum_{j=1}^{s}\mu_{ij}$，称为一般水平或平均水平，$\mu_{i\bullet}=\frac{1}{s}\sum_{j=1}^{s}\mu_{ij}$，$i=1,\cdots,r$，$\mu_{\bullet j}=\frac{1}{r}\sum_{i=1}^{r}\mu_{ij}$，$j=1,\cdots,s$，$\alpha_i=\mu_{i\bullet}-\mu$，称为因素A在第i个水平下的效应，$\beta_j=\mu_{\bullet j}-\mu$，称为因素B在第j个水平下的效应，显然有$\sum_{i=1}^{r}\alpha_i=0$，$\sum_{j=1}^{s}\beta_j=0$。若$\mu_{ij}\neq\mu+\alpha_i+\beta_j$，则称这种方差分析模型为有交互作用的双方差分析模型，再令$\gamma_{ij}=\mu_{ij}-\alpha_i+\beta_j$，称为因素A的第i水平与因素B的第j水平的交互效应，满足

$$\begin{cases}\sum_{i=1}^{r}\gamma_{ij}=0, & j=1,\cdots,s\\ \sum_{j=1}^{s}\gamma_{ij}=0, & i=1,\cdots,r\end{cases}$$

把原参数μ_{ij}变换成新参数α_i、β_j和γ_{ij}后，有交互作用的双因素方差分析模型为：

$$\begin{cases}x_{ijk}=\mu+\alpha_i+\beta_j+\gamma_{ij}+\varepsilon_{ijk}\\ \sum_{i=1}^{r}\alpha_i=0,\ \sum_{j=1}^{s}\beta_j=0\\ \sum_{i=1}^{r}\gamma_{ij}=0,\ \sum_{j=1}^{s}\gamma_{ij}=0\end{cases}$$

这里$i=1,\cdots,r$，$j=1,\cdots,s$，$k=1,\cdots,t$，随机误差ε_{ijk}相互独立，都服从$N(0,\sigma^2)$分布。与前面的分析思路相同，我们检验因素A、因素B以及两者的交互效应是否起作用实际上就是检验各个α_i、β_j以及γ_{ij}是否都为0，故对此模型要检验的假设有三个：

对因素A：$H_{01}:\alpha_1=\alpha_2=\cdots=\alpha_r=0$；$H_{11}:\alpha_1,\alpha_2,\cdots,\alpha_r$不全为零。

对因素B：$H_{02}:\beta_1=\beta_2=\cdots=\beta_s=0$；$H_{12}:\beta_1,\beta_2,\cdots,\beta_s$不全为零。

对因素A和B的交互效应：H_{03}:对一切i，j有$\gamma_{ij}=0$；H_{13}:对一切i，j，γ_{ij}不全为零。

2.构造检验统计量

（1）水平的均值：

$$\bar{x}_{ij\bullet}=\frac{1}{t}\sum_{k=1}^{t}x_{ijk}$$

$$\bar{x}_{i\bullet\bullet}=\frac{1}{st}\sum_{j=1}^{s}\sum_{k=1}^{t}x_{ijk}$$

$$\bar{x}_{\bullet j\bullet}=\frac{1}{rt}\sum_{i=1}^{r}\sum_{k=1}^{t}x_{ijk}$$

（2）总均值：

$$\bar{\bar{x}}=\frac{1}{rst}\sum_{i=1}^{r}\sum_{j=1}^{s}\sum_{k=1}^{t}x_{ijk}=\frac{1}{r}\sum_{i=1}^{r}\bar{x}_{i\bullet\bullet}=\frac{1}{s}\sum_{j=1}^{s}\bar{x}_{\bullet j\bullet}$$

（3）离差平方和的分解。

与无交互作用的双因素方差分析不同，总离差平方和SST将被分解为四个部分：SSA、SSB、SSAB和SSE，以分别反映因素A的组间差异、因素B的组间差异、因素AB的交互效应和随机误差的离散状况。

它们的计算公式分别为：

$$SST=\sum_{i=1}^{r}\sum_{j=1}^{s}\sum_{k=1}^{t}(x_{ijk}-\bar{\bar{x}})^2 \tag{6.12}$$

$$SSA=\sum_{i=1}^{r}st(\bar{x}_{i\bullet\bullet}-\bar{\bar{x}})^2 \tag{6.13}$$

$$SSB=\sum_{j=1}^{s}rt(\bar{x}_{\bullet j\bullet}-\bar{\bar{x}})^2 \tag{6.14}$$

$$SSAB=\sum_{i=1}^{r}\sum_{j=1}^{s}t(\bar{x}_{ij\bullet}-\bar{x}_{i\bullet\bullet}-\bar{x}_{\bullet j\bullet}+\bar{\bar{x}})^2 \tag{6.15}$$

$$SSE=\sum_{i=1}^{r}\sum_{j=1}^{s}\sum_{k=1}^{t}(x_{ijk}-\bar{x}_{ij\bullet})^2 \tag{6.16}$$

（4）构造检验统计量。

由离差平方和与自由度可以计算出均方和，从而计算出F检验值，见表6-18。

表6-18　有交互作用的双因素方差分析表

方差来源	离差平方和SS	df	均方和MS	F
因素A	SSA	r−1	MSA = SSA /（r−1）	MSA/MSE
因素B	SSB	s−1	MSB = SSB /（s−1）	MSB/MSE
因素A×B	SSAB	（r−1）（s−1）	MSAB=SSAB/（r−1）（s−1）	MSAB/MSE
误差	SSE	rs（t−1）	MSE= SSE / rs（t−1）	
总方差	SST	rst−1		

为检验因素A的影响是否显著，采用下面的统计量：

$$F_A=\frac{MSA}{MSE}\sim F(r-1, rs(t-1)) \tag{6.17}$$

为检验因素B的影响是否显著，采用下面的统计量：

$$F_B=\frac{MSB}{MSE}\sim F(s-1, rs(t-1)) \tag{6.18}$$

为检验因素A、B交互效应的影响是否显著，采用下面的统计量：

$$F_{AB}=\frac{MSAB}{MSE}\sim F((r-1)(s-1), rs(t-1)) \tag{6.19}$$

3.判断与结论

根据给定的显著性水平α在F分布表中查找相应的临界值F_α，将统计量F与F_α进行比较，作出拒绝或不能拒绝原假设H_0的决策。

若$F_A \geq F_\alpha(r-1, rs(t-1))$，则拒绝原假设$H_{01}$，表明因素A对观察值有显著影响，否则，不能拒绝原假设H_{01}；

若$F_B \geq F_\alpha(s-1, rs(t-1))$，则拒绝原假设$H_{02}$，表明因素B对观察值有显著影响，否则，不能拒绝原假设H_{02}；

若$F_{AB} \geq F_\alpha((r-1)(s-1), rs(t-1))$，则拒绝原假设$H_{03}$，表明因素A、B的交互效应对观察值有显著影响，否则，不能拒绝原假设H_{03}。

（三）实例

【例6-6】为了分析光照因素A与噪声因素B对工人生产有无影响，考虑到光照效应与噪声效应有交互作用，在两因素不同的水平组合下做试验，结果如表6-19（表中数据为产量）所示。

表6-19 光照因素A与噪声因素B下工人的生产产量

项目		因素B								
		B_1			B_2			B_3		
因素A	A_1	15	15	17	19	19	16	16	18	21
	A_2	17	17	17	15	15	15	19	22	22
	A_3	15	17	16	18	17	16	18	18	18
	A_4	18	20	20	15	16	17	17	17	17

解：检验的假设如下：

H_{01}：光照因素A对产量没有显著影响；

H_{11}：光照因素A对产量有显著影响。

H_{02}：噪声因素B对产量没有显著影响；

H_{12}：噪声因素B对产量有显著影响。

H_{03}：光照效应与噪声效应没有交互作用；

H_{13}：光照效应与噪声效应有交互作用。

将以上数据输入Excel表格中，进行“有重复双因素分析”，Excel输出的方差分析表如表6-20所示。

表6-20 方差分析表

差异源	SS	Df	MS	F	P-value	F crit
样本（B因素）	28.388889	2	14.1944	9.46296	0.00093	3.40283
列（A因素）	2.0833333	3	0.69444	0.46296	0.71077	3.00879
交互	63.833333	6	10.6389	7.09259	0.0002	2.50819
内部	36	24	1.5			
总计	130.30556	35				

从表6-20可知：$F_A=0.46296<F_{0.05}(3.24)=3.00879$，接受$H_{01}$，没有充分证据说明光照对产量有显著影响；$F_B=9.46296>F_{0.05}(2.24)=3.40283$，拒绝$H_{02}$，有充分证据说明噪声对产量有显著影响；$F_{AB}=7.09259>F_{0.05}(6.24)=2.50819$，拒绝$H_{03}$，有充分证据说明光照与噪声存在交互作用并由此对产量产生显著影响。

请思考

1.什么是总离差平方和？它可以分解为哪两个部分？这种分解与方差分析有什么关系？

2.单因素方差分析和双因素方差分析的区别和联系是什么？

本章小结

方差分析（Analysis of Variance，ANOVA）是20世纪20年代由英国统计学家费雪首先提出的，最初主要应用于生物和农业田间试验，以后推广到各个领域应用。它是直接对多个总体的均值是否相等进行检验，这样不但可以减少工作量，而且可以增加检验的稳定性。

本章介绍了方差分析的基本思想与假定，以及如何做单因素方差分析和双因素方差分析。

本章关键术语

因素　水平　指标　交互作用

本章主要公式

单因素方差分析相关公式：

$$SST=\sum_{i=1}^{r}\sum_{j=1}^{n_i}(x_{ij}-\bar{\bar{x}})^2$$

$$SSE=\sum_{i=1}^{r}\sum_{j=1}^{n_i}(x_{ij}-\bar{x}_i)^2$$

$$SSA=\sum_{i=1}^{r}n_i(\bar{x}_{i\cdot}-\bar{\bar{x}})^2$$

SST=SSE+SSA

F=组间方差/组内方差=MSA/MSE

无交互作用双因素方差分析相关公式：

$$SST=\sum_{i=1}^{r}\sum_{j=1}^{s}(x_{ij}-\bar{\bar{x}})^2$$

$$SSA=\sum_{i=1}^{r}s(\bar{x}_{i\cdot}-\bar{\bar{x}})^2$$

$$SSB=\sum_{j=1}^{s}r(\bar{x}_{\cdot j}-\bar{\bar{x}})^2$$

$$SSE=SST-SSA-SSB$$

$$F_A=\frac{MSA}{MSE}\sim F(r-1,(r-1)(s-1))$$

$$F_B=\frac{MSB}{MSE}\sim F(s-1,(r-1)(s-1))$$

有交互作用双因素方差分析相关公式：

$$SST=\sum_{i=1}^{r}\sum_{j=1}^{s}\sum_{k=1}^{t}(x_{ijk}-\bar{\bar{x}})^2$$

$$SSA=\sum_{i=1}^{r}st(\bar{x}_{i\cdot\cdot}-\bar{\bar{x}})^2$$

$$SSB=\sum_{j=1}^{s}rt(\bar{x}_{\cdot j\cdot}-\bar{\bar{x}})^2$$

$$SSAB=\sum_{i=1}^{r}\sum_{j=1}^{s}t(\bar{x}_{ij\cdot}-\bar{x}_{i\cdot\cdot}-\bar{x}_{\cdot j\cdot}+\bar{\bar{x}})^2$$

$$SSE=\sum_{i=1}^{r}\sum_{j=1}^{s}\sum_{k=1}^{t}(x_{ijk}-\bar{x}_{ij\cdot})^2$$

$$F_A=\frac{MSA}{MSE}\sim F(r-1,rs(t-1))$$

$$F_B=\frac{MSB}{MSE}\sim F(s-1,rs(t-1))$$

$$F_{AB}=\frac{MSAB}{MSE}\sim F((r-1)(s-1),rs(t-1))$$

案例分析

正交试验设计与方差分析在市场调查中的应用研究

我们知道，消费者在购买产品/服务时通常会考虑许多因素，如价格、品牌、款式以及产品的特有功能等。那么在这些因素当中，每个因素对消费者的重要程度如何？在同样的机会成本下，产品具有哪些因素水平最能赢得消费者的满意？我们试用正交试验设计理论来分析解决这类问题。

假设某电脑公司计划向市场推出一款中低档的电脑，定价在6 000元左右，目前电脑市场上假设有两家竞争对手：A公司具有品牌优势，而B公司是电脑市场上的新秀，具有价格上的优势。那么这家电脑公司应采用什么样的产品配置才能赢得消费者的青睐？

试运用正交试验设计分析这个问题。

练习题

一、判断题

1. 方差齐性检验中的F值就是两个标准差之比。

2.组间误差是由于随机因素影响所造成的。

3.方差分析可检验出多个样本均值间的两两差异。

二、简答题

1.简述方差分析的基本思想。

2.在完全随机设计方差分析中$SS_{组间}$与$SS_{组内}$各表示什么含义？怎样通过二者来构造检验统计量？

三、计算题

1.在探讨不同饲料对动物影响的实验中，测得三组动物服用饲料后每日进食量如表6-21所示，请问三组动物每日进食量是否相同？

表6-21 三组动物每日进食量（$mg/g.d^{-1}$）

饲料1组	饲料2组	饲料3组
24.84	26.46	46.89
27.60	24.19	47.21
30.97	28.70	42.42
24.61	23.70	47.70
24.82	24.48	40.74
24.64	24.19	41.03
29.72	28.01	44.98
27.42	23.70	43.46
23.64	26.10	44.34
30.06	24.62	44.32

2.在中、西药结合治疗儿童贫血的试验中，将48名病情接近的同龄男性患儿随机分为四组，采用不同的治疗方案进行治疗，疗程结束后测得血红蛋白增加量（g/dl）如表6-22所示。请问两药各自疗效如何？联合用药效果如何？

表6-22 两种药物治疗儿童贫血血红蛋白增加量（g/dl）

中药	西药											
	用						不用					
用	2.4	2.2	2.3	2.0	2.4	2.1	1.2	1.0	1.0	1.0	1.2	1.1
	2.3	2.2	2.1	2.2	2.1	2.2	0.9	1.2	1.3	1.3	1.0	1.3
不用	0.9	1.0	1.2	1.2	1.1	1.3	0.7	0.4	0.7	0.4	0.3	0.2
	1.0	1.0	1.0	1.1	1.2	0.9	0.4	0.6	0.6	0.4	0.6	0.4

3.三个组别的人群每日增加的体重（kg）数据如表6-23所示。请问三个组别的人群每日增加的体重数量是否不同？

表 6-23　三个组别的人群每日增加的体重数量（kg）

组别 1	组别 2	组别 3
0.347	2.612	2.888
0.194	2.799	2.808
0.233	2.693	3.031
0.113	2.420	2.712
0.382	2.814	2.718
0.140	2.948	2.763
0.243	2.978	2.808
0.194	2.674	2.987
0.143	3.009	2.612
0.204	2.468	3.024
0.141	2.487	2.762
0.181	2.900	3.009
0.246	2.798	
0.136		
0.141		

4. 测得南方某市居民小区民宅厨房内NO_2浓度（mg/m^3）数据如表6-24所示。请问采用不同通风方式时，厨房内NO_2浓度是否不同？并进行两两比较。

表 6-24　不同通风形式下厨房内NO_2浓度（mg/m^3）

关窗	开窗	用排气扇
0.1183	0.0293	0.0471
0.0992	0.1764	0.0196
0.4490	0.2167	0.1132
0.2431	0.2147	0.0016
0.2731	0.0687	0.0167
0.3104	0.0124	0.1346
0.3497	0.0394	0.1208
0.3123	0.2177	0.1647
0.3279	0.2072	0.0137
0.3418	0.1491	0.0094
0.2411	0.1839	0.1336
0.2449	0.0338	0.1842

5. 为评价A、B两种代谢测定仪器对耗氧量（ml/h）的测定结果是否相同，将条件近

似的14个人随机分为两组。一组测试顺序为AB（即先用A仪器测试，再用B仪器测试），另一组测试顺序为BA，测试结果如表6-25所示。请问两种仪器的测定结果有无差异？

表6-25　14个人A、B两种代谢测定仪器耗氧量（ml/h）测定结果

按AB顺序	阶段		按BA顺序	阶段	
受试者	Ⅰ	Ⅱ	受试者	Ⅰ	Ⅱ
1	1 237	11 246	8	1 387	1 348
2	1 179	1 274	9	1 024	1 022
3	1 000	981	10	1 224	1 226
4	1 294	1 387	11	1 040	1 026
4	1 218	1 187	12	1 040	1 031
6	1 138	1 174	13	1 387	1 298
7	971	1 012	14	1 140	1 108

第六章练习题参考答案

第七章

动态数列

新中国诞生时，我国经济基础极为薄弱。1952年我国国内生产总值仅为679亿元，人均国内生产总值为119元。经过长期努力，1978年我国国内生产总值增加到3 679亿元，占世界经济的比重为1.8%，居全球第11位。改革开放以来，我国经济快速发展，1986年经济总量突破1万亿元，2000年突破10万亿元大关，超过意大利成为世界第六大经济体，2010年达到412 119亿元，超过日本并连年稳居世界第二。党的十八大以来，我国综合国力持续提升。近三年，我国经济总量连续跨越70万亿元、80万亿元和90万亿元大关，2018年达到900 309亿元，占世界经济的比重接近16%。按不变价计算，2018年国内生产总值比1952年增长174倍，年均增长8.1%；其中，1979—2018年年均增长9.4%，远高于同期世界经济2.9%左右的年均增速，对世界经济增长的年均贡献率为18%左右，仅次于美国，居世界第二。2018年我国人均国民收入达到9 732美元，高于中等收入国家平均水平。①

动态是现象相对于时间变化而表现出来的状态，社会经济现象是一个动态发展的过程，分析其发展变化的状况、特征及规律性，是统计研究的一项重要任务，动态数列分析提供了研究分析的方法。

本章提要

本章主要学习动态数列的概念、种类及编制，动态发展水平与速度指标，动态数列的趋势分析与预测等。通过学习，读者应了解动态数列的种类及编制方法；掌握动态水平指标与动态速度指标计算、动态数列趋势分析方法。

第一节 动态数列的概念和种类

一、动态数列的概念和作用

动态是相对于静态而言的，是指现象相对于时间变化而表现出来的状态。动态数列也称为时间数列，是将反映社会经济现象数量特征的统计指标值按时间先后顺序排列所形成

① 国家统计局. 沧桑巨变七十载 民族复兴铸辉煌——新中国成立70周年经济社会发展成就系列报告之一[EB/OL]. [2019-07-01]. http: //www.stats.gov.cn/tjsj/zxfb/201907/t20190701_1673407.html.

的数列。

动态数列由两个基本要素组成：现象所属时间和各个时间所对应的统计指标数值。因此，动态数列由两个互相对应的数列构成：时间顺序变化数列和统计指标数值变化数列。

编制动态数列的主要目的是用于开展动态数列分析，即了解现象过去发展变化的过程，评价当前的状况和预测未来的发展趋势，因而动态数列分析是统计研究的重要方法之一。

（1）通过编制动态数列，可以反映社会经济现象的发展变化及历史状况，还可以根据动态数列计算各种动态指标数值，以便具体深入地揭示现象发展变化的数量特征。

（2）通过动态数列，可以揭示社会经济现象的数量变化趋势，以便进一步研究确定这种趋势和波动是否有规律性。当有季度或月份资料的动态数列时，可以确定是否存在季度变动和月份变动的数量表现。

（3）通过动态数列，可以对某些社会经济现象进行动态趋势预测，是统计预测方法的一个重要内容。

（4）利用不同的动态数列进行对比，或不同国家（或地区）间的相同动态数列对比，是对社会经济现象进行统计分析的重要方法之一。

二、动态数列的种类

动态数列按其指标性质不同，可以分为绝对数动态数列、相对数动态数列和平均数动态数列三大类。其中绝对数动态数列又称为总量指标动态数列，是基本数列，其余两种是派生数列。

1.总量指标动态数列

总量指标动态数列是由总量指标按时间先后顺序排列而形成的动态数列。如表7–1中的国内生产总值数列与年末总人口数列。总量指标动态数列按指标所反映的时间状况不同又可分为时期数列和时点数列。

表7–1　　党的十八大以来中国主要统计指标

年份	国内生产总值（亿元）	年末总人口（万人）	人均国内生产总值（元）	居民人均可支配收入*（元）
2012	538 580.0	135 922	39 771	—
2013	592 963.2	136 726	43 497	18 311
2014	643 563.1	137 646	46 912	20 167
2015	688 858.2	138 326	49 922	21 966
2016	746 395.1	139 232	53 783	23 821
2017	832 035.9	140 011	59 592	25 974
2018	919 281.1	140 541	65 534	28 228
2019	986 515.2	141 008	70 328	30 733
2020	1 015 986.2	141 178	72 000	32 189

注：数据来源于国家统计局年度数据（https：//data.stats.gov.cn/easyquery.htm？cn=C01）。从2013年起，国家统计局开展了城乡一体化住户收支与生活状况调查，2013年及以后数据来源于此项调查。与2013年前的分城镇和农村住户调查的调查范围、调查方法、指标口径有所不同。

时期数列是将某个时期指标的具体数值进行序时排列而形成的数列。在时期数列中，每一个指标数值表示一个时段内现象的发展总和，表明现象的总规模和总水平，如总产量、总产值等。表7-1中的国内生产总值数列即为时期数列。

时期数列有以下几个特点：①数列中各个时期的指标数值可以相加。②数列中每一个指标数值的大小与其所包括的时期和长短有直接关系。③时期数列具有连续统计的特点。

时点数列是将某个时点指标的具体数值进行序时排列而形成的数列。在时点数列中，每一个指标数值表示某一时刻上现象发展所达到的总规模和总水平，如人口数、耕地面积、银行存款余额、商品库存量等。表7-1中的年末人口数数列即为时点数列。

时点数列有如下几个特点：①数列中每个指标数值是不能相加的。②数列中每个指标数值的大小与其时间隔长短没有直接联系。③时点数列指标值不具有连续统计的特点。

2.相对数动态数列

相对数动态数列是由相对指标按时间先后顺序排列而形成的数列。相对数是两个指标之比，因此在相对数动态数列中，各个指标数值是不能相加的。表7-1中的人均国内生产总值（国内生产总值与年平均人数之比）数列、居民人均可支配收入（居民可支配收入与年平均人数之比）数列即为相对数动态数列。

3.平均数动态数列

平均数动态数列是由平均指标按时间先后顺序排列而形成的数列。平均数动态数列中各个指标值也是不能相加的，因为平均数也是一种具有特殊内涵的相对数，不具有可加性。

请思考

相对数动态数列与平均数动态数列有何异同？

三、动态数列的编制原则

编制时间数列的目的，是通过各个时期指标值的对比，来研究社会经济现象的发展变化及其规律性，因而各时期指标值的可比性乃是编制时间数列的基本条件。其可比性具体如下：

（一）时间长短统一

不论时期数列还是时点数列都应尽量保持动态数列在时间上的可比性，包括时期数列指标数值的时期跨度和时点数列指标统计的时点和时点间隔的一致性，否则就很难从数列的指标数值变化上直接作出判断和比较或更准确地反映现象的发展趋势和变化规律。但这个原则不能绝对化，有时在特殊的研究目的下，可将时期不同的指标编成动态数列进行比较。例如，为反映我国粮食产量的发展情况，可以把“十三五”规划时期的粮食产量同第一个五年计划和中华人民共和国成立前几十年的粮食产量总和进行对比分析。

（二）总体范围统一

在同一时间数列中总体范围前后应该一致，若有变化，指标数值就不能直接对比，而必须经过调整后才能进行比较。特别是在行政区划变更前后的指标数值必须按同一行政区划口径进行调整。

（三）计算方法、价格和计量单位的统一

计算方法有时也可以叫作计算口径。例如，要研究企业劳动生产率的变动，产量指标是用实物量指标还是用价值量指标，人数指标是用全部职工人数还是用生产工人数，若进行动态对比，前后应一致。再如，要把不同时期的工业产值进行对比，就要注意到价格水平的变动，是采用不变价，还是用现行价格，在前后时期对比时，价格应一致。

（四）指标的经济含义统一

即使经济指标的名称是相同的，其所包含的经济含义有可能是不一样。在实际工作中应注意不同历史时期、不同国家或地区的同一指标的经济内容的一致性。

专栏阅读　设立重庆直辖市后如何编制四川省地区生产总值动态数列

第二节　动态数列水平指标

在动态数列指标分析中，常见的动态水平指标有：发展水平、平均发展水平、增长量、平均增长量等。

一、发展水平

动态数列的发展水平是指动态数列中的指标在各时间上的具体数值，反映现象发展变化的规模、程度、水平。发展水平是计算其他所有动态分析指标的基础，可以是绝对数、相对数或平均数。动态数列的发展水平一般用a_i表示。

在一个动态数列中，其发展水平有：

（1）最初水平，即动态数列中最早一期的发展水平，a_0；

（2）最末水平，即动态数列中最后一期的发展水平，a_n；

（3）中间水平，其余所有中间时间上的发展水平，a_i，$i=1, 2, \cdots, n-1$；

（4）基期水平，动态数列中作为对比基础的那个时间上的发展水平，a_0；

（5）报告期水平，动态数列中需要分析研究的那个时间上的发展水平，a_n。

二、平均发展水平

（一）平均发展水平与算术平均数

平均发展水平又称为序时平均数，它是将整个动态数列作为一个整体，反映这个数列的一般水平。序时平均数与一般的算术平均数虽然都是通过具体数值计算，反映整体的一般水平，但两者存在着明显的差异，主要表现在：

（1）序时平均数平均的是事物在不同时间上的数量差异；算术平均数平均的是总体各单位某一数量标志在同一时间上的数量差异。

（2）序时平均数是从动态上说明某一事物在不同时间上发展的一般水平；算术平均数是从静态上说明同一事物总体不同单位在同一时间上的一般水平。

（3）序时平均数是根据动态数列计算的；算术平均数是根据变量数列计算的。

（二）序时平均数计算

1.根据绝对数动态数列计算序时平均数

由前述可知，在绝对数动态数列中主要是由总量指标所构成的时间数列，而总量指标根据其时间状况不同又可分为时期指标与时点指标，并分别构成时期数列与时点数列。时期数列与时点数列各自所具有的不同特点，使得在平均指标的计算上具有明显的差异。

（1）由时期数列计算序时平均数。

由于时期数列中的各项指标数值都是反映社会经济现象在一定时期内的过程总量，具有可加性，因此我们可以采用简单算术平均方法计算序时平均数，即将时期数列中研究范围内的各项指标数值之和除以时期项数来得到，计算公式为：

$$\bar{a} = \frac{\sum_{i=1}^{n} a_i}{n} \tag{7.1}$$

【例7-1】某企业2016—2020年产值动态数列如表7-2所示。

表7-2　某企业2016—2020年产值统计表

年份	2016	2017	2018	2019	2020
产值（万元）	100	108	126	120	138

计算该企业年平均产值。

解：企业产值是时期指标，故该数列是时期数列，根据公式（7.1）计算如下：

$$\bar{a} = \frac{\sum_{i=1}^{n} a_i}{n} = \frac{100+108+126+120+138}{5} = 118.4\text{（万元）}$$

即该企业年平均产值为118.4万元。

（2）由时点数列计算序时平均数。

时点数列中有连续时点数列和间断时点数列。

连续时点数列中各个时点上的数值保持连续统计特征而且是已知的，可以根据以下公式计算：

$$\bar{a} = \frac{\sum_{i=1}^{n} a_i}{n}$$

或

$$\bar{a} = \frac{\sum_{i=1}^{n} a_i f_i}{\sum_{i=1}^{n} f_i} \tag{7.2}$$

【例7-2】某股票某周连续5个交易日价格资料如表7-3所示。

表7-3　某股票某周连续5个交易日价格

日 期	6月1日	6月2日	6月3日	6月4日	6月5日
收盘价（元）	16.2	16.7	17.5	18.2	17.8

计算该股票该周内的平均价格。

解：本数列为连续时点数列，按公式（7.2）计算如下：

$$\bar{a}=\frac{\sum_{i=1}^{n}a_i}{n}=\frac{16.2+16.7+17.5+18.2+17.8}{5}=17.28\text{（元）}$$

即该股票周平均价格为17.28元。

【例7-3】某企业2021年5月份职工人数在下列时点上发生人数变动，统计资料见表7-4，计算该企业2021年5月份平均人数。

表7-4　某企业2021年5月份职工人数统计表

日　期	5月1日	5月10日	5月16日	5月23日
实有人数（人）	86	94	107	105

解：本数列为连续时点数列，按公式（7.2）计算如下：

$$\bar{a}=\frac{\sum_{i=1}^{n}a_if_i}{\sum_{i=1}^{n}f_i}$$

$$=\frac{86\times9+94\times6+107\times7+105\times9}{31}=97.81\text{（人）}$$

即该企业5月份平均人数为97.81人。

间断时点数列中各时点指标数值是各统计时点上的数值。通常有两种统计方法：一是每隔一段时间登记一次，时点定在月（季、年）初或末，每次登记的间隔相等；二是只当现象的数量发生变化时登记，每次登记的间隔不等。两种情况下计算序时平均数的方法有所不同。

对于间隔相等的时点数列，采用两次简单平均法或首末折半法计算，公式如下：

两次简单平均法：

$$\bar{a}=\frac{\frac{a_1+a_2}{2}+\frac{a_2+a_3}{2}+\cdots+\frac{a_{n-1}+a_n}{2}}{n-1} \tag{7.3}$$

首末折半法：

$$\bar{a}=\frac{\frac{1}{2}a_1+a_2+\cdots+a_{n-1}+\frac{1}{2}a_n}{n-1} \tag{7.4}$$

【例7-4】某商业企业2021年3—6月某商品库存资料如表7-5所示，求第二季度的商品月平均库存额。

表7-5　某企业2021年3—6月某商品库存统计表

月份	3月	4月	5月	6月
月末库存额（万元）	80	88	90	96

解：该数列为间隔相等的时点数列（每两期数值均间隔1个月），故可以用公式（7.3）或（7.4）计算。

$$\bar{a}=\frac{\frac{a_1+a_2}{2}+\frac{a_2+a_3}{2}+\cdots+\frac{a_{n-1}+a_n}{2}}{n-1}=\frac{\frac{80+88}{2}+\frac{88+90}{2}+\frac{90+96}{2}}{4-1}=88.67\text{（万元）}$$

或

$$\bar{a}=\frac{\frac{1}{2}a_1+a_2+\cdots+a_{n-1}+\frac{1}{2}a_n}{n-1}=\frac{\frac{1}{2}\times80+88+90+\frac{1}{2}\times96}{4-1}=88.67\text{（万元）}$$

即该商业企业第二季度商品月平均库存额为88.67万元。

间隔不等的时点数列序时平均数采用以下公式计算：

$$\bar{a}=\frac{\sum_{i=1}^{n-1}\frac{a_i+a_{i+1}}{2}f_i}{\sum_{i=1}^{n-1}f_i} \tag{7.5}$$

【例7-5】某地区2020年社会劳动者人数统计资料如表7-6所示，计算该地区2020年社会劳动者平均人数。

表7-6　某地区2020年社会劳动者人数统计表

时间	1月1日	5月31日	8月31日	12月31日
社会劳动者人数（万人）	362	390	416	420

解：本数列是间隔不等的时间数列，根据公式（7.5）计算如下：

$$\bar{a}=\frac{\sum_{i=1}^{n-1}\frac{a_i+a_{i+1}}{2}f_i}{\sum_{i=1}^{n-1}f_i}=\frac{\frac{362+390}{2}\times5+\frac{390+416}{2}\times3+\frac{416+420}{2}\times4}{5+3+4}$$

=396.75（万人）

即该地区2020年社会劳动者平均人数为396.75万人。

请思考

【例7-3】和【例7-4】在资料和计算方法上有什么不同？

2.根据相对数或平均数动态数列计算序时平均数

相对数或平均数动态数列是在相互联系的两个总量指标动态数列基础上计算形成的动态数列。在相对指标或平均指标背后掩藏着与之相适应的绝对数，我们不能像绝对数动态数列那样直接计算序时平均数。只能按照数列的性质，分别计算分子、分母两个总量指标动态数列的序时平均数，然后加以对比。所以，绝对数动态数列的序时平均数是基本方法。其基本计算公式为：

$$\bar{c}=\frac{\bar{a}}{\bar{b}} \tag{7.6}$$

式中：$\bar{c}$——相对数或平均数动态数列的序时平均数；$\bar{a}$——分子数列的序时平均数；$\bar{b}$——分母数列的序时平均数。在这里，a、b作为总量指标动态数列（时点或时期）有三种可能：①a、b均为时期数列；②a、b均为时点数列；③a、b一个为时点数列，一个为时期数列。

（1）若a、b均为时期数列，且$c=\frac{a}{b}$，则有：

$$\bar{c}=\frac{\bar{a}}{\bar{b}}=\frac{\frac{\sum a}{n}}{\frac{\sum b}{n}}=\frac{\sum a}{\sum b} \tag{7.7}$$

$$\bar{c}=\frac{\sum bc}{\sum b} \tag{7.8}$$

$$\bar{c}=\frac{\sum a}{\sum \frac{a}{c}} \tag{7.9}$$

【例7-6】某化工厂2020年第三季度利润计划完成情况如表7-7所示，计算该企业第三季度月利润平均计划完成程度。

表7-7　某化工厂2020年第三季度利润计划完成情况表

月份	7月	8月	9月
实际利润a（万元）	500	618	872
计划利润b（万元）	500	600	800
计划完成c（%）	100	103	109

解：该企业2020年第三季度月平均计划完成程度：

$$\bar{c}=\frac{\sum a}{\sum b}=\frac{500+618+8\,872}{500+600+800}$$

$$=\frac{1\,990}{1\,900}\times 100\%=104.74\%$$

或

$$\bar{c}=\frac{\sum bc}{\sum b}=\frac{500\times 100\%+600\times 103\%+800\times 109\%}{500+600+800}$$

$$=\frac{1\,990}{1\,900}\times 100\%=104.74\%$$

或

$$\bar{c}=\frac{\sum a}{\sum \frac{a}{c}}=\frac{500+618+872}{500/100\%+618/103\%+872/109\%}$$

$$=\frac{1\,990}{1\,900}\times 100\%=104.74\%$$

（2）若a、b均为间隔相等的时点数，则有：

$$\bar{c}=\frac{\bar{a}}{\bar{b}}=\frac{\dfrac{\dfrac{a_0}{2}+a_1+a_2+\dots+a_{n-1}+\dfrac{a_n}{2}}{n}}{\dfrac{\dfrac{b_0}{2}+b_1+b_2+\dots+b_{n-1}+\dfrac{b_n}{2}}{n}} \tag{7.10}$$

$$=\frac{\dfrac{a_0}{2}+a_1+a_2+\dots+a_{n-1}+\dfrac{a_n}{2}}{\dfrac{b_0}{2}+b_1+b_2+\dots+b_{n-1}+\dfrac{b_n}{2}}$$

【例7-7】某企业2021年1—4月工人数资料如表7-8所示，计算该企业第一季度生产工人平均比重。

表7-8　某企业2021年1—4月工人数统计表

日期	1月初	2月初	3月初	4月初
生产工人数a	435	452	462	576
全部工人数b	580	580	600	720
生产工人c（%）	75	78	77	80

解：该企业2021年第一季度生产工人平均比重为：

$$\bar{c}=\frac{\frac{a_0}{2}+a_1+a_2+\dots+a_{n-1}+\frac{a_n}{2}}{\frac{b_0}{2}+b_1+b_2+\dots+b_{n-1}+\frac{b_n}{2}}$$

$$=\frac{\frac{435}{2}+452+462+\frac{576}{2}}{\frac{580}{2}+580+600+\frac{720}{2}}\times 100\%=77.5\%$$

（3）a为时期数列、b为间隔相等的时点数列时，则有：

$$\bar{c}=\frac{\bar{a}}{\bar{b}}=\frac{\sum a}{\frac{b_0}{2}+b_1+b_2+\dots+b_{n-1}+\frac{b_n}{2}} \tag{7.11}$$

【例7-8】某企业2021年3—7月统计资料如表7-9所示。

表7-9　某企业2021年3—7月统计表

月　份	3月	4月	5月	6月	7月
工业增加值a（万元）	11.0	12.6	14.6	16.3	18.0
月末全员人数b（人）	20	20	22	22	23

计算：①该企业第二季度各月的劳动生产率；

②该企业第二季度的月平均劳动生产率；

③该企业第二季度的劳动生产率。

解：①第二季度各月的劳动生产率：

4月：$c_1=\frac{12.6}{(20+20)/2}=0.63$（万元/人）

5月：$c_2=\frac{14.6}{(20+22)/2}=0.70$（万元/人）

6月：$c_3=\frac{16.3}{(22+22)/2}=0.74$（万元/人）

②该企业第二季度的月平均劳动生产率：

$$\bar{c}=\frac{\bar{a}}{\bar{b}}=\frac{(12.6+14.6+16.3)/3}{\left(\frac{20}{2}+20+22+\frac{22}{2}\right)/(4-1)}$$

=0.69（万元/人）

③该企业第二季度的劳动生产率：

$$C=\frac{\sum a}{\bar{b}}=\frac{12.6+14.6+16.3}{\left(\frac{20}{2}+20+22+\frac{22}{2}\right)/(4-1)}$$

= 2.07（万元/人）（$=N\cdot\bar{c}$）

综上，各类动态数列序时平均数计算规则可参照表7-10。

表 7-10 动态数列序时平均数计算规则

<table>
<tr><td rowspan="6">序时平均方法</td><td rowspan="5">绝对数动态数列</td><td>时期数列</td><td colspan="3">简单算术平均</td></tr>
<tr><td rowspan="4">时点数列</td><td rowspan="2">连续时点</td><td>间隔相等</td><td>简单算术平均</td></tr>
<tr><td>间隔不等</td><td>加权算术平均</td></tr>
<tr><td rowspan="2">间断时点</td><td>间隔相等</td><td>两次简单平均</td></tr>
<tr><td>间隔不等</td><td>先简单后加权</td></tr>
<tr><td>相对数、平均数动态数列</td><td colspan="4">视情况选用：先平均再相除、先加总再相除、加权算术平均、加权调和平均等</td></tr>
</table>

三、增长量

动态数列的增长量就是动态数列中的报告期水平与基期水平之差，用公式表示为：

增长量=报告期水平−基期水平 (7.12)

在增长量的计算中，由于报告期水平可以大于基期水平，也可以等于或小于基期水平，所以增长量可以是正值，也可以是零或负值，它们分别表示正增长、零增长或负增长。

由于基期的确定方法不同，增长量可分为逐期增长量与累计增长量。逐期增长量是报告期水平减去基期水平，说明现象逐期增长的数量；累计增长量或累积增长量则是报告期水平与某一固定期水平（通常为a_0）的差额，说明事物某一时期内的总增长量。

设动态数列各期发展水平为 a_i，$i=0,1,2,...,n$，则：

逐期增长量$=a_i-a_{i-1}$ (7.13)

各期的逐期增长量为：$a_1-a_0, a_2-a_1, ..., a_n-a_{n-1}$

累计增长量$=a_i-a_0$ (7.14)

各期的累计增长量为：$a_1-a_0, a_2-a_0, ..., a_n-a_0$

我们不难得出如下结论：

（1）逐期增长量之和等于累计增长量，即：

$$(a_1-a_0)+(a_2-a_1)+...+(a_n-a_{n-1})=a_n-a_0 \quad (7.15)$$

（2）相邻两期累计增长量之差等于相应的逐期增长量，即：

$$(a_i-a_0)-(a_{i-1}-a_0)=a_i-a_{i-1} \quad (7.16)$$

在实际统计分析工作中，为了消除季节变动的影响，增加可比性，经常计算本期发展水平与上年同期发展水平的增减数量，称为年距增长量。

年距增长量$=a_{i+L}-a_i$（L=12或=4，i=1，2，3，…，12） (7.17)

【例7-9】某企业2021年1—5月生产成本动态数列如表7-11所示。

表 7-11 某企业 2021 年 1—5 月生产成本统计表

月份	1月	2月	3月	4月	5月
生产成本（万元）	110	122	126	128	140

已知2020年1月份生产成本为60万元，2020年第一季度生产成本为260万元。计算

2021年生产成本的逐期和累计增长量，2021年1月份和第一季度的年距增长量。

解：该企业2021年1—5月的增长量计算如表7-12所示。

表7-12 企业2021年1—5月的增长量计算表

月份	1月	2月	3月	4月	5月
生产成本（万元）	110	122	126	128	140
逐期增量（万元）	—	12	4	2	12
累计增长量（万元）	—	12	16	18	30

2021年1月份的年距增长量$=a_{i+L}-a_i=110-60=50$（万元）

2021年第一季度的年距增长量$=a_{i+L}-a_i=$（110+122+126）-260=98（万元）

四、平均增长量

平均增长量是增长量的序时平均数，说明现象在一定时期内平均每期增长的数量。它是将动态数列各个时期上的逐期增长量相加之后除以逐期增长量的个数，或累计增量除以增长时期数，其计算公式为：

$$\text{平均增长量}=\frac{\sum_{i=1}^{n}(a_i-a_{i-1})}{n}=\frac{a_n-a_0}{n} \tag{7.18}$$

【例7-10】计算【例7-9】中生产成本的年平均增长量。

$$\text{解：平均增长量}=\frac{\sum_{i=1}^{n}(a_i-a_{i-1})}{n}=\frac{12+4+2+12}{4}=7.5\text{（万元）}$$

或

$$=\frac{a_n-a_0}{n}=\frac{30}{4}=7.5\text{（万元）}$$

第三节 动态数列速度指标

动态数列分析中的速度指标主要包括发展速度、增长速度、平均发展速度与平均增长速度，在进行速度与总量结合分析时，还用到增长1%的绝对值指标。

一、发展速度

动态数列的发展速度是指数列中的报告期水平与基期水平之比，用以反映某种现象的发展方向和程度。其计算公式为：

$$\text{发展速度}=\frac{\text{报告期水平}}{\text{基期水平}} \tag{7.19}$$

发展速度通常以百分数表示，发展速度大于100%表示上升，小于100%表示下降。当发展速度很大时也可以以倍数表示，比如我们常说的“翻两番”就是以倍数关系表示的。由于对比基期的不同，发展速度又可分为定基发展速度和环比发展速度。

定基发展速度是动态数列中各报告期水平与某一固定基期水平（固定基期一般是最初水平a_0，有时可以是某一特殊水平）之比，反映现象在一个较长时期内的发展变动程度。因此，定基发展速度又称为总发展速度。其计算公式为：

$$定基发展速度=\frac{报告期水平}{固定基期水平}=\frac{a_i}{a_0} \tag{7.20}$$

动态数列中各期定基发展速度用符号表示为：

$$\frac{a_1}{a_0},\ \frac{a_2}{a_0},\ \frac{a_3}{a_0},\ \cdots,\ \frac{a_n}{a_0}$$

环比发展速度是动态数列中报告期水平与前一期水平之比，反映现象逐期发展变动的程度。如果计算的单位时间为一年，这个指标也可叫作年速度。其计算公式为：

$$环比发展速度=\frac{报告期水平}{前一期水平}=\frac{a_i}{a_{i-1}} \tag{7.21}$$

动态数列中各期环比发展速度用符号表示为：

$$\frac{a_1}{a_0},\ \frac{a_2}{a_1},\ \frac{a_3}{a_2},\ \cdots,\ \frac{a_n}{a_{n-1}}$$

上述两种发展速度之间存在着一定的数量关系：

（1）各相应时期环比发展速度的连乘积等于定基发展速度，即

$$\frac{a_1}{a_0}\times\frac{a_2}{a_1}\times\cdots\frac{a_n}{a_{n-1}}=\frac{a_n}{a_0} \tag{7.22}$$

（2）两个相邻时期的定基发展速度之比等于相应时期的环比发展速度，即

$$\frac{a_i}{a_0}\div\frac{a_{i-1}}{a_0}=\frac{a_i}{a_{i-1}} \tag{7.23}$$

为了消除季节因素对社会经济现象发展变化的影响，在计算月份或季度发展速度时，可选用上年同期作为对比的基期，计算年距发展速度。

$$年距发展速度=\frac{报告年某月(季)发展水平}{上年同月(季)发展水平}$$

$$=\frac{a_{i+L}}{a_i} \tag{7.24}$$

二、增长速度

增长速度又称为增减速度，是报告期增长量与基期发展水平之比。它是表明社会经济现象增长程度的相对指标。其计算公式为：

$$增长速度=\frac{增长量}{基期水平}=\frac{报告期水平-基期发展水平}{基期发展水平}$$

$$=发展速度-1（或100\%） \tag{7.25}$$

增长速度通常用百分数表示。当发展速度大于100%时，增长速度为正值，表示现象增加的程度；当发展速度小于100%时，增长速度为负值，表示现象减少的程度。

增长速度由于采用基期不同，也分为定基增长速度和环比增长速度。

定基增长速度是报告期的累计增长量与某一固定基期（通常为最初水平）之比，表明某种现象在一段时期内总的增长速度。其计算公式为：

$$定基增长速度=\frac{累计增长量}{某一固定基期水平}$$

$$=\frac{报告期水平-某一固定基期水平}{某一固定基期水平}$$

$$=定基发展速度-1（或100\%） \tag{7.26}$$

动态数列中各期定基增长速度用符号表示为：

$$\frac{a_1-a_0}{a_0},\ \frac{a_2-a_0}{a_0},\ \frac{a_3-a_0}{a_0},\ \cdots,\ \frac{a_n-a_0}{a_0}$$

或 $\frac{a_1}{a_0}-1,\ \frac{a_2}{a_0}-1,\ \frac{a_3}{a_0}-1,\ \cdots,\ \frac{a_n}{a_0}-1$

环比增长速度是指逐期增长量与前一期水平之比，表明某种现象逐期的增长速度。其计算公式为：

$$\begin{aligned}环比增长速度&=\frac{逐期增长量}{前一期水平}\\&=\frac{报告期水平-前一期水平}{前一期水平}\\&=环比发展速度-1（或100\%）\end{aligned}\tag{7.27}$$

动态数列中各期环比增长速度用符号表示为：

$$\frac{a_1-a_0}{a_0},\ \frac{a_2-a_1}{a_1},\ \frac{a_3-a_2}{a_2},\ \cdots,\ \frac{a_n-a_{n-1}}{a_{n-1}}$$

或 $\frac{a_1}{a_0}-1,\ \frac{a_2}{a_1}-1,\ \frac{a_3}{a_2}-1,\ \cdots,\ \frac{a_n}{a_{n-1}}-1$

注　意

定基增长速度和环比增长速度之间没有量的直接乘除关系，就是说，环比增长速度的连乘积不等于定基增长速度。如需推算，必须将增长速度转化为发展速度，利用发展速度的关系互相推算，再转化为增长速度。

三、增长1%的绝对值

为了把速度指标、水平指标结合起来，深入分析增长速度与增长量之间的关系，进一步反映增长速度的实际效果，有必要计算增长速度每增加1个百分点所代表的绝对量，通常称为增长1%的绝对值。其基本计算公式为：

$$增长1\%的绝对值=\frac{增长量}{增长速度\times 100}\tag{7.28}$$

在环比条件下：

$$增长1\%的绝对量=\frac{逐期增长量}{环比增长速度\times 100}=\frac{前一期水平}{100}\tag{7.29}$$

在定基条件下：

$$增长1\%的绝对值=\frac{累计增长量}{定基增长速度\times 100}=\frac{最初水平}{100}\tag{7.30}$$

【例7-11】根据我国“十三五”期间各年国内生产总值数列计算的主要动态指标如表7-13所示。

2016—2020年国内生产总值年平均发展水平为：

$$\begin{aligned}\bar{a}&=\frac{\sum_{i=1}^{n}a_i}{n}\\&=\frac{746\,395.1+832\,035.9+919\,281.1+986\,515.2+1\,015\,986.2}{5}=900\,042.70(亿元)\end{aligned}$$

2016—2020年国内生产总值年平均增长量为：

$$年均增长量=\frac{\sum_{i=1}^{n}(a_i-a_{i-1})}{n}=\frac{a_n-a_0}{n}=\frac{269\,591.1}{4}=67\,397.78(亿元)$$

表7-13 “十三五”期间各年国内生产总值及主要动态指标

年份		2016	2017	2018	2019	2020
国内生产总值（亿元）		746 395.1	832 035.9	919 281.1	986 515.2	1 015 986.2
增长量（亿元）	逐期	—	85 640.8	87 245.2	67 234.1	29 471.0
	累计	—	85 640.8	172 886.0	240 120.1	269 591.1
发展速度（%）	环比	—	111.47	110.49	107.31	102.99
	定基	—	111.47	123.16	132.17	136.12
增长速度（%）	环比	—	11.47	10.49	7.31	2.99
	定基	—	11.47	23.16	32.17	36.12
增长1%的绝对值（亿元）	环比	—	7 463.95	8 320.36	9 192.81	9 865.15
	定基	—	7 463.95	7 463.95	7 463.95	7 463.95

注：数据来源于国家统计局年度数据（https：//data.stats.gov.cn/easyquery.htm？ cn=C01）。

四、平均发展速度与平均增长速度

动态数列所表现的社会经济现象在不同时期的发展速度是不同的，为了说明现象在一段较长时期内发展变化的一般程度，必须将现象在这个时期内的发展速度差异加以抽象，计算平均速度指标。平均速度指标有平均发展速度和平均增长速度两种。

平均发展速度是动态数列各期环比发展速度的平均数，说明在发展期内平均发展变化的程度。平均增长速度又称平均增减速度，说明现象在较长时期内平均每期增长或降低的速度，是根据它与平均发展速度的关系推算出来的。其计算公式为：

平均增长速度=平均发展速度-1（或100%） (7.31)

平均发展速度的计算方法有两种：一是水平法（或称几何平均法）；另一种是累计法（或称方程式法）。

（一）水平法（几何平均法）

由于社会经济现象发展的总速度不等于各期发展速度之和，而等于各期环比发展速度的连乘积，所以平均发展速度不能用算术平均法计算，而要用几何平均法计算，这种方法称为水平法。其计算公式为：

$$\bar{x} = \sqrt[n]{x_1 \cdot x_2 \cdot x_3 \cdot \cdots \cdot x_n} = \sqrt[n]{\prod_{i=1}^{n} x_i} \tag{7.32}$$

式中：$\bar{x}$——平均发展速度；x_i——各期环比发展速度；n——环比发展速度的项数；Π——连乘符号。

由于动态数列中定基发展速度等于各环比发展速度的连乘积，计算平均发展速度的公式又可以表示为：

$$\bar{x}=\sqrt[n]{\frac{a_1}{a_0}\times\frac{a_2}{a_1}\times\cdots\times\frac{a_n}{a_{n-1}}}=\sqrt[n]{\frac{a_n}{a_0}} \tag{7.33}$$

一段时期的定基发展速度即为现象的总速度。如果用R表示总速度，则平均发展速度的公式还可以表示为：

$$\bar{x}=\sqrt[n]{R} \tag{7.34}$$

以上计算平均发展速度的三个公式，虽然形式不同，但其实质内容与计算结果完全相同。计算平均发展速度，究竟采用哪个公式，主要取决于所掌握的资料。利用几何平均法求现象的平均发展速度，可以借助对数计算，也可以直接用多功能电子计算器或计算机计算。

【例7-12】已知某商业银行2016—2020年储蓄存款余额各年的环比发展速度分别为115.3%、118.7%、120.4%、128.6%、134.3%，求年平均发展速度。

解：$\bar{x}=\sqrt[n]{\prod x_i}$

$=\sqrt[5]{115.3\%\times118.7\%\times120.4\%\times128.6\%\times134.3\%}$

$=123.20\%$

【例7-13】如果已知该商业银行2015年储蓄存款余额为7 250.3亿元，2020年为20 620.0亿元，求年平均发展速度。

解：$\bar{x}=\sqrt[n]{\frac{a_n}{a_0}}=\sqrt[5]{\frac{20\,620.0}{7\,250.3}}\times100\%=123.20\%$

【例7-14】如果已知该商业银行2015—2020年的储蓄存款余额总发展速度是284.4%，求年平均发展速度。

解：$\bar{x}=\sqrt[n]{R}=\sqrt[5]{284.4\%}=123.20\%$

计算结果表明，用以上三种公式对同一现象计算平均发展速度，其计算结果相同。但是这种方法不能准确反映中间水平的起伏状况。

知识拓展　**运用水平法公式对有关指标的推算**

【例7-15】已知某化肥厂2010年的产量为20万吨，2020年产量翻1.5番，2020年产量达到多少？

解：$a_n=a_0\cdot2^m=20\times2^{1.5}=56.6$（万吨）

（二）累计法

累计法是以各期发展水平的总和与某一基期水平之比为基础，利用一元高次方程计算平均发展速度的方法。其计算公式为：

$$\bar{x}+\bar{x}^2+\bar{x}^3+\cdots+\bar{x}^n=\frac{\sum_{i=1}^{n}a_i}{a_0} \tag{7.35}$$

解出这个高次方程的正根，就是所求的平均发展速度。在实际中，由于建立和解高次方程比较麻烦，因此，在实际工作中都是根据事先编好的“平均增长速度查对表”（参见表7-14），通过查表取得结果。步骤是：

表 7-14 累计法查对表（1—5年）

平均每年增长（%）	各年发展总和为基期的%				
	1年	2年	3年	4年	5年
⋮	⋮	⋮	⋮	⋮	⋮
10.6	110.60	232.92	368.21	517.84	683.34
10.7	110.70	233.24	368.90	519.07	685.32
10.8	110.80	233.57	369.59	520.31	687.30
10.9	110.90	233.89	370.28	521.54	689.29
11.0	111.00	234.21	370.97	522.78	691.29
⋮	⋮	⋮	⋮	⋮	⋮

首先，计算各期实际发展水平之和，即各期发展水平之和除以基期发展水平。

其次，判断是平均增长速度还是平均降低速度，即第一步所得数除以n，若结果大于1，为递增速度，应查增长速度表；若结果小于1，为递减速度，应查下降速度表。

最后，根据第一步所得数和n的数值查表，查得平均增（减）速度，如果需要平均发展速度，再按平均发展速度与平均增长速度的关系，将结果转化为平均发展速度。

【例 7-16】某公司2020年利润150万元，计划今后三年共实现利润555万元，问该公司利润应按多大速度增长才能达到目的？

解：已知$a_0 = 150$，$a_1 + a_2 + a_3 = 555$，$n = 3$，则：

$$\bar{X}^3 + \bar{X}^2 + \bar{X} = \frac{\sum_{i=1}^{3} a_i}{a_0}$$

$$\bar{X}^3 + \bar{X}^2 + \bar{X} = 370\%$$

查表 7-14 得：

$$\bar{X} - 1 = 10.9\%$$

即公司利润年平均增长率为10.9%，年平均发展速度为110.9%。

专栏阅读 “番”与“倍”

五、计算应用平均速度指标应注意的问题

几何平均法的实质是要求从最初水平出发，按所求的平均发展速度发展，计算出的末期水平应等于实际末期水平，这种方法可以只根据最初水平与最末水平计算而不考虑中间水平的变化，其侧重点在于考察最末一期发展水平。

累计法的实质是要求从最初水平出发，按所求的平均发展速度计算的各期水平之和，应等于全期实际发展水平的总和。这种方法必须依据全期各期的发展水平才能计算，其侧重点在于考察全期发展水平的累计总和。

从理论上讲，用水平法计算的平均发展速度，是对一定发展阶段各期环比发展速度的

平均，受各个时期发展水平的影响；但从计算公式中观察，它只突出了最初水平和最末水平的影响，不能全面反映现象在整个发展阶段各期发展水平的差异。因此，在运用这一指标时，应注意最初水平与最末水平是否受特殊因素影响；同时，要联系各期环比发展速度加以分析，必要时用分段平均发展速度补充总平均发展速度，以对现象的发展作出更加全面、客观、科学的评价。

请思考

为什么说高水平难以高速度，低水平却可以高速度呢？为什么中国国内生产总值可以以每年大于6%的速度增长，美国国内生产总值每年增长不到3%，而美国仍然发展很快呢？

第四节 长期趋势分析

一、动态数列的构成因素及分析模型

现象的发展受多种因素的影响，动态数列的形成也是多种因素共同作用的结果，在一个动态数列中，有长期的起决定性作用的因素，也有临时的起非决定性作用的因素；有可以预知和控制的因素，也有不可预知和不可控制的因素。这些因素相互作用和影响，从而使动态数列变化趋势呈现不同的特点。影响时间序列的因素大致可分为四种：长期趋势、季节变动、循环变动及不规则变动。

（一）长期趋势（Trend）

长期趋势是指现象在相当长的一段时期内，受某种长期的、决定性的因素影响而呈现出的持续上升或持续下降的趋势，通常以T表示。如中国改革开放以来国内生产总值持续上升。

（二）季节变动（Seasonal Variation）

季节变动是指现象在一年内，由于受到自然条件或社会条件的影响而形成的以一定时期为周期（通常指一个月或季）的有规则的重复变动，通常以S表示。如时令商品的产量与销售量，旅行社的旅游收入等都会受到季节的影响。应注意的是，在这里提到的“季节”并非通常意义上的“四季”，季节变动中所提及的主要指广义的概念，可以理解为一年中的某个时间段，如一个月、一个季度，或任何一个周期。

（三）循环变动（Cyclical Variation）

循环变动是指现象持续若干年的周期变动，通常以C表示。循环变动的周期长短不一，没有规律，而且通常周期较长，不像季节变动有明显的变动周期（小于1年）。循环变动不是单一方向的持续变动，而是涨落相间的交替波动，如经济周期。

（四）不规则变动（Irregular Random Variation）

不规则变动是指现象由于受偶然性因素而引起的无规律、不规则的变动，如受到自然灾害等不可抗力的影响，通常以I表示，对这种变动一般无法作出解释。

把这些变动与动态数列的关系用一定的数学关系式表示，就构成了时间数列的分析模型。其种类有很多，其中加法模型和乘法模型是最基本的。

加法模型：Y=T+C+S+I

乘法模型：Y=T×C×S×I

式中：Y——时间数列（总变动）；T——长期趋势；C——循环变动；S——季节变动；I——不规则变动。使用加法模型的基本假设前提是各个影响因素对时间序列的影响是可加的，并且是相互独立的。使用乘法模型的基本假设前提是各影响因素对时间序列的影响是相互不独立的。

我国GDP增长率时间序列也是受多种因素影响的，如图7-1所示。

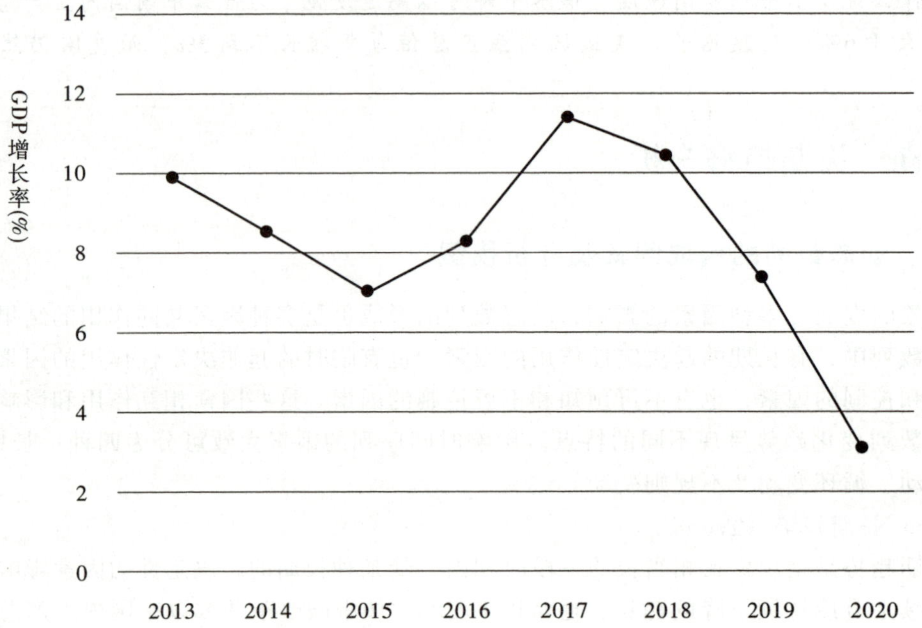

图7-1 中国2013—2020年GDP增长率

二、长期趋势测定

长期趋势是指现象在较长时期内持续发展变化的方向和状态。研究长期趋势，对正确认识事物发展变化的数量规律有重要意义。

长期趋势是现象在一段较长的时间内，由于普遍的、持续的、决定性的基本因素的作用，使发展水平沿着一个方向，逐渐向上或向下变动的趋势。近年来，随着全球经济面临衰退及我国经济进入新常态，特别是受2020年不期而遇的“新冠”肺炎疫情影响，中国经济增长速度也大幅度减缓，图7-1反映了我国2013—2020年国内生产总值（GDP）增长率的趋势状况。

在一个长时期的动态数列中，影响数列中指标数值升降变动的因素是多方面的，除了长期趋势外，另有一些因素短期起作用，造成短期的波动，还有一些偶然性因素，造成不规则的偶然变动，在按月或按季资料中，有不少现象还存在季节变动。在一个动态数列中，这几种变动往往是互相交织在一起的。现象变动的长期趋势就体现在这种多因素相互交织作用所形成的波动中，只有把波动修匀之后，才能体现出趋势的状态和走向。

长期趋势的测定，就是用一定的方法对动态数列进行修匀，使修匀后的数列排除季节变动、偶然变动等因素的影响，显示出现象变动的基本趋势，作为预测的依据。长期趋势测定方法主要有时距扩大法、移动平均法、最小二乘法。

（一）时距扩大法

当动态数列中的指标数值由于观察时间太短，数值上下波动趋势表现不明显时，通过扩大时距，把原来动态数列所包括的各个时期资料加以合并，得到较长时距的资料，以消除受偶然因素影响引起的不规则变动，体现现象发展长期趋势，这种方法叫作时距扩大法。

应用时距扩大法应注意的问题是：

（1）它适用于时期数列，不适用于时点数列、相对数时间数列和平均数时间数列。因为只有时期数列中发展水平相加才有意义。

（2）同一时间数列，扩大的时距应当一致，以便前后时距数据具有可比性。

（3）时距跨度长短应视研究现象的具体特点而定，如果数列的发展水平波动有一定的周期，扩大时距应与波动周期相吻合；如果时间数列无明显的周期性，那么就要逐步扩大时距，直到趋势方向变得足够清晰为止。

【例7-17】某企业某年各月产品销售量资料如表7-15所示，观察分析企业销售量发展趋势。

表7-15　企业产品销售量统计表　单位：万吨

月份	1	2	3	4	5	6	7	8	9	10	11	12
销售量	59	63	57	54	60	67	51	72	68	71	57	69

从表7-15资料看，销售量在全年各月份数值大小交错，不能清楚地看出销售量的变动趋势。采用时距扩大对动态数列资料重新整理如表7-16所示。

表7-16　企业产品销售量整理统计表　单位：万吨

季 度	一季度	二季度	三季度	四季度
销售量	179	181	191	197
月平均销售量	59.67	60.33	63.67	65.67

从表7-16中可以清楚地观察到该企业产品销售量总体呈现出上升趋势的特征。

（二）移动平均法（Moving Average Method）

移动平均法是通过对原有的动态数列进行修匀，以测定长期趋势的一种比较简单的方法，即对动态数列采用逐项移动的办法按一定时期分别计算一系列序时平均数，形成一个派生的动态数列。

所谓移动平均，就是从动态数列的第一位数值开始，按一定项数求序时平均数，逐项移动，边移动边平均。这样就可以得到一个由移动平均数构成的新的动态数列，这个派生的新动态数列把原数列中的某些不规则变动加以修匀，变动更平滑，趋势倾向更明显，可以更深刻地描述现象发展的基本趋势。

应用移动平均法应注意的问题是：

（1）时间间隔的选取应根据现象的特点和资料的情况来决定。一般来说，如果现象发展的资料呈现出一定的周期性，应以周期的长度作为移动间隔的长度；如果是季节资料，应采用4项移动平均；如果是月份资料，应采用12项移动平均，只有这样才能削弱周期或季节的影响。

（2）新数列中每一数值应有与之对应的时间。如果进行的是奇数项移动平均，计算的序时平均数应放在中间时期所对应的位置上，边移动边平均，每一项序时平均数都有与之对应的时间；如果进行是偶数项移动平均（如4项或12项），序时平均数同样也应放在中间时期所对应的位置上，但由于时间间隔为偶数，序时平均数所对应的时期应介于两个时间之间，不能构成时间序列，所以我们需要对相邻的序时平均数再进行一次平均。可见，偶数项移动平均，计算较繁，故一般多用奇数项移动平均。移动平均后得到的时间序列值又称趋势值。

【例7-18】根据某企业产量资料进行移动平均数计算（见表7-17）。

表7-17　　移动平均数计算表

年份序号	产量（万台）	3项移动平均	4项移动平均	移动平均
1	41	—		—
2	42	45		—
			44.5	
3	52	45.7		45
			45.5	
4	43	46.7		46.625
			47.75	
5	45	46.3		47.875
			48	
6	51	49.7		47.625
			47.25	
7	53	48		48
			48.75	
8	40	48		48.5
			48.25	
9	51	46.7		48.625
			49	
10	49	52		50.75
			52.5	
11	56	53		—
12	54	—		—

该数列选择3项移动一次便可以完成，在4项移动中需要移动两次，第一次（表中的4项移动平均）是原数列连续4期数值的平均数，第二次（表中的移正平均）是在4项移动平均数列基础上连续2期数值的平均数。

根据原数列和移动平均数数列可以画出数列变动图，从而可以更清楚地看出数列发展的趋势，如图7-2所示。

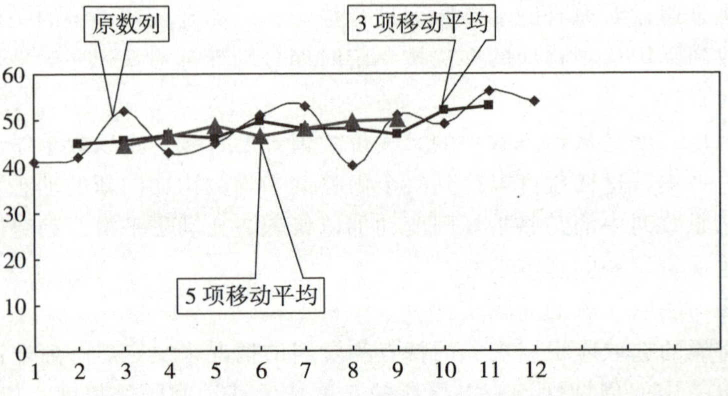

图7-2　移动平均趋势线

平均项数的确定是一个重要问题，因为移动项数多少直接影响修匀的程度。一般说来，移动项数越多，修匀的作用就越大，而所得出的移动平均数的项数也就越少；反之，移动项数越少，修匀的作用就越小，所得出的移动平均数的项数也就越多。一般情况下，移动平均项数与趋势值的项数关系为：趋势值项数=原数列项数-移动项数+1。

采用移动平均法测定事物发展的长期趋势，其优点是简单易行，便于操作，可以很容易地看出数列变动的趋势方向，其局限性是不能对未来时间上的趋势值进行预测，数列的移动平均值对原数列变化的反应也有一定的滞后性。

专栏阅读 股票走势K线图与移动平均线

（三）最小二乘法

最小二乘法是测定长期趋势的常用方法，又称最小平方法或数学模型法。它是利用趋势方程来描绘数列长期趋势进而进行未来预测的一种统计方法。

最小平方法的基本思路：通过数学公式，配置一条比较理想的趋势线。这条趋势线必须满足以下两个条件：

（1）实际值（y）与趋势线上相对应的估计值（y_c）的离差平方和为最小。以数学形式表示为：

$$\sum(y-y_c)^2=\text{最小值}$$

（2）实际值与趋势线上相对应的估计值的离差总和为0。以数学形式表示为：

$$\sum(y-y_c)=0$$

这两个要求中，第一点是基本的。根据这两个要求，可以配置直线或曲线。那么，在什么情况下配置直线，在什么情况下配置曲线呢？方法有两种：

一是根据具体的统计资料，在直角坐标上绘制散点图，从图上看，大体上呈现直线变动的就配置直线，大体上呈曲线变动的，就配置曲线。

二是直接根据动态数列中各项指标数值变化的特征来确定。一般来说，当动态数列各期发展水平的逐期增长量（一次差）大致相等时，可以配置直线；如果动态数列的二次差（各年的逐期增长量减去上年的逐期增长量）大致相等时，宜配置抛物线（二次曲线），当动态数列的环比发展速度（或环比增长速度）大致相等，则以配置指数曲线为宜。

1.直线趋势方程

$$y_c=a+bt \tag{7.36}$$

式中：y_c——动态数列的趋势值；a、b——直线趋势方程的截距、斜率；t——时间序号。

据$\sum(y-y_c)^2$=最小值，利用微分求极值原理，可得到：

$$\sum(y-y_c)^2=\min$$

$$\text{令}Q=\sum(y-y_c)^2=\sum(y-a-bt)^2$$

$$\frac{\partial Q}{\partial a}=\frac{\partial \sum(y-a-bt)^2}{\partial a}=-2\sum(y-a-bt)=0$$

$$\frac{\partial Q}{\partial b}=\frac{\partial \sum(y-a-bt)^2}{\partial b}=-2\sum(y-a-bt)t=0$$

$$\sum y=na+b\sum t$$

$$\sum ty=a\sum t+b\sum t^2$$

用公式表达为：

$$b=\frac{n\sum ty-\sum t\sum y}{n\sum t^2-(\sum t)^2} \tag{7.37}$$

$$a=\bar{y}-b\bar{t}=\frac{\sum y-b\sum t}{n} \tag{7.38}$$

【例7-19】根据某地粮食产量（万千克）资料建立直线趋势方程并预测2021年粮食产量（见表7-18）。

表7-18　直线趋势方程参数计算表

年份	粮食产量y（万千克）	t	t^2	ty
2012	217	1	1	217
2013	230	2	4	460
2014	225	3	9	675
2015	248	4	16	992
2016	242	5	25	1 210
2017	253	6	36	1 518
2018	280	7	49	1 960
2019	309	8	64	2 472
2020	343	9	81	3 087
合计	2 347	45	285	12 591

$y_c=a+bt$

把表7-18的有关资料代入方程：

2 347=9a+45b

12 591=45a+285b

计算得：

a=189.443

b=14.267

趋势方程为：

y_c=189.443+14.267t

预测2021年粮食产量：

y_c=189.443+14.267×10=332.11（万千克）

若$\sum t=0$，意味着实际中的原点是随着研究范围的变化而不同，趋势方程的原点的移动，给计算带来了较大的便利。若数列为奇数项，中间项的时间序号t被设为0，则数列的时间顺序分别为…，−3，−2，−1，0，1，2，3，…那么，$\sum t=0$。若数列为偶数项，原点可设在中间两项的中点，则t值分别为…，−5，−3，−1，1，3，5，…如此，同样可使$\sum t=0$。于是直线趋势方程中的参数a、b的计算式便可得到简化：

$$b=\frac{\sum ty}{\sum t^2} \tag{7.39}$$

$$a=\bar{y}=\frac{\sum y}{n} \tag{7.40}$$

【例7-20】根据【例7-19】资料按简化方法计算方程参数并预测（见表7-19）。

表7-19　直线趋势方程参数简化方法计算表

年份	粮食产量y（万千克）	t	t^2	ty
2012	217	−4	16	−868
2013	230	−3	9	−690
2014	225	−2	4	−450
2015	248	−1	1	248
2016	242	0	0	0
2017	253	1	1	253
2018	280	2	4	560
2019	309	3	9	927
2020	343	4	16	1 372
合计	2 347	0	60	856

取中间项第5项为原点，有$\sum t=0, n=9$，则：

$$b=\frac{\sum ty}{\sum t^2}=\frac{856}{60}=14.267$$

$$a=\frac{\sum y}{n}=\bar{y}=\frac{2\,347}{9}=260.78$$

即直线趋势方程为：

$$y_c=260.78+14.267t$$

预测2021年粮食产量：

$$y_c=260.78+14.267\times 5=332.12$$（万千克）

尽管两方程原点不一样，但预测的结果完全一致①。因此，在建立直线趋势方程和计算方程参数时，一般采用简化方法。

2. 抛物线趋势方程

如果通过观察发现，动态数列发展水平呈现抛物线运行趋势，则可以对数列建立抛物线趋势方程（也称为二次曲线方程）。抛物线趋势方程为：

$$y_c=a+bt+ct^2 \tag{7.41}$$

式中：a、b、c——模型参数；t——时间变量（时间序号）；y_c——动态数列的趋

① 因计算过程中四舍五入，结果略有差异。

势值。

方程中的a、b、c三个参数同样可以根据最小二乘法通过求偏导数的方法建立联立方程组求解得到。a、b、c的联立方程组为：

$$\begin{aligned}&\sum y = na + b\sum t + c\sum t^2\\&\sum ty = a\sum t + b\sum t^2 + c\sum t^3\\&\sum t^2 y = a\sum t^2 + b\sum t^3 + c\sum t^4\end{aligned} \tag{7.42}$$

同样，可以根据时间t的特殊设定，使$\sum t = 0$，$\sum t^3 = 0$，式（7.42）中的方程可以简化为：

$$\begin{aligned}&\sum y = na + c\sum t^2\\&\sum ty = b\sum t^2\\&\sum t^2 y = a\sum t^2 + c\sum t^4\end{aligned} \tag{7.43}$$

【例7-21】根据某企业2012—2020年固定资产投资额（万元）动态数列建立趋势方程，并预测2021年、2022年的投资数额（见表7-20）。

表7-20 某企业固定资产投资额计算表

年份	投资额y（万元）	逐期增长量（一次差）	二级增长量（二次差）	t	t^2	ty	t^3	t^2y	t^4
2012	1 240	—	—	−4	16	−4 960	−64	19 840	256
2013	1 291	51	—	−3	9	−3 873	−27	11619	81
2014	1 362	71	20	−2	4	−2 724	−8	5 448	16
2015	1 450	88	17	−1	1	−1 450	−1	4 150	1
2016	1 562	112	24	0	0	0	0	0	0
2017	1 695	133	21	1	1	1 695	1	1 695	1
2018	1 845	150	17	2	4	3 690	8	7 380	16
2019	2 018	173	23	3	9	6 054	27	18 162	81
2020	2 210	192	19	4	16	8 840	64	35 360	256
合计	14 673	—	—	0	60	7 272	0	100 954	708

（1）因为本资料二级增长量（二次差）大体相等，所以投资额发展的趋势接近于抛物线趋势。

（2）代入方程：

$$\begin{cases}\sum y = na + b\sum t + c\sum t^2\\\sum ty = a\sum t + b\sum t^2 + c\sum t^3\\\sum t^2 y = a\sum t^2 + b\sum t^3 + c\sum t^4\end{cases} \Rightarrow \begin{cases}14\,673 = 9a + 60c\\7\,272 = 60b\\100\,954 = 60a + 708c\end{cases}$$

$$\therefore \begin{cases}a = 1\,562.5\\b = 121.2\\c = 10.2\end{cases}$$

$\therefore\ y_c = 1562.5 + 121.2t + 10.2t^2$

（3）当t=5时，即2021年固定资产投资额y_c=1 562.5+121.2×5+10.2×25=2 423.5（万元）。

当t=6时，即2022年固定资产投资额y_c=1 562.5+121.2×6+10.2×36=2 656.9（万元）。

3.指数曲线趋势方程

如果动态数列中各期发展水平呈指数趋势变化，则应该建立指数曲线趋势方程。其方程为：

$$y_c = ab^t \tag{7.44}$$

式中：a、b——模型参数；t——时间变量（时间序号）；y_c——动态数列的趋势值。

对于指数曲线方程，一般先转化为对数直线方程，然后按直线方程的最小二乘法计算出a、b参数的对数值，再通过反对数即可得到参数a、b的值。

方程 $y_c = ab^t$ 转化为对数方程：

$$\lg y_c = \lg a + t\lg b \tag{7.45}$$

设Y=lgy，A=lga，B=lgb，根据最小二乘法（当$\sum t = 0$时）有：

$$\begin{cases}\sum Y = nA \\ \sum tY = B\sum t^2\end{cases} \tag{7.46}$$

【例7-22】根据某地区2014—2020年度发电量资料建立趋势方程，并预测2021年发电量（见表7-21）。

表7-21　　某地区2014—2020年度发电量趋势方程计算表

年份	发电量（万千瓦时）	lg y（即Y）	t	t^2	t lg y（即tY）
2014	130.37	2.11 518	−3	9	−6.3455
2015	146.32	2.16 530	−2	4	−4.3306
2016	147.52	2.16 885	−1	1	−2.1689
2017	167.13	2.23 305	0	0	0
2018	180.50	2.25 648	1	1	2.2565
2019	221.83	2.34 602	2	4	4.6920
2020	267.97	2.42 809	3	9	7.2843
合计	—	15.70297	0	28	1.3878

表7-21各年度发电量比较接近于指数曲线变动趋势，故建立指数曲线趋势方程。把表7-21中有关资料代入方程：

$$\sum Y = nA$$

$$\sum tY = B\sum t^2$$

得：

$A = 2.2433 \quad B = 0.0496$

查反对数表得：

a=175.1　b=1.121

指数曲线方程为：

$y_c = 175.1 \times 1.121^t$

预测该地区2021年（t=4）发电量为：

$y_c = 175.1 \times 1.121^4 = 276.51$（万千瓦时）

现实生活中，大量的现象是非线性发展的，因此，研究长期趋势变动的各种曲线类型是十分必要的。当客观现象的发展呈曲线变动时，仍然可以用最小平方法配置曲线，求趋势值。

第五节　季节变动分析

动态数列中除了存在长期趋势以外，有一些数列还具有季节变动特征。季节变动是指现象随着季节的变动而引起的比较有规则的变动。认识和掌握这种变动规律，对于组织生产、安排人民生活等都具有重要意义。研究季节变动，对于正确认识现象整体的发展变化规律性，也具有重要意义。例如，农牧业生产就是典型的季节性生产，并且也影响以农牧业产品为原料的加工工业的生产、商业部门对农牧产品的购销以及交通运输部门的货运量方面，使得它们的生产经营也带有季节性。又如在北方，建筑业的生产冬季就要受到影响，日常生活人们对四季服装的需求季节性也很明显。季节变动的原因，主要是自然季节、气候的影响，同时也与人们的生活习惯、作息制度有关。自然季节的更替不以人们的意志为转移，人们的生活习俗、作息制度也较稳定，因而季节性变动是规律性较强的变动。这主要表现在季节变动通常以一年为周期有规律地重复变动，而且各周期的变动幅度大致相同。

季节变动对某些部门的生产经营活动和人们的经济生活有一定的影响，所以要对它进行测定，以揭示它的规律性和变化情况。测定季节变动对实际工作有重要意义。首先，掌握了季节变动的规律性，有利于指导现实工作。研究社会经济现象的季节变动的主要目的，就是在于考察在一定历史条件下已经形成的季节变动的规律性，掌握其变动的幅度，不仅有助于有关部门和企业制订计划，合理组织货源，准备原料进行生产，有效地使用资金，取得较好的经济效益，而且可以提高社会服务的精准性和服务质量。其次，可根据季节变动规律性进行经济预测。季节变动的规律性强，可据此进行短期预测，得到比较准确的结果；同时，利用季节变动规律配合长期趋势进行长期预测，可以大大提高预测的准确性。

一、按月（季）平均法

该方法的应用前提是动态数列中只存在季节变动，没有长期趋势。计算时，首先根据历年（至少3年）同月（季）资料求出该月（季）的平均数，然后将各月（季）的平均数与总平均数相比，得到季节比率（指数）。其计算步骤与方法如下：

（1）分别就每年各月（季）的数字加总后，求各年的月（季）平均数；

（2）各年同月（季）数字加总，求若干年内同月（季）的平均数；

（3）将若干年内每个月（季）的数字加总，求总的月（季）平均数；

（4）将若干年内同月（季）的平均数与全期总月（季）平均数相比，即得季节比率（或称为季节指数）S.I。

$$S.I = \frac{\text{各年同月(季)平均数}}{\text{全期总月(季)平均数}} \times 100\% \quad (7.47)$$

【例7-23】国内某品牌彩电2013—2020年月度销售量（万台）资料如表7-22所示，计算月季节指数。

表7-22　按月（季）平均法计算表　单位：万台

年份＼月份	1	2	3	4	5	6	7	8	9	10	11	12	合计
2010	16.1	14.4	14.2	15.1	15.5	14.3	13.8	14.7	17.2	18.4	20.2	19.9	193.8
2011	16.2	15.0	15.1	14.2	13.4	13.7	14.5	15.6	17.5	17.9	18.7	19.0	190.8
2012	16.7	16.3	15.3	14.5	14.5	13.9	14.6	15.8	18.0	19.3	21.4	20.3	200.6
2013	17.0	17.8	16.7	16.3	15.6	15.2	15.9	17.1	18.4	20.0	21.6	19.6	211.2
2014	17.1	17.3	16.5	16.4	15.6	15.7	16.2	17.4	18.8	20.3	21.9	19.8	213.0
2015	17.4	16.1	15.2	15.4	15.0	14.3	13.2	12.8	14.2	16.3	17.8	17.5	185.2
2016	14.8	15.0	15.1	14.8	14.6	15.3	14.9	15.5	16.2	17.0	17.8	17.8	188.8
2017	13.6	13.2	12.7	13.1	13.6	13.0	14.2	14.7	15.6	17.2	18.2	18.1	177.2
合计	128.9	125.1	120.8	119.8	117.8	115.4	117.3	123.6	135.9	146.4	157.6	152.0	1 560.6
月平均数	16.11	15.64	15.1	14.98	14.73	14.43	14.66	15.45	16.99	18.3	19.7	19	16.26
季节指数（%）	99.1	96.2	92.9	92.1	90.6	88.8	90.1	95	104.5	112.6	121.2	116.9	1 200

第一步，计算同月的平均数，计算结果见表7-22“月平均数”一栏。

第二步，计算全部数据的总月平均数，即 $\frac{1560.6}{8 \times 12} = 16.26$。

第三步，根据公式计算各月季节指数（S.I），计算结果见表7-22“季节指数”一栏。

我们可以画出季节变动曲线图，如图7-3所示。

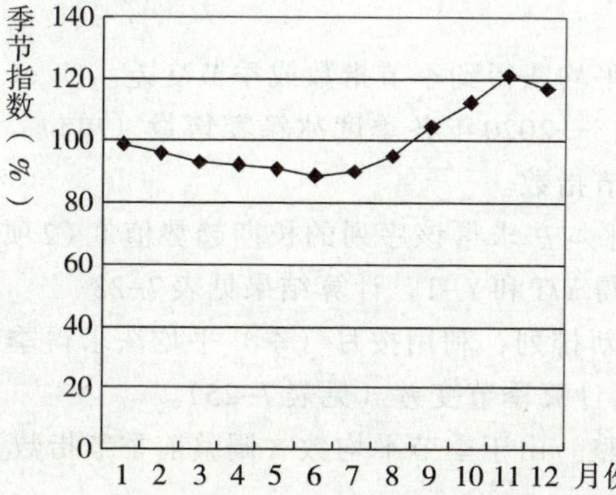

图7-3　国内某品牌彩电销售量的季节变动曲线图

从季节指数上可以判断该彩电在9、10、11、12月份是销售旺季，尤其是后三个月，而6月份是销售淡季。需要注意的是，如果季节指数之和不等于400%（季季节指数）或1 200%（月季节指数），就需要调整。调整的方法是首先计算调整系数，然后用调整系数分别乘以各月（季）季节指数，即得调整后的季节指数，公式为：

$$月季节指数调整系数=\frac{1200}{各月季节指数之和}$$

$$季季节指数调整系数=\frac{400}{各季季节指数之和}$$

$$调整后的月(季)季节指数=调整前的月(季)季节指数\times调整系数 \tag{7.48}$$

根据季节指数与其平均数（100%）的偏差程度测定季节变动的程度。如果现象没有季节变动，各期的季节指数等于100%；如果某一月份或季度有明显的季节变化，各期的季节指数应大于或小于100%。

运用季节指数也可以预测未来月份（季度）的数值。预测公式为：

预测月份（季度）指标数值=全期总月（季）平均数×月（季）季节指数

或 $$=\frac{已知某月的月(季)实际数}{已知月(季)的季节指数}\times预测月份(季度)的月(季)季节指数 \tag{7.49}$$

【例7-24】根据表7-22中的季节指数，如果已知该品牌彩电2021年5月销售量为22万台，请预测2021年10月份的销售量。

$$2021年10月份销售量预测值=\frac{22}{90.6}\times112.6=27.34（万台）$$

二、趋势剔除法

如果动态数列中不仅包括季节变动，而且隐含有长期趋势，用按月（季）平均法计算季节指数就不够准确，应采用趋势剔除法。趋势剔除法的特点是将移动平均数（或根据趋势方程计算的数列预测值）作为长期趋势加以剔除，再测定季节变动。

当时间数列包含长期趋势和季节变动时，趋势剔除法的基本步骤如下：

（1）用移动平均法、趋势方程法等方法计算出长期趋势值（T）。

（2）再从模型中剔除（T），从而得到不存在长期趋势的S.I或S.V，即初步的季节指数（或初步的季节变差）：

$$乘法模型季节比率\ S.I=\frac{Y}{T}$$

$$加法模型季节变差\ S.V=Y-T$$

（3）再用按月（季）平均法得到季节指数或季节变差。

【例7-25】某地区2015—2020年各季度冰箱零售量（单位：万台）资料如表7-23所示，试用趋势剔除法求季节指数。

首先，利用4项移动平均法求得该序列的长期趋势值T（2项移正平均），并将长期趋势从时间序列中剔除，求得Y/T和Y-T，计算结果见表7-23。

其次，将表中Y/T重新排列，利用按月（季）平均法求得季节指数（见表7-24）。或将表中的Y－T重新排列，计算季节变差（见表7-25）。

最后，季节指数的调整。由于季节平均数（调整前季节指数）的和为400.24，故应调整。调整系数为：

表 7-23 趋势剔除法季节指数计算表

时间	零售量 Y	四项移动平均	趋势值 T	Y/T	Y－T
2015.1	82.40		—	—	—
2015.2	108.00		—	—	—
		93.33			
2015.3	99.90		94.34	105.90	5.56
		95.35			
2015.4	83.00		94.95	87.41	-11.95
		94.55			
2016.1	90.50		95.75	94.52	-5.25
		96.95			
2016.2	104.80		97.65	107.32	7.15
		98.35			
2016.3	109.50		99.01	110.59	10.49
		99.68			
2016.4	88.60		102.83	86.17	-14.23
		105.98			
2017.1	95.80		106.96	89.56	-11.16
		107.95			
2017.2	130.00		107.90	120.48	22.10
		107.85			
2017.3	117.40		107.86	108.84	9.54
		107.88			
2017.4	88.20		107.38	82.14	-19.18
		106.88			
2018.1	95.90		106.75	89.84	-10.85
		106.63			
2018.2	126.00		106.94	117.83	19.06
		107.25			
2018.3	116.40		108.41	107.37	7.99
		109.58			
2018.4	90.70		111.34	81.46	-20.64
		113.10			
2019.1	105.20		114.71	91.71	-9.51
		116.33			
2019.2	140.10		117.30	119.44	22.80
		118.28			
2019.3	129.30		118.41	109.19	10.89
		118.55			
2019.4	98.50		120.31	81.87	-21.81
		122.08			
2020.1	106.30		122.94	86.47	-16.64
		123.8			
2020.2	154.20		125.28	123.09	28.92
		126.75			
2020.3	136.20		—	—	—
2020.4	110.30		—	—	—

表 7-24 乘法模型趋势剔除法季节指数计算表

年份＼季度	一季度	二季度	三季度	四季度	合计
2015	—	—	105.90	87.41	193.31
2016	94.52	107.32	110.59	86.17	398.6
2017	89.56	120.48	108.84	82.14	401.02
2018	89.84	117.83	107.37	81.46	396.5
2019	91.71	119.44	109.19	81.87	402.21
2020	86.47	123.09	—	—	209.56
合计	452.1	588.16	541.89	419.05	2001.20
季节平均数	90.42	117.632	108.378	83.81	400.24
调整系数	0.9994	0.9994	0.9994	0.9994	—
季节指数（%）	90.37	117.56	108.31	83.76	400

表 7-25　　加法模型趋势剔除法季节变差计算表

季度 年份	一季度	二季度	三季度	四季度	合计
2015	—	—	5.56	−11.95	
2016	−5.23	7.15	10.49	−14.23	
2017	−11.16	22.10	9.54	−19.18	
2018	−10.85	19.06	7.99	−20.64	
2019	−9.51	22.80	10.89	−21.81	
2020	−16.64	28.92	—	—	
合计	−36.75	100.03	44.47	−87.81	
季节平均数	−7.35	20.01	8.89	−21.95	−0.40
调整系数	−0.10	−0.10	−0.10	−0.10	
季节变差	−7.25	20.11	8.99	−21.85	0

$$\text{季度季节指数调整系数}=\frac{400}{\text{各季季节指数之和}}=\frac{400}{400.24}=0.9994$$

用各季度季节平均数（调整前季节指数）分别乘以调整系数，便得到调整后的季节指数（见表7–24中“季节指数”一栏）。

季节变差的调整。表7–24中的季节平均数（初步季节变差）的和为−0.40，故应调整。调整系数为：

$$\text{季节变差调整系数}=\frac{\sum \text{同期平均数}}{\text{时期数}}=\frac{-0.40}{4}=-0.10$$

调整后的季节变差S.V = 同期平均数 − 季节变差调整系数

计算结果见表7–25中“季节变差”一栏。若季节变差大于0，则该季节为旺季；若季节变差小于0，则该季节为淡季。

从季节指数或季节变差上判断该地区每年二、三季度是销售旺季，一、四季度是销售淡季。

请思考

在判断现象淡旺季上运用季节指数与季节变差有什么不同？两种方法产生的结论会不会存在差异？

专栏阅读　　中国股票市场的季节变动

本章小结

本章介绍了动态数列的概念和类型、动态水平指标、动态速度指标、动态数列长期趋势和季节变动的测定方法等内容，目的在于系统学习统计学中的动态数列分析方法。经济与管理领域中存在的大量现象基本都具有动态变化特征，掌握动态数列的一系列分析研究方法有助于我们客观研究现象发展变化的特点与规律，从而更好地开展比较分析和趋势分析，提高分析研究问题的能力。

本章关键术语

动态数列　时期数列　时点数列　发展水平　平均发展水平　增长量　逐期增长量　累计增长量　年距增长量　平均增长量　发展速度　环比发展速度　定基发展速度　年距发展速度　增长速度　环比增长速度　定基增长速度　年距增长速度　平均发展速度　长期趋势　最小二乘法　季节变动　循环变动　不规则变动

本章主要公式

$$\bar{a}=\frac{\sum_{i=1}^{n}a_i}{n}$$

$$\bar{a}=\frac{\frac{1}{2}a_1+a_2+\dots+a_{n-1}+\frac{1}{2}a_n}{n}$$

$$\bar{a}=\frac{\sum_{i=1}^{n-1}\frac{a_i+a_{i+1}}{2}f_i}{\sum_{i=1}^{n-1}f_i}$$

$$\bar{c}=\frac{\bar{a}}{\bar{b}}$$

$$\text{平均增长量}=\frac{\sum_{i=1}^{n}(a_i-a_{i-1})}{n}=\frac{a_n-a_0}{n}$$

$$\bar{x}=\sqrt[n]{x_1\cdot x_2\cdot x_3\cdot\cdots\cdot x_n}=\sqrt[n]{\prod x}$$

$$\bar{x}=\sqrt[n]{\frac{a_1}{a_0}\times\frac{a_2}{a_1}\times\dots\times\frac{a_n}{a_{n-1}}}=\sqrt[n]{\frac{a_n}{a_0}}$$

$$S.I=\frac{\text{各年同月(季)平均数}}{\text{全期总月(季)平均数}}\times 100\%$$

案例分析

趋势分析

自改革开放以来，我国的旅游事业蓬勃发展，入境旅游人数逐年递增。选取2001年1月至2007年9月入境旅游人数共81个数据（见表7-26）。

表7-26　2001年1月至2007年9月入境旅游人数　单位：万人

时间	1月	2月	3月	4月	5月	6月	7月	8月	9月	10月	11月	12月
2001	717.38	611.6	753.26	779.7	707.87	711.8	745.4	809.1	741	758	750	815
2002	740.7	711	839.54	807.77	787.92	795.8	849.4	890.7	865	870	842	866
2003	848.43	737.6	785.13	564.92	543.83	652.6	776.9	884.4	808	855	828	877
2004	808.73	753.3	855.16	954.71	877.47	893.4	959	971.6	917	988	935	990
2005	938.06	855.1	1 027.8	1 024.8	995.14	989.4	1 076	1 067	989	1 055	991	1 018
2006	998.85	871.4	1 003	1 097.1	1 002.4	1 000	1 090	1 115	1 044	1 138	1 042	1 093
2007	1 023	933.1	1 089.8	1 151.7	1 072.6	1 067	1 149	1 157	1 123			

要求：

(1) 分析研究该数列是否存在长期趋势？是哪一种长期趋势？

(2) 利用数列数据建立统计模型，分析研究数列变化特征与规律。

练习题

一、单项选择题

1.动态数列由（　　）要素组成。

A.1个　　B.2个　　C.3个　　D.4个

2.时期数列的每一项指标数值（　　）。

A.无须连续统计　　B.不能相加

C.与时间长短无直接关系　　D.可以相加

3.对动态数列进行分析的基础数据是（　　）。

A.发展水平　　B.平均发展水平　　C.发展速度　　D.平均发展速度

4.下列指标为时点指标的是（　　）。

A.月产量　　B.月末库存额　　C.月销售额　　D.月工资总额

5.新中国成立以来我国历年国内生产总值数列是（　　）。

A.发展速度　　B.增长速度　　C.时期数列　　D.时点数列

6.反映现象在较长时期内发展总速度的数值是（　　）。

A.环比发展速度　　B.平均发展速度　　C.定基发展速度　　D.定基增长速度

二、多项选择题

1.下列属于动态数列的有（　　）。

A.近10年来各年每万人口中大学生的人数比重

B.近10年来我国各年零售物价总指数

C.“十三五”时期各年年底各行业职工人数

D.2020年我国农民与非农业居民人均消费水平的比例

E.2011—2020年我国各年国民收入的增长速度

2.时点指标的特点有（　　）。

A.数列中各变量数值之间具有可加性

B.数列中各变量数值的大小与所包括的时点间隔无关

C.数列中各变量数值的大小与所包括的时点间隔有关

D.数列中各变量数值不具有连续计数的特点

E.数列中各变量数值之间不具有可加性

3.下列属于时期数列的有（　　）。

A.历年来我国私人拥有汽车数量　　B.第五次人口普查数

C.福州市近5年年末企业数　　D.某店各季末商品库存量

E.某企业历年销售额

4.动态数列的水平指标有（　　）。

A.发展水平　　B.平均发展速度　　C.平均发展水平

D.发展速度　　E.增长量

5.动态数列的特点有（　　）。

A.数列中各变量数值之间具有可加性

B.数列中各变量数值的大小与所包括的时期长短无关

C.数列中各变量数值的大小与所包括的时期长短有关

D.数列中各变量数值具有连续计数的特点

E.数列中各变量数值不具有连续计数的特点

三、判断题

1.动态数列中的发展水平可以是绝对数，也可以是相对数或平均数。

2.用某企业各年的劳动生产率编制的动态数列是绝对数动态数列。

3.时点数列的每一项指标值反映现象在某一时期内达到的水平。

4.时点数列的每一项指标值的大小和它在时间间隔上的长短没有直接关系。

5.时期数列中指标的各期数值是可以相加的。

6.环比发展速度=增长速度-1。

四、简答题

1.时期数列与时点数列有哪些不同？

2.动态数列的序时平均数与总体一般平均数有何异同？

3.什么是发展速度？它有哪几种？它们之间有什么关系？

4.什么是平均发展速度？是怎么计算出来的？

5.什么是增长量？它有哪几种？它们之间有什么关系？

五、计算题

1.某企业职工人数统计资料如表7-27所示。

表7-27　某企业职工人数

日期	1月1日	2月1日	3月1日	7月1日	10月1日	12月1日	2021年1月1日
职工人数（人）	1 000	950	970	1 100	1 200	1 200	1 300

请计算该企业2020年平均职工人数。

2. 某地区2015年和“十三五”规划期工业总产值资料如表7-28所示。

表7-28　某地区2015年和“十三五”规划期工业总产值

年份	2015	2016	2017	2018	2019	2020
工业总产值（万元）	343	447	519	548	703	783

请计算各种动态指标，并说明如下关系：

（1）发展速度和增长速度；

（2）定基发展速度和环比发展速度；

（3）增长1%的绝对值与前期水平；

（4）逐期增长量与累计增长量。

3.同样多的人民币，报告期比基期多购买商品5%，问物价是如何变动的？

4.某单位人事部门对本单位在册职工人数有如下记录：1月1日有218人，11日调出

18人，16日调入5人，25日又调入8人，2月5日调出4人，问1月份该单位职工平均在册人数是多少？

5.某企业“十三五”规划期销售额资料如表7-29所示。

表7-29　某企业“十三五”规划期各年销售额

年份	2016	2017	2018	2019	2020
销售额（万元）	52	54	56	58	60

要求：建立直线趋势方程，预测2021年销售额。

第七章练习题参考答案

第八章

统计指数

培育壮大发展新动能是加快产业转型升级、增强经济发展动力、推动高质量发展的重要举措。国家统计局发布了2020年我国经济发展新动能指数，国家统计局统计科学研究所所长闾海琪就指数特征进行了解读。

数据显示，2015—2020年我国经济发展新动能指数分别为119.6、146.9、191.2、257.9、325.5和440.3，分别比上年增长19.6%、22.8%、30.2%、34.9%、26.2%和35.3%。结果表明，2020年，尽管遭受新冠肺炎疫情的严重冲击，以新产业、新业态、新模式为主要内容的经济发展新动能实现逆势快速增长，经济展现出良好的韧性活力，成为推动经济高质量发展的强大支撑。

2020年，网络经济指数达1323.6，比上年大幅增长54.8%。从主要构成指标来看，2020年底，移动互联网用户数达13.49亿户，比上年增长2.3%；移动互联网接入流量达1656亿GB，分别是2019年和2014年的1.36倍和80.3倍；固定互联网宽带接入用户达到4.8亿户，比上年增长7.6%。

2020年，经济活力指数为324.1，比上年增长17.4%。从主要构成指标看，2020年，全国新登记注册市场主体数量为2502万户，比2019年净增124.6万户，增长5.2%；日均新登记企业2.2万户，年末市场主体总数达1.4亿户，折射出经济复苏良好势头。

2020年，创新驱动指数239.1，比上年增长18.1%。从构成指标来看，2020年，全国研究与试验发展（R&D）经费支出与GDP之比为2.4%，比上年提高0.16个百分点。科技创新成果丰硕，每万名R&D人员专利授权数达到4 639件，比上年大幅增长34.6%，是2014年的2.1倍。技术要素市场保持快速增长，2020年技术市场成交合同金额为28 251.5亿元，比上年增长26.1%。[①]

上述问题都和指数及其计算有密切的关系，通过本章的学习，应该对这些概念有清楚的了解，对从指数资料中获取有用信息充满信心。

本章提要

通过本章学习，读者应该了解狭义的指数概念、指数的分类及作用；熟练掌握综合指

① 国家统计局. 2020年我国经济发展新动能指数持续快速增长［EB/OL］.［2021-07-26］. http://www.stats.gov.cn/tjsj/sjjd/202107/t20210726_1819836.html.

数的编制方法、平均指数的编制方法；学会利用指数体系进行指数间的推算以及利用指数体系进行总量指标变动的因素分析和平均指标变动的因素分析。

第一节 统计指数概述

一、统计指数的概念及性质

18世纪中叶，由于金银大量流入欧洲，引起大面积商品价格的飞涨，并造成了社会的不安定，于是有了反映物价变动的要求。1650年，英国人沃汉（Rice Youghan）首创物价指数，用于度量物价的变化状况。例如，大米的价格由原来的每千克2元上涨到3元，则价比3÷2 =150%，即大米的价格上涨了50%，从广义上说，这就是指数，由于反映的是价格变化，所以也称作物价指数（Price Index）。但问题是商品的价格有涨有跌，并且幅度又各不相同，如果我们计算所有商品的价比来说明价格的变化，显然庞大的数据会让我们眼花缭乱，无法对价格变化有一个清楚的认识。如何用一个数字来说明所有商品价格变化呢？另外，一个地区的产出中钢产量上升了2%，水泥产量上升了5%，电视机产量上升了3%，机床产量下降了8%，那么这个地区的产出究竟是上涨还是下降了，上涨和下降的百分比是多少呢？要回答这些问题，就要依靠指数了。

统计指数是用来分析社会经济现象数量变动的对比性指标，它可以综合说明事物变动方向和变动程度。指数的计算结果一般都用百分比表示，这个百分比大于或小于100%，表示上升或下降变动的方向，比100%大多少或小多少，就是升降变动的程度。例如商品零售价格指数103.3%，说明许多种商品零售价格可能有涨有落，但总体来看是上涨了3.3%。可见指数担负着类似于平均数的职能，它代表许多变量作为一个整体在两个场合（可以是不同时间或不同地点）其数值大小变动的一般水平。

（一）指数的概念

从广义上讲，指数是指反映社会经济现象总体数量变动的相对数，例如动态相对数、比较相对数、计划完成程度相对数等。从狭义上讲，指数是指反映复杂社会经济现象总体数量综合变动的相对数，例如零售物价指数、消费价格指数、股价指数等。所谓复杂现象，是指由于各个部分的不同性质而在研究其数量时，不能直接进行加总或对比的总体，例如，不同使用价值的产品产量、成本和价格。从指数理论及方法上看，指数所研究的主要是狭义指数，因此本章主要讨论的是狭义指数。

（二）指数的性质

为了更好地理解指数的含义，我们首先应明确指数的性质。概括地讲，指数有以下性质：

1.相对性

指数是总体各变量在不同场合下对比形成的相对数，它可以度量一个变量在不同时间或不同空间的相对变化，如一种商品的价格指数或数量指数，这种指数称为个体指数；它也可用于反映一组变量的综合变动，如消费价格指数反映了一组指定商品和服务的价格变动水平，这种指数称为综合指数。总体变量在不同时间上对比形成的指数称为时间性指数，在不同空间上对比形成的指数称为区域性指数。目前，时间性指数应用得比较广泛，本章所讲内容也均以时间性指数为例。

2.综合性

指数是反映一组变量在不同场合下的综合变动水平，这是就狭义的指数而言的，它也是指数理论和方法的核心问题，现实中所计算的主要是这种指数。没有综合性，指数就不可能发展成为一种独立的理论和方法论体系。综合性说明指数是一种特殊的相对数，它是由一组变量项目综合对比形成的。比如，由若干种商品和服务构成的一组消费项目，通过综合后计算价格指数，来反映消费价格的综合变动水平。

3.平均性

指数是总体水平的一个代表性数值。平均性的含义有二：一是指数进行比较的综合数量是作为个别量的一个代表，这本身就具有平均的性质；二是两个综合量对比形成的指数反映了个别量的平均变动水平。比如，物价指数反映了多种商品和服务项目价格的平均变动水平。

二、指数的分类

（一）按所反映的内容不同，可以分为数量指数（Quantity Index Number）和质量指数（Quality Index Number）

数量指数反映研究现象的数量变动，如产量指数、商品销售量指数等。质量指数反映研究现象的质量水平变动，如商品价格指数、产品成本指数等。两种指数各有不同的编制原则和方法。

（二）按说明现象的范围不同，可分为个体指数、类指数和总指数

个体指数是反映某一项目或变量变动的相对数，如一种商品的价格或销售量的变动水平。类指数是综合反映总体内某一类现象变动的相对数，例如，食品、衣着类价格指数，类指数是编制总指数的中间环节。总指数是综合反映整个复杂现象总体变化情况的相对数，如商品价格总指数、工业产品产量总指数。

（三）按对比性质不同，可以分为动态指数和静态指数

动态指数又称为时间指数，它是将不同时间上的同类现象水平进行比较的结果，反映现象在时间上的变化过程和程度，如物价指数、股票价格指数、工业生产指数等。静态指数包括空间指数和计划完成情况指数两种。空间指数是将不同空间的同类现象水平进行比较的结果，反映现象在空间上的差异程度。计划完成情况指数则是将某种现象的实际水平与计划任务对比的结果，反映计划的执行情况或完成与未完成的程度。

三、统计指数的作用

指数对于分析社会经济现象的发展变化，以及发展变化中各因素的影响程度具有重要作用。一般地讲，统计指数主要有以下三个方面的作用：

（一）综合反映复杂现象总体变动的方向和程度

指数是用百分比表示的相对数。百分比大于或小于100%，反映现象变动方向是正还是负，而比100%大多少或小多少则反映现象变动程度的大小。例如，商品零售物价指数为112%，则说明多种商品零售物价总的变动情况，具体到某种商品价格可能有涨有落，但从总体上看零售物价仍然上涨了12%。

（二）根据现象之间的联系，利用指数体系对现象的总变动进行因素分析

复杂现象变动中，往往受到两个以上因素的影响。例如，商品销售额的变动受销售量和商品价格两个因素的影响，而职工平均工资的变动受工资水平与职工人数构成两个因素的影响。

例如，现象的总量指标是若干因素的乘积。

商品销售额=商品销售量×商品价格

产品总成本=产品生产量×单位产品成本

原材料费用总额＝产量×单位产品原材料消耗量×原材料单价

商品销售额的变动（报告期同基期比较），受到经济、政治、社会文化、消费心理等很多因素影响。但是，从变量可测度上看，商品销售额主要是销售量和价格两个因素作用的结果。我们可以借助于指数体系，从相对数和绝对数两个方面分析总指数变动中各因素的影响作用。

（三）编制指数数列，反映现象变化的长期趋势

指数数列是指各期指数按时间顺序排列所形成的数列，包括时间和指数两个构成要素。通过编制指数数列，能够解决不同性质指标数列之间的可比性问题。同时，指数数列也是反映现象自身变动的轨迹，因此可以揭示现象变动的长期趋势。

专栏阅读　“指数”与“相对数”

第二节　综合指数

一、综合指数的概念及计算原理

指数方法论主要是研究总指数的计算问题和编制方法。总指数有两种编制方法，即综合指数法和平均指数法。两种方法各有特点，在计算上有一定的联系。

综合指数法是将两个价值总量指标对比形成综合指数，在价值总量指标中包含两个或两个以上的因素，将其中被研究因素以外的所有因素固定下来，仅观察被研究因素的变动情况。综合指数能够比较全面、准确地反映所研究现象总体指标的总变动程度及变动的绝对数。

综合指数的计算特点是先综合后对比，编制方法是：首先，引入同度量因素，解决复杂现象总体在研究指标上不能直接综合的困难，使其可以计算出综合总量；其次，将同度量因素的时间固定，以消除同度量因素变动的影响；最后，将两个时期的综合总量对比，其结果即为综合指数，反映复杂总体研究指标的变动。

$$\text{综合指数}=\frac{\text{报告期指数化指标}\times\text{同度量因素}}{\text{基期指数化指标}\times\text{同度量因素}}=\frac{\text{总量指标}}{\text{总量指标}}$$

指数化指标是指观察研究的指标，同度量因素是指数编制中的媒介因素。例如，甲、乙两种产品，由于使用价值不同，计量单位不同，其产量是不能直接相加的，但不同产品的价值量可以相加。因此，我们可以利用产值与产量和价格之间的联系，将产量乘以各自的价格得到产值，则两种产品便可以加总了。在产量总指数编制中，产量是观察研究的指标，即指数化指标，价格是同度量因素，价格报告期相对于基期也可能会发生变动，如果直接将两个时期的产值进行对比，指标变化中不仅有产品产量变动的影响，也有两个时期价格变动的影响。因此，需要将价格的时期固定，即两个时期的产值，均采用同一时期的价格计算，借以消除价格自身变动的影响。将采用同一时期价格计算的两个产值对比，其结果仅受到两种产品不同时期产量变动的影响，从而达到综合反映两种产品产量变动的目的。如果编制甲、乙两种产品价格总指数，价格是指数化指标，产量是同度量因素，从而综合起来形成产值，进行报告期与基期对比，产值计算中将产量指标时期固定，以消除总指数中产量变动的影响。

综合指数的基本公式如下：

$$I_p = \frac{\sum p_1 q}{\sum p_0 q} \tag{8.1}$$

$$I_q = \frac{\sum q_1 p}{\sum q_0 p} \tag{8.2}$$

式中：p——质量指标；q——数量指标；下标1——所分析的时期，称为报告期；下标0——比较时期，称为基期。

公式（8.1）是质量指标综合指数形式，公式（8.2）是数量指标综合指数形式。在编制综合指数时首先必须根据指数化指标的性质确定同度量因素的性质，然后再确定同度量因素的时期。一般而言，质量指标的指数化指标是p，其同度量因素是数量指标q，两者相乘pq是一个价值总量；数量指标的指数化指标是q，其同度量因素是质量指标p，两者相乘qp也是一个价值总量，价值总量指标可以加总，加总后具有明确的经济意义。

在综合指数编制中，同度量因素保持不变，从而能够揭示指数化指标的变化。如在价格综合指数中，不同的价格与同度量因素q相乘变成价值量，使得各种不同商品的销售价格可以实现相加。同理，在数量指标综合指数中，同度量因素p可以使不同的销售量相加。需要注意的是，同度量因素在观察期内也会发生变动，从而影响综合指数的计算结果。因此，在编制综合指数时，同度量因素的时期如何固定，也是一个需要事先考虑的问题。

请思考

1.为什么要引入同度量因素？如果要衡量出厂产品产量的变化可引入哪些指标做同度量因素？

2.为什么要固定同度量因素？你认为应该怎样固定？

二、综合指数的编制

（一）综合指数的主要形式

综合指数编制的重点在于引入一个同度量因素并将同度量因素固定下来，以消除同度量因素的影响。同度量因素固定的方法有很多，因为同度量因素不仅起同度量的作用，而且具有加权的作用，同度量因素的固定方法不同，综合指数的计算结果也不同。

较为常用的是拉氏指数和帕氏指数两种形式。

1.拉氏指数：同度量因素固定在基期的综合指数

若要反映多种商品价格的综合变动情况，不能简单地直接加总，但可以找到与之对应的商品销售量：

商品价格×商品销售量=商品销售额

$p \times q = pq$

商品销售额具有可加性，如果直接将报告期和基期的商品销售总额对比，得到如下公式：

$$I = \frac{\sum p_1 q_1}{\sum p_0 q_0}$$

式中：p、q——分别表示商品的价格和销售量；0、1——分别表示基期和报告期；I——总指数。

上式总指数是商品价格和销售量两种因素共同变动作用的结果，反映的是商品销售总额的变动程度。如果只想反映商品价格的变动程度，可将商品销售量作为同度量因素固定起来，若固定在基期的q_0水平上，就得到拉氏物价指数公式：

$$L_p = \frac{\sum p_1 q_0}{\sum p_0 q_0} \tag{8.3}$$

同理，如果只想反映商品销售量的变动程度，可将商品价格作为同度量因素固定起来，若固定在基期的p_0水平上，就得到拉氏物量指数公式：

$$L_q = \frac{\sum p_0 q_1}{\sum p_0 q_0} \tag{8.4}$$

上面两个公式是由德国统计学家拉斯贝尔（Laspeyre）于1864年提出的，故被称为拉氏指数。

2.帕氏指数：同度量因素固定在报告期的综合指数

该方法是由另外一位德国统计学家帕舍（Paashe）于1874年提出的，故称为帕氏指数，公式为：

帕氏物价指数：

$$P_p = \frac{\sum p_1 q_1}{\sum p_0 q_1} \tag{8.5}$$

帕氏物量指数：

$$P_q = \frac{\sum p_1 q_1}{\sum p_1 q_0} \tag{8.6}$$

3.拉氏指数与帕氏指数的区别

首先，拉氏指数与帕氏指数选取的同度量因素的时期不同，即使利用同样的资料来编制指数，两者的结果一般不会相同。

其次，拉氏指数与帕氏指数的同度量因素水平和计算结果的不同，表明它们具有不完全相同的经济意义。

以价格指数为例，拉氏物价指数以基期商品销售量作为同度量因素，这说明它是在基期的销售数量和销售结构的基础上来考察各种商品价格的综合变动程度的；而帕氏价格指数以报告期商品销售量作为同度量因素，则说明它是在报告期的销售数量和销售结构的基础上来考察各种商品价格的综合变动程度的。尽管二者的基本作用都是反映价格水平的综合变动，但怎样反映、在什么基础上反映，二者存在差别。

通常认为，帕氏物价指数的分子分母绝对差额表明报告期实际销售的商品由于价格变化而增减了多少销售额；而拉氏指数的分子分母绝对差额说明，消费者为了维持基期的消费水平或购买同基期一样多的商品，由于价格变化将会增减多少实际开支。

拉氏指数与帕氏指数之间的差异有一定的规律，对于同样的资料，一般情况下拉氏指数略大于帕氏指数。

请思考

你认为应该将同度量因素固定在基期还是报告期呢？固定在基期和报告期的经济意义有什么不同？

专栏阅读 拉氏指数与帕氏指数

（二）综合指数的编制

1.数量指标综合指数的编制

现以商品销售量综合指数的编制为例来说明数量指标综合指数编制的一般原则和方法。

【例8-1】某商场五种商品销售资料如表8-1所示，试计算五种商品的销售量综合指数。

表8-1 产品销售资料表

商品类别	计量单位	商品价格（元）		销售量	
		基期 p_0	报告期 p_1	基期 q_0	报告期 q_1
大 米	百千克	400	500	120	130
猪 肉	千克	18	20	840	950
食 盐	500克	1	0.8	100	110
服 装	件	200	230	250	220
电视机	台	2 500	2 200	51	60

解：加权综合指数计算表如表8-2所示。

现以I_q代表销售量总指数，于是有：

用基期价格为同度量因素（加权），公式为：

$$I_q=\frac{\sum q_1p_0}{\sum q_0p_0}=\frac{263\,210}{240\,720}\times 100\%=109.34\%$$

$\sum q_1p_0-\sum q_0p_0$ =263 210-240 720=22 490（元）

表8-2 加权综合指数计算表

商品类别	计量单位	商品价格（元）		销售量		销售额			
		p_0	p_1	q_0	q_1	p_0q_0	p_1q_1	p_0q_1	p_1q_0
大 米	百千克	400	500	120	130	48 000	65 000	52 000	60 000
猪 肉	千克	18	20	840	950	15 120	19 000	17 100	16 800
食 盐	500克	1	0.8	100	110	100	88	110	80
服 装	件	200	230	250	220	50 000	50 600	44 000	57 500
电视机	台	2 500	2 200	51	60	127 500	132 000	150 000	112 200
合计						240 720	266 688	263 210	246 580

计算结果表明，五种商品的销售量平均增长9.34%，由于销售量增长使商场增加销售额22 490元，或居民由于多购买商品而增加支出22 490元。

用报告期价格为同度量因素（加权），公式为：

$$I_q=\frac{\sum q_1p_1}{\sum q_0p_1}=\frac{266\,688}{246\,580}\times100\%=108.15\%$$

$$\sum p_1q_1-\sum p_1q_0=266\,688-246\,580=20\,108\text{（元）}$$

计算结果说明，五种商品的销售量平均增长8.15%，由于销售量增长而使商场增加销售额20 108元。

从理论上讲，上述两个公式均可成立，但在实际工作中，编制销售量综合指数时，一般均采用基期价格作为同度量因素。这是因为编制销售量综合指数的目的，在于排除价格因素的影响，单纯反映销售量的总变动。为此，必须将价格固定在基期水平上，这才符合经济现象的客观实际。

编制数量指标综合指数的一般原则是采用基期的质量指标作同度量因素。这一原则有两层含义：一是编制数量指标指数应以质量指标作同度量因素；二是将同度量因素固定在基期。

2.质量指标综合指数的编制

与计算商品销售量综合指数相似，计算价格综合指数时，也需要把作为同度量因素的商品销售量所属的时期固定。同样有拉氏与帕氏两种指数公式可供使用。

【例8-2】以表8-1的资料计算五种商品的价格综合指数。

以I_p代表价格综合指数，则有：

用基期销售量为同度量因素（加权），得出拉氏价格指数公式为：

$$I_p=\frac{\sum p_1q_0}{\sum p_0q_0}=\frac{246\,580}{240\,720}\times100\%=102.43\%$$

$$\sum p_1q_0-\sum p_0q_0=246\,580-240\,720=5\,860\text{（元）}$$

计算结果表明，五种商品的价格水平平均上涨2.43%，由于价格上涨，使商品销售额增加5 860元，从消费者一方看，使居民多支出5 860元。

用报告期销售量为同度量因素（加权），得出帕氏价格指数公式为：

$$I_p = \frac{\sum p_1q_1}{\sum p_0q_1} = \frac{266\,688}{263\,210} \times 100\% = 101.32\%$$

$$\sum p_1q_1 - \sum p_0q_1 = 266\,688 - 263\,210 = 3\,478 \text{（元）}$$

计算结果表明，五种商品的价格水平平均上涨1.32%，由于价格上涨，使商品销售额增加3 478元，从消费者一方看，使居民多支出3 478元。

从实际效果来看，人们更关心的是在报告期现实销售量的条件下，价格变动的幅度和所产生的经济效果，因此，把销售量固定在报告期用帕氏价格指数计算更有实际意义。

从以上计算和分析中看到，同一个资料，帕氏指数与拉氏指数的结果是不同的。为什么会出现这种现象？现以价格指数为例进行讨论。从包含的因素看，帕氏价格指数用报告期的销售量q_1作为同度量因素，以基期作为比较标准，销售量从q_0变到q_1，所以帕氏价格指数在反映零售商品价格变动的同时，也包含有销售量变动的因素在内，这意味着帕氏指数并没有完全排除同度量因素的干扰。用公式表示为：

$$\sum p_1q_1 = \sum p_1(q_1 - q_0 + q_0)$$

$$\sum p_0q_1 = \sum p_0(q_1 - q_0 + q_0) = \sum p_0(q_1 - q_0) + \sum p_0q_0$$

因此，公式$P_p = \dfrac{\sum p_1q_1}{\sum p_0q_1}$中包含有$(q_1 - q_0)$的影响。从绝对数来看：

$$\sum p_1q_1 - \sum p_0q_1 = \sum p_1q_0 - \sum p_0q_0 + \sum (p_1 - p_0)(q_1 - q_0)$$

其中，$\sum (p_1 - p_0)(q_1 - q_0)$被称为价格与销售量的共变影响额。

是不是由于共变影响因素的存在就完全否认帕氏指数而全部选择拉氏指数呢？这还应该从指数应用的现实经济意义去分析。计算价格指数的目的，是测定商品价格的波动情况，以说明市场物价变动对人民生活的影响程度。如果用拉氏指数公式即同度量因素固定在基期，其分子与分母之差额说明由于物价的变动，居民按过去的购买量及其结构购买商品，支出的金额的多少，这显然没有什么现实意义。从实际生活角度看，人们更关心在报告期销售量条件下，由于价格变动对实际生活的影响。如果用帕氏指数公式即同度量因素固定在报告期，可以同时反映出价格和消费结构的变化，具有比较明确的经济意义，公式的分子与分母之差额，说明由于物价的变动，居民按目前的购买量及其结构购买商品，支出的金额的多少。可见，用帕氏指数公式计算价格指数，比较符合价格指数的计算目的。销售量指数的计算目的在于反映销售量的变动，把价格固定在基期水平上意味着在原来价格水平的基础上测定销售量的综合变动是比较恰当的。因此，在编制销售量指数时，一般应采用基期的商品价格作为同度量因素。这种选择同时也是指数体系的要求。

综上所述，编制综合指数的一般原则是：在计算质量指标指数时，应采用报告期的数量指标作为同度量因素；在计算数量指标指数时，应采用基期质量指标作为同度量因素。

请思考

如果想反映由于价格上涨，居民为了维持去年的消费而增加的支出，这时应编制什么指数？

三、其他综合指数形式

（一）杨格指数

将同度量因素固定在某一特定时期的水平上，其公式为：

杨格物价指数：$I_p = \frac{\sum p_1 q}{\sum p_0 q}$ (8.7)

杨格物量指数：$I_q = \frac{\sum q_1 p}{\sum q_0 p}$ (8.8)

这种方法是英国学者杨格（Young）于1818年首先采用的，故称为杨格公式或杨格指数。该指数的同度量因素不是基期水平，也不是报告期水平，而是某一典型水平或若干期的平均水平，因此，这里的指数时期和同度量因素的时期是不同的。选择固定的同度量因素，不仅简化了指数计算，而且可以避免某些非正常情况所造成的不可比性，从而便于观察现象长期变化发展的趋势。因此，杨格公式在实践中经常被采用。当然，同度量因素在间隔一定时期后，随着情况的变化就应及时加以修正和调整。

（二）马埃公式和费雪理想公式

在指数理论的发展中，许多学者试图调整拉氏和帕氏两个综合指数公式，以期克服它们的缺点。主要调整公式如表8-3所示。

表8-3　综合指数的主要调整公式

	价格总指数 I_p（质量指标总指数）	销售量总指数 I_q（数量指标总指数）
费雪“理想公式”	$\sqrt{\frac{\sum q_0 p_1}{\sum q_0 p_0} \times \frac{\sum q_1 p_1}{\sum q_1 p_0}}$ (8.9)	$\sqrt{\frac{\sum q_1 p_0}{\sum q_0 p_0} \times \frac{\sum q_1 p_1}{\sum q_0 p_1}}$ (8.10)
马歇尔-埃奇沃斯公式	$\frac{\sum p_1\left(\frac{q_0+q_1}{2}\right)}{\sum p_0\left(\frac{q_0+q_1}{2}\right)} = \frac{\sum p_1(q_0+q_1)}{\sum p_0(q_0+q_1)}$ (8.11)	$\frac{\sum q_1\left(\frac{p_0+p_1}{2}\right)}{\sum q_0\left(\frac{p_0+p_1}{2}\right)} = \frac{\sum q_1(p_0+p_1)}{\sum q_0(p_0+p_1)}$ (8.12)

四、综合指数的应用

综合指数的应用很广，在我国和其他国家，都有很多指数采用这种方法计算。下面来考察常用的几个方面。

（一）地区物价比较指数

前已述及，指数理论主要应用于现象变动的动态研究，但是随着社会经济的发展和科学技术的进步，它已拓展到地区之间的综合比较。物价是经济领域中最富有敏感性的现象，因此需要编制物价对比的地区性指数。凡是在企业之间、地区之间甚至国家与国家之间相互比较的指数，都可称为地区性指数。编制地区性指数，人们所关心的是从对比中找出差距，以便挖掘潜力，为领导决策提供依据。因此，在编制物价的地区性指数时，一般以对比基准地区的物量为同度量因素，即编制对比基准地区物量加权综合指数。例如，比较甲、乙两个城市全部商品的物价水平，甲城市为对比的城市，乙城市作为对比基准的城市，则物价地区性指数的计算公式为：

$$I_p = \frac{\sum q_{乙} p_{甲}}{\sum q_{乙} p_{乙}} \tag{8.13}$$

（二）成本计划完成指数

检查成本计划执行情况时，需要编制成本计划完成指数。检查成本计划执行情况，一般有两种不同的要求：一种是检查包括可比产品和不可比产品在内的全部产品成本计划完成情况，在这种场合，直接用计划产量为同度量因素（权数），加权综合求得成本计划完成指数，其计算公式为：

$$I_z = \frac{\sum q_n z_1}{\sum q_n z_n} \tag{8.14}$$

式中：z_1——报告期实际单位产品成本；z_n——计划单位产品成本；q_n——计划产量。

另一种是检查可比产品成本降低计划完成情况，在这种场合，编制计划时，计划成本指数是在基期的基础上制定的，采用的权数是计划产量。

第三节　平均指数

一、平均指数的概念及与综合指数的关系

（一）平均指数的概念

平均指数是计算总指数的另一种形式，它是在个体指数的基础上计算总指数。在解决复杂总体各组成要素不能直接相加与综合的问题上，平均指数与综合指数是不同的。平均指数是个体指数的加权平均数，它是先计算个体指数，然后将个体指数加权平均而计算的总指数。

应当明确的是，平均指数之所以被称为平均指数，是因为它利用了平均数的计算形式，编制平均指数的计算形式有算术平均和调和平均，基本公式如下：

$$I = \frac{\sum kpq}{\sum pq} \tag{8.15}$$

$$I = \frac{\sum pq}{\sum pq\frac{1}{k}} \tag{8.16}$$

（二）平均指数与综合指数的区别与联系

平均指数和综合指数是计算总指数的两种形式，它们之间既有区别，又有联系。从区别看，一是在解决复杂总体不能直接同度量问题上的思想不同。综合指数是通过引进同度量因素，先计算出总体的总量，然后进行对比，即先综合，后对比。而平均指数是在个体指数的基础上计算总指数，即先对比，后综合。二是在运用资料的条件上不同。综合指数需要所研究总体的全面资料，对起综合作用的同度量因素的资料要求比较严格，一般应采用与指数化指标有明确经济联系的指标，且应有全面的实际资料，如计算产品实物量综合指数，必须具体掌握各产品的实际价格资料。平均指数则既适用于全面的资料，也适用于非全面的资料。三是在经济分析中的具体作用亦有区别。综合指数的资料是总体有明确经济内容的总量指标。因此，总指数除可表明复杂总体的变动方向和程度外，还可从指数化指标变动的绝对效果上进行因素分析。平均指数除作为综合指数变形加以应用的情况外，

一般只能通过总指数表明复杂总体的变动方向和程度，而不能用于对现象进行因素分析。

平均指数和综合指数的联系主要表现为：在一定的权数条件下，两类指数之间有变形关系。由于这种变形关系的存在，当掌握的资料不能直接用综合指数形式计算时，则可以用平均指数形式计算，这种条件下的平均指数与其相应的综合指数具有完全相同的经济意义和计算结果。

二、平均数指数的具体形式

平均数指数因权数所属时期的不同，分为基期总量加权指数、报告期总量加权指数以及固定权数加权指数。

（一）加权算术平均数指数

算术平均数指数按采用权数的形式不同，可以分为基期权数的算术平均数指数和固定权数的算术平均数指数。

1.基期权数的算术平均数指数

它是采用基期价值总额作为权数，对个体指数进行加权平均计算的指数。其公式如下：

$$I_q = \frac{\sum \frac{q_1}{q_0} p_0 q_0}{\sum p_0 q_0} = \frac{\sum k_q p_0 q_0}{\sum p_0 q_0} \tag{8.17}$$

$$I_p = \frac{\sum \frac{p_1}{p_0} p_0 q_0}{\sum p_0 q_0} = \frac{\sum k_p p_0 q_0}{\sum p_0 q_0} \tag{8.18}$$

【例 8-3】设某商店的五种商品的有关资料如表 8-4 所示。

表 8-4 某商店的五种商品的销售资料

商品类别	计量单位	个体价格指数 k_p	个体销量指数 k_q	基期销售额 p_0q_0	报告期销售额 p_1q_1
大 米	百千克	125.00	108.33	48 000	65 000
猪 肉	千克	111.11	113.10	15 120	19 000
食 盐	500克	80.00	110.00	100	88
服 装	件	115.00	88.00	50 000	50 600
电视机	台	88.00	117.65	127 500	132 000
合计	—	—	—	240 720	266 688

用表 8-4 资料代入基期权数形式的加权算术平均数指数的两个计算公式得：

$$I_q = \frac{\sum k_q p_0 q_0}{\sum p_0 q_0}$$

$$= \frac{108.33\% \times 48\,000 + 113.1\% \times 15\,120 + 110\% \times 100 + 88\% \times 50\,000 + 117.65\% \times 127\,500}{48\,000 + 15\,120 + 100 + 50\,000 + 127\,500}$$

$$= \frac{263\,210}{240\,720} \times 100\% = 109.34\%$$

$$I_p = \frac{\sum k_p p_0 q_0}{\sum p_0 q_0}$$

$$= \frac{125\% \times 48\,000 + 111.11\% \times 15\,120 + 80\% \times 100 + 115\% \times 50\,000 + 88\% \times 127\,500}{48\,000 + 15\,120 + 100 + 50\,000 + 127\,500}$$

$$= \frac{246\,580}{240\,720} \times 100\%$$

$$= 102.43\%$$

上述计算结果与拉氏综合指数的计算结果完全一致，这说明基期权数形式的加权算术平均数指数可以看作拉氏综合指数的变形。但必须具备一个特定的条件，即以基期总值(p_0q_0)为权数，并且两种形式指数包括的计算范围要完全一致。因此，掌握了各种个体指数(k_q或k_p)，以及各物品的基期价值(p_0q_0)资料时，就可以运用基期加权算术平均数公式来计算拉氏综合指数。采用基期价值(p_0q_0)这个特定权数加权，加权算术平均数指数与拉氏综合指数的联系如下：

$$I_q = \frac{\sum k_q p_0 q_0}{\sum p_0 q_0} = \frac{\sum \frac{q_1}{q_0} p_0 q_0}{\sum p_0 q_0} = \frac{\sum p_0 q_1}{\sum p_0 q_0}$$

$$I_p = \frac{\sum k_p p_0 q_0}{\sum p_0 q_0} = \frac{\sum \frac{p_1}{p_0} p_0 q_0}{\sum p_0 q_0} = \frac{\sum p_1 q_0}{\sum p_0 q_0}$$

在我国统计实践中，数量指标指数一般采用基期权数形式的加权算术平均数指数公式计算。

2.固定权数的算术平均数指数

在国内外广泛使用的加权算术平均数指数中，所用的权数并不是基期或报告期的价值指标（p_0q_0或p_1q_1），而是采用某种固定权数（W）。固定权数是指某一个固定时期的权数，既可以根据全面调查资料，也可以采用各种有关抽样调查资料，用相对数（比重）的形式固定下来，在较长时期内一直使用，使得指数编制更加便捷。如西方国家编制的工业生产指数，多采用工业部门增加值所占的比重资料作为权数。固定权数形式的加权算术平均数指数公式为：

$$I_q = \frac{\sum k_q W}{\sum W} \tag{8.19}$$

$$I_p = \frac{\sum k_p W}{\sum W} \tag{8.20}$$

式中：W——某一固定时期的权数。

（二）加权调和平均数指数

调和平均数指数按采用权数形式的不同也可以分为两种：报告期权数的调和平均数指数和固定权数的调和平均数指数。

1.报告期权数的调和平均数指数

它是采用报告期价值量作为权数，对个体指数进行加权平均计算的指数。其公式如下：

$$I_q = \frac{\sum p_1 q_1}{\sum p_1 q_1 \frac{q_0}{q_1}} = \frac{\sum p_1 q_1}{\sum p_1 q_1 \frac{1}{k_q}} \tag{8.21}$$

$$I_p=\frac{\sum p_1q_1}{\sum p_1q_1\frac{p_0}{p_1}}=\frac{\sum p_1q_1}{\sum p_1q_1\frac{1}{k_p}} \tag{8.22}$$

【例8-4】仍以表8-4的资料分别计算价格指数和销售量指数。

$$I_q=\frac{\sum p_1q_1}{\sum p_1q_1\frac{1}{k_q}}$$

$$=\frac{65\,000+19\,000+88+50\,600+132\,000}{\frac{65\,000}{108.33\%}+\frac{19\,000}{113.10\%}+\frac{88}{110\%}+\frac{50\,600}{88\%}+\frac{132\,000}{117.65\%}}$$

$$=\frac{266\,688}{246\,580}\times 100\%$$

$$=108.15\%$$

$$I_p=\frac{\sum p_1q_1}{\sum p_1q_1\frac{1}{k_p}}$$

$$=\frac{65\,000+19\,000+88+50\,600+132\,000}{\frac{65\,000}{125\%}+\frac{19\,000}{111.11\%}+\frac{88}{80\%}+\frac{50\,600}{115\%}+\frac{132\,000}{88\%}}$$

$$=\frac{266\,688}{263\,210}\times 100\%$$

$$=101.32\%$$

上述计算结果与帕氏综合指数的计算结果完全相同。这是否说明这两种指数在方法上没有实质的区别呢？事实上不是这样。只有在特定的条件下，即两种形式指数包括的计算范围完全一致时，它们的计算结果才相同。也只有在这种条件下，报告期权数形式的加权调和平均数指数才是帕氏综合指数的变形。因此，当掌握了各种个体指数和各物品的报告期价值资料时，就可以运用报告期加权调和平均数指数公式计算帕氏综合指数。采用报告期价值（p_1q_1）这个特定权数加权，加权调和平均数指数与帕氏综合指数的联系如下：

$$I_q=\frac{\sum p_1q_1}{\sum p_1q_1\frac{1}{k_q}}=\frac{\sum p_1q_1}{\sum p_1q_1\frac{q_0}{q_1}}=\frac{\sum p_1q_1}{\sum p_1q_0}$$

$$I_p=\frac{\sum p_1q_1}{\sum p_1q_1\frac{1}{k_p}}=\frac{\sum p_1q_1}{\sum p_1q_1\frac{p_0}{p_1}}=\frac{\sum p_1q_1}{\sum p_0q_1}$$

在我国统计实践中，质量指标指数一般采用报告期权数形式的加权调和平均数指数公式计算。

2.固定权数的调和平均数指数

这种加权调和平均数指数在实际工作中应用较少。其计算公式如下：

$$I_q=\frac{\sum W}{\sum\frac{1}{k_q}W} \tag{8.23}$$

$$I_p=\frac{\sum W}{\sum\frac{1}{k_p}W} \tag{8.24}$$

第四节 几种常用的经济指数

指数作为一种重要的经济分析指标和方法，在实践中获得了广泛的应用。但在不同场合，往往需要运用不同的指数形式。一般而言，选择指数形式的主要标准应该是指数的经济分析意义。除此而外，有时还要求考虑实际编制工作的可行性，以及对指数分析性质的某些特殊要求。现以国内外常见的主要经济指数为例，对指数方法的具体应用加以介绍。

一、消费者价格指数

消费者价格指数（Consumer Price Index，CPI）是大多数国家都编制的一种指数。在政府统计中，失业率和CPI应该是政府和老百姓都最为关注的两个重要指标。在美国，有足够影响力的团体，如会员超过200万的工会，其成员有合同保障工资和CPI联动。CPI涉及经济的许多方面，当CPI增加1%时，政府开支就自动地增加60亿美元；所得税的分级标准也会随之改动；还能够买到价值与CPI同步上升的美国储蓄公债。CPI往往会影响到政府政策，在大选时它也是一个敏感指标。

对于CPI，不同国家赋予的名称会有所不同，我国称之为居民消费价格指数。居民消费价格指数（CPI）是反映一定时期内城乡居民所购买的生活消费品价格和服务项目价格的变动情况的一种相对数。通过它可以观察消费价格的变动水平及对消费者货币支出的影响，同时也能反映通货膨胀程度。

在2001年以前，我国根据调查资料直接计算月环比、月同比及年度同比价格指数。自2001年起，改用国际通用方法，计算定基价格指数，即以2000年平均价格作基准，计算出各月定基价格指数后，再推算月环比、月同比及年度同比价格指数，同时可推算任意时间间距的多种价格指数，价格资料更丰富，可作为反映我国通货膨胀（或紧缩）程度的主要指标。经国务院批准，国家统计局统计调查总队负责全国居民消费价格指数的编制及相关工作，并组织、指导和管理各省区市的消费价格调查统计工作。

我国编制居民消费价格指数的商品和服务项目，目前共包括食品烟酒类、衣着类、居住类、生活用品及服务类、交通和通信类、教育文化和娱乐类、医疗保健类、其他用品和服务类等八个大类，251个基本分类，约700个代表品种。居民消费价格指数就是在对全国550个样本市县近3万个采价点进行价格调查的基础上，根据国际规范的流程和公式算出来的。

居民消费价格指数采用加权算术平均公式编制。年度指数的计算以上年为基期，月度指数分别计算以上年同期和上月为基期的同比和环比两种指数，其计算公式为：

$$I_p = \frac{\sum k_p W}{\sum W}$$

式中：k_p——个体指数或各层的类指数；W——各层零售额比重权数。

具体计算过程是，先分别计算出各代表规格品基期和报告期的全社会综合平均价，并计算出相应的价格指数，然后分层逐级计算小类、中类、大类和总指数。

【例8-5】现以部分资料（见表8-5）说明消费价格总指数的编制和计算过程。

解：(1) 计算出各代表规格品的价格指数。如大米价格指数为：

表 8-5　　某市居民消费价格总指数计算表

商品类别及名称	代表规格品	计量单位	平均价格（元）		权数（W）（%）	指数 k
			p_0	p_1		
（甲）	（乙）	（丙）	（1）	（2）	（3）	（4）
居民消费价格指数					100	103.63
一、食品					46	106.20
（一）粮食中类					18	105.99
1.细粮小类					99	105.95
大米	二等粳米	kg	3.5	3.71	95	106.00
面粉	标准粉	kg	2.4	2.52	5	105.00
2.粗粮小类					1	110.38
（二）肉禽及其制品					36	101.80
（三）蛋					5	102.20
（四）水产品					10	106.50
（五）鲜菜					16	114.60
（六）鲜果					15	109.20
二、烟酒及用品					8	101.70
三、衣着					12	99.00
四、家庭设备用品及服务					8	102.00
五、医疗保健及个人用品					6	103.20
六、交通和通信					7	101.30
七、娱乐教育文化用品及服务					8	100.90
八、居住					5	105.00

$$k_p = \frac{p_1}{p_0} = \frac{3.71}{3.50} \times 100\% = 106.0\%$$

（2）根据各代表规格品的价格指数及给出的相应权数，加权算术平均计算小类指数。如细粮类价格指数为：

$$I_p = \frac{\sum k_p W}{\sum W} = 106\% \times 95\% + 105\% \times 5\% = 105.95\%$$

（3）根据各小类指数及相应的权数，加权算术平均计算中类指数。如粮食中类价格指数为：

$$I_p = \frac{\sum k_p W}{\sum W} = 105.95\% \times 99\% + 110.38\% \times 1\% = 105.99\%$$

（4）根据各中类指数及相应的权数，加权算术平均计算大类指数。如食品类价格指数为：

$$
\begin{aligned}
I_p &= \frac{\sum k_p W}{\sum W} \\
&= 105.99\% \times 18\% + 101.8\% \times 36\% + 102.2\% \times 5\% \\
&\quad + 106.5\% \times 10\% + 114.6\% \times 16\% + 109.2\% \times 15\% \\
&= 106.2\%
\end{aligned}
$$

（5）根据各大类指数及相应的权数，加权算术平均计算总指数，即居民消费价格指数：

$$
\begin{aligned}
I_p &= \frac{\sum k_p W}{\sum W} \\
&= 106.2\% \times 46\% + 101.7\% \times 8\% + 99\% \times 12\% + 102\% \times 8\% + 103.2\% \times 6\% + 101.3\% \times 7\% \\
&\quad + 100.9\% \times 8\% + 105.5\% \times 5\% \\
&= 103.63\%
\end{aligned}
$$

居民消费价格指数除了反映城乡居民购买的生活消费品价格和服务项目价格变动的趋势和程度外，还具有以下几方面作用：

第一，用于反映通货膨胀状况。通货膨胀的严重程度是用通货膨胀率来反映的，通货膨胀率说明了一定时期内商品价格持续上升的幅度。通货膨胀率一般以居民消费价格指数来表示，即：

$$
\text{通货膨胀率} = \frac{\text{报告期居民消费价格指数}}{\text{基期居民消费价格指数}} \times 100\% - 100\%
$$

第二，用于反映购买力的变动。货币购买力是指单位货币能够买到的消费品和服务的数量。居民消费价格指数上涨，货币购买力下降；反之则上升。因此，居民消费价格指数的倒数就是货币购买力指数，即：

$$
\text{货币购买力指数} = \frac{1}{\text{居民消费价格指数}} \times 100\%
$$

第三，用于反映对职工实际工资的影响。消费价格指数的提高意味着实际工资的减少，消费价格指数的下降意味着实际工资的提高。因此，利用消费价格指数可将名义工资转化为实际工资。具体的计算为：

$$
\text{实际工资} = \frac{\text{名义工资}}{\text{居民消费价格指数}}
$$

$$
\text{居民实际收入指数} = \frac{\text{居民平均收入指数}}{\text{居民消费价格指数}}
$$

第四，用于缩减经济序列。通过缩减经济序列可以消除价格变动的影响，其方法是将经济序列除以价格指数。

专栏阅读　为什么人们的感受与CPI不一致？

二、商品零售价格指数

商品零售价格指数是反映城乡商品零售价格变动趋势的一种经济指数。它的变动直接影响到城乡居民的生活支出和国家财政收入，影响居民购买力和市场供需平衡以及消费和积累的比例。因此，商品零售价格指数是观察和分析经济活动的重要指标之一。

商品零售价格指数的计算公式为：

$$I_p = \frac{\sum k_p W}{\sum W} = \sum k_p \times w$$

居民消费价格指数和商品零售价格指数都属于价格指数，在编制的方法上也没有本质区别，但两者反映了两种不同领域，它们的编制目的是不相同的。居民消费价格指数属于消费领域的价格指数，通过它可以观察居民生活消费品及服务项目价格变动对居民生活的影响，为各级政府掌握居民消费状况，研究和制定居民消费价格政策、工资政策提供科学依据。商品零售价格指数属于流通领域的价格指数，通过它可以掌握零售商品的平均价格水平，为各级政府制定经济政策、研究市场流通提供科学依据。

在计算权数的来源和调查商品的范围上两者也不同：

（1）编制居民消费价格指数的权数来源于居民用于各类商品和服务项目的消费支出额以及各种商品、服务项目的实际消费支出额的构成比重，根据住户调查资料计算。编制商品零售价格指数的权数来源于各类消费品零售额和各种消费品零售额的构成比重，主要根据社会消费品零售额资料计算。

（2）居民消费价格的调查范围是居民用于日常生活消费的商品和服务项目价格，它既包括商品也包括非商品与服务，如学杂费、保育费等，但不包括居民一般不消费而主要供集团消费的商品，如办公用品等。商品按居民消费性质分为八大类。商品零售价格只反映商品，包括居民消费和集团消费，而不反映非商品与服务价格，商品按用途分为十六大类。

三、生产价格指数

生产价格指数是各种产品在非零售市场上首次交易价格的动态。在我国主要包括工业生产者价格指数、农产品生产价格指数等。

（一）工业生产者价格指数

工业生产者价格指数包括工业生产者出厂价格指数（Producer Price Index for Industrial Products，简称PPI）和工业生产者购进价格指数。

工业生产者出厂价格指数反映工业企业产品第一次出售时的出厂价格的变化趋势和变动幅度，包括工业企业售给本企业以外所有单位的各种产品和直接售给居民用于生活消费的产品。通过工业生产者出厂价格指数能观察出厂价格变动对工业总产值的影响。其计算公式为：

$$I_p = \frac{\sum \frac{p_1}{p_0} W}{\sum W}$$

（二）农产品生产价格指数

农产品生产价格指数是反映一定时期内，农产品生产者出售农产品价格水平变动趋势及幅度的相对数。该指数可以客观反映全国农产品生产价格水平和结构变动情况，满足农业与国民经济核算需要。

编制农产品生产价格指数是以代表产品（类别）的价格变动来反映全部农产品的价格变化趋势和变动幅度。我国农产品生产价格调查的类别和代表产品包括农业、林业、畜牧、渔业4个大类，谷物、棉花、油料、糖料、蔬菜、园艺、水果、中药材、林产品、牲畜、家禽、禽蛋、奶类、海水产品和淡水产品等15个中类，30个小类，180种代表品。其计算公式为：

$$I_p = \frac{\sum p_1 q_1}{\sum \frac{1}{k_p} p_1 q_1}$$

式中：k_p——入编指数的各种农产品的个体价格指数。

采用加权调和平均法的原因在于，农产品的生产季节性强，时间比较集中，产品品种相对较少，在期末能够较迅速地取得各种农产品生产额和代表规格品的价格资料。

专栏阅读　　**现行价格、不变价格与可比价格**

四、股票价格指数

在股票市场上，每时每刻都有许多股票进行交易。在同一时间里，这些股票价格各异，而且它们都随着时间在不断变动。有些股票价格上涨，有些股票价格下跌，而各种股票的涨跌幅度也不尽相同。在如此千变万化的市场中，用一种股票价格的变动来描述整个股票市场的情况，显然是不行的。那么，究竟怎样来衡量整个股票市场行情的变化呢？股票价格指数是综合反映股票市场行情的一种有效方法。

股票价格指数一般也采用与基期比较法，即将选样股票计算期的价格总和与基期选样股票的价格总和进行比较，反映各个时期价格水平的变动情况，简称股价指数。指数单位一般用“点”表示，“点”是衡量股票价格起落的尺度，即将基期指数作为100，每上升或下降1个百分点称为“1点”。

（一）股票指数的一般知识

1.股价指数的特性

首先是综合性，要表示一般股价水准就必须选取许多股票价格作为计算基础。股价指数所代表的是整个大市，而不能代表每一种单个股票的个别价格。其次是代表性，股价指数的编制必须在各类股票中均应抽取样本股。当证券市场上股票种类较少时，应当将全部上市股票作为计算对象，这样才能很好地反映现实股市的变化；当上市股票较多时，限于时间与人力，应当抽取部分具有代表性的股票作为样本。再就是敏感性，股票价格上升或下跌时，股价指数能敏感地把其变化反映出来。为了更敏感地反映股价变动，有些股价指数的计算时间逐渐缩短。计算股价指数所用的价格，先是采用当日收盘价，后改用每小时价格，现在则用每分钟的价格。最后是连续性，股价指数应当反映长时期的股市变化进程，不同时期的股价指数应当具有历史的参照作用。这就要求股价指数的编制方法一旦确定就不能随意地更改。若存在非市场因素的变化，如股票分割、增资发行等，一般应当对指数公式进行修正或调整，以维持股价指数连续变动的走势。

2.股价指数的作用

股价指数是反映股市行情变化的指示器，人们通过它可以了解不同国家和地区股市变动的情况；股价指数能为投资者提供必不可少的信息。投资者进行股票投资，要考虑整个股市的变化情况，股价指数为他们把握投资机会、选择投资对象提供了依据；股价指数是整个经济的晴雨表。股价指数的编制是选择有代表性、实力雄厚的上市公司的股票为代表，这些公司的股价变动反映股市的股价水平，而这些公司的经营业绩又反映了该国家或地区的经济状况，所以股价指数是观察分析经济的重要参考依据。

3.选择权数有两种方法

一般方法是以采样股票发行量为权数，以求得市价总值，报告期市价总值与基期市价总值之比，即得出指数。这种股价指数显示了采样股整体资产价值的变化，相对地降低了某些股票市价暴涨暴跌对指数的影响。当股票分割、配股发生时，采样股数量相应地膨胀，权数增大，以致出现失真现象，故以发行量为权重，较适合于观察平均股价水准变动。另一种方法是以采样股票成交量为权数，但该种权数是不固定的，当股价上涨而成交量骤变时，股价指数容易使投资者产生误解，但以成交量为权重，反映了平均每股成交额，可用以测定股票市场的投资者心态。

（二）道·琼斯和纳斯达克股价指数

以华尔街为象征的美国股票市场，是世界上规模最大、法规和管理最完善的资本市场。道·琼斯工业平均指数（Dow Jones Industrial Average）和纳斯达克综合指数（Nasdaq Composite Index），是美国股市最具代表意义的指数，也是美国经济最敏感的神经。

道·琼斯股票价格平均指数，即道·琼斯指数，是世界上最有影响、使用最广的股价指数。道·琼斯指数由美国报业集团道·琼斯公司负责编制并发布，登载在其属下的《华尔街日报》上。历史上第一次公布道·琼斯指数是在1884年7月3日，当时的指数样本包括11种股票，由道·琼斯公司的创始人之一、《华尔街日报》首任编辑查尔斯·亨利·道（Charles Henry Dow，1851—1902）编制。1928年10月1日起其样本股增加到30种并保持至今。道·琼斯指数是算术平均股价指数，公式为：

$$P = \frac{1}{n}\sum_{i=1}^{n} p_i$$

将样本股的收盘价格加总，然后除以样本股的数量。

纳斯达克全名为全国证券交易商协会自动报价系统，1971年才问世。它通过计算机网络将全国证券经纪商组织在一起，及时准确地向其提供场外交易行情。它最初专门让投资者交易一些资本额很小的新创企业股票，但经过短短40多年的发展，上市公司数目、上市的外国公司数目、月交易额都已超过纽约证券交易所。纳斯达克综合指数包括5 200多种股票，主要由美国的数百家发展最快的先进技术、电信和生物公司组成，包括微软、英特尔、美国在线、雅虎这些家喻户晓的高科技公司，因而成为美国“新经济”的代名词。

（三）香港恒生指数

香港恒生指数是香港股票市场上历史最悠久、影响最大的股票价格指数，由香港恒生银行于1969年11月24日开始发表。恒生股票价格指数包括从香港500多家上市公司中挑选出来的33家有代表性且经济实力雄厚的大公司股票作为成分股，分为四大类——4种金融业股票、6种公用事业股票、9种房地产业股票和14种其他工商业（包括航空和酒店）股票。

恒生指数是加权股价指数，它是根据各种采样股票的相对重要性予以加权，公式如下：

$$I=\frac{\sum_{i=1}^{n}p_{1i}q_{0i}}{\sum_{i=1}^{n}p_{0i}q_{0i}}$$

下面介绍的上证指数和深证指数也是根据这个公式计算的。

（四）上海证券股票指数

由上海证券交易所编制的股票指数，简称上证指数，1990年12月19日为基准日，1991年7月15日正式开始发布。该股票指数的样本为所有在上海证券交易所挂牌上市的股票，其中新上市的股票在挂牌的第二天纳入股票指数的计算范围。该股票指数的权数为上市公司的总股本。由于我国上市公司的股票有流通股和非流通股之分，其流通量与总股本并不一致，所以总股本较大的股票对股票指数的影响就较大。

（五）深圳综合股票指数

由深圳证券交易所编制的股票指数，简称深证指数，1991年4月3日为基期。该股票指数的计算方法基本与上证指数相同，其样本为所有在深圳证券交易所挂牌上市的股票，权数为股票的总股本。由于以所有挂牌的上市公司为样本，其代表性非常广泛，且它与深圳股市的行情同步发布。

第五节 指数体系与因素分析

一、指数体系的概念及作用

（一）指数体系的概念

在经济分析中，一个指数通常只能说明某一方面的问题，而实践中往往需要将多个指数结合起来加以运用，这就要求建立相应的“指数体系”。指数体系是由三个或三个以上具有内在联系的指数构成的有一定数量对等关系的整体。

指数体系的形式不是随意的，它是由现象间客观存在的必然联系决定的。

例如：

商品销售额=商品销售量×商品价格

产品产值=产品产量×产品价格

总成本=产量 × 单位产品成本

总产量（或总产值）=员工人数× 劳动生产率

增加值 =员工人数 × 劳动生产率 × 增加值率

销售利润 =销售量 × 销售价格 × 销售利润率

上述这些现象在数量上存在的联系，表现在动态变化上，就可以形成如下指数体系：

商品销售额指数=商品销售量指数×商品价格指数

产品产值指数=产品产量指数×产品价格指数

总成本指数=产量指数 × 单位产品成本指数

总产量（或总产值）指数=员工人数指数×劳动生产率指数

增加值指数=员工人数指数 × 劳动生产率指数 × 增加值率指数

销售利润指数 =销售量指数 × 销售价格指数 × 销售利润率指数

在指数体系中包括两类指数：一类是反映现象总变动的指数，通常表现为广义的总指数，这类指数在一个指数体系中只有一个，一般放在等式的左边；另一类是反映某一因素变动的指数，称为因素指数，这类指数在一个指数体系中可以是多个，一般放在等式的右边。

（二）指数体系的作用

指数体系的作用主要有三个方面：一是进行因素分析，即分析现象的总变动中各有关因素的影响程度；二是进行指数推算，即根据已知的指数来推算未知的指数；三是指导单个综合指数的编制。

利用指数体系进行因素分析主要分析以下两方面的问题：

（1）分析现象总体总量指标的变动受各种因素变动的影响程度，即利用综合指数体系，从数量指标指数和质量指标指数的相互联系中，分析各个因素的变动影响关系。例如，编制多种产品的销量指数和价格指数，分析销售量和价格变动对销售额变动的影响。

（2）分析社会经济现象总体平均指标变动受各种因素变动的影响程度，即利用指数编制的方法原理，通过平均指标指数体系来进行分析。

二、总量指标指数体系及因素分析

（一）总量指标指数体系

由总量指数及其若干个因素指数构成的数量关系式，称为总量指标指数体系。对于指数体系的理解，需要把握以下两个问题：

（1）在指数体系中，总量指数与各因素指数之间的数量关系表现为两个方面：一是从相对量来看，总量指数等于各因素指数的乘积；二是从绝对量来看，总量的变动差额等于各因素指数变动差额之和。

（2）在加指数体系中，为使总量指数等于各因素指数的乘积，两个因素指数中通常一个为数量指数，另一个为质量指数，而且各因素指数中同度量必须是不同时期的，比如数量指数用基期质量指标做同度量，质量指数则必须用报告期数量指标做同度量。该指数体系可表示为：

$$\frac{\sum q_1p_1}{\sum q_0p_0}=\frac{\sum q_1p_0}{\sum q_0p_0}\times\frac{\sum q_1p_1}{\sum q_1p_0}$$

因素影响差额之间的关系为：

$$\sum q_1p_1-\sum q_0p_0=(\sum q_1p_0-\sum q_0p_0)+(\sum q_1p_1-\sum q_1p_0)$$

（二）总量指标的两因素分析

总量指标两因素分析，就是通过总量指标指数体系将影响总量指标变动的两个因素分离出来加以计算，从而对总量指标的变动作出解释。

【例8-6】现以表8-2的资料为例，说明总量指标两因素的分析方法。

1.计算出销售额的总变动。

销售额总指数：

$$I_{pq}=\frac{\sum q_1p_1}{\sum q_0p_0}=\frac{266\ 688}{240\ 720}\times 100\%=110.79\%$$

销售额增加数：

$$\sum q_1p_1-\sum q_0p_0=266\ 688-240\ 720=25\ 968（元）$$

它说明报告期五种商品的总销售额比基期增长了10.79%，增加的金额为25 968元。

2.分析销售额总变动的具体原因

通过销售额指数体系，就把销售额的变动归结为销售量和商品价格两个因素变动共同作用的结果。分析销售额总变动的具体原因，就是利用指数体系分离出销售量的变动和价格的变动对销售额变动的影响方向、程度和实际效果。分析过程如下：

（1）销售量变动的影响。具体情况如下：

销售量指数：

$$I_q=\frac{\sum q_1p_0}{\sum q_0p_0}=\frac{263\ 210}{240\ 720}\times 100\%=109.34\%$$

对销售额的影响：

$$\sum q_1p_0-\sum q_0p_0=263\ 210-240\ 720=22\ 490（元）$$

它说明了由于报告期商品销售量的变动而使商品销售额增长9.34%，由此引起的商品销售额增加的金额为22 490元。

（2）物价变动的影响。具体情况如下：

价格指数：

$$I_p=\frac{\sum p_1q_1}{\sum p_0q_1}=\frac{266\ 688}{263\ 210}\times 100\%=101.32\%$$

对销售额的影响：

$$\sum p_1q_1-\sum p_0q_1=266\ 688-263\ 210=3\ 478（元）$$

它说明了由于物价的变动使报告期五种商品的总销售额比基期上升了1.32%，由此引起的商品销售额增加的绝对额为3 478元。

上述分析使用的指数体系，代入数据可表示如下：

$$110.79\%=109.34\%\times 101.32\%$$

其因素影响的绝对值之间的关系为：

25 968元=22 490元+3 478元

通过上述分析可以看出，五种商品的销售额报告期比基期总体增长了10.79%，是由于销售量增长9.34%与价格增长1.32%共同引起的。商品销售额增加25 968元，是由于销售量变动使其增加22 490元和价格变动使其增加3 478元共同带来的结果，其中销售量增长起了主要的作用。

(三)总量指标的多因素分析

客观现象是比较复杂的，有时某一现象的变动可能受到三个或三个以上因素的影响。当一个总量指标可以表示为三个或三个以上因素指标的连乘积时，同样可以利用指数体系测定各因素变动对总变动的影响，这种分析就是对总量指标的多因素分析。例如，原材料费用总额=总产量×单位产品原材料消耗量×单位原材料价格。

进行多因素分析时应注意以下两个问题：

(1) 指标的排列顺序。在运用多因素分析法时，一定要注意各因素的排列顺序。各因素之间的排列顺序，要符合它们之间相互联系的客观情况，一般是数量指标在前，质量指标在后，两两相乘要有经济意义。例如，研究利润变化时，影响企业利润变动的因素排列顺序为销售量、销售单价、利润率。

(2) 测定其中某个因素的作用时，要将其余所有因素按综合指数的一般编制原则固定。一般原则是在分析某个因素的变化时，如果同度量因素排在所分析的因素之前，则该同度量因素的时期固定在报告期；如果同度量因素排在所分析的因素之后，则该同度量因素的时期固定在基期。

根据这个原则，利润总额指数可以分解为由三个指数构成的指数体系。

利润总额指数=生产量指数×单价指数×利润率指数

$$\frac{\sum q_1p_1c_1}{\sum q_0p_0c_0}=\frac{\sum q_1p_0c_0}{\sum q_0p_0c_0}\times\frac{\sum q_1p_1c_0}{\sum q_1p_0c_0}\times\frac{\sum q_1p_1c_1}{\sum q_1p_1c_0}$$

$$\sum q_1p_1c_1-\sum q_0p_0c_0=\left(\sum q_1p_0c_0-\sum q_0p_0c_0\right)+\left(\sum q_1p_1c_0-\sum q_1p_0c_0\right)+\left(\sum q_1p_1c_1-\sum q_1p_1c_0\right)$$

【例8-7】已知某企业资料如表8-6所示，计算该企业利润总额的变动并对其进行因素分析。

表8-6　某企业资料表

产品名称	计量单位	销售量		价格（万元）		利润率（%）	
		基期 q_0	报告期 q_1	基期 p_0	报告期 p_1	基期 c_0	报告期 c_1
甲	件	150	160	3.5	3.2	11	16
乙	台	250	250	1.8	1.76	30	35
丙	辆	5 000	5 500	0.031	0.029	8	7

解：计算利润总额指标，见表8-7。

表8-7　总量指标变动的多因素分析计算表

产品种类	利润总额（万元）			
	$q_1p_1c_1$	$q_0p_0c_0$	$q_1p_0c_0$	$q_1p_1c_0$
甲	81.92	57.75	61.60	56.32
乙	154.00	135.00	135.00	132.00
丙	11.17	12.40	13.64	12.76
合计	247.09	205.15	210.24	201.08

利润总额的变动：

$$I_{qpc}=\frac{\sum q_1p_1c_1}{\sum q_0p_0c_0}=\frac{247.09}{205.15}\times 100\%=120.44\%$$

$\sum q_1p_1c_1-\sum q_0p_0c_0$ =247.09−205.15=41.94（万元）

其中：

（1）受销售量变动的影响为：

$$I_q=\frac{\sum q_1p_0c_0}{\sum q_0p_0c_0}=\frac{210.24}{205.15}\times 100\%=102.48\%$$

$\sum q_1p_0c_0-\sum q_0p_0c_0$ =210.24−205.15=5.09（万元）

（2）受价格变动的影响为：

$$I_p=\frac{\sum q_1p_1c_0}{\sum q_1p_0c_0}=\frac{201.08}{210.24}\times 100\%=95.64\%$$

$\sum q_1p_1c_0-\sum q_1p_0c_0$ =201.08−210.24=−9.16（万元）

（3）受利润率变动的影响为：

$$I_c=\frac{\sum q_1p_1c_1}{\sum q_1p_1c_0}=\frac{247.09}{201.08}\times 100\%=122.88\%$$

$\sum q_1p_1c_1-\sum q_1p_1c_0$ =247.09−201.08=46.01（万元）

（4）综合影响：

$120.44\%=102.48\%\times 95.64\%\times 122.88\%$

41.94万元 = 5.09万元 + (−9.16)万元 + 46.01万元

分析结果表明：从相对数方面看，该企业的利润总额报告期比基期增长了20.44%，是由于销售量增长2.48%、销售价格下降4.36%和利润率上涨22.88%三因素共同作用的结果；从绝对数方面看，该企业利润总额报告期比基期增加了41.94万元，是由于销售量上升使利润总额增加了5.09万元，由于销售价格下降使利润总额减少了9.16万元，由于利润率上升使利润总额上升了46.01万元。

（四）指数体系中的因素推算

【例8-8】已知某地区商品价格报告期比基期增长5%，销售量增长2%，求该地区商品销售总额的增长幅度。

已知 $I_p=1+5\%, I_q=1+2\%$，则

$I_{pq}=I_p\times I_q=(1+5\%)\times(1+2\%)=107.1\%$

即销售总额增长了7.1%。

三、平均指标变动的因素分析

（一）平均指标变动因素分析的意义

平均指标是表明社会经济总体一般水平的指标。总体一般水平决定于两个因素：一个是总体内部各部分（组）的水平；另一个是总体的结构，即各部分（组）在总体中所占的比重。总体平均指标的变动是这两个因素变动的综合结果。

$$\bar{x}=\frac{\sum x_if_i}{\sum f_i}=\sum x_i\cdot\frac{f_i}{\sum f_i}$$

平均指标变动的因素分析，就是利用指数因素分析方法，从数量上分析总体各部分水平与总体结构这两个因素变动对总体平均指标变动的影响。例如，一个部门的劳动生产率水平决定于部门内各单位（组）的劳动生产率水平和不同劳动生产率水平的单位（组）在部门内的比重两个因素。通过因素分析，可以弄清这两个因素各自影响的方向、程度和数量，从而对部门劳动生产率的变动能有深入的认识。

平均指标变动的因素分析是一种重要的统计分析方法，对经济管理与研究有重要的意义。影响总体平均指标变动的上述两类因素具有不同的性质。总体各部分的水平，主要取决于各部分内部的状况，反映了各部分内部各种因素的作用。而总体结构则是一种与总体全局完全有关的因素，总体结构状况决定了总体的一些基本特征。经济管理与研究的一项重要任务就是优化结构，使结构合理化。平均指标的因素分析，为这方面的深入研究提供了重要依据。

（二）平均指标变动因素分析的方法

依据指数因素分析法的一般原理，便可列出平均指标变动因素分析的指数体系。其指数体系为：

可变构成指数=固定构成指数×结构影响指数

相对数体系：

$$\frac{\bar{x}_1}{\bar{x}_0}=\frac{\dfrac{\sum x_1f_1}{\sum f_1}}{\dfrac{\sum x_0f_0}{\sum f_0}}=\frac{\dfrac{\sum x_1f_1}{\sum f_1}}{\dfrac{\sum x_0f_1}{\sum f_1}}\times\frac{\dfrac{\sum x_0f_1}{\sum f_1}}{\dfrac{\sum x_0f_0}{\sum f_0}}$$

绝对数体系：

$$\frac{\sum x_1f_1}{\sum f_1}-\frac{\sum x_0f_0}{\sum f_0}=\left(\frac{\sum x_1f_1}{\sum f_1}-\frac{\sum x_0f_1}{\sum f_1}\right)+\left(\frac{\sum x_0f_1}{\sum f_1}-\frac{\sum x_0f_0}{\sum f_0}\right)$$

令 $\bar{x}_n=\dfrac{\sum x_0f_1}{\sum f_1}$，则平均指标变动因素分析的指数体系可用如下简明形式表明：

$$\frac{\bar{x}_1}{\bar{x}_0}=\frac{\bar{x}_1}{\bar{x}_n}\times\frac{\bar{x}_n}{\bar{x}_0}$$

$$\bar{x}_1-\bar{x}_0=(\bar{x}_1-\bar{x}_n)+(\bar{x}_n-\bar{x}_0)$$

上述列出的指数体系包括了三个指数，依次被称为可变构成指数、固定构成指数、结构影响指数。

（1）可变构成指数（I_{xf}），简称可变指数，是根据报告期和基期总体平均指标的实际水平对比计算的，包括了总体各部分（组）水平和总体结构两个因素变动的综合影响。它全面地反映了总体平均水平的实际变动状况。在结构影响较大的情况下，可变构成指数的数值有可能超出各个部分的变动程度范围。也就是说，与各个部分（组）的指数相比较，有可能比最大的部分指数还大，也有可能比最小的部分指数还小。

$$I_{xf}=\frac{\bar{x}_1}{\bar{x}_0}=\frac{\sum x_1f_1}{\sum f_1}\div\frac{\sum x_0f_0}{\sum f_0}$$

式中：$\bar{x}$——总平均指标；x——各组标志值，即平均水平；f——各组单位数。

（2）固定构成指数（I_x）。为了单纯反映变量值变动的影响，就需要消除总体中各组单位数所占比重变化的影响，即需要将总体内部结构固定下来（一般来说固定在报告期）计算平均指标指数，这样的指数叫固定构成指数。该指数消除了总体结构变动的影响，专门用以综合反映各部分（组）水平变动对总体平均指标变动的影响。其计算公式可表示为：

$$I_x = \frac{\bar{x}_1}{\bar{x}_n} = \frac{\sum x_1 f_1}{\sum f_1} \div \frac{\sum x_0 f_1}{\sum f_1}$$

（3）结构影响指数（I_f）。为了单纯反映总体结构变动的影响，就需要把变量值固定下来（一般固定在基期），这样计算的平均指标指数叫作结构影响指数。它只反映总体结构变动对总平均指标变动的影响。其计算公式为：

$$I_f = \frac{\bar{x}_n}{\bar{x}_0} = \frac{\sum x_0 f_1}{\sum f_1} \div \frac{\sum x_0 f_0}{\sum f_0}$$

【例 8-9】某公司员工人数和月平均工资的分组资料如表 8-8 所示。试对该公司员工平均工资的变动进行因素分析。

表 8-8　　某企业职工工资情况表

工资等级	月平均工资（元）		职工数（人）		工资总额（元）		
	基期 x_0	报告期 x_1	基期 f_0	报告期 f_1	基期 x_0f_0	报告期 x_1f_1	x_0f_1
车间工人	3 580	3 800	270	580	966 600	2 204 000	2 076 400
管理人员	6 000	6 600	130	120	780 000	792 000	720 000
合计	4 366.5	4 280	400	700	1 746 600	2 996 000	2 796 400

根据表 8-8 资料，具体分析步骤如下：

第一，计算出平均工资的总变动。

基期平均工资：

$$\bar{x}_0 = \frac{\sum x_0 f_0}{\sum f_0} = \frac{1\,746\,600}{400} = 4\,366.5\text{（元）}$$

报告期平均工资：

$$\bar{x}_1 = \frac{\sum x_1 f_1}{\sum f_1} = \frac{2\,996\,000}{700} = 4\,280\text{（元）}$$

可变构成指数：

$$I_{xf} = \frac{\bar{x}_1}{\bar{x}_0} = \frac{4\,280}{4\,366.5} \times 100\% = 98.02\%$$

月平均工资增加额：

$$\bar{x}_1 - \bar{x}_0 = 4\,280 - 4\,366.5 = -86.5\text{（元）}$$

它说明该公司员工总平均工资报告期比基期下降了 1.98%，平均每人减少月工资 86.5 元。

第二，进一步分析总平均工资变动的具体原因。

这需要利用平均工资指数体系，分离出组平均工资和员工人数结构变动对总平均工资的影响程度和绝对数量。因此，总平均工资的变动，决定于组平均工资水平和员工人数结构的影响。采用平均指标体系分析如下：

（1）平均工资（变量值）变动的影响。

固定构成指数：

$$I_x = \frac{\bar{x}_1}{\bar{x}_n} = \frac{\sum x_1 f_1}{\sum f_1} \div \frac{\sum x_0 f_1}{\sum f_1}$$

$$= 4\,280 \div \frac{2\,796\,400}{700} = 4\,280 \div 3\,994.86 \times 100\% = 107.14\%$$

对总平均工资的绝对影响数：

$$\frac{\sum x_1 f_1}{\sum f_1} - \frac{\sum x_0 f_1}{\sum f_1} = 4\,280 - 3\,994.86 = 285.14\text{（元）}$$

（2）总体结构变动的影响。

结构影响指数：

$$I_f = \frac{\sum x_0 f_1}{\sum f_1} \div \frac{\sum x_0 f_0}{\sum f_0}$$

$$= 3\,994.86 \div 4\,366.5 \times 100\% = 91.49\%$$

对总平均工资的绝对影响数：

$$\frac{\sum x_0 f_1}{\sum f_1} - \frac{\sum x_0 f_0}{\sum f_0} = 3\,994.86 - 4\,366.5 = -371.64\text{（元）}$$

上述三个指数之间的关系可表示如下：

98.02%= 107.14% ×91.49%

各因素影响的绝对数之间的关系为：

−86.5元 =285.14元 +（−371.64）元

计算结果表明，各等级工资水平的变化，使平均工资提高了7.14%，即增加了285.14元；员工工资分布结构的变化，使平均工资下降了8.51%，即减少了371.64元。两者共同影响，使得全公司员工的总平均工资下降了1.98%，即减少了86.5元。

本章小结

统计指数是用来分析社会经济现象数量变动的对比性指标。广义指数是指一切说明社会经济现象数量变动的相对数。狭义指数是一种特殊的相对数，即用来说明不能直接相加的复杂社会经济现象综合变动程度的相对数。

综合指数的编制特点是先综合后对比。编制综合指数必须明确指数化指标和同度量因素，指数化指标是被测定的因素，同度量因素即权数，作为同度量因素的指标固定在哪个时期上，不是固定不变的。拉氏指数将同度量因素固定在基期水平上；帕氏指数将同度量因素固定在报告期水平上。通常情况下，数量指标指数按拉氏公式计算，质量指标指数按帕氏公式计算。

平均指数的编制特点是从个体指数出发，先对比后平均。平均指数有算术平均指数和调和平均指数两种形式。算术平均指数一般用基期总值来加权；调和平均指数一般用报告期总值来加权。

指数的因素分析是对现象总变动中各个因素变动的影响程度，从相对数和绝对数两个方面进行分析。利用综合指数体系，可以分析现象总变动中数量因素和质量因素的影响。相对数分析是从各个指数计算结果来分析；绝对数分析是从各个指数分子与分母指标之差来分析。

总平均数指数是对总体平均指标的测定，分析总平均数指数的变动，需要计算3种指数：①可变构成指数；②固定构成指数；③结构影响指数。利用上述3种指数的相互联系，可以分析现象总体平均指标变动受各组平均水平和各组结构变动的影响程度。

我国现行居民消费价格指数的编制步骤：①消费品分类和代表规格品的选择；②基本分类商品价格指数的计算；③计算中类指数；④计算大类指数；⑤计算总指数。

本章关键术语

指数　复杂现象总体　个体指数　总指数　同度量因素　指数化指标　数量指标指数　质量指标指数　综合指数　拉氏指数　帕氏指数　平均指数　因素分析　可变构成指数　固定构成指数　结构影响指数

本章主要公式

拉氏质量指标指数 $L_p = \dfrac{\sum p_1q_0}{\sum p_0q_0}$　　拉氏数量指标指数 $L_q = \dfrac{\sum p_0q_1}{\sum p_0q_0}$

帕氏质量指标指数 $P_p = \dfrac{\sum p_1q_1}{\sum p_0q_1}$　　帕氏数量指标指数 $P_q = \dfrac{\sum p_1q_1}{\sum p_1q_0}$

加权算术平均数指数 $I_q = \dfrac{\sum k_q p_0q_0}{\sum p_0q_0}$　　$I_p = \dfrac{\sum k_p p_0q_0}{\sum p_0q_0}$

加权调和平均数指数 $I_q = \dfrac{\sum p_1q_1}{\sum p_1q_1\dfrac{1}{k_q}}$　　$I_p = \dfrac{\sum p_1q_1}{\sum p_1q_1\dfrac{1}{k_p}}$

固定权数的加权算术平均数指数 $I_q = \dfrac{\sum k_q W}{\sum W}$　　$I_p = \dfrac{\sum k_p W}{\sum W}$

固定权数的加权调和平均数指数 $I_q = \dfrac{\sum W}{\sum \dfrac{1}{k_q} W}$　　$I_p = \dfrac{\sum W}{\sum \dfrac{1}{k_p} W}$

总量指标因素分析指数体系：

$$\frac{\sum q_1p_1}{\sum q_0p_0} = \frac{\sum q_1p_0}{\sum q_0p_0} \times \frac{\sum q_1p_1}{\sum q_1p_0}$$

$$\sum q_1p_1 - \sum q_0p_0 = \left(\sum q_1p_0 - \sum q_0p_0\right) + \left(\sum q_1p_1 - \sum q_1p_0\right)$$

平均指标因素分析指数体系：

$$\frac{\bar{x}_1}{\bar{x}_0} = \frac{\dfrac{\sum x_1f_1}{\sum f_1}}{\dfrac{\sum x_0f_0}{\sum f_0}} = \frac{\dfrac{\sum x_1f_1}{\sum f_1}}{\dfrac{\sum x_0f_1}{\sum f_1}} \times \frac{\dfrac{\sum x_0f_1}{\sum f_1}}{\dfrac{\sum x_0f_0}{\sum f_0}}$$

$$\frac{\sum x_1f_1}{\sum f_1} - \frac{\sum x_0f_0}{\sum f_0} = \left(\frac{\sum x_1f_1}{\sum f_1} - \frac{\sum x_0f_1}{\sum f_1}\right) + \left(\frac{\sum x_0f_1}{\sum f_1} - \frac{\sum x_0f_0}{\sum f_0}\right)$$

案例分析

大众鞋厂布鞋市场营销决策

大众鞋厂是一家有40余年历史的老厂，主要以布鞋为主导产品，过去经济效益一直较好。但从2020年开始，产品出现积压，经营出现亏损。厂领导觉得问题非常严重，如果不能想办法扭亏增盈，厂子就面临关门的结局。因此，他们找到某管理咨询公司，请该公司帮助诊断亏损原因，提出扭亏增盈的对策。表8-9、表8-10、表8-11是企业的有关统计资料。

表8-9 近两年生产、销售及利润情况表

指 标	单位	2019年	2020年	增减绝对额	增减%
产量	万双	106	71	-35	-33
销售量	万双	102	74	-28	-27.5
平均销售价格	元/双	4.41	4.73	0.32	7.3
销售收入	万元	450	350	-100	-22.3
单位成本	元/双	4.34	5.08	0.74	17.1
总成本	万元	443	376	-67	-15.1
税金	万元	5	4	-1	-20%
利润	万元	2	-30	-32	—

表8-10 主要成本费用指标

指标	单位	2019年	2020年	增减绝对额	增减%
单位生产成本	元/双	3.72	4.11	0.39	10.5
生产成本	万元	380	304	-76	-25.8
销售费用	万元	13	10	-3	-33.3
管理费用	万元	46	51	5	10.9
财务费用	万元	4	11	7	14.3
总成本	万元	443	376	-67	-15.1

表8-11 2020年价格调整对销量影响情况表

月份	3月	4月	5—7月	8—11月
出厂价格（元/双）	4.49	4.71	5.15	6.7
去年销量（万双）	13	11	28	20
前年销量（万双）	11	10	29	50

注：价格提高的主要原因是同期原材料价格上涨导致单位成本上升，销售量下降对单位成本上升也有一定影响。

咨询公司进厂后实施了问卷调查，资料汇总如表8-12、表8-13所示。

表 8-12　　　　鞋类市场需求调查汇总表（一）

种类		是否穿过	是否经常穿			满意的原因						不满意的原因					
			①	②	③	①	②	③	④	⑤	⑥	①	②	③	④	⑤	⑥
布鞋	市外产	40	21	18	10	13	11	17	3	12	11	17	18	17	9	3	1
	大众鞋厂	7	0	2	3	2	5	5	0	0	1	4	0	2	3	2	1
	市内其他	26	7	10	3	4	19	0	0	10	0	10	1	10	2	2	1
	自产	10	1	5	1	5	5	1	0	3	1	4	1	3	6	2	0
解放鞋		13	3	5	1	4	8	1	3	2	2	3	2	6	2	2	0
网球鞋		47	12	12	6	8	12	8	1	11	0	5	2	6	4	3	2
运动鞋		57	33	38	17	26	24	2	6	21	5	15	14	23	17	9	3
健美鞋		38	9	11	11	3	8	3	9	3	1	7	5	10	7	1	1
皮鞋		103	91	36	20	41	25	62	44	23	2	21	47	27	18	19	13
旅游鞋		91	64	31	25	30	34	50	25	34	19	15	29	21	23	9	7

表 8-13　　　　鞋类市场需求调查汇总表（二）

种类		购买数量		价格（元）		2021年需要量	最喜爱的品牌
		2019年	2020年	2019年	2020年		
布鞋	市外产	34	33	7.1	8.2	31	
	大众鞋厂	10	6	4.5	6.2	6	
	市内其他	14	16	7.6	9.2	6	
	小计	58	55	—	—	43	
解放鞋		11	15	13	14	8	
网球鞋		26	22	12	17	10	A
运动鞋		56	48	14	15	37	B
健美鞋		27	6	8	8	16	C
皮鞋		117	128	74	73	128	D
旅游鞋		89	110	59	100	41	E

大众鞋厂产品销售区域为本市和邻近4个地区的48个市县，人口约有2 000万人。

另外，销售队伍及政策：目前全厂有销售人员14人，销售政策规定，销售人员按销售收入的2%提成，不发工资，出差须经批准，只报住宿费和车费，伙食费自理。据了解，销售人员认为厂领导不重视销售，大半人员整天在家不出门，靠打电话联系业务。他们对自己的收入也不满意，说外地厂的销售人员收入能达到1万～2万元。

要求：

1.根据所给资料分析该厂亏损的原因是什么，并说明分析所用的是什么方法。

2.咨询公司进厂与厂领导一起进行了初步分析：一种意见认为，老百姓现在普遍穿皮鞋、旅游鞋，不需要布鞋，所以产品卖不出去，形成积压。也有人并不同意这种看法。针对这种情况，你有什么好办法能解决问题？

3.如果2021年固定费用预计为90万元。单位变动成本为5.18元，如果销售价格为6.7元，请测算保本销售量，如果销售价格调整到6.2元，保本点销售量是多少？

练习题

一、单项选择题

1.编制数量指标综合指数的一般原则是采用（　　）作为同度量因素。

A.基期数量指标　　B.报告期数量指标

C.基期质量指标　　D.报告期质量指标

2.编制质量指标综合指数的一般原则是采用（　　）作为同度量因素。

A.基期数量指标　　B.报告期数量指标

C.基期质量指标　　D.报告期质量指标

3.狭义指数是反映（　　）数量综合变动的方法。

A.有限总体　　B.无限总体

C.复杂总体　　D.简单总体

4.用综合指数计算总指数的主要问题是（　　）。

A.同度量因素的选择　　B.同度量因素时期的确定

C.同度量因素选择和时期的确定　　D.个体指数和权数的选择

5.我国统计实践中编制综合指数一般（　　）。

A.数量指标指数多用帕氏公式，质量指标指数多用拉氏公式

B.数量指标指数多用拉氏公式，质量指标指数多用帕氏公式

C.数量指标指数和质量指标指数都用帕氏公式

D.数量指标指数和质量指标指数都用拉氏公式

6.按照个体价格指数和报告期销售额计算的价格指数是（　　）。

A.综合指数　　B.平均指标指数

C.加权算术平均数指数　　D.加权调和平均数指数

7.在物价上涨后，同样多的人民币少购买商品2%，则物价指数为（　　）。

A.98.03%　　B.102.04%　　C.98%　　D.102%

8.如果零售价格指数上涨10%，销售量下降10%，则销售额（　　）。

A.有所增加　　B.有所减少　　C.没有变化　　D.无法判断

9.某企业的职工工资水平比上年提高5%，职工人数增加2%，则企业工资总额增长（　　）。

A.10%　　B.7.1%　　C.7%　　D.11%

10.设p表示商品的价格，q表示商品的销售量，$\frac{\sum p_1q_1}{\sum p_0q_1}$说明了（　　）。

A.在报告期销售量条件下，价格综合变动的程度

B.在基期销售量条件下，价格综合变动的程度

C.在报告期价格水平下，销售量综合变动的程度

D.在基期价格水平下，销售量综合变动的程度

11.在$\frac{\sum q_1p_1}{\sum \frac{1}{k} q_1p_1}$这一调和平均数指数的计算公式中，k是（　　）。

A.质量指标个体指数　　B.权数

C.数量指标个体指数　　D.同度量因素

12.在由三个指数所组成的指数体系中，两个因素指数的同度量因素通常（　　）。

A.都固定在基期　　B.都固定在报告期

C.一个固定在基期，一个固定在报告期　　D.采用基期和报告期的平均

13.我国实际工作中，农产品收购价格指数的编制方法是采用（　　）。

A.综合指数法　　B.固定权数加权算术平均数指数法

C.加权调和平均数指数法　　D.变形权数加权算术平均数指数法

14.编制总指数的两种形式是（　　）。

A.数量指标指数和质量指标指数

B.综合指数和平均指数

C.算术平均数指数和调和平均数指数

D.定基指数和环比指数

15.销售价格综合指数（$\frac{\sum q_1p_1}{\sum q_1p_0}$）表示（　　）。

A.综合反映多种商品销售量变动程度

B.综合反映多种商品销售额变动程度

C.报告期销售的商品，其价格综合变动的程度

D.基期销售的商品，其价格综合变动程度

16.在销售量综合指数$\frac{\sum q_1p_0}{\sum q_0p_0}$中，$\sum q_1p_0-\sum q_0p_0$表示（　　）。

A.商品价格变动引起销售额变动的绝对额

B.价格不变的情况下，销售量变动引起销售额变动的绝对额

C.价格不变的情况下，销售量变动的绝对额

D.销售量和价格变动引起销售额变动的绝对额

17.加权算术平均数指数变形为综合指数时，其特定的权数是（　　）。

A.q_1p_1　　B.q_0p_1　　C.q_1p_0　　D.q_0p_0

18.加权调和平均数指数变形为综合指数时，其特定的权数是（　　）。

A.q_1p_1　　B.q_0p_1　　C.q_1p_0　　D.q_0p_0

19.若劳动生产率可变构成指数为134.5%，职工人数结构影响指数为96.3%，则劳动生产率固定构成指数为（　　）。

A.39.67%　　B.139.67%　　C.71.60%　　D.129.52%

20.如果用p表示商品价格，用q表示商品销售量，则公式$\frac{\sum q_1p_0}{\sum q_0p_0}$（　　）。

A.综合反映多种商品销售量的变动程度

B.综合反映商品价格和商品销售量的变动

C.全面反映商品销售额的变动

D.反映由于商品销售量的变动对价格变动的影响程度

21.某厂生产费用今年比去年增长了50%，产量增长了25%，则单位成本增长了（　　）。

A.25%　　B.2%　　C.75%　　D.20%

22.固定构成指数是（　　）。

A.$\frac{\sum x_1f_1}{\sum f_1}\Big/\frac{\sum x_0f_0}{\sum f_0}$　　B.$\frac{\sum x_1f_1}{\sum f_1}\Big/\frac{\sum x_0f_1}{\sum f_1}$

C.$\frac{\sum x_0f_1}{\sum f_1}\Big/\frac{\sum x_0f_0}{\sum f_0}$　　D.$\frac{\sum x_1f_1}{\sum x_0f_0}$

23.为测定各组工人劳动生产率变动对全体工人总平均劳动生产率变动的影响，应编制（　　）。

A.劳动生产率综合指数　　B.劳动生产率可变构成指数

C.劳动生产率结构影响指数　　D.劳动生产率固定构成指数

二、多项选择题

1.下列指数中属于狭义指数的有（　　）。

A.多种产品销售额指数　　B.某种产品销售额指数

C.多种产品的销售量指数　　D.多种产品的产量指数

E.多种产品的单位成本指数

2.下列指数中，属于质量指标指数的有（　　）。

A.农副产品产量总指数　　B.农副产品收购价格总指数

C.某种工业产品成本总指数　　D.全部商品批发价格指数

E.职工工资个体指数

3.下列属于质量指标指数的有（　　）。

A.商品零售量指数　　B.商品零售额指数

C.商品零售价格指数　　D.职工劳动生产率指数

E.销售商品计划完成程度指数

4.下列属于数量指标指数的有（　　）。

A.产品产量总指数　　B.劳动生产率指数

C.职工人数指数　　D.产品总成本指数

E.产品单位成本指数

5.编制综合指数的一般原则为（　　）。

A.数量指标指数以基期数量指标为同度量因素

B.数量指标指数以基期质量指标为同度量因素

C.数量指标指数以报告期数量指标为同度量因素

D.质量指标指数以报告期数量指标为同度量因素

E.质量指标指数以基期数量指标为同度量因素

6.某商店今年全部商品销售量为去年的115%。这个相对数是（　　）。

A.个体指数　　B.综合指数

C.数量指标指数　　D.质量指标指数

E.平均指标指数

7.如果用p表示商品价格，q表示商品销售量，则公式$\sum p_1q_1-\sum p_0q_1$的意义是（　　）。

A.综合反映价格变动和销售量变动的绝对额

B.综合反映销售额变动的绝对额

C.综合反映多种商品价格变动而增减的销售额

D.综合反映由于价格变动而使消费者增减的货币支出额

E.综合反映多种商品销售量变动的绝对额

8.综合指数的特点是（　　）。

A.有两个总量指标对比而成

B.分子或分母中有一个假定指标

C.固定一个或一个以上因素，仅观察其中一个因素的变动

D.编制时可按范围逐步扩大

E.编制时需要全面资料

9.某企业2020年12月产品的生产总成本为20万元，比11月多支出0.4万元，单位成本比11月降低2%，则（　　）。

A.生产总成本指数为102%　　B.单位成本指数为2%

C.产品产量指数为104%　　D.单位成本指数为98%

E.由于单位成本降低而节约的生产总成本为0.408万元

10.若以q表示出口数量，p表示出口价格，则（　　）。

A.$\frac{\sum q_1p_1}{\sum q_0p_0}$表示出口量的相对变动程度

B.$\frac{\sum q_1p_0}{\sum q_0p_0}$表示出口量的变动而使出口额变动的程度

C.$\frac{\sum q_1p_0}{\sum q_0p_0}$表示出口额的相对变动程度

D.$\sum q_1p_0-\sum q_0p_0$表示出口量的绝对变动量

E.$\sum q_1p_0-\sum q_0p_0$表示由于出口量的变动而使出口额变动的绝对量

三、判断题

1.编制质量指标指数，按一般原则应采用报告期数量指标作同度量因素。

2.数量指标作为同度量因素，时期一般固定在基期。

3.我国编制综合法总指数采用的是拉氏公式。

4.从理论上讲，任何一个综合指数形式均可变形为相应的加权算术平均数指数和加权调和平均数指数。

5.综合价格指数中，指数化指标是销售量，同度量因素是价格。

6.为了使成本指数的计算符合现实经济意义，编制单位成本指数应当用基期的产品产量作为同度量因素。

7.如果物价上涨5%，则用同样多的货币能买到原来商品数量的95%。

8.平均数指数也是编制总指数的一种重要形式，有它的独立应用意义。

9.劳动生产率的可变构成指数为105.3%，结构影响指数为102.2%，则劳动生产率的固定构成指数为103.03%。

10.以产量作为同度量因素计算的单位产品某种原材料消耗量指数是数量指标指数。

四、简答题

1.什么是统计指数？它有哪些作用？

2.同度量因素的含义、作用及其确定原则是什么？

3.与一般相对数比较，总指数所研究的现象总体有何不同？

4.简述综合指数与平均数指数的内在关系。

5.什么是指数体系？指数体系的作用有哪些？

6.某厂有技术工和辅助工两类，技术工的平均工资高于辅助工。假定今年与去年相比，全厂职工总数及两类工人的平均工资水平没有变化。试问全厂工人今年的总平均工资可能会发生什么变化？请说明原因。

五、计算题

1.某企业生产三种产品，其产量和成本资料如表8-14所示。

表8-14 某企业产量和成本资料

产品名称	计量单位	产量		单位成本（元）	
		基期	报告期	基期	报告期
甲	件	100	120	12	13
乙	吨	200	210	40	45
丙	套	380	350	50	44

要求：（1）试编制拉氏产量指数和拉氏价格指数。

（2）试编制帕氏产量指数和帕氏价格指数。

（3）比较两种方法编制出的产量指数和价格指数的差异。

2.某企业生产甲、乙两种产品，2019年和2020年产量和单价如表8-15所示。

表 8-15　某企业2019年和2020年产量和单价资料

产品名称	计量单位	产量		单价（万元）	
		2019年	2020年	2019年	2020年
甲	件	300	350	10	12
乙	台	400	380	50	45

试计算：(1) 该企业工业总产值指数.

(2) 产量增长对总产值变动的影响。

(3) 价格变动对总产值变动的影响。

3.已知三种商品的销售额及价格指数资料如表8-16所示。

表 8-16　三种商品的销售额及价格指数资料

商品种类	计量单位	基期销售额（万元）	报告期销售额（万元）	个体物价指数（%）
A	张	130	146	115
B	把	60	84	120
C	个	80	90	110
合计	—	270	320	—

要求：根据表8-16资料从相对数和绝对数两方面分析计算三种商品销售额的变动，并说明销售额变动的主要原因是什么。

4.某企业2010年和2020年资料如表8-17所示。

表 8-17　某企业2010年和2020年资料

产品	实际产值（万元）		2020年比2010年产量增加的百分比（%）
	2010年	2020年	
甲	400	4 260	74
乙	848	1 135	10
丙	700	1 432	40

要求：计算产品产量总指数，以及由于产量增长使企业所增加的总产值。

5.某公司三种商品销售额及价格变动资料如表8-18所示。

表 8-18　某公司三种商品销售额及价格变动资料

商品名称	商品销售额（万元）		价格变动（%）
	基期	报告期	
甲	145	168	12
乙	220	276	15
丙	350	378	5

要求：(1) 计算三种商品价格总指数及影响的绝对额。

(2) 计算销售额指数和销售量指数。

(3) 试从相对数和绝对数两方面简要分析销售额变动所受的因素影响。

6. 某企业报告期生产的甲、乙、丙三种产品的总产值分别是80万元、32万元、150万元，产品价格报告期和基期相比分别为105%、100%、98%，该企业总产值报告期比基期增长了8.5%。试计算三种产品的产量和价格总指数以及对总产值的影响。

7. 某百货商场商品零售额报告期为9.98亿元，比基期增长了1.29亿元，价格上涨了3%。试推算该商场零售额变动中由于零售价格和零售量变动的影响程度和影响的绝对额。

8. 已知某地区2019年的农副产品收购总额为360亿元，2020年比上年的收购总额增长12%，农副产品收购价格总指数为105%。试考虑，2020年与2019年对比：

（1）农民因交售农副产品共增加多少收入？

（2）农副产品收购量增加了百分之几？农民因此增加了多少收入？

（3）由于农副产品收购价格提高5%，农民又增加了多少收入？

（4）验证以上三方面的分析结论能否保持协调一致。

9. 某企业基期和报告期职工工资如表8-19所示。

表8-19　某企业基期和报告期职工工资资料

职工	基期		报告期	
	人数（人）	平均工资（元）	人数（人）	平均工资（元）
管理人员	45	6 000	50	6 800
技术工人	120	5 000	180	5 400
普　工	40	3 000	135	3 700

试分析该企业职工工资水平变动情况（从相对数和绝对数两方面分析）。

10. 某城市三个市场上同一种商品的销售资料如表8-20所示。

表8-20　某城市三个市场上同一种商品的销售资料

市　场	销售价格（元/千克）		销售量（千克）	
	基　期	计算期	基　期	计算期
A市场	2.50	3.00	740	560
B市场	2.40	2.80	670	710
C市场	2.20	2.40	550	820
合　计	—	—	1 960	2 090

要求：（1）分别编制该商品总平均价格的可变构成指数、固定构成指数和结构影响指数。

（2）建立指数体系，从相对数的角度进行总平均价格变动的因素分析。

（3）进一步综合分析销售总量变动和平均价格变动对该种商品销售总额的影响。

第八章练习题参考答案

第九章

相关与回归分析

百年不遇的疫情引发了对人与自然关系的反思，气候变化问题愈加受到重视。发展低碳、零碳经济对实现人类可持续发展具有重要意义，也是各国需要共同面对的长期课题。中国政府宣布在2030年前碳达峰、2060年前碳中和，这是对全世界的庄严承诺。这不仅需要政府和非政府部门协力，也需要国家间加强合作。

碳中和对现在的主流经济学、主流经济思维带来了挑战，包括怎样更好地处理好人和自然的关系，处理好市场和政府的关系，处理好效率和公平的关系。从反腐到扶贫、减贫，到现在的绿色转型，到加强数字经济监管，到乡村振兴、共同富裕，大的方向就是反思在过去四十多年全球自由市场经济的环境下，如何提高经济效率的同时应对其带来的负面挑战。不仅是中国，美国、欧洲，甚至全球都在这个大的方向上发展，只不过不同的国家体现的形式不一样。碳中和不仅仅是绿色转型问题，也不仅仅是创新的问题，实际上是整个经济运行模式、思维模式和政策框架转型进入高质量发展阶段的重要载体和重要方面。我们现在强调科技创新推动绿色转型，要大力推进技术进步、科技转型，大力推进政府和公共投入的投资，如此“大力度”推进对短期经济是支持，由此带来的技术进步，对整个转型路径、对发展新机遇是重要的驱动力。①

经济高质量发展涉及经济增长、环境治理、效率与公平、民生保障等多个方面，各目标之间存在什么关系？如何有效兼顾？节能减排，实现“碳达峰”“碳中和”对我国GDP增长会带来什么影响？相关与回归分析就是研究这一类问题的统计方法。

本章提要

通过学习，读者应掌握相关关系的含义，以及相关关系与函数关系的区别；了解相关分析的内容；掌握相关关系的判别方法和类型；理解回归分析的实质；熟悉回归分析与相关分析的区别与联系；掌握一元线性回归分析方法和应用。

① 彭文生．碳中和是经济转型高质量发展的重要载体［EB/OL］．［2021-08-25］．https：//www.thepaper.cn/newsDetail_forward_14204419.

第一节 相关分析概述

一、相关关系的概念

无论是在自然界还是社会经济领域，一种现象与另一种现象之间往往存在着依存关系，当我们用变量来反映这些现象的特征时，便表现为变量之间的依存关系。如某种商品销售额（y）与销售量（x）之间的关系、商品销售额（y）与广告费支出（x）之间的关系以及消费（y）与收入（x_1）、习惯（x_2）之间的关系等。

变量之间的依存关系可以分为两种：一是函数关系；二是相关关系。

（一）函数关系

变量之间存在着严格确定的依存关系，称为函数关系。在这种关系中，当一个或几个变量取一定量的值时，另一变量有确定值与之相对应，并且这种关系可以用一个数学表达式反映出来。如圆的面积（S）与半径（R）之间的关系可表示为$S=\pi R^2$，当圆的半径R的值取定后，圆的面积也随之确定。

（二）相关关系

变量之间存在的不确定的数量关系，称为相关关系。在这种关系中，变量之间存在一定的相互联系，但又不是确定的和严格的依存关系。这类关系中，当一个或几个相互联系的变量取一定数值时，与之相对应的变量就会有若干个数值，从而表现出一定的波动性，即变量间关系不能用函数关系精确表达，一个变量的取值不能由另一个变量唯一确定，当变量x取某个值时，变量y的取值可能有几个或无穷多个。

【例9-1】人的身高与体重这两个变量，一般而言是相互依存的，但它们并不表现为确定的函数关系。因为制约这两个变量的还有其他因素，如遗传因素、营养状况和运动水平等，以至于同一身高的人可以有不同的体重，同一体重的人又表现出不同身高。变量间的这种不严格的依存关系就构成了相关关系。

【例9-2】考察家庭消费与家庭收入这两个变量，它们之间也存在不确定的数量关系。收入水平相同的家庭，它们的消费往往不同；反之，消费相同的家庭，它们的收入也可能不同。一般而言，收入水平越高，则消费水平越高，但家庭消费并不能完全由家庭收入所确定，还有消费习惯、消费预期、社会保障等因素也会影响消费。因此，家庭消费与家庭收入之间的关系不是函数关系，而是一种相关关系。

【例9-3】考察一个人的收入水平与受教育程度这两个变量之间的关系，它们之间存在的也是相关关系。受教育程度尽管和一个人的收入水平有关系，但它不是影响收入的唯一因素，还有其他因素（如职业、工作年限等）的影响。

从上面的分析中可知，相关关系的特点是：一个变量不能由另一个变量唯一确定，当变量x取某个值时，变量y可能有几个值与之对应。对这种不确定的关系显然不能用函数关系进行描述，但也不是没有任何规律可循。通过对大量的数据观察与研究，我们就会发现许多变量确实存在一定的客观规律。例如，平均来说，父母身高较高时，其子女的身高一般也较高；收入水平较高的家庭其消费水平也较高。

变量之间的函数关系和相关关系，在一定条件下是可以互相转化的。本来具有函数关系的变量，当存在观测误差时，其函数关系往往以相关的形式表现出来。而具有相关关系的变量之间的联系，如果我们对它们的规律性有了深刻的认识，并且能够把影响因变量变动的因素全部纳入方程，这时的相关关系也可能转化为函数关系。另外，相关关系也具有某种变动规律性，所以，相关关系经常可以用一定的函数形式去近似地描述。客观现象的函数关系可以用数学方法去研究，而研究客观现象的相关关系必须借助于统计学中的相关与回归分析方法。

二、相关关系的分类

（一）按相关的程度可分为完全相关、不完全相关和不相关

当一个变量的变化完全由另一个变量所决定时，称变量间的这种关系为完全相关关系，这种严格的依存关系实际上就是函数关系。当两个变量的变化相互独立、互不影响时，称这两个变量不相关，实际上，这里的不相关就是独立，即变量间没有任何关系。当变量之间存在不严格的依存关系时，称为不完全相关，即一般意义上的相关关系。不完全相关关系是现实当中相关关系的主要表现形式，也是相关分析的主要研究对象。

（二）按相关的方向可分为正相关和负相关

当一个变量随着另一个变量的增加（减少）而增加（减少），即两者同向变化时，称为正相关。例如，家庭支出与家庭收入之间的关系，一般随着家庭收入的增加，家庭支出也会随之增加。当一个变量随着另一个变量的增加（减少）而减少（增加），即两者反向变化时，称为负相关。例如，产品产量与单位成本之间的关系，单位成本会随着产量的增加而减少。

（三）按相关的形式可分为线性相关和非线性相关

当变量之间的依存关系大致呈现为线性形式，即当一个变量变动一个单位时，另一个变量也按一个大致固定的增（减）量变动，就称为线性相关。当变量间的关系不按固定比例变化时，就称为非线性相关。

（四）按研究变量的多少可分为单相关、偏相关和复相关

两个变量之间的相关，称为单相关。一个变量与两个或两个以上其他变量之间的相关，称为复相关。在复相关的研究中，假定其他变量不变，专门研究其中两个变量之间的相关关系时称其为偏相关。

上述这些相关关系我们可以用图9-1来示意。

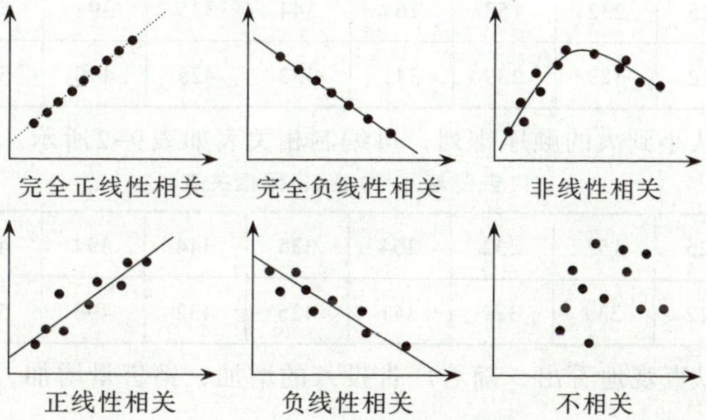

图9-1　相关关系分类示意图

三、相关分析的主要内容

进行相关分析和回归分析首先应根据研究目的，通过观察或试验取得若干单位或不同时间上的相关资料。所用变量资料可以是静态资料也可以是动态资料。相关与回归分析的主要内容包括以下几个方面：

（一）确定现象之间有无相关关系存在，以及相关关系的性质和表现形态

现象之间确实存在相互依存关系才能用相关分析方法去进行研究，现象之间的关系表现为什么样的形态就需要使用相应的方法去进行分析，否则，会使认识发生偏误。

（二）确定相关关系的密切程度

现象之间的相互依存关系密切，说明两变量（现象）间的相关关系近似于某一条直线或曲线，配置一条相应的直线或曲线进行近似的分析，分析误差较小，据以进行的回归预测和推算才比较准确。相关关系密切程度高低的分析与判断，是进行回归分析的基础和前提。

（三）相关的显著性检验

根据抽样样本计算的相关系数，还必须进行总体相关的显著性检验。这样对相关分析的结果从数学的角度进行检验后所进行的分析才是科学的。

第二节　相关分析方法

变量之间的相关关系需要用相关分析方法来识别和判断，相关分析法就是借助于图表或指标（如相关系数）对变量之间的关系密切程度进行测定的统计方法。

一、相关表

研究现象之间的依存关系，首先要通过实际调查取得一系列成对的数据，作为相关分析的原始资料。将某一变量从小到大排列，然后将与其相关的另一变量的对应值平行排列，便可以得到简单的相关表。

【例9-4】对某公司10年来的销售收入与年广告投放进行调查，得到资料如表9-1所示。

表9-1　广告费与月平均销售额原始资料　单位：万元

年广告费投入	125	232	153	264	344	335	394	554	609	452
月均销售额	212	329	239	341	432	425	490	594	635	528

将广告投入按从小到大的顺序排列，可编制相关表如表9-2所示。

表9-2　广告费与月平均销售额相关表　单位：万元

年广告费投入	125	153	232	264	335	344	394	452	554	609
月均销售额	212	239	329	341	425	432	490	528	594	635

从表9-2中可以直观地看出，随着广告投入的增加，销售量增加，两者之间存在一定的正相关关系。

二、散点图

识别变量间相关关系最简单的方法就是绘制散点图。散点图也称为相关图，是将所研究变量的观察值以散点的形式绘制在相应的坐标系中，它是用直角坐标系的x轴代表自变量，y轴代表变量，将两个变量间相对应的变量值用坐标点的形式描绘出来，用以表明相关点分布状况的图形。通过它们呈现出的特征，来判断变量之间是否存在相关关系，以及相关的形式、相关的方向和相关的程度等。根据表9-2资料可以绘制的相关图如图9-2所示。

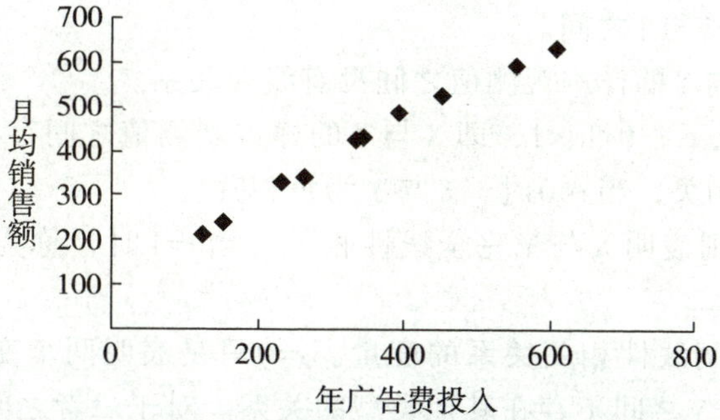

图9-2　月均销售额与年广告投入的相关图

从图9-2中我们看到样本数据大致落在一条直线附近，这说明变量x与y之间具有明显的线性相关关系。另外，所绘制的散点图呈现出从左至右的上升趋势，它表明x与y之间存在着一定的正相关关系，即随着广告费投入的增加，月均销售额也会增加。

图形法虽然有助于识别变量间的相关关系，但它无法对这种关系进行精确的计量。因此，在初步判定变量间存在相关关系的基础上，通常还要计算相关关系的度量指标。下面我们缩小研究的范围，仅仅研究两个变量间的线性相关关系。两个变量间线性相关关系的度量指标有很多，应用最广泛的是相关系数。

三、相关系数

（一）相关系数的定义

相关系数是度量两个变量（现象）间相关关系的统计指标，用于线性相关条件下测定两个变量之间的相关强度和相关方向。

通常以ρ表示总体相关系数，以r表示样本相关系数。

总体相关系数为：

$$\rho = \frac{Cov(X,Y)}{\sqrt{Var(X)\ Var(Y)}} \tag{9.1}$$

式中：Cov（X，Y）——变量X和Y的协方差；Var（X）和Var（Y）——变量X和Y的方差。总体相关系数是反映两个变量之间线性相关程度的一种特征值，表现为一个常数。

样本相关系数的定义公式为：

$$r = \frac{\sigma_{xy}^2}{\sigma_x \sigma_y} = \frac{\sum(x-\bar{x})(y-\bar{y})}{\sqrt{\sum(x-\bar{x})^2 \sum(y-\bar{y})^2}} \tag{9.2}$$

式中：$\bar{x}$和$\bar{y}$——分别是X和Y的样本平均数；σ_{xy}^2——变量X和Y的协方差；σ_x和σ_y——变量X和Y的标准差。

样本平均数、标准差是根据样本的观测值计算的，抽取的样本不同，其具体的数值也会有所差异。样本相关系数是总体相关系数的一致估计量。

（二）相关系数的重要性质

相关系数由两部分组成：正负符号和绝对值的大小。正负说明现象之间是正相关还是负相关。绝对值的大小说明两现象之间线性相关的密切程度。

相关系数具有以下性质：

（1）r的取值介于-1与1之间。

（2）当r=0时，X与Y的样本观测值之间没有线性关系。

（3）在大多数情况下，$0<|r|<1$，即X与Y的样本观测值之间存在着一定的线性关系，当r>0时，X与Y为正相关，当r<0时，X与Y为负相关。

（4）如果$|r|=1$，则表明X与Y完全线性相关，当r=1时，称为完全正相关，当r=-1时，称为完全负相关。

（5）r是对变量之间线性相关关系的度量。r=0只是表明两个变量之间不存在线性关系，它并不意味着X与Y之间不存在其他类型的关系。对于二者之间可能存在的非线性相关关系，需要利用其他指标去进行分析。

（三）相关系数的计算

具体计算相关系数时，通常利用以下简捷公式：

$$r=\frac{n\sum xy-\sum x\sum y}{\sqrt{n\sum x^2-\left(\sum x\right)^2}\cdot\sqrt{n\sum y^2-\left(\sum y\right)^2}} \tag{9.3}$$

（9.3）式在计算时较为简单，经常用于实际计算。

【例9-5】利用【例9-4】的资料，计算年广告投入与月均销售额之间的直线相关系数。

解：用Excel表计算出公式（9.3）中所需要的有关数据，见表9-3，再代入公式计算。

表9-3　相关系数计算表　金额单位：万元

序号	年广告费投入 x	月均销售额 y	x^2	y^2	xy
1	125	212	15 625	44 944	26 500
2	153	239	23 409	57 121	36 567
3	232	329	53 824	108 241	76 328
4	264	341	69 696	116 281	90 024
5	335	425	112 225	180 625	142 375
6	344	432	118 336	186 624	148 608
7	394	490	155 236	240 100	193 060
8	452	528	204 304	278 784	238 656
9	554	594	306 916	352 836	329 076
10	609	635	370 881	403 225	386 715
合计	3 462	4 225	1 430 452	1 968 781	1 667 909

$$r = \frac{n\sum xy - \sum x\sum y}{\sqrt{n\sum x^2 - \left(\sum x\right)^2}\cdot\sqrt{n\sum y^2 - \left(\sum y\right)^2}}$$

$$= \frac{10\times 1\,667\,909 - 3\,462\times 4\,225}{\sqrt{10\times 1\,430\,452 - 3\,462^2}\times\sqrt{10\times 1\,968\,781 - 4\,225^2}} = 0.9942$$

请思考

如此高的相关系数是否说明广告投入与月均销售额之间存在着高度相关关系？

（四）相关系数的统计检验

【例9-5】中的相关系数r=0.9942相对于0来说已经相当大了，是否说明月均销售额与年广告投入之间线性相关呢？仅仅看这个数值是不能确定二者之间的线性相关关系的。不要忘了这个数值仅仅是基于10个样本点计算出来的，它受到抽样误差的影响。

为了说明抽样误差对相关系数的影响，请考虑图9-3所给出的数据（图中给出了总体的全部取值），实际上这两个变量之间没有线性相关关系，总体相关系数ρ=0。假如现在从总体中抽取了一个随机样本，在图中用圆圈标出，这个样本显示所考虑的两个变量之间有很强的线性关系，根据这个样本观测值计算相关系数为r=0.98。在这种情况下，样本相关系数的值很大，但是两个变量是独立的，并不存在相关关系。因此，总体的相关系数需要经过正式的假设检验，才能做出比较可靠、科学的判断和结论。在实际应用中，一般都是根据样本数据计算相关系数，然后再对总体相关系数进行检验。

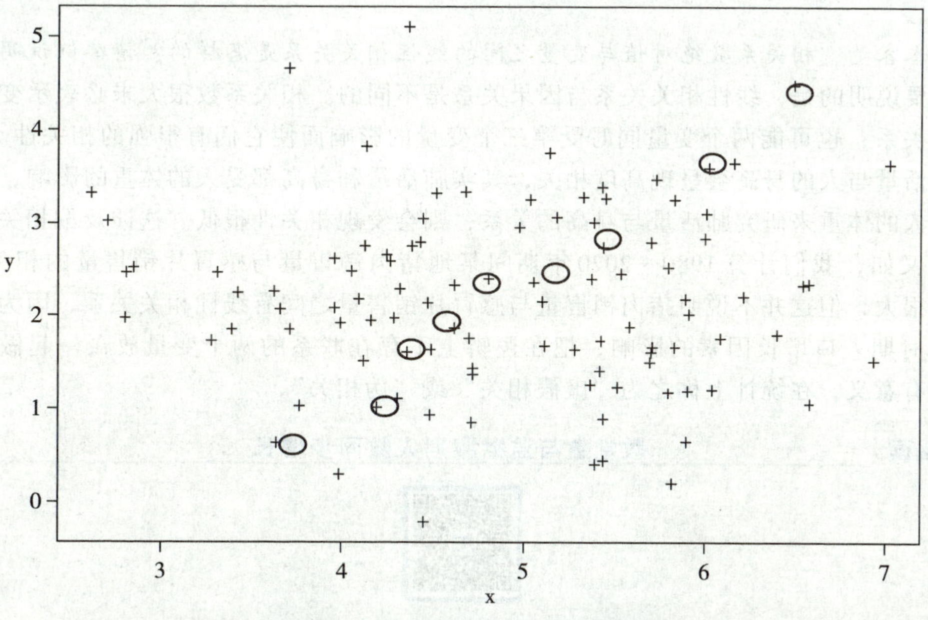

图9-3　从总体中抽取的一个随机样本

相关系数的显著性检验问题可以分为两类：一是对总体相关系数是否等于0进行检验；二是对总体相关系数是否等于某一个给定的不为0的数值进行检验。限于篇幅，这里只介绍对总体相关系数ρ是否等于0进行检验。

数学上可以证明，在X和Y服从正态分布，并且又有ρ=0的条件下，可以采用t检验来确定变量之间相关关系的显著性。其步骤如下：

第一步：提出假设：$H_0:\rho=0$；$H_1:\rho\neq0$。

第二步：计算检验统计量：

$$t=\frac{r\sqrt{n-2}}{\sqrt{1-r^2}} \tag{9.4}$$

（9.4）式的统计量t服从自由度为n−2的t分布。

第三步：根据给定的显著性水平α和自由度n−2，查t分布表中的相应临界值$t_{\alpha/2}$，若$|t|\geqslant t_{\alpha/2}$，就拒绝原假设，接受备择假设，认为总体相关系数ρ显著不为0，总体变量间确实存在线性相关关系；反之，则不能拒绝原假设。或者计算p值$P_{H_0}(|T|\geqslant t)$，如果p值小于显著性水平α，则拒绝原假设。

【例9-6】根据上例结果，检验在α=0.05的显著性水平下，月均销售额与年广告费投入之间是否具有线性相关关系。

解：若取显著性水平α=0.05，查表得到临界值：$t_{\alpha/2}(10-2)=2.306$，检验统计量的值为：

$$t=\frac{0.9942\times\sqrt{10-2}}{\sqrt{1-0.9942^2}}=26.1469$$

由于$|t|>t_{\alpha/2}$，所以拒绝原假设，接受备择假设，表明总体相关系数不为0，即月均销售额与广告费投入之间确实存在着线性相关关系。

请思考

样本容量、相关系数绝对值与变量之间的线性相关关系是怎样的？请举例说明。

需要说明的是，线性相关关系与因果关系是不同的。相关系数很大未必表示变量间存在因果关系，也可能两个变量同时受第三个变量的影响而使它们有很强的相关性。比如，人的肺活量与人的身高会呈现高度相关，其实肺活量和身高都受人的体重的影响，因此如果固定人的体重来研究肺活量与身高的关系，则会发现相关性很低。这涉及偏相关系数的计算。又如，我们计算1980—2020年期间某地猪肉销售量与感冒片销售量的相关系数，它可能很大，但这并不说明猪肉销售量与感冒片销售量之间有线性相关关系，因为它们都受这个时期人口增长因素的影响，把在逻辑上不存在联系的两个变量放在一起做相关分析，没有意义，在统计上称之为“虚假相关”或“伪相关”。

专栏阅读　教堂数与监狱服刑人数同步增长

第三节　一元线性回归分析

一、回归分析的概念

相关系数是说明在直线相关条件下两个现象相关的方向和相关密切程度，这只是研究相关问题的一个方面，它不能指出两变量相互关系的具体形式，也无法进行数量上的推算。相关分析的另一面，就是要研究变量之间数量变化的一般关系，通常把测定现象之间数量变化上的一般关系所使用的数学方法总称为回归分析法，回归分析能够解决相关系数不能解决的问题。回归分析就是对具有相关关系的变量之间数量变化的一般关系进行测定，确定一个相关的数学表达式，以便进行估计和预测的统计方法。

相关关系是变量之间数量关系不严格固定的相互依存关系，要找出这种关系数量变化的一般关系值或者平均值，也就是找出这种关系数量变化的一般规律，其方法是配合相应的直线或曲线，这条直线的方程称为回归直线方程，曲线的方程称为回归曲线方程。其中两个变量之间的回归称为简单回归，三个及以上变量之间的回归称为多元回归。

二、相关分析与回归分析

相关分析和回归分析是研究现象之间相关关系的两种基本方法。相关分析是用一个指标来表明现象间相互依存关系的密切程度，回归分析是根据相关关系的具体形态，选择一个合适的数学模型，来近似地表达变量间的平均变化关系。

相关分析和回归分析有着密切的联系，它们不仅具有共同的研究对象，而且在具体应用时，常常必须互相补充。相关分析需要依靠回归分析来表明现象数量相关的具体形式，而回归分析则需要依靠相关分析来表明现象数量变化的相关程度。只有当变量之间存在着高度相关时，进行回归分析寻求其相关的具体形式才有意义。由于上述原因，回归分析和相关分析在一些统计学的书籍中被合称为相关关系分析。

但是，应当指出的是，相关分析与回归分析之间在研究目的和方法上是有明显区别的。相关分析研究变量之间相关的方向和相关的程度，但是相关分析不能指出变量间相互关系的具体形式，也无法从一个变量的变化来推测另一个变量的变化情况。回归分析则是研究变量之间相互关系的具体形式，它对具有相关关系的变量之间的数量联系进行测定，确定一个相关的数学表达式，根据这个数学表达式可以从已知量来推测未知量，从而为估算和预测提供一个重要的方法。因此，相关分析可以不必确定变量中哪个是自变量，哪个是因变量，其所涉及的变量可以都是随机变量。而回归分析则必须事先研究确定具有相关关系的变量中哪个为自变量，哪个为因变量。一般地说，回归分析中因变量是随机的，而把自变量作为研究时给定的非随机变量。

相关分析与回归分析可以加深人们对客观现象之间相关关系的认识，因而是对客观现象进行分析的有效方法。但是，相关分析和回归分析只是定量分析的手段。通过相关分析与回归分析虽然可以从数量上反映现象之间的联系形式及其密切程度，但是无法准确地判断现象内在联系的有无，也无法单独以此来确定何种现象为因，何种现象为果。只有以实质性科学理论为指导，并结合实际经验进行分析研究，才能正确判断事物的内在联系和因果关系。对没有内在联系的事物进行相关分析和回归分析，不但没有意义，反而会导致荒谬的结论。因此，在应用这两种方法对客观现象进行研究时，一定要始终注意把定性分析和定量分析结合起来，在定性分析的基础上开展定量分析。

三、一元线性回归

（一）回归方程的设定

当变量之间存在显著的相关关系时，可以利用一定的数学模型对其进行回归分析。描述因变量y如何依赖于自变量x和误差项ε的方程，称为回归模型。

在回归分析中，最简单的模型是只有一个因变量和一个自变量的线性回归模型，即一元线性回归模型。该模型假定因变量y主要受自变量x的影响，它们之间存在着近似的线性函数关系，即

$$y=\alpha+\beta x+\varepsilon \tag{9.5}$$

（9.5）式将问题中变量y与x之间的关系用两个部分描述：一部分是由于x的变化引起y线性变化的部分，即α+βx；另一部分是由其他一切随机因素引起的，记为ε。（9.5）式表达了变量x与y之间密切相关，但密切程度又没有达到由x唯一确定y的这种特殊关系。（9.5）式被称为理论回归模型。一般我们称y为被解释变量，或因变量（Dependent Variable）；x为解释变量，或自变量（Independent Variable）。式中α和β是未知参数，称它们为回归系数（Regression Coefficient）。ε表示其他随机因素的影响。一般假定ε是不可观测的随机误差，它是一个随机变量，通常假定ε服从期望为零、方差为σ^2的正态分布。

（9.5）式从平均意义上表达了变量y与x的统计规律性。这一点在应用上非常重要，因为我们经常关心的正是这个平均值。在前例年广告费投入与月均销售额的研究中，我们想进一步知道的是当年广告费投入达到某个水平时，月均销售额能达到多少。

根据回归模型中的假定，ε的期望值等于零，因此y的期望值$E(y)=\alpha+\beta x$，也就是说，y的期望值是x的线性函数。描述因变量y的期望值如何依赖于自变量x的方程，称为回归方程。

一元线性回归方程的形式为：

$$E(y)=\alpha+\beta x \tag{9.6}$$

在图形上它表示一条截距为α、斜率为β的直线，这条直线被称为一元线性回归直线。α是x=0时y的期望值；β为直线的斜率，表示当x每变动一个单位时y的平均变动值。

如果回归方程的α、β已知，对于一个给定的x的值，利用公式（9.6）就能计算出y的期望值。但总体回归参数α、β是未知的，我们必须利用样本数据去估计它们，用样本统计量$\hat{\alpha}$、$\hat{\beta}$分别代替回归方程中的α、β，这时我们就得到了估计的回归方程。利用最小二乘法，根据样本数据求出的回归方程的估计，称为估计的回归方程。

对于一元线性回归，估计的回归方程形式如下：

$$\hat{y}=\hat{\alpha}+\hat{\beta}x \tag{9.7}$$

式中：$\hat{\alpha}$——估计的回归直线在y上的截距；$\hat{\beta}$——直线的斜率，表示对于一个给定的x的值，$\hat{y}$是y的估计值。$\hat{\beta}$也表示当x每变动一个单位时y的平均变动值。

（二）模型参数α和β的最小二乘估计

对于x和y的n对观察值，用于描述其关系的直线有很多条，究竟用哪一条直线来代表两个变量之间的关系呢？在根据样本资料确定样本估计的回归方程时，一般总是希望y的估计值从整体来看尽可能地接近其实际观测值。这就是说，实际观察值与估计值间的误差越小越好。可是，由于误差有正有负，简单的代数和会相互抵消，因此为了便于处理，通常采用离差平方和为最小来估计回归系数。设：

$$Q=\sum(y_i-\hat{y}_i)^2=\sum(y_i-\hat{\alpha}-\hat{\beta}x_i)^2=\text{最小} \tag{9.8}$$

根据微积分中求极小值的原理，可知Q存在极小值，同时欲使Q达到最小，Q对α和

β的偏导数必须等于零。

将Q对α和β求偏导数，并令其等于零，可得：

$$\begin{cases} 2\sum\left(y_i-\hat{\alpha}-\hat{\beta}x_i\right)(-1)=0 \\ 2\sum\left(y_i-\hat{\alpha}-\hat{\beta}x_i\right)(-x_i)=0 \end{cases} \tag{9.9}$$

加以整理后有：

$$\begin{cases} \sum y_i=n\hat{\alpha}+\hat{\beta}\sum x_i \\ \sum x_i y_i=\hat{\alpha}\sum x_i+\hat{\beta}\sum x_i{}^2 \end{cases} \tag{9.10}$$

以上方程组称为正规方程组或标准方程组，n是样本容量。求解这一方程组可得：

$$\begin{cases} \hat{\beta}=\dfrac{n\sum x_i y_i-\sum x_i\sum y_i}{n\sum x_i{}^2-\left(\sum x_i\right)^2} \\ \hat{\alpha}=\dfrac{\sum y_i}{n}-\hat{\beta}\dfrac{\sum x_i}{n}=\bar{y}-\hat{\beta}\bar{x} \end{cases} \tag{9.11}$$

以上两式是估计回归系数α和β的计算公式。

可以证明，α和β的最小二乘估计$\hat{\alpha}$、$\hat{\beta}$满足无偏性，即$E(\hat{\alpha})=\alpha$，$E(\hat{\beta})=\beta$。我们记e_i为实际观察值y_i与其估计值$\hat{y}_i=\hat{\alpha}+\hat{\beta}x_i$的偏差，称为残差，即$e_i=y_i-\hat{y}_i$，$\sum_{i=1}^{n}e_i^2$称作残差平方和（Residual Sum of Square）。

把（9.11）式中关于$\hat{\alpha}$的表达式和上节（9.3）式比较易得：

$$\frac{\sqrt{n\sum x_i^2-\left(\sum x_i\right)^2}}{\sqrt{n\sum y_i^2-\left(\sum y_i\right)^2}}\hat{\beta}=r \tag{9.12}$$

回归系数β的最小二乘估计$\hat{\beta}$和相关系数r具有上述关系式，从而可知$\hat{\beta}$和r同号，这和我们的直觉也是一致的。事实上，可以证明相关系数r和线性回归直线的斜率β具有关系式$\frac{\sigma_y}{\sigma_x}r=\beta$，这里就不再推导了。

【例9-7】根据【例9-3】的资料，建立年广告费投入与月均销售额之间的回归方程。

解：利用上述公式就可具体计算回归方程的参数。根据表9-3已经计算好的有关数据，代入公式（9.11）得：

$$\begin{aligned} \hat{\beta}&=\frac{n\sum x_i y_i-\sum x_i\sum y_i}{n\sum x_i^2-\left(\sum x_i\right)^2} \\ &=\frac{10\times 1\,667\,909-3\,462\times 4\,225}{10\times 1\,430\,452-3\,462^2} \\ &=0.8849 \end{aligned}$$

$$\begin{aligned} \hat{\alpha}&=\frac{\sum y_i}{n}-\hat{\beta}\frac{\sum x_i}{n} \\ &=\frac{4\,225}{10}-0.8849\times\frac{3\,462}{10} \\ &=116.1492 \end{aligned}$$

所以，回归方程为：

$$\hat{y}=116.1492+0.8849x$$

四、对一元回归方程的评价

获得了估计的回归方程$\hat{y}=\hat{\alpha}+\hat{\beta}x$后，我们不能立即就用它去作分析和预测，因为$\hat{y}=\hat{\alpha}+\hat{\beta}x$是否真正描述了y与x之间的统计规律，还必须通过统计检验。一元线性回归模型的评价分为拟合优度评价和方程的显著性检验，是利用统计学中的抽样理论来检验回归方程的可靠性。

（一）一元线性回归模型拟合优度的评价

回归直线在一定程度上描述了自变量与因变量之间的数量关系，利用这一方程，可以根据自变量的取值来估计因变量的取值。但估计或预测的精度如何将取决于回归直线对数据的拟合优度。所谓拟合优度（Goodness of Fit），是指样本观测值聚集在样本回归线周围的紧密程度。如果各观测值数据的散点都落在这条回归线上，那么这条直线就是对数据的完全拟合，此时用来估计是没有误差的。如各观测值数据越是紧密地聚集在直线周围，说明直线对观测数据的拟合程度越好，反之越差。判断回归模型拟合程度好坏的最常用的指标是可决系数R^2，又称判定系数，它是建立在对总离差平方和进行分解的基础之上的。

因变量的实际观测值与其样本均值的离差即总离差（$y_i-\bar{y}$）可以分解为两部分：一部分是因变量的理论回归值与其样本均值的离差（$\hat{y}_i-\bar{y}_i$），它可以看成是能够由回归直线解释的部分，称为可解释离差；另一部分是实际观测值与理论回归值的离差（$y_i-\hat{y}_i$），它是不能由回归直线加以解释的残差e_i。n个观察值的总离差可由这些离差的平方和来表示，称为总离差平方和（Total Deviation Sum of Squares，SST），即：

$$SST=\sum_{i=1}^{n}(y_i-\bar{y})^2 \tag{9.13}$$

从图9-4中可以看出，每一个观测点的离差都可以分解为：

$$y-\bar{y}=(y-\hat{y})+(\hat{y}-\bar{y})$$

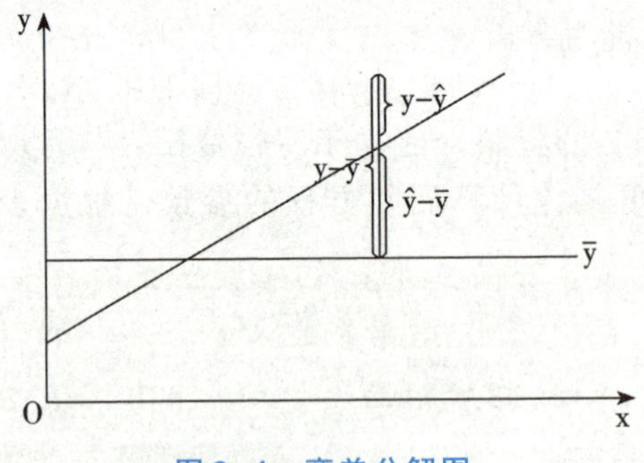

图9-4　离差分解图

将上式两边平方，并对所有的n个点求和，有：

$$\begin{aligned}\sum_{i=1}^{n}(y_i-\bar{y})^2&=\sum_{i=1}^{n}(y_i-\hat{y}_i+\hat{y}_i-\bar{y})^2\\&=\sum_{i=1}^{n}(y_i-\hat{y}_i)^2+2\sum_{i=1}^{n}(y_i-\hat{y}_i)(\hat{y}_i-\bar{y})+\sum_{i=1}^{n}(\hat{y}_i-\bar{y})^2\end{aligned} \tag{9.14}$$

其中，$\sum_{i=1}^{n}(y_i-\hat{y}_i)(\hat{y}_i-\bar{y})=0$，这样有：

$$\sum_{i=1}^{n}(y_i-\bar{y})^2=\sum_{i=1}^{n}(y_i-\hat{y}_i)^2+\sum_{i=1}^{n}(\hat{y}_i-\bar{y})^2 \tag{9.15}$$

其中，$\sum_{i=1}^{n}(y_i-\bar{y})^2$ 称为总离差平方和（Total Deviation Sum of Squares，SST），$\sum_{i=1}^{n}(\hat{y}_i-\bar{y})^2$ 称为回归平方和（Regression Sum of Squares，SSR），$\sum_{i=1}^{n}(y_i-\hat{y}_i)^2$ 称为残差平方和（Residual Sum of Squares，SSE），这样（9.15）式即为：

总离差平方和 = 回归平方和 +残差平方和

简记为：SST= SSR + SSE，若两边同除以SST得：

$$\frac{SSR}{SST}+\frac{SSE}{SST}=1 \tag{9.16}$$

显然，在总离差平方和中回归平方和所占的比重越大，则回归效果越好，说明回归直线与样本观测值拟合得好；如果残差平方和所占的比重大，则回归直线与样本观测值拟合得不理想。把回归平方和与总离差平方和之比定义为判定系数（Coefficient of Determination），即：

$$r^2=\frac{SSR}{SST}=\frac{\sum(\hat{y}_i-\bar{y})^2}{\sum(y_i-\bar{y})^2} \tag{9.17}$$

判定系数是对回归模型拟合程度的综合度量，判定系数越大，回归模型拟合程度越好；判定系数越小，则模型的拟合程度越差。r^2表示全部离差中有百分之多少的离差可由x与y的回归关系来解释。

判定系数r^2具有如下特性：

（1）判定系数r^2具有非负性。由判定系数的定义式可知，r^2的分子分母均是不可能为负值的平方和，因此其比值必大于零。

（2）判定系数的取值范围为$0\le r^2\le 1$。从r^2的计算公式可以看出：当所有的实际观测值都位于回归直线上时，SSE=0，这时$r^2=1$，说明总离差可以完全由所估计的样本回归直线来解释；当实际观测值并不是全部位于回归直线上时，但又大致分布在其附近时，SSE>0，这时$r^2<1$；当回归直线没有解释任何离差，即模型中解释变量x与因变量y完全无关时，y的总离差可全部归于残差平方和，即SSE=SST，这时$r^2=0$。

（3）判定系数是样本观测值的函数，它也是一个统计量。

（4）在一元线性回归模型中，判定系数是相关系数的平方。

【例9-8】根据【例9-5】的数据，计算月均销售额对年广告费投入回归的判定系数，并解释其意义。

解：$r^2=\frac{SSR}{SST}=r^2=0.9942^2=0.9884$

计算结果表明，月均销售额的总离差$\sum(y-\bar{y})^2$中，有98.84%可以由年广告费投入和月均销售额的依存关系来解释，只有1.16%属于随机因素的影响，因此拟合的回归方程$\hat{y}=116.1492+0.8849x$是合适的。

（二）估计标准误差

上面讲到的判定系数可以用于度量回归直线的拟合程度，相关系数也可以起到类似的作用，而残差平方和则可以度量实际观测值y_i与回归估计值$\hat{y}_i$之间的差异程度。对于一个变量的诸多观察值，我们可以用标准差来度量各观测值在其平均数周围的分散程度。同样，我们也可以用一个量来度量各观测值在回归线周围的分布状况，这个量就是估计标准误差。

估计标准误差有两种计算方法：

1. 根据因变量实际值与估计值的离差计算

$$S_{yx}=\sqrt{\frac{\sum(y_i-\hat{y}_i)^2}{n-2}} \tag{9.18}$$

式中：S_{yx}——估计标准误差；y_i——因变量的实际观测值；$\hat{y}_i$——因变量的估计值。

【例9-9】根据【例9-5】和【例9-7】资料计算估计标准误差。

解：将每个 x 代入回归方程 $\hat{y}=116.1492+0.8849x$，得到一个 $\hat{y}$ 序列，列表如表9-4所示。

表9-4　估计标准误差计算表

序号	年广告费投入x	月均销售额y	x^2	y^2	xy	$\hat{y}$	$(y-\hat{y})^2$
1	125	212	15 625	44 944	26 500	226.7617	217.9078
2	153	239	23 409	57 121	36 567	251.5389	157.2240
3	232	329	53 824	108 241	76 328	321.4460	57.0629
4	264	341	69 696	116 281	90 024	349.7628	76.7867
5	335	425	112 225	180 625	142 375	412.5907	153.9907
6	344	432	118 336	186 624	148 608	420.5548	130.9926
7	394	490	155 236	240 100	193 060	464.7998	635.0501
8	452	528	204 304	278 784	238 656	516.1240	141.0394
9	554	594	306 916	352 836	329 076	606.3838	153.3585
10	609	635	370 881	403 225	386 715	655.0533	402.1348
合计	3 462	4 225	1 430 452	1 968 781	1 667 909	4 225.0158	2 125.5475

$$S_{yx}=\sqrt{\frac{\sum(y_i-\hat{y}_i)^2}{n-2}}=\sqrt{\frac{2\,125.5475}{8}}=16.3001$$

此种方法在计算时运算量比较大，也比较麻烦，需计算出所有的估计值。

2. 根据 α 和 β 两个参数的估计值计算

$$S_{yx}=\sqrt{\frac{\sum y^2-\hat{\alpha}\sum y-\hat{\beta}\sum xy}{n-2}} \tag{9.19}$$

根据表9-4和【例9-7】的计算结果，代入（9.19）式得：

$$S_{yx}=\sqrt{\frac{1968\,781-116.1492\times4\,225-0.8849\times1\,667\,909}{10-2}}$$

$$=16.2710$$

（三）一元线性回归方程的显著性检验

对线性回归模型的显著性检验包括两个方面的内容：一是对整个回归方程的显著性检验（F检验）；二是对各回归系数的显著性检验（t检验）。就一元线性回归模型而言，上述两个检验是等价的。

1.整个回归方程的显著性检验的步骤

（1）提出假设：$H_0:\beta=0$；$H_1:\beta\neq0$。

（2）这里的F检验其实就是方差分析的内容，见表9-5。

表9-5　一元线性回归方程的方差分析表

方差来源	平方和	自由度	均方	F值
回归	SSR	1	$MSR=\frac{SSR}{1}$	$F=\frac{MSR}{MSE}$
误差	SSE	n−2	$MSE=\frac{SSE}{n-2}$	
总计	SST	n−1		

（3）给定显著性水平α，确定临界值F_α（1，n−2）。

（4）若$F\geqslant F_\alpha$（1，n−2），则拒绝H_0，说明总体回归系数$\beta\neq0$，即回归方程是显著的。

根据【例9-9】的资料，对回归方程进行检验（α=0.05）。

解：利用Excel计算：

①将数据输入工作表中；

②选择菜单“工具”—“数据分析”，打开“数据分析”对话框；

③选择其中的“回归”，打开对话框；

④正确填写相关信息后，点“确定”。

结果如下：

Multiple	0.994198
R Square	0.98843
Adjusted	0.986984
标准误差	16.30011
观测值	10

方差分析

	df	SS	MS	F	Significance F
回归分析	1	181 593	181 593	683.468	4.92E-09
残差	8	2 125.547	265.6934		
总计	9	183 718.5			

	Coefficients	标准误差	t Stat	P-value	下限 95.0%	上限 95.0%
Intercept	116.1492	12.80176	9.072908	1.75E-05	86.62826	145.6701
X Variable	0.884896	0.033848	26.14322	4.92E-09	0.806842	0.962949

做F检验：

MSR=SSR=181 593

$$MSE=\frac{SSE}{n-2}=\frac{2\,125.547}{10-2}=265.6934$$

$$F=\frac{MSR}{MSE}=\frac{181593}{265.6934}=683.468$$

$\alpha=0.05$，$F_{\alpha}(1,n-2)=F_{0.05}(1,8)=5.32$，因为$F=683.468>F_{\alpha}(1,n-2)$，所以拒绝原假设$H_0$，说明总体回归系数$\beta\neq0$。

2.回归系数的显著性检验的步骤

（1）提出假设：$H_0:\beta=0$；$H_1:\beta\neq0$。

（2）t检验的计算公式为：$t=\frac{\hat{\beta}}{S_{\hat{\beta}}}$，其中$S_{\hat{\beta}}$是回归系数估计量$\hat{\beta}$的标准差：

$$S_{\hat{\beta}}=\frac{S_{yx}}{\sqrt{\sum x_i^2-\frac{1}{n}(\sum x_i)^2}} \tag{9.20}$$

（3）给定显著性水平α，确定临界值$t_{\alpha/2}(n-2)$。

（4）若$|t|\geqslant t_{\alpha/2}(n-2)$，则拒绝$H_0$，接受备择假设，即回归系数等于0的可能性小于$\alpha$，表明自变量x对因变量y的影响是显著的，换言之，两个变量之间存在着显著的线性关系。若$|t|<t_{\alpha/2}(n-2)$，则不能拒绝H_0，表明x对y的影响是不显著的，二者之间不存在线性关系。

做t检验：

$$S_{\hat{\beta}}=\frac{S_{yx}}{\sqrt{\sum x_i^2-\frac{1}{n}(\sum x_i)^2}}=0.033848$$

$$t=\frac{\hat{\beta}}{S_{\hat{\beta}}}=\frac{0.8849}{0.033848}=26.1432$$

$\alpha=0.05$，$t_{\alpha/2}(n-2)=t_{0.025}(8)=2.306$，因为$|t|=26.1432>t_{\alpha/2}$，所以拒绝原假设$H_0$，接受备择假设，即总体回归系数$\beta\neq0$。这意味着年广告费投入是影响月均销售额的一个显著性因素。

小提示

在进行显著性检验时，要注意以下两个问题：

第一，在对回归系数进行检验时，如果我们拒绝了$H_0:\beta=0$，仅仅表明在x的样本观测值范围内，x和y之间存在线性关系，而且这一线性关系只是解释了y的离差中显著的部分。

第二，在一元回归中，自变量只有一个，上面介绍的t检验和F检验是等价的，也就是说，如果$H_0:\beta=0$被t检验拒绝，它也将被F检验拒绝。但在多元回归分析中，这两种检验的意义是不同的，F检验只是用来检验总体回归方程的显著性，而t检验则是检验各个回归系数的显著性。

五、一元回归方程的预测

如果所拟合的样本回归方程通过检验，则被认为具有经济意义，如果同时被证明有较高的拟合度，就可以利用方程来进行预测，根据自变量的取值估计预测因变量的值。

（一）点预测

点预测是指利用估计的回归方程，对于自变量x的一个给定值x_0，求出因变量y的平均可能值$\hat{y}_0$。

$$\hat{y}_0=\hat{\alpha}+\hat{\beta}x_0 \tag{9.21}$$

式中：x_0——给定自变量x的具体数值；$\hat{y}_0$——给定x_0时的y的预测值；$\hat{\alpha}$和$\hat{\beta}$——已估计出的样本回归系数。

前例中如果年广告费投入达到700万元时，月均销售额预测值为：

$$\hat{y}=116.1492+0.8849x=116.1492+0.8849\times600=647.0892\text{（万元）}$$

（二）预测误差

$\hat{y}_0$是根据样本回归方程计算的，它是样本观测值的函数，因而也是一个随机变量。$\hat{y}_0$与所要预测的y的真值之间必然存在一定的误差。在实际的回归模型预测中，发生预测误差的原因可以概括为以下四个：

1.模型本身中的误差因素所造成的误差

由于总体回归函数并未将所有影响y的因素都纳入模型，同时其具体的函数形式也只是实际变量之间数量联系的近似反映，因此必然存在误差。这一误差可以用总体随机误差项的方差来评价。

2.由于回归系数的估计值同其真值不一致所造成的误差

如前所述，样本回归系数是根据样本估计的，它与总体回归系数之间总是有一定的误差。这一误差可以用回归系数的最小二乘估计量的方差来评价。

3.由于自变量x的设定值同其实际值的偏离所造成的误差

当给出的x_0在样本之外时，其本身也需要利用某种方法去进行预测。如果x_0与未来时期x的实际值不符，将其代入（9.21）式求得的y的预测值也会与实际值有所不同。

4.由于未来时期总体回归系数发生变化所造成的误差

在研究客观经济现象的总体回归方程中，总体回归系数是一定时期内经济结构的数量特征，随着社会经济运行机制和经济结构的变化，它也会有所变动。这时，如果仍沿用原样本期数据拟合的回归方程去进行预测，也会造成误差。

在以上造成预测误差的原因中，3、4两项不属于回归方程本身的问题，而且也难以事先予以估计和控制。

（三）区间估计

利用估计的回归方程，对于一个特定值x_0，求出y估计值的区间就是区间估计。区间估计有两种类型：一是置信区间估计（Confidence Interval Estimate）；二是预测区间估计（Prediction Interval Estimate）。对于x的一个给定值x_0，求出y的平均值的区间，称为置信区间估计；对于x的一个给定值x_0，求出y的个别值的区间，称为预测区间估计。

1. y的平均值$E(y_0)$的置信区间估计

设x_0为自变量x的一个特定值或给定值，$E(y_0)$为给定x_0时因变量y的平均值或期望值。当$x=x_0$时，$\hat{y}_0=\hat{\alpha}+\hat{\beta}x_0$为$E(y_0)$的估计值。

一般说来，我们不能期望估计值$\hat{y}_0$精确地等于$E(y_0)$，因此想用$\hat{y}_0$推断$E(y_0)$，必须考虑根据估计的回归方程得到的残差的分布。

$\delta_0 = \hat{y}_0 - E(y_0)$，$\delta_0$服从正态分布。

δ_0的期望是：

$$E(\delta_0) = E[\hat{y}_0 - E(y_0)] = (\alpha + \beta x_0) - (\alpha + \beta x_0) = 0$$

δ_0的方差是：

$$var(\delta_0) = E[\hat{y}_0 - E(y_0)]^2 = \sigma^2 \left[\frac{1}{n} + \frac{(x_0 - \bar{x})^2}{\sum_{i=1}^{n}(x_i - \bar{x})^2} \right]$$

· 这部分的公式推导比较复杂，可以参阅计量经济学教材。

用s_{yx}^2替代σ^2，则δ_0的标准差是：

$$\sigma(\delta_0) = s_{yx}\sqrt{\frac{1}{n} + \frac{(x_0 - \bar{x})^2}{\sum_{i=1}^{n}(x_i - \bar{x})^2}}$$

则$E(y_0)$的$1-\alpha$的置信区间为：$\hat{y}_0 \pm t_{\alpha/2} \cdot \sigma(\delta_0)$，即：

$$\hat{y}_0 \pm t_{\alpha/2} \cdot s_{yx}\sqrt{\frac{1}{n} + \frac{(x_0 - \bar{x})^2}{\sum_{i=1}^{n}(x_i - \bar{x})^2}} \tag{9.22}$$

2. y的个别值y_0的置信区间估计

残差为$e_0 = \hat{y}_0 - y_0$，e_0服从正态分布。

e_0的期望是：

$$E(e_0) = E[\hat{y}_0 - y_0] = (\beta_0 + \beta_1 x_0) - [\beta_0 + \beta_1 x_0 + E(\varepsilon)] = 0$$

e_0的方差是：

$$var(e_0) = var(\hat{y}_0 - y_0)$$

因为$\hat{y}_0$与y_0相互独立，且：

$$var(\hat{y}_0) = E[\hat{y}_0 - E(y_0)]^2 = var(\delta_0);\quad var(y_0) = var(\beta_0 + \beta_1 x_0 + \varepsilon_0) = var(\varepsilon_0) = \sigma^2$$

所以：

$$var(e_0) = var(\hat{y}_0) + var(y_0) = \sigma^2\left[\frac{1}{n} + \frac{(x_0 - \bar{x})^2}{\sum_{i=1}^{n}(x_i - \bar{x})^2}\right] + \sigma^2 = \sigma^2\left[1 + \frac{1}{n} + \frac{(x_0 - \bar{x})^2}{\sum_{i=1}^{n}(x_i - \bar{x})^2}\right]$$

用s_{yx}^2替代σ^2，则e_0的标准差是：

$$\sigma(e_0) = s_{yx}\sqrt{1 + \frac{1}{n} + \frac{(x_0 - \bar{x})^2}{\sum_{i=1}^{n}(x_i - \bar{x})^2}}$$

则y_0的$1-\alpha$的置信区间为：$\hat{y}_0 \pm t_{\alpha/2} \cdot \sigma(e_0)$，即：

$$\hat{y}_0 \pm t_{\alpha/2} \cdot s_{yx}\sqrt{1 + \frac{1}{n} + \frac{(x_0 - \bar{x})^2}{\sum_{i=1}^{n}(x_i - \bar{x})^2}} \tag{9.23}$$

归纳两个预测区间的特点：首先，由于$var(\delta_0) < var(e_0)$，故总体均值的预测区间比个别值的预测区间要窄；其次，样本容量n越大，则残差的方差越小，预测精度越高；最后，在n一定时，当预测点$x_0 = \bar{x}$时，残差的方差最小，预测区间最窄，离$\bar{x}$越远，残差的方差越大，预测区间越宽，预测可信度下降。

【例9-10】根据表9-4的资料，若某年的广告费投入为600万元，求月均销售额95%的置信区间。

解：将x_0=600代入回归方程得：$\hat{y}=116.1492+0.8849x=116.1492+0.8849\times600=647.0892$

查表得$t_{\alpha/2}(8)=2.306$，代入公式（9.22）和（9.23）：

y的平均值的95%的置信区间：

$$\hat{y}_0 \pm t_{\alpha/2}\cdot s_{yx}\sqrt{\frac{1}{n}+\frac{(x_0-\bar{x})^2}{\sum_{i=1}^{n}(x_i-\bar{x})^2}}$$

$$=647.0892\pm2.306\times16.2710\times\sqrt{\frac{1}{10}+\frac{(600-346.2)^2}{231907.6}}$$

$=647.0892\pm23.06=624.028\sim670.149$（万元）

y的个别值的95%的置信区间：

$$\hat{y}_0 \pm t_{\alpha/2}\cdot s_{yx}\sqrt{1+\frac{1}{n}+\frac{(x_0-\bar{x})^2}{\sum_{i=1}^{n}(x_i-\bar{x})^2}}$$

$$=647.0892\pm2.306\times16.2710\times\sqrt{1+\frac{1}{10}+\frac{(600-346.2)^2}{231907.6}}$$

$=647.0892\pm44.0386=603.05\sim691.13$（万元）

两个区间的宽度不太一样，y的个别值的预测区间要宽一些。二者的差别表明，估计y的平均值比预测y的一个特定值或个别值更精确。同样，当$x_0=\bar{x}$时，预测区间也最准确。图9-5给出了置信区间和预测区间的示意图。

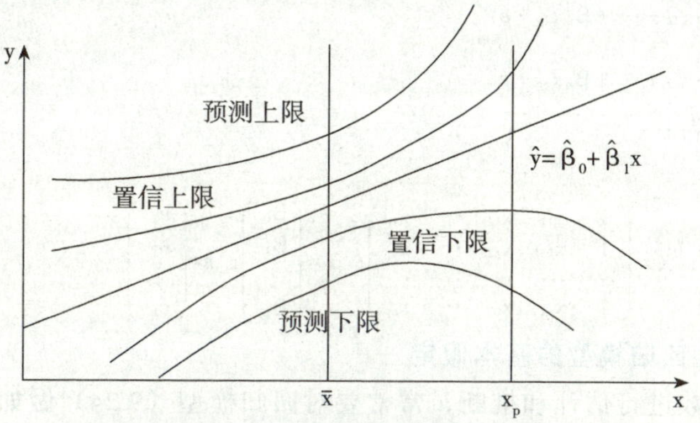

图9-5 置信区间和预测区间示意图

专栏阅读

“回归”一词的由来

第四节 多元线性回归分析

上一节主要介绍了涉及一个自变量和一个因变量的简单线性回归模型。实际生活中，客观现象非常复杂，现象之间的联系方式和性质各不相同。影响因变量变化的自变量往往不止一个，而是多个，因此有必要对一个因变量与多个自变量联系起来进行分析。本节将重点介绍多元线性回归模型及其基本假设、回归模型未知参数的估计及其性质、回归方程及回归系数的显著性检验等。

一、多元线性回归模型

（一）多元线性回归（Multiple Liner Regression）模型的一般形式

$$Y=\beta_0+\beta_1x_1+\beta_2x_2+\cdots+\beta_px_p+\varepsilon \tag{9.24}$$

式中：$\beta_0,\beta_1,\cdots,\beta_p$——p+1个未知参数，称为回归系数；Y——被解释变量（因变量）；$x_1,x_2,\cdots,x_p$——p个可以精确测量并可控制的一般变量，称为解释变量（自变量）。p=1时，(9.24）式即为上一节分析的一元线性回归模型，$p\geq2$时，我们就称（9.24）式为多元线性回归模型，这里ε是随机误差。与一元线性回归模型一样，对随机误差项我们常假定其服从期望值为零、方差为σ^2的正态分布$N(0,\sigma^2)$。

对一个实际问题，如果我们获得n组观测数据$(x_{i1},x_{i2},\cdots,x_{ip};y_i)$，i=1，2，…，n，把这些观测值代入（9.24）式可得到样本（形式的）多元线性回归模型：

$$\begin{cases} y_1=\beta_0+\beta_1x_{11}+\beta_2x_{12}+\cdots+\beta_px_{1p}+\varepsilon_1 \\ y_2=\beta_0+\beta_1x_{21}+\beta_2x_{22}+\cdots+\beta_px_{2p}+\varepsilon_2 \\ \vdots \\ y_n=\beta_0+\beta_1x_{n1}+\beta_2x_{n2}+\cdots+\beta_px_{np}+\varepsilon_n \end{cases} \tag{9.25}$$

写成矩阵形式为：

$$Y=X\beta+\varepsilon \tag{9.26}$$

其中：$Y=\begin{pmatrix} y_1 \\ y_2 \\ \vdots \\ y_n \end{pmatrix}$；$X=\begin{pmatrix} 1 & x_{11} & x_{12} & \cdots & x_{1p} \\ 1 & x_{21} & x_{22} & \cdots & x_{2p} \\ \cdots & \cdots & \cdots & \cdots & \cdots \\ 1 & x_{n1} & x_{n2} & \cdots & x_{np} \end{pmatrix}$；$\beta=\begin{pmatrix} \beta_0 \\ \beta_1 \\ \vdots \\ \beta_p \end{pmatrix}$；$\varepsilon=\begin{pmatrix} \varepsilon_1 \\ \varepsilon_2 \\ \vdots \\ \varepsilon_n \end{pmatrix}$

（二）多元线性回归模型的基本假定

为了对模型参数进行估计和推断，常常要对回归模型（9.24）做如下基本假定：

（1）解释变量$x_1,x_2,\cdots,x_p$是确定性变量，不是随机变量，且要求矩阵X中的自变量列之间不相关，样本容量的个数应大于解释变量的个数。

（2）随机误差项具有零均值和同方差，即：

$$E(\varepsilon_i)=0,\quad i=1,2,\cdots,n$$

$$Cov(\varepsilon_i,\varepsilon_j)=\begin{cases} \sigma^2, i=j \\ 0,\ i\neq j \end{cases} \qquad i,j=1,2,\cdots,n$$

（3）正态分布的假设条件：

$$\varepsilon_i \sim N(0,\sigma^2),\ i=1,2,\cdots,n$$

由上述假定和多元正态分布的性质可知：Y服从n维正态分布，且$Y\sim N(X\beta,\sigma^2I)$。

我们以二元线性回归模型为例，在建立彩电销售量的预测模型时，把彩电的销售量用

y表示，用x_1表示彩电的平均价格，用x_2表示消费者可支配收入，则可建立二元线性回归模型：

$$\begin{aligned} Y &= \beta_0 + \beta_1 x_1 + \beta_2 x_2 + \varepsilon \\ E(Y) &= \beta_0 + \beta_1 x_1 + \beta_2 x_2 \end{aligned} \tag{9.27}$$

（9.27）式的第二式对x_2求偏导得：$\frac{\partial E(Y)}{\partial x_2} = \beta_2$，即$\beta_2$可解释为彩电的价格$x_1$保持不变时，消费者收入$x_2$每变动（增加或减少）一个单位，对彩电的平均销售量E（Y）的影响程度。一般来说，随着消费者收入的增加，彩电的需求是增加的，因此β_2应该是正的。

二、多元回归模型的参数估计

多元线性回归方程未知参数$\beta_0, \beta_1, \cdots, \beta_p$的估计与一元线性回归方程的参数估计原理一样，所选择的估计方法应该使得估计值$\hat{y}$与观测值y之间的残差在所有样本点上达到最小，即使Q达到最小。所以求$\beta_0, \beta_1, \cdots, \beta_p$，使得$Q(\beta_0, \beta_1, \cdots, \beta_p) = \sum_{i=1}^{n}(y_i - \beta_0 - \beta_1 x_{i1} - \beta_p x_{ip})^2 = \min$，即：

$$\begin{aligned} \sum_{i=1}^{n}(y_i - \hat{y}_i)^2 &= \sum_{i=1}^{n} e_i^2 = e'e = (Y - X\hat{B})'(Y - X\hat{B}) \\ &= \min \sum_{i=1}^{n}(y_i - \beta_0 - \beta_1 x_{i1} - \beta_p x_{ip})^2 \end{aligned} \tag{9.28}$$

由多元函数求极值点的方法可求得回归系数的最小二乘估计值为：

$$\hat{B} = (X'X)^{-1}X'Y \tag{9.29}$$

另外，未知参数σ^2的一个无偏估计为$\hat{\sigma}^2 = \frac{\sum_{i=1}^{n}(y_i - \hat{y}_i)^2}{n-p-1} = \frac{SEE}{n-p-1}$，实际就是残差均方和（MSE）。

三、对多元线性回归方程的评价

（一）拟合优度检验

在多元线性回归分析中，总离差平方和的分解公式依然成立：总偏差（SST）= 回归偏差（SSR）+剩余偏差（SSE），我们可以用判定系数（或称可决系数）来评价多元线性回归模型的拟合程度，即：

$$R^2 = \frac{SSR}{SST} = \frac{\sum(\hat{y}_i - \bar{y})^2}{\sum(y_i - \bar{y})^2} \tag{9.30}$$

由判定系数的定义可知，R^2的大小取决于残差平方和SSE在总离差平方和SST中的比重。在样本量一定的条件下，总离差平方和与自变量的个数无关，而残差平方和则会随着方程中自变量个数的增加而减小。因此R^2是自变量个数的非递减函数。在一元线性回归方程中，由于所有方程中包含的变量个数都相同，判定系数便可以直接作为评价一元线性回归方程拟合程度的尺度，而在多元线性回归方程中，各回归方程所包含的变量个数未必相同，以R^2的大小作为衡量拟合程度的尺度是不合适的，因此，在多元线性回归分析中，通常采用“修正自由度判定系数”（也称调整后的判定系数）来判定多元线性回归方程的拟合优度：

$$\bar{R}^2 = 1-(1-R^2) \times \frac{n-1}{n-p-1} \tag{9.31}$$

式中：p——解释变量的个数；n——样本容量。可以看出：对于给定的R^2值和n值，p值越大，$\bar{R}^2$越小。在进行回归分析时，一般总是希望以尽可能少的自变量去达到尽可能高的拟合程度。$\bar{R}^2$作为综合评价这方面情况的一个指标显然比R^2更为合适。需要注意的是，当n为小样本，解释变量个数很多时，$\bar{R}^2$为负。

同样，我们可以推导出多元回归模型标准误的计算公式：

$$S_{y(x_1 x_2 \ldots x_p)} = \sqrt{\frac{\sum (y_i - \hat{y}_i)^2}{n-p-1}} \tag{9.32}$$

这里的n-p-1是自由度，因为p元回归模型有p+1个参数，求解该回归方程时将失去p+1个自由度。

（二）多元线性回归模型的显著性检验

多元线性回归模型的显著性检验包括两个方面的内容：一是对整个回归方程的显著性检验（F检验）；二是对各回归系数的显著性检验（t检验）。在一元线性回归方程的检验时，这两个检验是等价的，但在多元线性回归模型的检验时两者却不同。

1.整个回归模型的显著性检验步骤

（1）提出假设：$H_0:\beta_1 = \beta_2 = \cdots = \beta_p = 0$；

$H_1:\beta_i$至少有一个不等于0，i=1，2，…，p。

（2）根据表9-6构建F统计量，见表9-6。

表9-6　多元线性回归模型的方差分析表

方差来源	平方和	自由度	均方和	F值
回归	SSR	p	$MSR = \frac{SSR}{p}$	$F = \frac{MSR}{MSE}$
误差	SSE	n-p-1	$MSE = \frac{SSE}{n-p-1}$	
总计	SST	n-1		

（3）给定显著性水平α，查F分布表，得临界值$F_\alpha(p, n-p-1)$。

（4）若$F \geq F_\alpha(p, n-p-1)$，则拒绝$H_0$，接受备择假设，说明总体回归系数$\beta_i$不全为零，即回归方程是显著的；反之，则认为回归方程不显著。

2.回归系数的显著性检验步骤

（1）提出假设：$H_0:\beta_i = 0$；$H_1:\beta_i \neq 0$（i=1，2，…，p）。

（2）计算检验的统计量t：

$$t_{\beta_i} = \frac{\hat{\beta}_i}{S_i} \sim t(n-p-1) \tag{9.33}$$

（3）给定显著性水平α，确定临界值$t_{\alpha/2}(n-p-1)$。

（4）若$|t_{\beta_i}| \geq t_{\alpha/2}(n-p-1)$，则拒绝$H_0$，接受备择假设，即总体回归系数$\beta_i \neq 0$；若$|t_{\beta_i}| < t_{\alpha/2}(n-p-1)$，则不能拒绝原假设。

有多少个回归系数，就要做多少次t检验。

类似于一元线性回归方程，通过检验后的多元线性回归模型也可以用来进行预测。下面我们举例说明。

【例9-11】10个地区某种商品的需求量与其价格以及消费者收入的资料见表9-7，推算若价格在4 000元、消费者收入为1 700万元时，该商品的需求量。

表9-7　　10个地区某商品的需求量与相关资料

地区编号	需求量 y（吨）	价格 x_1（百元）	收入 x_2（万元）
1	5 919	23.56	762
2	6 545	24.44	912
3	6 236	32.07	1 067
4	6 470	32.46	1 116
5	6 740	31.15	1 190
6	6 440	34.14	1 292
7	6 800	35.3	1 434
8	7 240	38.7	1 596
9	7 571	39.63	1 800
10	7 068	46.68	1 930

解：借助Excel中的回归分析工具完成计算任务，操作步骤同一元线性回归，分析结果见表9-8。

表9-8　　二元线性回归分析结果

	F	G	H	I	J	K	L
1	SUMMARY OUTPUT						
2							
3	回归统计						
4	Multiple R	0.949555791					
5	R Square	0.9016562					
6	Adjusted R Square	0.873557972					
7	标准误差	174.4818309					
8	观测值	10					
9							
10	方差分析						
11		df	SS	MS	F	Significance F	
12	回归分析	2	1953855.535	976927.7674	32.089432	0.000298273	
13	残差	7	213107.3652	30443.90931			
14	总计	9	2166962.9				
15							
16		Coefficients	标准误差	t Stat	P-value	下限 95.0%	上限 95.0%
17	Intercept	6265.553007	402.6472221	15.56089963	1.094E-06	5313.444302	7217.661712
18	价格 x_1（百元）	-97.99258955	32.08570378	-3.054088831	0.0184765	-173.8631686	-22.12201054
19	收入 x_2（万元）	2.86340211	0.585760704	4.888347902	0.0017766	1.478299134	4.248505086

根据表9-8中数据，二元线性回归模型是：

$$y=6\,265.5530-97.9925x_1+2.8634x_2 \qquad \bar{R}^2=0.8736$$

F统计量为32.0895，其对应的概率为0.003，即若 $\alpha=0.05$，则拒绝 H_0，方程是有意义的。

$t_{\beta_1}=-3.0541$（对应概率为0.0185），$t_{\beta_2}=4.8834$（对应概率为0.0018），即若α=0.05，两个t检验都是拒绝H_0，也就是说，回归系数$\hat{\beta}_1$和$\hat{\beta}_2$是有意义的。

当x_1=40，x_2=1 700时，代入方程可得：

y=7 213.633吨

第五节　非线性回归模型

前一节讨论的线性回归模型$y=\beta_0+\beta_1x_1+\beta_2x_2+\ldots+\beta_px_p+\varepsilon$的结构特点是：（1）被解释变量$y_i$是解释变量$x_i$的线性函数，即解释变量线性；（2）被解释变量$y_i$也是相应的参数$\beta_i$的线性函数，即参数线性。但在复杂的现象中，根据实际分析建立的模型往往不符合上述线性特点，这类模型称为非线性模型。我们熟悉的柯布-道格拉斯生产函数（即C-D函数）$Y=AL^{\alpha}K^{\beta}$就是典型的非线性模型。

处理这类模型的基本思想是把非线性关系转化为线性关系，然后再运用线性回归的分析方法进行估计。将非线性模型转换成线性模型的常用方法有：直接代换法和间接代换法。

一、直接代换法

直接代换法适用于变量之间关系虽然是非线性的，但因变量与参数之间关系却是线性的非线性模型。这时可以利用变量的直接代换方法将模型线性化。

1. 多项式模型

$$y=\beta_0+\beta_1x+\beta_2x^2+\cdots+\beta_px^p$$

令$Z_i=x^i$，则上述模型可化为线性模型：

$$y=\beta_0+\beta_1Z_1+\beta_2Z_2+\cdots+\beta_pZ_p$$

2. 双曲线模型

$$\frac{1}{y}=\beta_0+\frac{\beta_1}{x}$$

令$U=\frac{1}{y}$，$V=\frac{1}{x}$，则上述模型可化为线性模型：

$$U=\beta_0+\beta_1V$$

3. 对数模型

$$y=\beta_0+\beta_1\ln x$$

$$\ln y=\beta_0+\beta_1\ln x$$

对于上述两式，令U=lny，V=lnx，即可化为线性模型：

$$y=\beta_0+\beta_1V$$

$$U=\beta_0+\beta_1V$$

4. S形曲线

$$y=\frac{1}{\alpha+\beta e^{-x}}$$

对于上式先求倒数：$\frac{1}{y}=\alpha+\beta e^{-x}$，然后令$U=\frac{1}{y},V=e^{-x}$，即可化为线性模型：

$$U=\alpha+\beta V$$

二、间接代换法

间接代换法是先通过方程两边取对数后再进行变量代换，转化为线性形式。

1.指数函数

$y=\alpha e^{\beta x}$

对上式两边取自然对数，得$\ln y=\ln\alpha+\beta x$，令$y'=\ln y$，则得：

$y'=\ln\alpha+\beta x$

2.幂函数

$y=\alpha x^{\beta}$

对上式两边取对数，得$\lg y=\lg\alpha+\beta\lg x$，令$y'=\lg y$，$x'=\lg x$，则得：

$y'=\lg\alpha+\beta x'$

请思考

C-D生产函数也是用这种方法转换的，试试看。

要提醒大家的是，如果做变换，影响到了误差项时，往往并不把非线性回归模型转化为线性回归模型来处理，而是直接按非线性回归模型的方法做，因此非线性回归模型及其直接的处理方法有独立存在的必要。

本章小结

客观现象之间的数量关系存在着两种不同类型：一种是确定性的函数关系；另一种是不确定性的相关关系。变量之间的相关关系可用相关表和散点图来描述。变量之间的相关关系，按相关的程度可分为完全相关、不完全相关和不相关；按相关的形式可分为线性相关和非线性相关；按所研究的变量多少可分为单相关、复相关和偏相关。在线性相关条件下，变量间的相关程度可用相关系数来度量，相关系数的绝对值越接近于1，变量之间相关程度越高。样本相关系数是随抽样而变动的随机变量，其显著性需要加以检验。

回归分析是关于一个变量对于另一个变量或另外多个变量依存关系的研究，其目的是根据已知的自变量的数值去估计因变量的总体平均值。回归方程有一元线性回归方程和多元线性回归方程，回归系数的估计可利用最小二乘法。一元回归方程的拟合优度的评价常用的数量尺度是判定系数和估计标准误差，判定系数的取值范围在0和1之间。回归系数的显著性检验可用t检验，整个回归方程的显著性检验，需要在方差分析基础上进行F检验。利用估计的线性回归模型对因变量可以作点预测，也可作区间预测。对于非线性关系，一般是先转化为线性关系，然后再运用线性回归方法对方程参数进行估计。非线性模型转换成线性模型的常用方法有直接代换法和间接代换法。

本章关键术语

函数关系　相关关系　相关表　散点图　单相关　复相关　偏相关　完全相关　不完全相关　不相关　相关系数　回归分析　回归系数　判定系数　估计标准误差　t检验　F检验　调整的判定系数

主要公式

总体相关系数：$\rho=\dfrac{\mathrm{Cov}(X,Y)}{\sqrt{\mathrm{Var}(X)\mathrm{Var}(Y)}}$

样本相关系数：$r=\dfrac{\sigma_{xy}^2}{\sigma_x\sigma_y}=\dfrac{\sum(x-\bar{x})(y-\bar{y})}{\sqrt{\sum(x-\bar{x})^2\sum y-\bar{y})^2}}$

$$=\frac{n\sum xy-\sum x\sum y}{\sqrt{n\sum x^2-\left(\sum x\right)^2}\cdot\sqrt{n\sum y^2-\left(\sum y\right)^2}}$$

相关系数的 t 检验：$t=\dfrac{r\sqrt{n-2}}{\sqrt{1-r^2}}$

一元回归模型：$y=\alpha+\beta x+\varepsilon$

一元回归方程：$E(y)=\alpha+\beta x$

估计的回归方程：$\hat{y}=\hat{\alpha}+\hat{\beta}x$

回归系数：$\begin{cases}\hat{\beta}=\dfrac{n\sum x_iy_i-\sum x_i\sum y_i}{n\sum x_i^2-\left(\sum x_i\right)^2}\\ \hat{\alpha}=\dfrac{\sum y_i}{n}-\hat{\beta}\dfrac{\sum x_i}{n}=\bar{y}-\hat{\beta}\bar{x}\end{cases}$

判定系数：$r^2=\dfrac{SSR}{SST}=\dfrac{\sum(\hat{y}_i-\bar{y})^2}{\sum(y_i-\bar{y})^2}\quad 0\leqslant r^2\leqslant 1$

估计标准误差：$S_{yx}=\sqrt{\dfrac{\sum(y_i-\hat{y}_i)^2}{n-2}}=\sqrt{\dfrac{\sum y^2-\hat{\alpha}\sum y-\hat{\beta}\sum xy}{n-2}}$

回归系数的 t 检验：$t=\dfrac{\hat{\beta}}{S_{\hat{\beta}}}\quad S_{\hat{\beta}}=\dfrac{S_{yx}}{\sqrt{\sum x_i^2-\dfrac{1}{n}\left(\sum x_i\right)^2}}$

一元回归方程的 F 检验：$F=\dfrac{SSR/1}{SSE/(n-2)}=\dfrac{MSR}{MSE}$

简单回归预测的基本公式：$\hat{y}_0=\hat{\alpha}+\hat{\beta}x_0$

y 的平均值 $E(y_0)$ 的置信区间估计：$\hat{y}_0\pm t_{\alpha/2}\cdot s_{yx}\sqrt{\dfrac{1}{n}+\dfrac{(x_0-\bar{x})^2}{\sum_{i=1}^{n}(x_i-\bar{x})^2}}$

y 的个别值 y_0 的置信区间估计：$\hat{y}_0\pm t_{\alpha/2}\cdot s_{yx}\sqrt{1+\dfrac{1}{n}+\dfrac{(x_0-\bar{x})^2}{\sum_{i=1}^{n}(x_i-\bar{x})^2}}$

多元线性回归模型：$Y=X\beta+\varepsilon$

最小二乘估计量的矩阵形式：$\hat{B}=(X'X)^{-1}X'Y$

修正自由度判定系数：$\bar{R}^2=1-(1-R^2)\times\dfrac{n-1}{n-p-1}$

多元回归方程的 F 检验：$F=\dfrac{SSR/p}{SSE/(n-p-1)}=\dfrac{MSR}{MSE}$

案例分析

发生安全事故与睡眠不足有关吗？

为了研究出现事故与睡眠不足是否有关，有关部门采集了每1 000个工人中发生死亡事故的次数和工人睡眠不足者所占比例的数据，见表9-9。

表9-9　每1 000个工人中发生死亡事故的次数和工人睡眠不足者所占比例

睡眠不足者所占比例（%）	每1 000个工人中发生死亡事故的次数	睡眠不足者所占比例（%）	每1 000个工人中发生死亡事故的次数
17	3.851	18	1.876
16	0.920	21	3.641
10	1.151	16	1.827
16	2.148	12	1.863
14	2.718	13	0.051
22	3.415	12	0.439
23	4.979	14	2.404
10	0.478	16	2.92
17	1.485	18	3.751
10	0.839	18	3.058
12	1.407	14	1.682
10	2.847	22	5.330
21	4.710	23	4.698
20	3.410	13	2.504
12	1.086	18	2.136
10	1.066	21	3.826
18	3.757	16	2.487
10	1.647	20	3.658
20	4.191	17	3.424
13	1.318	12	1.204
13	0.641	22	4.233

分析要求与思路提示：

（1）利用Excel绘制相关图。

（2）利用回归分析研究每1 000个工人中发生死亡事故的次数和工人中睡眠不足者所

占比例之间的关系。

(3) 根据分析提出结论或建议。

练习题

一、单项选择题

1.下面关系是函数关系的是（　　）。

A.销售人员测验成绩与销售额大小的关系　B.圆周的长度决定于它的半径

C.家庭的收入和消费的关系　D.数学成绩与统计学成绩的关系

2.变量x与y之间负相关是指（　　）。

A. x数值增大时y也随之增大

B. x数值减少时y也随之减少

C. x数值增大（或减少）时y随之减少（或增大）

D. y的取值几乎不受x取值的影响

3.下列关系中，属于正相关关系的是（　　）。

A.合理限度内，施肥量和平均单产量之间的关系

B.产品产量与单位产品成本之间的关系

C.商品的流通费用与销售利润之间的关系

D.流通费用率与商品销售量之间的关系

4.相关分析是研究（　　）。

A.变量之间的数量关系　B.变量之间的变动关系

C.变量之间的相互关系的密切程度　D.变量之间的因果关系

5.相关系数r的取值范围是（　　）。

A.$-\infty<r<+\infty$　B.$-1\leqslant r\leqslant +1$　C.$-1<r<+1$　D.$0\leqslant r\leqslant +1$

6.如果变量x与y之间的相关系数r=1，则说明两个变量之间（　　）。

A.完全不相关　B.完全正相关　C.完全正线性相关　D.高度相关

7.在回归直线$E(Y)=\alpha+\beta x$中，回归系数β表示（　　）。

A.当x=0时，y的期望值　B. x变动一个单位时y的变动总额

C. y变动一个单位时x的平均变动量　D. x变动一个单位时y的平均变动量

8.年劳动生产率x（千元）和工人工资y（元）之间具有如下关系：$\hat{Y}=10+70x$，这意味着年劳动生产率每提高1 000元时，工人工资平均（　　）。

A.增加70元　B.减少70元　C.增加80元　D.减少80元

9.下列各直线回归方程中，不正确的是（　　）。

A.$\hat{Y}=15+7x$，r=0.92　B.$\hat{Y}=20-5x$，r=0.85

C.$\hat{Y}=-10+2x$，r=0.78　D.$\hat{Y}=5-3x$，r=−0.69

10.若要证明两变量之间线性相关程度是高的，则计算出的相关系数应接近于（　　）。

A.+1　B.0　C.0.5　D.|1|

11.说明回归直线拟合程度的统计量主要是（　　）。

A.相关系数　B.回归系数　C.判决系数　D.估计标准误差

12.回归系数和相关系数的符号是一致的，其符号均可用来判断现象（　　）。

A.线性相关还是非线性相关　　B.正相关还是负相关

C.完全相关还是不完全相关　　D.单相关还是复相关

13.某校经济管理类的学生学习统计学的时间（x）与考试成绩（y）之间建立线性回归方程 $\hat{Y}=a+bx$。经计算，方程为 $\hat{Y}=200-0.8x$，对于该方程参数的计算，（　　）。

A. a值是明显不对的　　B. b值是明显不对的

C. a值和b值都是不对的　　C. a值和b值都是正确的

14.在线性相关的条件下，自变量的均方差为2，因变量的均方差为5，而相关系数为0.8时，则其回归系数为（　　）。

A. 8　　B.0.32　　C.2　　D.12.5

15.已知 $\sum(x-\bar{x})^2$ 是 $\sum(y-\bar{y})^2$ 的2倍，$\sum(x-\bar{x})(y-\bar{y})$ 是 $\sum(y-\bar{y})^2$ 的1.2倍，相关系数 $r=$（　　）。

A.$\sqrt{2}/1.2$　　B.$1.2/\sqrt{2}$　　C.0.92　　D.0.65

16.进行相关分析，要求相关的两个变量（　　）。

A.都是随机的　　B.都不是随机的

C.一个是随机的，一个不是随机的　　D.随机或不随机都可以

17.回归直线 $\hat{Y}=a+bx$，$b<0$，则x与y之间的相关系数（　　）。

A.$r=0$　　B.$r=1$　　C.$0<r<1$　　D.$-1<r<0$

18.设某种产品产量为1 000件时，其生产成本为30 000元，其中固定成本为6 000元，则总生产成本对产量的一元线性回归方程为（　　）。

A. $\hat{Y}=6+0.24x$　　B. $\hat{Y}=6\,000+24x$

C. $\hat{Y}=24\,000+6x$　　D. $\hat{Y}=24+6\,000x$

19.当相关系数r=0时，表明（　　）。

A.现象之间完全无关　　B.相关程度较小

C.现象之间完全相关　　D.无直线相关关系

20.下列现象的相关密切程度最高的是（　　）。

A.某商店的职工人数与商品销售额之间的相关系数为0.87

B.流通费用水平与利润率之间的相关系数为-0.94

C.商品销售额与利润率之间的相关系数为0.51

D.商品销售额与流通费用水平的相关系数为-0.81

21.估计标准误差是反映（　　）。

A.平均数的代表性指标　　B.相关关系的指标

C.回归直线的代表性指标　　D.序时平均数的代表性指标

22.计算估计标准误差的依据是因变量的（　　）。

A.数列　　B.总变差　　C.回归变差　　D.剩余变差

23.多元线性回归模型 $\hat{Y}=\beta_0+\beta_1x_1+\beta_2x_2+\cdots+\beta_px_p$ 中的回归系数 β_2 表示（　　）。

A. $x_2=0$ 时y的期望值

B. x_2 变动一单位时y的变动额

C. x_2变动一单位时y的平均变动量

D.在其他条件不变的情况下，x_2变动一个单位时y的平均变动量

24.对整个多元线性回归模型的显著性检验，应采用（　）。

A. z检验　　B. t检验　　C. F检验　　D.卡方检验

二、多项选择题

1.下列现象之间的关系为相关关系的有（　）。

A.家庭收入与消费支出关系　　B.圆的面积与它的半径关系

C.广告支出与商品销售额关系　　D.单位产品成本与利润关系

E.在价格固定情况下，销售量与商品销售额关系

2.相关系数可以表明两个变量之间的（　）。

A.线性关系　　B.因果关系　　C.变异程度

D.相关方向　　E.相关的密切程度

3.对于一元线性回归分析来说，（　）。

A.两变量之间必须明确哪个是自变量，哪个是因变量

B.回归方程是据以利用自变量的给定值来估计和预测因变量的平均可能值

C.可能存在着y依x和x依y的两个回归方程

D.回归系数只有正号

E.确定回归方程时，尽管两个变量也都是随机的，但要求自变量是给定的

4.可用来判断现象相关方向的指标有（　）。

A.相关系数　　B.回归系数　　C.回归方程参数a

D.估计标准误　　E. x、y的平均数

5.单位成本（元）依产量（千件）变化的回归方程为$\hat{Y}=78-2x$，这表示（　）。

A.产量为1 000件时，单位成本为76元

B.产量为1 000件时，单位成本为78元

C.产量每增加1 000件时，单位成本平均下降2元

D.产量每增加1 000件时，单位成本下降78元

E.当单位成本为72元时，产量为3 000件

6.估计标准误的作用是表明（　）。

A.回归方程的代表性　　B.样本的变异程度

C.估计值与实际值的平均误差　　D.样本指标的代表性

E.总体的变异程度

7.销售额与流通费用率在一定条件下存在相关关系，这种相关关系属于（　）。

A.正相关　　B.单相关　　C.负相关

D.复相关　　E.完全相关

8.在直线相关和回归分析中，（　）。

A.根据同一资料，相关系数只能计算一个

B.根据同一资料，相关系数可以计算两个

C.根据同一资料，回归方程只能配合一个

D.根据同一资料，回归方程随自变量与因变量的确定不同，可能配合两个

E.回归方程和相关系数均与自变量和因变量的确定无关

9.相关系数r的数值（　　）。

A.可为正值　　B.可为负值　　C.可大于1

D.可等于-1　　E.可等于1

10.从变量之间相互关系的表现形式看，相关关系可分为（　　）。

A.正相关　　B.负相关　　C.直线相关

D.曲线相关　　E.不相关和完全相关

11.确定直线回归方程必须满足的条件有（　　）。

A.现象间确实存在数量上的相互依存关系

B.相关系数r必须等于1

C.y与x必须同方向变化

D.现象间存在着较密切的直线相关关系

E.相关系数r必须大于0

12.如果两个变量之间完全线性相关，则以下结论中正确的有（　　）。

A.相关系数$|r|=1$　　B.可决系数$r^2=1$　　C.估计标准误差$S_y=1$

D.估计标准误差$S_y=0$　　E.回归系数$\beta_1>0$

13.在直线回归分析中，确定直线回归方程的两个变量必须是（　　）。

A.一个自变量，一个因变量　　B.均可以为随机变量

C.对等关系　　D.一个是随机变量，一个是可控制变量

E.不对等关系

14.配合直线回归方程是为了（　　）。

A.确定两个变量之间的变动关系　　B.用因变量推算自变量

C.用自变量推算因变量　　D.两个变量相互推算

E.确定两个变量间的相关程度

15.关于相关系数与回归系数，（　　）。

A.回归系数大于零则相关系数大于零　　B.回归系数小于零则相关系数小于零

C.回归系数大于零则相关系数小于零　　D.回归系数小于零则相关系数大于零

E.回归系数等于零则相关系数等于零

16.单位产品成本对产量的一元线性回归方程为$\hat{Y}=85-5.6x$，x的单位为千件，Y的单位为元，这意味着（　　）。

A.单位成本与产量之间存在着负相关关系

B.单位成本与产量之间是正相关

C.产量为1 000件时单位成本为79.4元

D.产量每增加1 000件单位成本平均增加5.6元

E.产量每增加1 000件单位成本平均减少5.6元

17.如果两个变量之间的线性相关程度很高，则其相关系数应接近（　　）。

A.0.5　　B.-0.5　　C.0　　D.1　　E.-1

18.线性回归分析中的回归平方和是指（　　）。

A.实际值与平均值的离差平方和　　B.估计值与平均值的离差平方和

C.受自变量变动影响所引起的离差　　D.受随机变量变动影响所产生的误差

E.总离差平方和与残差平方和之差

19.下列属于负相关的现象有（　　）。

A.商品流转的规模愈大，流通费用水平越低

B.流通费用率随商品销售额的增加而减少

C.国民收入随投资额的增加而增长

D.生产单位产品所耗工时随劳动生产率的提高而减少

E.某产品产量随工人劳动生产率的提高而增加

三、判断题

1.相关关系和函数关系都属于完全确定性的依存关系。

2.如果两个变量的变动方向一致，同时呈上升或下降趋势，则二者是正相关关系。

3.假定变量x与y的相关系数是0.8，变量m与n的相关系数为-0.9，则x与y的相关密切程度高。

4.当直线相关系数r=0时，说明变量之间不存在任何相关关系。

5.相关系数r有正负、有大小，因而它反映的是两现象之间具体的数量变动关系。

6.在进行相关和回归分析时，必须以定性分析为前提，判定现象之间有无关系及其作用范围。

7.回归系数b的符号与相关系数r的符号，可以相同也可以不相同。

8.在直线回归分析中，两个变量是对等的，不需要区分因变量和自变量。

9.相关系数r越大，则估计标准误差S_{yx}值越大，从而直线回归方程的精确性越低。

10.进行相关与回归分析应注意对相关系数和回归直线方程的有效性进行检验。

11.工人的技术水平提高，使得劳动生产率提高。这种关系是一种不完全的正相关关系。

12.正相关指的就是两个变量之间的变动方向都是上升的。

13.回归分析和相关分析一样，所分析的两个变量都一定是随机变量。

14.相关的两个变量，只能算出一个相关系数。

15.一种回归直线只能作一种推算，不能反过来进行另一种推算。

四、简答题

1.什么是相关关系？它和函数关系有什么不同？

2.什么是相关分析？什么是回归分析？它们之间有何区别和联系？

3.什么是正相关和负相关？什么是单相关和复相关？什么是线性相关和非线性相关？各举一例说明。

4.直线回归方程y=a+bx中，参数a、b是怎样求得的？它们代表什么意义？

5.构造直线回归模型应具备哪些条件？

6.什么是估计标准误差？其作用如何？

7.应用相关与回归分析应注意哪些问题？

五、计算题

1.某企业生产某种产品，其产量与生产成本有线性相关关系，当产量为1 000件时，其生产成本为30 000元，其中不变成本为6 000元，请据此写出回归方程，并说明当产量

每增加1 000件时，总成本平均将增加多少元。

2.某种商品的需求量与人均收入的关系如表9-10所示。

表9-10 某种商品的需求量与人均收入的关系

人均收入（元）	700	800	900	1 000	1 100	1 200	1 260	1 340
需求量（万元）	9.0	9.6	10.2	11.6	12.4	13.0	13.8	14.6

要求：(1) 根据以上数据绘制相关图，判断人均收入与该商品需求量之间的相关状态。

(2) 采用最小二乘法配合该商品需求量的趋势直线，并计算预测误差。以95%的概率保证程度预测人均收入为1 400元时的该商品需求量。

3.某种商品的需求量y（千克）和商品价格x（元）有关，现取得10对观测数据经计算得如下数据：

$\sum x=60$，$\sum y=800$, $\sum x^2=390$, $\sum y^2=67\,450$, $\sum xy=4\,500$

要求：(1) 计算相关系数。

(2) 求y对x的线性回归方程。

(3) 解释回归系数b的含义。

4.某连锁经营公司所属5个零售店某月的销售额和利润额资料如表9-11所示。

表9-11 某连锁经营公司所属5个零售店某月的销售额和利润额资料

商店名称	A	B	C	D	E
销售额（千万元）	3	5	6	7	9
利润额（百万元）	2	3	3	4	5

要求：(1) 计算销售额和利润额之间的相关系数。

(2) 用最小二乘法计算利润额y对销售额x的回归直线方程。

5.某公司8个所属企业的产品销售资料如表9-12所示。

表9-12 某公司8个所属企业的产品销售资料

企业编号	产品销售额（万元）	销售利润（万元）
1	170	8.1
2	220	12.5
3	390	18.0
4	430	22.0
5	480	26.5
6	650	40.0
7	850	64.0
8	1 000	69.0

要求：(1) 画出相关图，并判断销售额与销售利润之间的相关方向。

（2）计算相关系数，指出产品销售额和利润之间的相关方向和相关程度。

（3）确定自变量和因变量，求出直线回归方程。

（4）计算估计标准误差S_{yx}。

（5）对方程中回归系数的经济意义做出解释。

（6）在95%的概率保证下，求当销售额为1 200万元时利润额的置信区间。

6.某公司的10家下属企业的产量与生产费用之间的关系如表9-13所示。

表9-13　某公司的10家下属企业的产量与生产费用之间的关系

产量（万件）	40	42	48	55	65	79	88	100	120	140
单位生产费用（元）	150	140	138	135	120	110	105	98	88	78

要求：（1）画出相关图，并判断产量与单位生产费用之间的相关方向。

（2）计算相关系数，指出产量与单位生产费用之间的相关方向和相关程度。

（3）确定自变量和因变量，拟合直线回归方程。

（4）计算估计标准误差S_{yx}。

（5）对相关系数进行检验（显著性水平取0.05）。

（6）对回归系数进行检验（显著性水平取0.05）。

（7）在95%的概率保证下，求当产量为130万件时单位生产费用的置信区间。

7.估计成本是回归分析在会计学上的一项重要应用。根据收集到的产量和成本资料，利用最小二乘法求出关于产量和成本的回归方程，从而使会计师能够估计某一特定行业生产过程的成本。某一制造行业生产过程的产量和总成本的样本数据如表9-14所示。

表9-14　某一制造行业生产过程的产量和总成本的样本数据

产量（件）	400	450	550	600	700	750
总成本（万元）	4.0	5.0	5.4	5.9	6.4	7.0

要求：（1）建立回归方程，并在0.05的显著性水平下进行回归方程的显著性检验。

（2）生产中的固定成本是多少？生产每单位产品的可变成本或追加成本是多少？

（3）总成本的变异中能被产量解释的百分比是多少？

（4）公司的生产计划进度表明，下个月必须生产500件产品，对于这一生产计划的总成本是多少？

第九章练习题参考答案

第十章

大数据时代统计学的变革与发展

从硅谷到北京，大数据的话题正在被传播。随着智能手机以及“可佩戴”计算设备的出现，我们的行为、位置，甚至身体生理数据等每一点变化都成为可被记录和分析的数据。信息社会所带来的好处是显而易见的：每个人口袋里都揣着一部手机，每个办公桌上都放有一台电脑，每间办公室内都拥有一个大型局域网。但是，信息本身的用处并没有如此引人注目。半个世纪以来，随着计算机技术全面融合社会生活，信息爆炸已经积累到了一个开始引发变革的程度，它不仅使世界充斥着比以往更多的信息，而且其增长速度也在加快。

大数据时代的生活令人神往，你对客观世界的认识更进一步，所做的决策也不再仅仅依赖主观判断。甚至对于你的一个习惯动作，你的一次消费行为，你的一份就诊记录，都在被巨大的数字网络串联起来。移动互联网风潮汹涌，大数据正悄悄包围着我们，甚至连着世界经济格局也在酝酿着巨大变革。

数据正在成为巨大的经济资产，成为21世纪的矿产与石油，将带来全新的创业方向、商业模式和投资机会。然而大数据真正的应用核心是预测。以前单纯依靠人类判断力的领域都会被计算机系统所改变甚至取代，运用大数据的处理与分析，为我们的生活创造出前所未有的可量化的维度。对我们而言，危险不再是隐私的泄露，而是被预知的可能性。[①]

在互联网时代，人类几乎所有的行为都会留下痕迹，表现为各种行为数据。在大数据时代，统计研究对象、方法技术均在发生剧烈的变化。了解大数据及大数据时代统计学的变革与发展，有助于更好地学习和应用统计学。

本章提要

本章主要介绍大数据及其统计方法的变革与发展。通过本章的学习，要求学生了解大数据的起源、概念；理解大数据时代统计工作的变化；掌握大数据时代统计工作的流程；理解Python在大数据中的运用。

① 田溯宁．拥抱“大数据时代”[EB/OL]．[2013-12-02]．http: //roll.sohu.com/20131202/n391098523.shtml.有改动。

第一节 大数据概述

一、大数据的起源与概念

（一）大数据的起源

格雷布林克（Grobelink）在《纽约时报》2012年2月的一篇专栏中称，"大数据时代"已经降临，在商业、经济及其他领域中，管理者决策越来越依靠数据分析，而不是依靠经验和直觉。"大数据"概念之所以被炒得如火如荼，是因为大数据时代已经到来。[①]

随着信息科学技术的高速发展，当前获取和储存数据信息的能力不断增强，且成本不断下降，这使得大数据的实现成为可能，越来越多的领域也受到大数据的影响。

（二）大数据的概念

我们认为大数据的定义之所以众说纷纭，主要是因为大数据所涉及的内容太"大"，大家看它的角度不一样，于是出现了仁者见仁、智者见智的局面。

在大数据时代，数据引领人们生活，引导商业变革和技术创新。从大数据的时代背景来看，我们可以把大数据作为研究对象，从数据本身和处理数据的技术两个方面理解大数据，这样理解大数据就有狭义和广义之分：狭义的大数据是指数据的结构形式和规模，是从数据的字面意义理解；广义的大数据不仅包括数据的结构形式和数据的规模，还包括处理数据的技术。

无论从广义的角度，还是从狭义的角度来看，大数据的核心是数据，而数据是统计研究的对象，从大数据中寻找有价值的信息关键在于对数据进行正确的统计分析。因此，鉴定"大数据"应该在现有数据处理技术水平的基础上引入统计学的思想与方法。

从统计学科与计算机科学的性质出发，我们可以这样来定义"大数据"：大数据指那些超过传统数据系统处理能力、超越经典统计思想研究范围、不借用网络无法用主流软件工具及技术进行单机分析的复杂数据的集合，对于这一数据集合，在一定的条件下和合理的时间内，我们可以通过现代计算机技术和创新统计方法，有目的地进行设计、获取、管理、分析，揭示隐藏在其中的有价值的模式和知识。其中，大数据的三个层次如图10-1所示。

二、大数据的特点

根据大数据的概念和它的时代属性，可以得出大数据具有以下特点（如图10-2所示）：

（一）大量性

大量性是指大数据的数据量巨大。在大数据时代，高度发达的网络技术和承载数据资料的个人电脑、手机、平板电脑等网络工具得到普及，数据资料的来源范围在不断拓展，人类获得数据资料在不断更改数据的计量单位。数据的计量单位从PB到EB到ZB，反映了数据量增长质的飞跃[②]。

---

① 朱建平，章贵军，刘晓葳．大数据时代下数据分析理念的辨析［J］．统计研究，2014，31（2）：11．

② 注：最小的基本单位是bit，按顺序给出所有单位：bit、Byte、KB、MB、GB、TB、PB、EB、ZB、YB、BB、NB、DB。它们按照进率1 024（2的十次方）来计算。

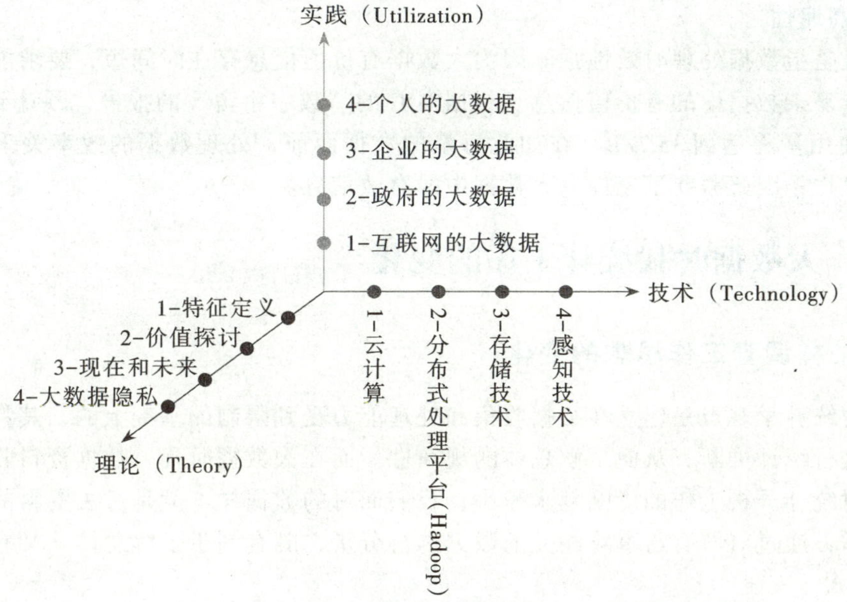

图 10-1　大数据的三个层次

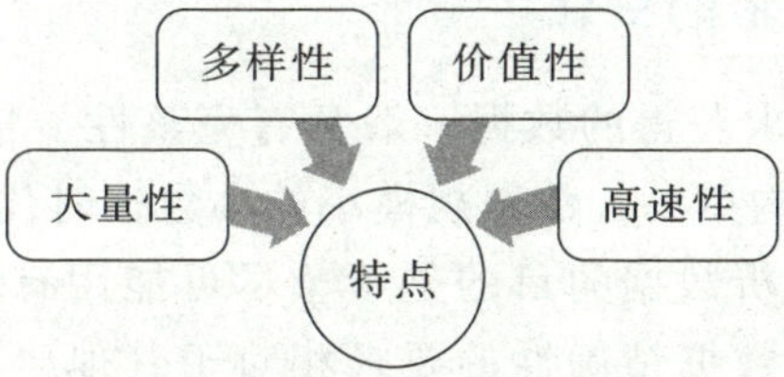

图 10-2　大数据的特点

（二）多样性

多样性是指数据类型繁多，大数据不仅包括以文本资料为主的结构化数据，还包括网络日志、音频、视频、图片、地理位置等半结构或非结构化的数据资料。多样化的数据产生的原因主要有两个方面：一是由于非结构化数据资料的广泛存在；二是挖掘价值信息的需要。传统的数据处理对象是结构式的，我们从数据的大小、多少来感受对象的特征，但这远远不够具体。例如，我们除了了解对象的数量特征外，还希望了解对象的颜色、形状、位置，甚至是人物心理活动等，这些是传统的数据很难描述的。大数据时代对音频、视频或图片等数据资料的处理技术不再是难题，因此通过对半结构化和非结构化的大数据进行处理，就能实现预期目标。

（三）价值性

价值性是指大数据价值巨大，但价值密度低。大数据中存在反映人们生产活动、商业活动和心理活动各方面极具价值的信息，但由于大数据规模巨大，数据在不断更新变化，这些有价值的信息可能转瞬即逝。一般来讲，价值密度的高低与数据规模的大小成反比。以视频数据为例，一部 1 小时的视频，在连续不间断的监控中，有用数据信息出现的时间可能仅有 1 秒。这就表明，大数据不仅是静止的，更是流动的。因此，在大数据时代，对数据的接收和处理思想都需要转变，如何通过强大的机器算法更迅速地完成数据的价值提取成为目前大数据背景下有待解决的难题。

（四）高速性

高速性是指数据处理时效性强。因为大数据有价值信息存在时间短，要求能迅速有效地提取大量复杂数据中的有价值信息。根据IDC的“数字宇宙”的报告，预计到2020年，全球数据使用量将达到35.2ZB。在如此海量的数据面前，处理数据的效率关乎智能型企业的生死存亡，因此需要迅速提取大数据中的有效信息。

第二节 大数据时代统计工作的变化

一、抽样调查工作思想的变化

传统的统计学观点是建立在数据收集和处理能力受到限制的基础上的，其特点是通过局部样本进行统计推断，从而了解总体的规律性。而在大数据时代，数据资料收集和数据处理能力对统计分析工作的影响越来越小，我们面对的数据样本就是过去资料的总和，样本就是总体，通过对所有与事物相关的数据进行分析，既有利于了解总体，又有利于了解局部。

二、对数据精确性要求的变化

传统的统计研究工作要求获得的数据一般具有完整性、精确性（或准确性）、可比性与一致性等性质。在数据结构单一、数据规模小的小数据时代，由于收集的数据资料有限以及数据处理技术落后，分析数据的目的是希望尽可能用有限的数据全面准确地反映总体。那么，在小数据时代对数据精确性的要求相对于其他要求是最严格的。在大数据时代，由于数据来源广泛和数据处理技术的不断进步，数据的不精确性是允许的，我们应该接受纷繁复杂的各类数据，不应一味追求数据的精确性，以免因小失大。

三、数据关系分析重点的变化

传统统计分析工作一般在处理数据时，会预先假定事物之间存在某种因果关系，然后在此因果关系假定的基础上构建模型并验证预先假定的因果关系。在大数据时代，由于数据规模巨大、数据结构杂乱以及数据变量错综复杂，预设因果关系以及分析因果关系相对困难。于是，在大数据时代，分析数据不再探求难以琢磨的因果关系，转而重点关注事物的相关关系。

四、大数据时代统计分析的流程

大数据时代统计分析的流程如图10-3所示。

图10-3 大数据时代统计分析的流程[①]

① 王惠．大数据时代的数据分析理念研究［J］．企业改革与管理，2017（6）：208.

（一）海量信息数据的采集

大数据的采集主要是通过互联网中繁多的数据库，接收来自各领域、各方面的客户端数据。现在很多互联网企业都建立了用于数据采集的数据库，数据体系非常庞大，同时也可以通过这些数据库来进行简单的查询和处理工作。大数据的采集，由于并发数高，特别是对访问和操作量非常大的网站来说，有时访问量在峰值时达到上百万，要在采集端部署大量数据库才能支撑，在这一过程中，需要很好地设计数据库之间的负载均衡和分片。

（二）大数据的统计分析

在大数据的统计分析方面，主要是利用分布式数据库、分布式计算集群等对海量数据进行分析和分类汇总，这种方式可以满足大部分的数据分析需要。此外，应该根据大数据的实时性需求或者基于半结构化数据的需求，选用科学合理的数据分析模型和数据分析方式。

（三）大数据的预处理

在大数据的分析处理方面，尽管采集端本身会有很多数据库，但在大数据的分析过程中，如果要更好地进行海量信息数据的有效分析，还应该将采集的前端数据导入到集中的大型分布式数据库，或者分布式存储集群，在导入基础上进行简单的清洗和预处理工作。在这方面，应该充分考虑到导入的数据量大，每秒钟的导入量经常会达到百兆，甚至千兆级别，因此，需要对大数据预处理以应对数据导入以及预处理压力的实际需要。

（四）大数据的深度挖掘

数据挖掘是大数据分析的核心技术。大数据挖掘在实质上就是针对分析结果做出分析，是一项与业务流程交互的业务流程。与大数据的统计和分析过程不同，大数据挖掘中算法非常复杂，而且涉及的数据量和计算量都很大，数据挖掘主要是在现有数据上面进行基于各种算法的计算，从而满足一些高级别数据分析的需求。

专栏阅读　　中华人民共和国数据安全法

第三节　大数据时代对统计学的影响

一、大数据时代统计学的变革

大数据是由数量巨大、结构复杂、类型众多的数据构成的数据集合，是继云计算、物联网之后，信息产业再次出现的颠覆性技术革命，主要特征为：大量、实时、多样、价值。大数据时代，如何利用更全面、更及时、更经济的网络电子化数据，以及通过对这些数据使用新的分析及挖掘技术，产生新的见解和认识，是我们面临的重大机遇。古代结绳计数能够记录下的数据与今天海量存储器记录下的数据本质上是一样的，不同的是，古代人知道他们养了多少牛羊、知道每人分多少，但记录不下来；而今天，我们可以记录更多，但传统处理分析能力还不能让我们完全知道这些海量数据中蕴含的规律和见解，这是

统计学的新战场，也是统计学要努力探寻的新领域。大数据时代统计学的变化主要表现在以下几个方面：[①]

（一）数据类型的扩大

传统意义上的数据为结构化数据，即可以用常规统计指标或图表表现出来的定量数据或专门设计的定性数据，有固定的结构和标准。首先，大数据不仅包括结构化数据，还包含非结构化数据、半结构化数据或异构数据，即一切可以记录和存储的信号，具有多样化的特点，并且传统的统计指标不一定能够将其完整地表述出来；其次，大数据的存储不同于传统的数据存储方式，没有固定的格式和结构，对于大数据的数据库来说，可以直接将所探测到的信号自动容纳到其中；最后，由于大数据大部分是指非结构化以及半结构化数据，因此对数据的识别和分类也是多样的，通常用网络信息系统作为识别工具。

（二）数据来源的不同

传统统计是根据研究目的去收集数据，数据来源通常是已知的，很容易对数据提供者的身份进行识别或进行事后核对。而大数据的来源则很难追溯，由于大数据的来源一般为信息网络系统，不具有很强的目的性，更是一切被人为记录的信号（尽管信号有其目的性，但多数为发散的），并且很难识别记录者的身份。在大数据时代，挖掘统计数据来源，就显得尤为重要。

（三）统计软件的增多

传统统计学以统计模型和软件为基础进行数据分析处理，统计模型的作用在于对数据间的数量关系进行构建，统计软件是分析和处理数据的工具，需要研究者自主输入经过处理的数据，以及统计模型的公式等。常见的统计软件有SAS、R、STATA、SPSS、MATLAB等。大数据所依赖的数据分析技术为非关系型的，以数据中心为基础。若将统计软件与大数据结合起来，则统计分析的过程可以在很大程度上简化。

（四）统计质量得以提高

大数据的广泛覆盖性能够在很大程度上满足适用性的原则，保证统计信息适用性的根本是使统计信息最大化地满足用户。以CPI为例，传统的价格统计涉及的商品和销售点种类繁多，且随着社会的进步、经济的发展和人们消费观念的改变，对于动态的数据需要及时进行调整，这必定会产生很大的误差，使得统计工作者不能保证统计数据是否适用于用户的需求。而基于大数据的“在线价格指数”不再必须通过样本进行分析，统计数据可以包含所有的商品和线上销售网点，可以实现通过总体进行分析，使统计误差大幅度下降。

提高时效性，缩短统计调查的时间。传统统计数据具有滞后性和低频率等缺点，而大数据由于其来源为信息网络，具有及时性和时效性的优点。仍然用CPI的统计数据举例，CPI的发布频率为每月，如我国通常在每个月9日发布上个月的CPI，由此可见，CPI的发布存在滞后性，而“在线价格指数”能够根据市场的变化对价格进行即时更新与汇总，并且“在线价格指数”的频率可以从每月提高到每天甚至更短时间，据此分析出来的通货膨胀规律相比传统统计的准确率大大提高。

（五）统计成本得以降低

统计成本是进行一项统计调查或开展统计工作所实际付出的代价，是统计工作过程中

---

① 朱建平，张悦涵. 大数据时代对传统统计学变革的思考［J］. 统计研究，2016，33（2）：3-9.

耗费的人力、财力和物力的总和。从收集数据的方法来看，传统的统计数据收集方法主要依靠调查，如调查问卷、电话采访，或者通过查询统计报表。开展普查，可能就要动用全国的力量。这些方法都存在缺点，准确性得不到保证，并且统计成本相当可观。在大数据时代，数据的获得途径为信息网络、移动通信等，因此从统计成本的各个要素来看，大数据时代的统计成本会大幅度下降，而且可以得到更大规模、更高准确性的数据。

二、大数据对统计学的促进

（一）丰富了统计学的内容

大数据时代，对于统计学应该用发展、辩证的眼光去看待，统计学应当在大数据的思想框架下构建新的学科体系，将大数据总体统计的思想和方法纳入统计学学科体系是非常必要的。例如，在统计学的教学内容中，将样本统计和总体统计相结合。样本统计对样本的要求是能够正确地代表总体，这要求总体的观察单位必须是同质的，在现实生活中这种理想情况不容易达到，而基于大数据的总体统计恰好能够弥补样本统计的这一不足之处。当今大数据时代，统计学也应与计算机紧密结合，以数据挖掘为契机，进一步延伸和完善统计学科体系，培养具有现代统计技术、数据挖掘技术与计算机技术的复合人才。同时，统计学不仅要注重与其他学科的结合，更需要注重自身学科的提高，在原理、技术、方法等方面认真钻研，与时俱进，谋求创新与突破。

（二）促进统计学快速发展

传统统计由于受成本、观念等的影响，主要用于行业和部门统计，为行业和部门制定与完善政策服务。在大数据时代，统计学不仅可以在统计领域得到更为快速的发展，更可以将统计原理与方法应用到其他学科，如金融、医学、生物、农业、计算机等，使统计学发挥更大的价值。统计学可以与大数据进行合作，不仅可以做到以小见大，还可以做到由繁入简，在大数据的基础上大大提高统计效率、模型拟合度和推断准确性。大数据时代的来临，对传统统计学的变革在从样本的定义方法一直到数据分析的思维与技术方面均有所体现，大数据使我们对数据的利用取得了更大的主动权，将促进统计学迅速发展。

专栏阅读　　大数据、人工智能与统计

第四节　Python在大数据中的运用

一、Python简介

Python，是一种面向对象的解释型计算机程序设计语言，Python是纯粹的自由软件，源代码和解释器CPython遵循GPL（General Public License）协议。Python语法简洁清晰，特色之一是强制用空白符（White Space）作为语句缩进。Python具有丰富和强大的库。它常被昵称为胶水语言，能够把用其他语言制作的各种模块（尤其是C/C++）很轻松地联结在一起[①]。

Python作为一门脚本语言，它灵活、易用、易学，适用场景多，实现程序快捷便利，早已成为程序员们的编程利器。Python这门编程语言包罗万象，可以说掌握了Python，除了一些特殊环境和高度的性能要求，你可以用它做任何事。

在人工智能时代，机器学习、深度学习、大数据分析与处理、云计算等新技术极大地促进了Python语言的发展，2017年IEEE Spectrum发布的编程语言交互式排行榜上，Python独占榜首。Python以面向对象、容易学习、跨平台以及由此产生的低维护成本，深受Python爱好者喜欢并获得好评。

二、Python在大数据中的运用

Python在大数据中的应用主要包括以下方面。

系统编程：提供API（Application Programming Interface，应用程序编程接口），能方便地进行系统维护和管理，Linux下标志性语言之一，是很多系统管理员理想的编程工具。

图形处理：有PIL、Tkinter等图形库支持，能方便进行图形处理。

数学处理：NumPy扩展提供大量与许多标准数学库的接口。

数据库编程：程序员可通过遵循Python DB-API（数据库应用程序编程接口）规范的模块与Microsoft SQL Server、Oracle、Sybase、DB2、MySQL、SQLite等数据库通信。Python自带有一个Gadfly模块，提供了一个完整的SQL环境。

网络编程：提供丰富的模块支持Sockets编程，能方便快速地开发分布式应用程序。很多大规模软件开发计划如Zope、Mnet及BitTorrent、Google都在广泛地使用它。

数据分析：如数据整理可以运用到Numpy和Pandas库，在Pandas模块提供了很多描述性统计分析的指标函数，如总和、均值、最小值、最大值等。

在大数据时代，每个人身边都存在着海量、丰富可深入挖掘的数据，人人生产数据，时时产生数据。大数据一般分为结构化数据、半结构化数据和非结构化数据，大体上，结构化数据占10%，半结构化数据占5%，非结构化数据占85%，包括各种格式的办公文本、图片、报表、音频、视频等。对统计学习而言，最大的考验是如何对这些海量的数据信息进行充分的开发，找出数据之间隐藏的规律与关系。

Python对于半结构化数据和非结构化数据的挖掘和分析有很好的应用。Python与R相比速度要快。Python可以直接处理上G的数据，在大数据分析中，Python适合对海量数据进行处理[②]。

三、基于Python的网络爬虫

（一）网络爬虫

网络爬虫，是一种按照一定的规则，自动地抓取万维网信息的程序或者脚本，广泛用于互联网搜索引擎或其他类似网站，以获取或更新这些网站的内容和检索方式。它们可以自动采集所有其能够访问到的页面内容，以供搜索引擎做进一步处理（分检整理下载的页

---

① 佚名．Python的介绍［EB/OL］．［2018-07-23］．https：//baike. baidu. com/item/Python/407313.

② 孟雪井，李宏飞，杨亚飞．大数据背景下统计软件在数据分析中的应用［J］．现代经济信息，2016（8）．

面），从而使得用户能更快地检索到他们需要的信息[①]。

随着互联网的发展，网络信息呈现指数式增长，要在短时间内获取大量信息，网络爬虫无疑是一种最适合的方法。通过爬虫获取的海量信息，我们可以对其进行进一步的分析：市场预测、文本分析、机器学习方法等。

如果我们把互联网比作一张大的蜘蛛网，数据便是存放于蜘蛛网的各个节点，而爬虫就是一只小蜘蛛，沿着网络抓取自己的猎物（数据），如图10-4所示。爬虫指的是：向网站发起请求，获取资源后分析并提取有用数据的程序；从技术层面来说就是通过程序模拟浏览器请求站点的行为，把站点返回的HTML代码/JSON数据/二进制数据（图片、视频）爬到本地，进而提取自己需要的数据，存放起来使用[②]。

图10-4 形象化的网络爬虫

（二）爬虫的工作原理

网络爬虫是一个自动获取网页的程序，它为搜索引擎从互联网上下载网页，是搜索引擎的重要组成部分。从功能上来讲，爬虫一般分为数据采集、处理、储存三个部分。

爬虫的工作原理：爬虫一般从一个或者多个初始URL（Uniform Resource Locator，统一资源定位符）开始，下载网页内容，然后通过搜索或是内容匹配手段（比如正则表达式），获取网页中感兴趣的内容，同时不断从当前页面提取新的URL，根据网页抓取策略，按一定的顺序放入待抓取URL队列中，整个过程循环执行，一直到满足系统相应的停止条件，然后对这些被抓取的数据进行清洗、整理，并建立索引，存入数据库或文件中，最后根据查询需要，从数据库或文件中提取相应的数据，以文本或图表的方式显示出来。

爬虫获取数据的方式：模拟浏览器发送请求（获取网页代码）→提取有用的数据→存放于数据库或文件中。

利用搜索引擎的数据不能满足需求，网络安全、产品调研等都需要数据支持，而网络上没有现成的数据，需要自己手动去搜索、分析、提炼，格式化为满足需求的数据。而利用网络爬虫能自动完成数据获取、汇总的工作，Python编写网络爬虫语言简洁，简单易

① 谢克武. 大数据环境下基于Python的网络爬虫技术［J］. 电子制作，2017（9）：44-45.
② 佚名. 爬虫原理［EB/OL］.［2018-04-12］. https://www.cnblogs.com/sss4/p/7809821.html.

学，还包含了常用的文本处理函数，支持正则表达式，可以方便地处理文本内容，大大提升了统计工作的效率。

专栏阅读 大数据的价值："农夫山泉"与"飞常准"案例解析

本章小结

本章介绍了大数据下的统计工作与统计学的变化，通过学习，可以初步了解大数据的起源、概念、统计工作特点与统计学内容与方法的变化，系统了解基于Python的网络爬虫技术。

本章关键术语

大数据　结构化数据　非结构化数据　半结构化数据或异构数据　Python　网络爬虫

案例分析

通信大数据行程卡是通过什么定位的

在新冠肺炎疫情期间，我们需要使用通信大数据行程卡查看自己的行程状况，政府需要使用个人通信大数据行程卡信息进行疫情防控。那么，通信大数据行程卡是怎么知道个人出行数据的呢？通信大数据行程卡是通过什么定位的？

通信大数据行程卡，是由中国信通院联合中国电信、中国移动、中国联通三家基础电信企业利用手机"信令数据"，通过用户手机所处的基站位置获取，为全国16亿部手机用户免费提供的查询服务，手机用户可通过服务，查询本人前14天到过的所有地市信息。简单来说，就是利用手机与基站之间的通信定位，因为手机随机移动到任何地方，只要能和基站通信，就能进行数据交互。移动通信网络下的站点划分为很多位置区，每个位置区从几平方千米到几十平方千米不等（话务量高的地方位置区会小一些，话务量低的地方位置区可以大一些）。

手机每进入新的位置区，都要发起位置更新，告诉网络我到了新地方了。这样当有人给你打电话的时候，就不用在全网范围内发寻呼信息来找你，而只需要在你最后一次报告的位置区发寻呼。运营商只要把你历史上经过的位置区记录下来，就知道你去过哪些城市或区域了。①

讨论：你还知道哪些大数据应用？在大数据时代，手机用户能否实现个人隐私的保护？

练习题

一、判断题

1.在大数据时代，数据引领人们生活，但并未引导商业变革和技术创新。

① 佚名．通信大数据行程卡是通过什么定位的？[EB/OL]．[2020-11-12]．http: //news.163.com/18/0212/21/DAFOG1RM00018AOP.html.

2.广义的大数据不仅包括数据的结构形式和数据的规模，还包括处理数据的技术。

3.大数据不仅包括以文本资料为主的结构化数据，还包括网络日志、音频、视频、图片、地理位置等半结构或非结构化的数据资料。

4.一般来讲，大数据价值密度的高低与数据规模的大小成正比。

5.传统的统计研究工作要求获得的数据一般具有完整性、精确性（或准确性）、可比性与一致性等性质。

6.在小数据时代对数据精确性的要求相对于其他要求不是最严格的。

7.在大数据时代，分析数据不再探求难以琢磨的因果关系，转而关注事物的相关关系。

8.数据挖掘是大数据分析的核心技术。

9.大数据是由数量巨大、结构复杂、类型众多的数据构成的数据集合，是继云计算、物联网之后，信息产业再次出现的颠覆性技术革命。

10.大数据使我们对数据的利用取得了更大的主动权，传统统计学将日渐萎缩。

11. Python 对于半结构化数据和非结构化数据的挖掘和分析有很好的应用。

12.网络爬虫是一个自动获取网页的程序，它为搜索引擎从互联网上下载网页，是搜索引擎的重要组成。

二、简答题

1.简述大数据的特征。

2.简述大数据时代统计分析的流程。

3.简述大数据时代对统计学的影响。

第十章练习题参考答案

主要参考文献

[1] KELLER G. Statistcs for economics and management [M]. 8th ed. Singapore: Cengage Learning Asia Pte. Ltd., 2009.

[2] LEVINC D M, KREHBIEL T C, Berenson M L. Business statistics [M]. 5th ed. Upper Saddle River: Pearson Education, Inc., 2010.

[3] 凯勒.统计学：在经济和管理中的应用 [M]. 李君，冯丽君，等译. 10版. 北京：中国人民大学出版社，2019.

[4] 莱文，克雷比尔，贝伦森. 商务统计学 [M]. 李鹏宇，许红燕，等译. 5版.北京：中国人民大学出版社，2010.

[5] 丁亚军.统计分析：从小数据到大数据 [M]. 北京：电子工业出版社，2020.

[6] 贾俊平，金勇进. 统计学 [M]. 7版. 北京：中国人民大学出版社，2018.

[7] 袁卫，庞皓，曾五一. 统计学 [M]. 3版. 北京：高等教育出版社，2017.

[8] 马庆国. 管理统计——数据获取、统计原理、SPSS工具与应用研究 [M]. 北京：科学出版社，2002.

[9] 耿修林，谢兆茹. 应用统计学 [M]. 北京：科学出版社，2002.

[10] 冯力. 统计学实验 [M]. 大连：东北财经大学出版社，2008.

[11] 胡平，催文田，徐青川. 应用统计分析教学实践案例集 [M]. 北京：清华大学出版社，2007.

附录

常用统计表

附表1　标准正态分布表

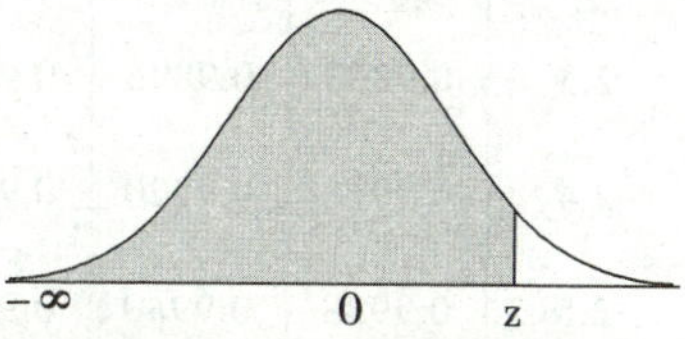

$$\Phi(z)=\int_{-\infty}^{z}\frac{1}{\sqrt{2\pi}}e^{-\frac{1}{2}z^{2}}dx$$

z	0.00	0.01	0.02	0.03	0.04	0.05	0.06	0.07	0.08	0.09
0.0	0.5 000	0.5040	0.5080	0.5120	0.5160	0.5199	0.5239	0.5279	0.5319	0.5359
0.1	0.5398	0.5438	0.5478	0.5517	0.5557	0.5596	0.5636	0.5675	0.5714	0.5753
0.2	0.5793	0.5832	0.5871	0.5910	0.5948	0.5987	0.6026	0.6064	0.6103	0.6141
0.3	0.6179	0.6217	0.6255	0.6293	0.6331	0.6368	0.6406	0.6443	0.6480	0.6517
0.4	0.6554	0.6591	0.6628	0.6664	0.6700	0.6736	0.6772	0.6808	0.6844	0.6879
0.5	0.6915	0.6950	0.6985	0.7019	0.7054	0.7088	0.7123	0.7157	0.7190	0.7224
0.6	0.7257	0.7291	0.7324	0.7357	0.7389	0.7422	0.7454	0.7486	0.7517	0.7549
0.7	0.7580	0.7611	0.7642	0.7673	0.7704	0.7734	0.7764	0.7794	0.7823	0.7852
0.8	0.7881	0.7910	0.7939	0.7967	0.7995	0.8023	0.8051	0.8078	0.8106	0.8133
0.9	0.8159	0.8186	0.8212	0.8238	0.8264	0.8289	0.8315	0.8340	0.8365	0.8389
1.0	0.8413	0.8438	0.8461	0.8485	0.8508	0.8531	0.8554	0.8577	0.8599	0.8621
1.1	0.8643	0.8665	0.8686	0.8708	0.8729	0.8749	0.8770	0.8790	0.8810	0.8830
1.2	0.8849	0.8869	0.8888	0.8907	0.8925	0.8944	0.8962	0.8980	0.8997	0.9015
1.3	0.9032	0.9049	0.9066	0.9082	0.9099	0.9115	0.9131	0.9147	0.9162	0.9177

续表

z	0.00	0.01	0.02	0.03	0.04	0.05	0.06	0.07	0.08	0.09
1.4	0.9192	0.9207	0.9222	0.9236	0.9251	0.9265	0.9279	0.9292	0.9306	0.9319
1.5	0.9332	0.9345	0.9357	0.9370	0.9382	0.9394	0.9406	0.9418	0.9429	0.9441
1.6	0.9452	0.9463	0.9474	0.9484	0.9495	0.9505	0.9515	0.9525	0.9535	0.9545
1.7	0.9554	0.9564	0.9573	0.9582	0.9591	0.9599	0.9608	0.9616	0.9625	0.9633
1.8	0.9641	0.9649	0.9656	0.9664	0.9671	0.9678	0.9686	0.9693	0.9699	0.9706
1.9	0.9713	0.9719	0.9726	0.9732	0.9738	0.9744	0.9750	0.9756	0.9761	0.9767
2.0	0.9772	0.9778	0.9783	0.9788	0.9793	0.9798	0.9803	0.9808	0.9812	0.9817
2.1	0.9821	0.9826	0.9830	0.9834	0.9838	0.9842	0.9846	0.9850	0.9854	0.9857
2.2	0.9861	0.9864	0.9868	0.9871	0.9875	0.9878	0.9881	0.9884	0.9887	0.9890
2.3	0.9893	0.9896	0.9898	0.9901	0.9904	0.9906	0.9909	0.9911	0.9913	0.9916
2.4	0.9918	0.9920	0.9922	0.9925	0.9927	0.9929	0.9931	0.9932	0.9934	0.9936
2.5	0.9938	0.9940	0.9941	0.9943	0.9945	0.9946	0.9948	0.9949	0.9951	0.9952
2.6	0.9953	0.9955	0.9956	0.9957	0.9959	0.9960	0.9961	0.9962	0.9963	0.9964
2.7	0.9965	0.9966	0.9967	0.9968	0.9969	0.9970	0.9971	0.9972	0.9973	0.9974
2.8	0.9974	0.9975	0.9976	0.9977	0.9977	0.9978	0.9979	0.9979	0.9980	0.9981
2.9	0.9981	0.9982	0.9982	0.9983	0.9984	0.9984	0.9985	0.9985	0.9986	0.9986
3.0	0.9987	0.9987	0.9987	0.9988	0.9988	0.9989	0.9989	0.9989	0.9990	0.9990
3.1	0.9990	0.9991	0.9991	0.9991	0.9992	0.9992	0.9992	0.9992	0.9993	0.9993
3.2	0.9993	0.9993	0.9994	0.9994	0.9994	0.9994	0.9994	0.9995	0.9995	0.9995
3.3	0.9995	0.9995	0.9995	0.9996	0.9996	0.9996	0.9996	0.9996	0.9996	0.9997
3.4	0.9997	0.9997	0.9997	0.9997	0.9997	0.9997	0.9997	0.9997	0.9997	0.9998
3.5	0.9998	0.9998	0.9998	0.9998	0.9998	0.9998	0.9998	0.9998	0.9998	0.9998
3.6	0.9998	0.9998	0.9999	0.9999	0.9999	0.9999	0.9999	0.9999	0.9999	0.9999
3.7	0.9999	0.9999	0.9999	0.9999	0.9999	0.9999	0.9999	0.9999	0.9999	0.9999
3.8	0.9999	0.9999	0.9999	0.9999	0.9999	0.9999	0.9999	0.9999	0.9999	0.9999
3.9	1.0 000	1.0 000	1.0 000	1.0 000	1.0 000	1.0 000	1.0 000	1.0 000	1.0 000	1.0 000

附表2 t分布表

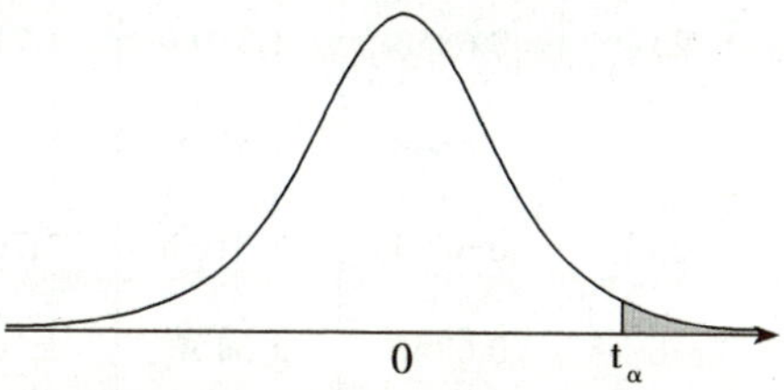

$P\{t(n) > t_\alpha(n)\} = \alpha$

自由度n	α=0.25	0.1	0.05	0.025	0.01	0.005	0.001	0.0005
1	1.0 000	3.0777	6.3138	12.7062	31.8205	63.6567	318.3088	636.6192
2	0.8165	1.8856	2.9200	4.3027	6.9646	9.9248	22.3271	31.5991
3	0.7649	1.6377	2.3534	3.1824	4.5407	5.8409	10.2145	12.9240
4	0.7407	1.5332	2.1318	2.7764	3.7469	4.6041	7.1732	8.6103
5	0.7267	1.4759	2.0150	2.5706	3.3649	4.0321	5.8934	6.8688
6	0.7176	1.4398	1.9432	2.4469	3.1427	3.7074	5.2076	5.9588
7	0.7111	1.4149	1.8946	2.3646	2.9980	3.4995	4.7853	5.4079
8	0.7064	1.3968	1.8595	2.3060	2.8965	3.3554	4.5008	5.0413
9	0.7027	1.3830	1.8331	2.2622	2.8214	3.2498	4.2968	4.7809
10	0.6998	1.3722	1.8125	2.2281	2.7638	3.1693	4.1437	4.5869
11	0.6974	1.3634	1.7959	2.2010	2.7181	3.1058	4.0247	4.4370
12	0.6955	1.3562	1.7823	2.1788	2.6810	3.0545	3.9296	4.3178
13	0.6938	1.3502	1.7709	2.1604	2.6503	3.0123	3.8520	4.2208
14	0.6924	1.3450	1.7613	2.1448	2.6245	2.9768	3.7874	4.1405
15	0.6912	1.3406	1.7531	2.1314	2.6025	2.9467	3.7328	4.0728
16	0.6901	1.3368	1.7459	2.1199	2.5835	2.9208	3.6862	4.0150
17	0.6892	1.3334	1.7396	2.1098	2.5669	2.8982	3.6458	3.9651
18	0.6884	1.3304	1.7341	2.1009	2.5524	2.8784	3.6105	3.9216
19	0.6876	1.3277	1.7291	2.0930	2.5395	2.8609	3.5794	3.8834
20	0.6870	1.3253	1.7247	2.0860	2.5280	2.8453	3.5518	3.8495
21	0.6864	1.3232	1.7207	2.0796	2.5176	2.8314	3.5272	3.8193
22	0.6858	1.3212	1.7171	2.0739	2.5083	2.8188	3.5050	3.7921

续表

自由度 n	α = 0.25	0.1	0.05	0.025	0.01	0.005	0.001	0.0005
23	0.6853	1.3195	1.7139	2.0687	2.4999	2.8073	3.4850	3.7676
24	0.6848	1.3178	1.7109	2.0639	2.4922	2.7969	3.4668	3.7454
25	0.6844	1.3163	1.7081	2.0595	2.4851	2.7874	3.4502	3.7251
26	0.6840	1.3150	1.7056	2.0555	2.4786	2.7787	3.4350	3.7066
27	0.6837	1.3137	1.7033	2.0518	2.4727	2.7707	3.4210	3.6896
28	0.6834	1.3125	1.7011	2.0484	2.4671	2.7633	3.4082	3.6739
29	0.6830	1.3114	1.6991	2.0452	2.4620	2.7564	3.3962	3.6594
30	0.6828	1.3104	1.6973	2.0423	2.4573	2.7500	3.3852	3.6460
31	0.6825	1.3095	1.6955	2.0395	2.4528	2.7440	3.3749	3.6335
32	0.6822	1.3086	1.6939	2.0369	2.4487	2.7385	3.3653	3.6218
33	0.6820	1.3077	1.6924	2.0345	2.4448	2.7333	3.3563	3.6109
34	0.6818	1.3070	1.6909	2.0322	2.4411	2.7284	3.3479	3.6007
35	0.6816	1.3062	1.6896	2.0301	2.4377	2.7238	3.3400	3.5911
36	0.6814	1.3055	1.6883	2.0281	2.4345	2.7195	3.3326	3.5821
37	0.6812	1.3049	1.6871	2.0262	2.4314	2.7154	3.3256	3.5737
38	0.6810	1.3042	1.6860	2.0244	2.4286	2.7116	3.3190	3.5657
39	0.6808	1.3036	1.6849	2.0227	2.4258	2.7079	3.3128	3.5581
40	0.6807	1.3031	1.6839	2.0211	2.4233	2.7045	3.3069	3.5510
41	0.6805	1.3025	1.6829	2.0195	2.4208	2.7012	3.3013	3.5442
42	0.6804	1.3020	1.6820	2.0181	2.4185	2.6981	3.2960	3.5377
43	0.6802	1.3016	1.6811	2.0167	2.4163	2.6951	3.2909	3.5316
44	0.6801	1.3011	1.6802	2.0154	2.4141	2.6923	3.2861	3.5258
45	0.6800	1.3006	1.6794	2.0141	2.4121	2.6896	3.2815	3.5203
46	0.6799	1.3002	1.6787	2.0129	2.4102	2.6870	3.2771	3.5150
47	0.6797	1.2998	1.6779	2.0117	2.4083	2.6846	3.2729	3.5099
48	0.6796	1.2994	1.6772	2.0106	2.4066	2.6822	3.2689	3.5051
49	0.6795	1.2991	1.6766	2.0096	2.4049	2.6800	3.2651	3.5004

附表3 χ^2分布表

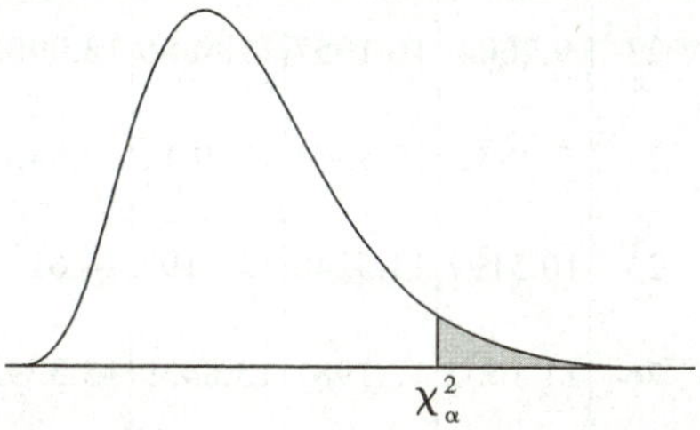

$P\{\chi^2(n) > \chi^2_\alpha\} = \alpha$

n	0.995	0.99	0.975	0.95	0.9	0.75	0.25	0.1	0.05	0.025	0.01	0.005
1	0.0 000	0.0002	0.0010	0.0039	0.0158	0.1015	1.3233	2.7055	3.8415	5.0239	6.6349	7.8794
2	0.0100	0.0201	0.0506	0.1026	0.2107	0.5754	2.7726	4.6052	5.9915	7.3778	9.2103	10.5966
3	0.0717	0.1148	0.2158	0.3518	0.5844	1.2125	4.1083	6.2514	7.8147	9.3484	11.3449	12.8382
4	0.2070	0.2971	0.4844	0.7107	1.0636	1.9226	5.3853	7.7794	9.4877	11.1433	13.2767	14.8603
5	0.4117	0.5543	0.8312	1.1455	1.6103	2.6746	6.6257	9.2364	11.0705	12.8325	15.0863	16.7496
6	0.6757	0.8721	1.2373	1.6354	2.2041	3.4546	7.8408	10.6446	12.5916	14.4494	16.8119	18.5476
7	0.9893	1.2390	1.6899	2.1673	2.8331	4.2549	9.0371	12.0170	14.0671	16.0128	18.4753	20.2777
8	1.3444	1.6465	2.1797	2.7326	3.4895	5.0706	10.2189	13.3616	15.5073	17.5345	20.0902	21.9550
9	1.7349	2.0879	2.7004	3.3251	4.1682	5.8988	11.3888	14.6837	16.9190	19.0228	21.6660	23.5894
10	2.1559	2.5582	3.2470	3.9403	4.8652	6.7372	12.5489	15.9872	18.3070	20.4832	23.2093	25.1882
11	2.6032	3.0535	3.8157	4.5748	5.5778	7.5841	13.7007	17.2750	19.6751	21.9200	24.7250	26.7568
12	3.0738	3.5706	4.4038	5.2260	6.3038	8.4384	14.8454	18.5493	21.0261	23.3367	26.2170	28.2995
13	3.5650	4.1069	5.0088	5.8919	7.0415	9.2991	15.9839	19.8119	22.3620	24.7356	27.6882	29.8195
14	4.0747	4.6604	5.6287	6.5706	7.7895	10.1653	17.1169	21.0641	23.6848	26.1189	29.1412	31.3193
15	4.6009	5.2293	6.2621	7.2609	8.5468	11.0365	18.2451	22.3071	24.9958	27.4884	30.5779	32.8013
16	5.1422	5.8122	6.9077	7.9616	9.3122	11.9122	19.3689	23.5418	26.2962	28.8454	31.9999	34.2672
17	5.6972	6.4078	7.5642	8.6718	10.0852	12.7919	20.4887	24.7690	27.5871	30.1910	33.4087	35.7185
18	6.2648	7.0149	8.2307	9.3905	10.8649	13.6753	21.6049	25.9894	28.8693	31.5264	34.8053	37.1565
19	6.8440	7.6327	8.9065	10.1170	11.6509	14.5620	22.7178	27.2036	30.1435	32.8523	36.1909	38.5823
20	7.4338	8.2604	9.5908	10.8508	12.4426	15.4518	23.8277	28.4120	31.4104	34.1696	37.5662	39.9968
21	8.0337	8.8972	10.2829	11.5913	13.2396	16.3444	24.9348	29.6151	32.6706	35.4789	38.9322	41.4011
22	8.6427	9.5425	10.9823	12.3380	14.0415	17.2396	26.0393	30.8133	33.9244	36.7807	40.2894	42.7957

续表

n	0.995	0.99	0.975	0.95	0.9	0.75	0.25	0.1	0.05	0.025	0.01	0.005
23	9.2604	10.1957	11.6886	13.0905	14.8480	18.1373	27.1413	32.0069	35.1725	38.0756	41.6384	44.1813
24	9.8862	10.8564	12.4012	13.8484	15.6587	19.0373	28.2412	33.1962	36.4150	39.3641	42.9798	45.5585
25	10.5197	11.5240	13.1197	14.6114	16.4734	19.9393	29.3389	34.3816	37.6525	40.6465	44.3141	46.9279
26	11.1602	12.1981	13.8439	15.3792	17.2919	20.8434	30.4346	35.5632	38.8851	41.9232	45.6417	48.2899
27	11.8076	12.8785	14.5734	16.1514	18.1139	21.7494	31.5284	36.7412	40.1133	43.1945	46.9629	49.6449
28	12.4613	13.5647	15.3079	16.9279	18.9392	22.6572	32.6205	37.9159	41.3371	44.4608	48.2782	50.9934
29	13.1211	14.2565	16.0471	17.7084	19.7677	23.5666	33.7109	39.0875	42.5570	45.7223	49.5879	52.3356
30	13.7867	14.9535	16.7908	18.4927	20.5992	24.4776	34.7997	40.2560	43.7730	46.9792	50.8922	53.6720
31	14.4578	15.6555	17.5387	19.2806	21.4336	25.3901	35.8871	41.4217	44.9853	48.2319	52.1914	55.0027
32	15.1340	16.3622	18.2908	20.0719	22.2706	26.3041	36.9730	42.5847	46.1943	49.4804	53.4858	56.3281
33	15.8153	17.0735	19.0467	20.8665	23.1102	27.2194	38.0575	43.7452	47.3999	50.7251	54.7755	57.6484
34	16.5013	17.7891	19.8063	21.6643	23.9523	28.1361	39.1408	44.9032	48.6024	51.9660	56.0609	58.9639
35	17.1918	18.5089	20.5694	22.4650	24.7967	29.0540	40.2228	46.0588	49.8018	53.2033	57.3421	60.2748
36	17.8867	19.2327	21.3359	23.2686	25.6433	29.9730	41.3036	47.2122	50.9985	54.4373	58.6192	61.5812
37	18.5858	19.9602	22.1056	24.0749	26.4921	30.8933	42.3833	48.3634	52.1923	55.6680	59.8925	62.8833
38	19.2889	20.6914	22.8785	24.8839	27.3430	31.8146	43.4619	49.5126	53.3835	56.8955	61.1621	64.1814
39	19.9959	21.4262	23.6543	25.6954	28.1958	32.7369	44.5395	50.6598	54.5722	58.1201	62.4281	65.4756
40	20.7065	22.1643	24.4330	26.5093	29.0505	33.6603	45.6160	51.8051	55.7585	59.3417	63.6907	66.7660
41	21.4208	22.9056	25.2145	27.3256	29.9071	34.5846	46.6916	52.9485	56.9424	60.5606	64.9501	68.0527
42	22.1385	23.6501	25.9987	28.1440	30.7654	35.5099	47.7663	54.0902	58.1240	61.7768	66.2062	69.3360
43	22.8595	24.3976	26.7854	28.9647	31.6255	36.4361	48.8400	55.2302	59.3035	62.9904	67.4593	70.6159
44	23.5837	25.1480	27.5746	29.7875	32.4871	37.3631	49.9129	56.3685	60.4809	64.2015	68.7095	71.8926
45	24.3110	25.9013	28.3662	30.6123	33.3504	38.2910	50.9849	57.5053	61.6562	65.4102	69.9568	73.1661
46	25.0413	26.6572	29.1601	31.4390	34.2152	39.2197	52.0562	58.6405	62.8296	66.6165	71.2014	74.4365
47	25.7746	27.4158	29.9562	32.2676	35.0814	40.1492	53.1267	59.7743	64.0011	67.8206	72.4433	75.7041

附表4 F分布表

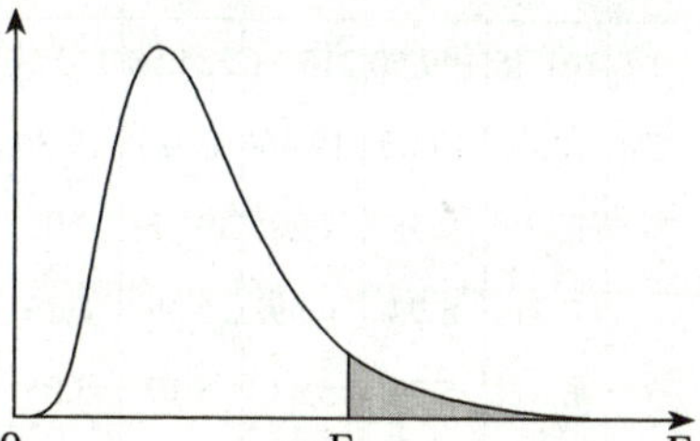

$P\{F(n_1,n_2)>F_\alpha(n_1,n_2)\}=a$

$\alpha=0.1$

n_1 \ n_2	1	2	3	4	5	6	7	8	9	10	20	30	40	60	120	∞
1	39.86	49.50	53.59	55.83	57.24	58.20	58.91	59.44	59.86	60.19	61.74	62.26	62.53	62.79	63.06	63.33
2	8.53	9.00	9.16	9.24	9.29	9.33	9.35	9.37	9.38	9.39	9.44	9.46	9.47	9.47	9.48	9.49
3	5.54	5.46	5.39	5.34	5.31	5.28	5.27	5.25	5.24	5.23	5.18	5.17	5.16	5.15	5.14	5.13
4	4.54	4.32	4.19	4.11	4.05	4.01	3.98	3.95	3.94	3.92	3.84	3.82	3.80	3.79	3.78	3.76
5	4.06	3.78	3.62	3.52	3.45	3.40	3.37	3.34	3.32	3.30	3.21	3.17	3.16	3.14	3.12	3.10
6	3.78	3.46	3.29	3.18	3.11	3.05	3.01	2.98	2.96	2.94	2.84	2.80	2.78	2.76	2.74	2.72
7	3.59	3.26	3.07	2.96	2.88	2.83	2.78	2.75	2.72	2.70	2.59	2.56	2.54	2.51	2.49	2.47
8	3.46	3.11	2.92	2.81	2.73	2.67	2.62	2.59	2.56	2.54	2.42	2.38	2.36	2.34	2.32	2.29
9	3.36	3.01	2.81	2.69	2.61	2.55	2.51	2.47	2.44	2.42	2.30	2.25	2.23	2.21	2.18	2.16
10	3.29	2.92	2.73	2.61	2.52	2.46	2.41	2.38	2.35	2.32	2.20	2.16	2.13	2.11	2.08	2.06
11	3.23	2.86	2.66	2.54	2.45	2.39	2.34	2.30	2.27	2.25	2.12	2.08	2.05	2.03	2.00	1.97
12	3.18	2.81	2.61	2.48	2.39	2.33	2.28	2.24	2.21	2.19	2.06	2.01	1.99	1.96	1.93	1.90
13	3.14	2.76	2.56	2.43	2.35	2.28	2.23	2.20	2.16	2.14	2.01	1.96	1.93	1.90	1.88	1.85
14	3.10	2.73	2.52	2.39	2.31	2.24	2.19	2.15	2.12	2.10	1.96	1.91	1.89	1.86	1.83	1.80
15	3.07	2.70	2.49	2.36	2.27	2.21	2.16	2.12	2.09	2.06	1.92	1.87	1.85	1.82	1.79	1.76
16	3.05	2.67	2.46	2.33	2.24	2.18	2.13	2.09	2.06	2.03	1.89	1.84	1.81	1.78	1.75	1.72
17	3.03	2.64	2.44	2.31	2.22	2.15	2.10	2.06	2.03	2.00	1.86	1.81	1.78	1.75	1.72	1.69
18	3.01	2.62	2.42	2.29	2.20	2.13	2.08	2.04	2.00	1.98	1.84	1.78	1.75	1.72	1.69	1.66
19	2.99	2.61	2.40	2.27	2.18	2.11	2.06	2.02	1.98	1.96	1.81	1.76	1.73	1.70	1.67	1.63
20	2.97	2.59	2.38	2.25	2.16	2.09	2.04	2.00	1.96	1.94	1.79	1.74	1.71	1.68	1.64	1.61
21	2.96	2.57	2.36	2.23	2.14	2.08	2.02	1.98	1.95	1.92	1.78	1.72	1.69	1.66	1.62	1.59
22	2.95	2.56	2.35	2.22	2.13	2.06	2.01	1.97	1.93	1.90	1.76	1.70	1.67	1.64	1.60	1.57
23	2.94	2.55	2.34	2.21	2.11	2.05	1.99	1.95	1.92	1.89	1.74	1.69	1.66	1.62	1.59	1.55
24	2.93	2.54	2.33	2.19	2.10	2.04	1.98	1.94	1.91	1.88	1.73	1.67	1.64	1.61	1.57	1.53
25	2.92	2.53	2.32	2.18	2.09	2.02	1.97	1.93	1.89	1.87	1.72	1.66	1.63	1.59	1.56	1.52
26	2.91	2.52	2.31	2.17	2.08	2.01	1.96	1.92	1.88	1.86	1.71	1.65	1.61	1.58	1.54	1.50
27	2.90	2.51	2.30	2.17	2.07	2.00	1.95	1.91	1.87	1.85	1.70	1.64	1.60	1.57	1.53	1.49
28	2.89	2.50	2.29	2.16	2.06	2.00	1.94	1.90	1.87	1.84	1.69	1.63	1.59	1.56	1.52	1.48
29	2.89	2.50	2.28	2.15	2.06	1.99	1.93	1.89	1.86	1.83	1.68	1.62	1.58	1.55	1.51	1.47
30	2.88	2.49	2.28	2.14	2.05	1.98	1.93	1.88	1.85	1.82	1.67	1.61	1.57	1.54	1.50	1.46
40	2.84	2.44	2.23	2.09	2.00	1.93	1.87	1.83	1.79	1.76	1.61	1.54	1.51	1.47	1.42	1.38
60	2.79	2.39	2.18	2.04	1.95	1.87	1.82	1.77	1.74	1.71	1.54	1.48	1.44	1.40	1.35	1.29
120	2.75	2.35	2.13	1.99	1.90	1.82	1.77	1.72	1.68	1.65	1.48	1.41	1.37	1.32	1.26	1.19
∞	2.71	2.30	2.08	1.94	1.85	1.77	1.72	1.67	1.63	1.60	1.42	1.34	1.30	1.24	1.17	1.00

α = 0.05

续表

n_1 \ n_2	1	2	3	4	5	6	7	8	9	10	20	30	40	60	120	∞
1	161.45	199.50	215.71	224.58	230.16	233.99	236.77	238.88	240.54	241.88	248.01	250.10	251.14	252.20	253.25	254.31
2	18.51	19.00	19.16	19.25	19.30	19.33	19.35	19.37	19.38	19.40	19.45	19.46	19.47	19.48	19.49	19.50
3	10.13	9.55	9.28	9.12	9.01	8.94	8.89	8.85	8.81	8.79	8.66	8.62	8.59	8.57	8.55	8.53
4	7.71	6.94	6.59	6.39	6.26	6.16	6.09	6.04	6.00	5.96	5.80	5.75	5.72	5.69	5.66	5.63
5	6.61	5.79	5.41	5.19	5.05	4.95	4.88	4.82	4.77	4.74	4.56	4.50	4.46	4.43	4.40	4.37
6	5.99	5.14	4.76	4.53	4.39	4.28	4.21	4.15	4.10	4.06	3.87	3.81	3.77	3.74	3.70	3.67
7	5.59	4.74	4.35	4.12	3.97	3.87	3.79	3.73	3.68	3.64	3.44	3.38	3.34	3.30	3.27	3.23
8	5.32	4.46	4.07	3.84	3.69	3.58	3.50	3.44	3.39	3.35	3.15	3.08	3.04	3.01	2.97	2.93
9	5.12	4.26	3.86	3.63	3.48	3.37	3.29	3.23	3.18	3.14	2.94	2.86	2.83	2.79	2.75	2.71
10	4.96	4.10	3.71	3.48	3.33	3.22	3.14	3.07	3.02	2.98	2.77	2.70	2.66	2.62	2.58	2.54
11	4.84	3.98	3.59	3.36	3.20	3.09	3.01	2.95	2.90	2.85	2.65	2.57	2.53	2.49	2.45	2.40
12	4.75	3.89	3.49	3.26	3.11	3.00	2.91	2.85	2.80	2.75	2.54	2.47	2.43	2.38	2.34	2.30
13	4.67	3.81	3.41	3.18	3.03	2.92	2.83	2.77	2.71	2.67	2.46	2.38	2.34	2.30	2.25	2.21
14	4.60	3.74	3.34	3.11	2.96	2.85	2.76	2.70	2.65	2.60	2.39	2.31	2.27	2.22	2.18	2.13
15	4.54	3.68	3.29	3.06	2.90	2.79	2.71	2.64	2.59	2.54	2.33	2.25	2.20	2.16	2.11	2.07
16	4.49	3.63	3.24	3.01	2.85	2.74	2.66	2.59	2.54	2.49	2.28	2.19	2.15	2.11	2.06	2.01
17	4.45	3.59	3.20	2.96	2.81	2.70	2.61	2.55	2.49	2.45	2.23	2.15	2.10	2.06	2.01	1.96
18	4.41	3.55	3.16	2.93	2.77	2.66	2.58	2.51	2.46	2.41	2.19	2.11	2.06	2.02	1.97	1.92
19	4.38	3.52	3.13	2.90	2.74	2.63	2.54	2.48	2.42	2.38	2.16	2.07	2.03	1.98	1.93	1.88
20	4.35	3.49	3.10	2.87	2.71	2.60	2.51	2.45	2.39	2.35	2.12	2.04	1.99	1.95	1.90	1.84
21	4.32	3.47	3.07	2.84	2.68	2.57	2.49	2.42	2.37	2.32	2.10	2.01	1.96	1.92	1.87	1.81
22	4.30	3.44	3.05	2.82	2.66	2.55	2.46	2.40	2.34	2.30	2.07	1.98	1.94	1.89	1.84	1.78
23	4.28	3.42	3.03	2.80	2.64	2.53	2.44	2.37	2.32	2.27	2.05	1.96	1.91	1.86	1.81	1.76
24	4.26	3.40	3.01	2.78	2.62	2.51	2.42	2.36	2.30	2.25	2.03	1.94	1.89	1.84	1.79	1.73
25	4.24	3.39	2.99	2.76	2.60	2.49	2.40	2.34	2.28	2.24	2.01	1.92	1.87	1.82	1.77	1.71
26	4.23	3.37	2.98	2.74	2.59	2.47	2.39	2.32	2.27	2.22	1.99	1.90	1.85	1.80	1.75	1.69
27	4.21	3.35	2.96	2.73	2.57	2.46	2.37	2.31	2.25	2.20	1.97	1.88	1.84	1.79	1.73	1.67
28	4.20	3.34	2.95	2.71	2.56	2.45	2.36	2.29	2.24	2.19	1.96	1.87	1.82	1.77	1.71	1.65
29	4.18	3.33	2.93	2.70	2.55	2.43	2.35	2.28	2.22	2.18	1.94	1.85	1.81	1.75	1.70	1.64
30	4.17	3.32	2.92	2.69	2.53	2.42	2.33	2.27	2.21	2.16	1.93	1.84	1.79	1.74	1.68	1.62
40	4.08	3.23	2.84	2.61	2.45	2.34	2.25	2.18	2.12	2.08	1.84	1.74	1.69	1.64	1.58	1.51
60	4.00	3.15	2.76	2.53	2.37	2.25	2.17	2.10	2.04	1.99	1.75	1.65	1.59	1.53	1.47	1.39
120	3.92	3.07	2.68	2.45	2.29	2.18	2.09	2.02	1.96	1.91	1.66	1.55	1.50	1.43	1.35	1.25
∞	3.84	3.00	2.60	2.37	2.21	2.10	2.01	1.94	1.88	1.83	1.57	1.46	1.39	1.32	1.22	1.01

α = 0.025

续表

n_1 \ n_2	1	2	3	4	5	6	7	8	9	10	20	30	40	60	120	∞
1	647.79	799.50	864.16	899.58	921.85	937.11	948.22	956.66	963.28	968.63	993.10	1 001.41	1 005.60	1 009.80	1 014.02	1 018.25
2	38.51	39.00	39.17	39.25	39.30	39.33	39.36	39.37	39.39	39.40	39.45	39.46	39.47	39.48	39.49	39.50
3	17.44	16.04	15.44	15.10	14.88	14.73	14.62	14.54	14.47	14.42	14.17	14.08	14.04	13.99	13.95	13.90
4	12.22	10.65	9.98	9.60	9.36	9.20	9.07	8.98	8.90	8.84	8.56	8.46	8.41	8.36	8.31	8.26
5	10.01	8.43	7.76	7.39	7.15	6.98	6.85	6.76	6.68	6.62	6.33	6.23	6.18	6.12	6.07	6.02
6	8.81	7.26	6.60	6.23	5.99	5.82	5.70	5.60	5.52	5.46	5.17	5.07	5.01	4.96	4.90	4.85
7	8.07	6.54	5.89	5.52	5.29	5.12	4.99	4.90	4.82	4.76	4.47	4.36	4.31	4.25	4.20	4.14
8	7.57	6.06	5.42	5.05	4.82	4.65	4.53	4.43	4.36	4.30	4.00	3.89	3.84	3.78	3.73	3.67
9	7.21	5.71	5.08	4.72	4.48	4.32	4.20	4.10	4.03	3.96	3.67	3.56	3.51	3.45	3.39	3.33
10	6.94	5.46	4.83	4.47	4.24	4.07	3.95	3.85	3.78	3.72	3.42	3.31	3.26	3.20	3.14	3.08
11	6.72	5.26	4.63	4.28	4.04	3.88	3.76	3.66	3.59	3.53	3.23	3.12	3.06	3.00	2.94	2.88
12	6.55	5.10	4.47	4.12	3.89	3.73	3.61	3.51	3.44	3.37	3.07	2.96	2.91	2.85	2.79	2.73
13	6.41	4.97	4.35	4.00	3.77	3.60	3.48	3.39	3.31	3.25	2.95	2.84	2.78	2.72	2.66	2.60
14	6.30	4.86	4.24	3.89	3.66	3.50	3.38	3.29	3.21	3.15	2.84	2.73	2.67	2.61	2.55	2.49
15	6.20	4.77	4.15	3.80	3.58	3.41	3.29	3.20	3.12	3.06	2.76	2.64	2.59	2.52	2.46	2.40
16	6.12	4.69	4.08	3.73	3.50	3.34	3.22	3.12	3.05	2.99	2.68	2.57	2.51	2.45	2.38	2.32
17	6.04	4.62	4.01	3.66	3.44	3.28	3.16	3.06	2.98	2.92	2.62	2.50	2.44	2.38	2.32	2.25
18	5.98	4.56	3.95	3.61	3.38	3.22	3.10	3.01	2.93	2.87	2.56	2.44	2.38	2.32	2.26	2.19
19	5.92	4.51	3.90	3.56	3.33	3.17	3.05	2.96	2.88	2.82	2.51	2.39	2.33	2.27	2.20	2.13
20	5.87	4.46	3.86	3.51	3.29	3.13	3.01	2.91	2.84	2.77	2.46	2.35	2.29	2.22	2.16	2.09
21	5.83	4.42	3.82	3.48	3.25	3.09	2.97	2.87	2.80	2.73	2.42	2.31	2.25	2.18	2.11	2.04
22	5.79	4.38	3.78	3.44	3.22	3.05	2.93	2.84	2.76	2.70	2.39	2.27	2.21	2.14	2.08	2.00
23	5.75	4.35	3.75	3.41	3.18	3.02	2.90	2.81	2.73	2.67	2.36	2.24	2.18	2.11	2.04	1.97
24	5.72	4.32	3.72	3.38	3.15	2.99	2.87	2.78	2.70	2.64	2.33	2.21	2.15	2.08	2.01	1.94
25	5.69	4.29	3.69	3.35	3.13	2.97	2.85	2.75	2.68	2.61	2.30	2.18	2.12	2.05	1.98	1.91
26	5.66	4.27	3.67	3.33	3.10	2.94	2.82	2.73	2.65	2.59	2.28	2.16	2.09	2.03	1.95	1.88
27	5.63	4.24	3.65	3.31	3.08	2.92	2.80	2.71	2.63	2.57	2.25	2.13	2.07	2.00	1.93	1.85
28	5.61	4.22	3.63	3.29	3.06	2.90	2.78	2.69	2.61	2.55	2.23	2.11	2.05	1.98	1.91	1.83
29	5.59	4.20	3.61	3.27	3.04	2.88	2.76	2.67	2.59	2.53	2.21	2.09	2.03	1.96	1.89	1.81
30	5.57	4.18	3.59	3.25	3.03	2.87	2.75	2.65	2.57	2.51	2.20	2.07	2.01	1.94	1.87	1.79
40	5.42	4.05	3.46	3.13	2.90	2.74	2.62	2.53	2.45	2.39	2.07	1.94	1.88	1.80	1.72	1.64
60	5.29	3.93	3.34	3.01	2.79	2.63	2.51	2.41	2.33	2.27	1.94	1.82	1.74	1.67	1.58	1.48
120	5.15	3.80	3.23	2.89	2.67	2.52	2.39	2.30	2.22	2.16	1.82	1.69	1.61	1.53	1.43	1.31
∞	5.02	3.69	3.12	2.79	2.57	2.41	2.29	2.19	2.11	2.05	1.71	1.57	1.48	1.39	1.27	1.01

$\alpha = 0.01$ 续表

n_1 \ n_2	1	2	3	4	5	6	7	8	9	10	20	30	40	60	120	∞
1	4 052.18	4 999.50	5 403.35	5 624.58	5 763.65	5 858.99	5 928.36	5 981.07	6 022.47	6 055.85	6 208.73	6 260.65	6 286.78	6 313.03	6 339.39	6 365.86
2	98.50	99.00	99.17	99.25	99.30	99.33	99.36	99.37	99.39	99.40	99.45	99.47	99.47	99.48	99.49	99.50
3	34.12	30.82	29.46	28.71	28.24	27.91	27.67	27.49	27.35	27.23	26.69	26.50	26.41	26.32	26.22	26.13
4	21.20	18.00	16.69	15.98	15.52	15.21	14.98	14.80	14.66	14.55	14.02	13.84	13.75	13.65	13.56	13.46
5	16.26	13.27	12.06	11.39	10.97	10.67	10.46	10.29	10.16	10.05	9.55	9.38	9.29	9.20	9.11	9.02
6	13.75	10.92	9.78	9.15	8.75	8.47	8.26	8.10	7.98	7.87	7.40	7.23	7.14	7.06	6.97	6.88
7	12.25	9.55	8.45	7.85	7.46	7.19	6.99	6.84	6.72	6.62	6.16	5.99	5.91	5.82	5.74	5.65
8	11.26	8.65	7.59	7.01	6.63	6.37	6.18	6.03	5.91	5.81	5.36	5.20	5.12	5.03	4.95	4.86
9	10.56	8.02	6.99	6.42	6.06	5.80	5.61	5.47	5.35	5.26	4.81	4.65	4.57	4.48	4.40	4.31
10	10.04	7.56	6.55	5.99	5.64	5.39	5.20	5.06	4.94	4.85	4.41	4.25	4.17	4.08	4.00	3.91
11	9.65	7.21	6.22	5.67	5.32	5.07	4.89	4.74	4.63	4.54	4.10	3.94	3.86	3.78	3.69	3.60
12	9.33	6.93	5.95	5.41	5.06	4.82	4.64	4.50	4.39	4.30	3.86	3.70	3.62	3.54	3.45	3.36
13	9.07	6.70	5.74	5.21	4.86	4.62	4.44	4.30	4.19	4.10	3.66	3.51	3.43	3.34	3.25	3.17
14	8.86	6.51	5.56	5.04	4.69	4.46	4.28	4.14	4.03	3.94	3.51	3.35	3.27	3.18	3.09	3.00
15	8.68	6.36	5.42	4.89	4.56	4.32	4.14	4.00	3.89	3.80	3.37	3.21	3.13	3.05	2.96	2.87
16	8.53	6.23	5.29	4.77	4.44	4.20	4.03	3.89	3.78	3.69	3.26	3.10	3.02	2.93	2.84	2.75
17	8.40	6.11	5.18	4.67	4.34	4.10	3.93	3.79	3.68	3.59	3.16	3.00	2.92	2.83	2.75	2.65
18	8.29	6.01	5.09	4.58	4.25	4.01	3.84	3.71	3.60	3.51	3.08	2.92	2.84	2.75	2.66	2.57
19	8.18	5.93	5.01	4.50	4.17	3.94	3.77	3.63	3.52	3.43	3.00	2.84	2.76	2.67	2.58	2.49
20	8.10	5.85	4.94	4.43	4.10	3.87	3.70	3.56	3.46	3.37	2.94	2.78	2.69	2.61	2.52	2.42
21	8.02	5.78	4.87	4.37	4.04	3.81	3.64	3.51	3.40	3.31	2.88	2.72	2.64	2.55	2.46	2.36
22	7.95	5.72	4.82	4.31	3.99	3.76	3.59	3.45	3.35	3.26	2.83	2.67	2.58	2.50	2.40	2.31
23	7.88	5.66	4.76	4.26	3.94	3.71	3.54	3.41	3.30	3.21	2.78	2.62	2.54	2.45	2.35	2.26
24	7.82	5.61	4.72	4.22	3.90	3.67	3.50	3.36	3.26	3.17	2.74	2.58	2.49	2.40	2.31	2.21
25	7.77	5.57	4.68	4.18	3.85	3.63	3.46	3.32	3.22	3.13	2.70	2.54	2.45	2.36	2.27	2.17
26	7.72	5.53	4.64	4.14	3.82	3.59	3.42	3.29	3.18	3.09	2.66	2.50	2.42	2.33	2.23	2.13
27	7.68	5.49	4.60	4.11	3.78	3.56	3.39	3.26	3.15	3.06	2.63	2.47	2.38	2.29	2.20	2.10
28	7.64	5.45	4.57	4.07	3.75	3.53	3.36	3.23	3.12	3.03	2.60	2.44	2.35	2.26	2.17	2.06
29	7.60	5.42	4.54	4.04	3.73	3.50	3.33	3.20	3.09	3.00	2.57	2.41	2.33	2.23	2.14	2.03
30	7.56	5.39	4.51	4.02	3.70	3.47	3.30	3.17	3.07	2.98	2.55	2.39	2.30	2.21	2.11	2.01
40	7.31	5.18	4.31	3.83	3.51	3.29	3.12	2.99	2.89	2.80	2.37	2.20	2.11	2.02	1.92	1.80
60	7.08	4.98	4.13	3.65	3.34	3.12	2.95	2.82	2.72	2.63	2.20	2.03	1.94	1.84	1.73	1.60
120	6.85	4.79	3.95	3.48	3.17	2.96	2.79	2.66	2.56	2.47	2.03	1.86	1.76	1.66	1.53	1.38
∞	6.63	4.61	3.78	3.32	3.02	2.80	2.64	2.51	2.41	2.32	1.88	1.70	1.59	1.47	1.32	1.00